经济全球化的
替代方案

·第二版最新修订·

〔美〕约翰·卡瓦纳（John Cavanagh）杰瑞·曼德尔（Jerry Mander）编
童小溪 等 译

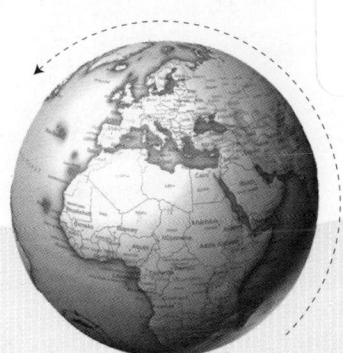

Alternatives
to Economic
Globalization

中央编译出版社
Central Compilation & Translation Press

各章译者

序言，导言，第一章：童小溪

第二章，第三章：战洋

第四章：吕增奎

第五章：刘晓芳

第六章：刘元琪

第七章，第八章：嵇飞

第九章，第十章，第十一章：梁洁

资源库，索引，附录等：刘元琪，贾向云

全书由刘元琪，董叙霖校对并统稿

目 录

第二版序言 /1
    活的文献 /5
    鸣谢 /6

导言：转折点 /1
    坎昆：民主的爆发 /2
    迈阿密：拉丁美洲的政权更迭 /5
    伊拉克：帝国的失败 /6
        不再顺从的联盟 /9
    新的觉醒 /13

第一部分　危机中的全球体系

第一章　互相冲突的世界观 /19
    不同的世界 /21
    经济民主 /25
    变革的契机 /27

第二章　跨国企业统治的蓝图 /32
    全球化模式的关键要素 /34
    极度增长 /34

· 1 ·

私有化和市场化 /37
经济和文化的单一化 /38
出口导向的贸易和投资 /39
经济全球化的受益者 /44
媒体的角色 /53

第三章 非神圣的三位一体：世界银行、国际货币基金组织和世界贸易组织 /56
世界银行 /57
国际货币基金组织 /61
世界贸易组织 /66
建议 /74

第二部分 行动中的替代

第四章 可持续发展的社会的十项原则 /79
核心原则 /81
  1. 新民主 /81
  2. 辅从性 /86
  3. 生态的可持续性 /87
  4. 共同的遗产 /90
  5. 多样性 /91
  6. 人权 /99
  7. 工作、谋生与就业 /100
  8. 粮食安全与食品安全 /101
  9. 平等 /101
  10. 预警原则 /103
把这些原则应用于全球化 /105

第五章 重新壮大公共财产：哪些东西不该全球化？ /107

目录

理解"公共财产" /109
对"公共财产"的现实威胁 /111
    对淡水资源的威胁 /111
    对基因"公共财产"的威胁 /115
    对公共用地的威胁 /120
    广播频谱的私有化 /121
    攫取废物排放方面的全球公共财产 /126
公共财产的传统 /127
    欧洲 /127
    土著社区 /130
    亚洲 /132
对现代公共财产的威胁 /134
关于重新壮大公共财产的三条建议 /138
    1. 逆转全球贸易机构控制公共财产的权力,将公共财产的某些方面从贸易体制中排除出去 /139
    2. 加强各国政府之间多边环境协议和其他保护性条约的实施及其影响范围 /142
    3. 应用现代委托管理的模式 /144

第六章 辅从性:从全球化那里召回权力 /149

理解辅从性 /151
通往本土之路 /153
    改变补贴政策 /154
    对公司活动施加新的控制 /155
    使资本落地(ground capital)和投资于社区 /155
    在税收政策上作出重大改变 /155
    提高政策决定中的公众直接参与度 /156
    重新定向国际援助和贸易规则 /156
    设计新的不同的竞争模式 /156
    鼓励社会凝聚和本土经济更新 /157

投资和金融议题　　　　　　　　　　　　　　　　　　/157
　　　　资本　　　　　　　　　　　　　　　　　　　　　/157
　　　　征税　　　　　　　　　　　　　　　　　　　　　/158
　　　　新的投资规则　　　　　　　　　　　　　　　　　/159
　　回应对辅从性的批评　　　　　　　　　　　　　　　　/161

第七章　替代性的运作体系（1）　　　　　　　　　　　　/165
　　能源体系　　　　　　　　　　　　　　　　　　　　　/166
　　　　替代性能源体系带来的希望　　　　　　　　　　　/170
　　运输体系　　　　　　　　　　　　　　　　　　　　　/180
　　　　三种主要模式　　　　　　　　　　　　　　　　　/180
　　　　补贴　　　　　　　　　　　　　　　　　　　　　/182
　　　　私家车　　　　　　　　　　　　　　　　　　　　/183
　　　　生态城市　　　　　　　　　　　　　　　　　　　/185
　　制造体系　　　　　　　　　　　　　　　　　　　　　/189
　　　　全成本记账　　　　　　　　　　　　　　　　　　/192
　　　　封闭回路设计：零废弃物　　　　　　　　　　　　/193
　　　　对自然资本的再投资　　　　　　　　　　　　　　/196
　　　　制造规模的变化　　　　　　　　　　　　　　　　/196
　　　　技术规模的变化　　　　　　　　　　　　　　　　/197
　　　　绿色政府采购　　　　　　　　　　　　　　　　　/198
　　衡量的标准　　　　　　　　　　　　　　　　　　　　/199
　　　　国民生产总值（GNP）和国内生产总值（GDP）　　/199
　　　　把消极面考虑进来的重要性　　　　　　　　　　　/201
　　　　GDP反第三世界和穷人　　　　　　　　　　　　　/202
　　　　衡量什么是重要的　　　　　　　　　　　　　　　/204
　　　　真正进步指针（GPI）　　　　　　　　　　　　　/205
　　　　社区会计体系　　　　　　　　　　　　　　　　　/206
　　　　本土指针倡议　　　　　　　　　　　　　　　　　/207

目 录

第八章　替代性的运作体系（2）　/209

农业和食品体系　/209
针对替代性方案的行动和政策　/218
八项关键的变革　/222

全球性的媒体　/231
谁拥有媒体？　/232
电视与广告的影响深度与力度　/235
改革和替代　/241

人民的替代性行动　/253
阿根廷横向"水平主义"　/254
智利的孔斯蒂图西翁镇的卡雷塔海滩　/254
孟加拉国"新农业运动"　/255
墨西哥公有土地和社区的咖啡种植者工会　/256
印度"九种基金会"　/256
墨西哥恰帕斯州的自治政府　/257
斯里兰卡"通过共同出力来实现全民觉醒"运动　/258
巴西无地农民运动　/258
肯尼亚绿化带运动　/259
全球公平贸易运动　/260
玻利维亚"艾尔赛博"组织　/260
美国社区支援的农业　/261
意大利慢食品运动　/261
美国白土地土地恢复计划　/262
墨西哥玛雅黎明区公有森林生产者组织　/262
中美洲农业工人和原住森林社区协会　/263
美国弗莱斯贸易组织　/263
美国雅克玛部落　/263
非洲统一组织　/264
印度尼西亚稻谷发展和研究中心　/264

· 5 ·

古巴太阳能组织 /265
　　玻利维亚"保卫水和生命联盟" /265
　　乌拉圭乌拉圭合作主义中心 /266
　　巴西贝洛奥里藏特 /266
　　孟加拉国葛莱敏银行 /266
　　西班牙巴斯克地区蒙德拉贡合作公司 /267

第三部分　全球治理结构

第九章　公司的组织和权力 /271
　当今公司的治理结构 /274
　　公有和私有的企业 /274
　　公司的特许证 /276
　反对公司权力的公民行动 /279
　　加强公司的责任感 /281
　　确立企业责任 /283
　　排斥或驱逐掠夺成性的公司 /284
　　撤销或修订公司特许证 /285
　　清除有限责任和公司的人格 /287
　　分解公司和向不在本地的所有者赎买所有权 /288
　终结企业——国家之间的共谋 /289
　　让企业脱离政治 /290
　　终结公司福利 /291
　　给独立企业以优先权 /291
　　重新管制公司的投资 /292
　　重新协商或取消贸易协定 /292
　通往替代性的商业治理结构 /293

第十章　新的国际结构 /299
　对目前形势的审视 /300

目录

一个公正的和可持续的国际贸易和金融体系的重要规则　/306
　　民主的自决　/307
　　平衡的贸易　/307
　　公平的商品价格　/308
　　对信息和知识的开放式获取　/308
改造制度框架　/311
　　把全球治理统一到经过改造的联合国之下　/311
　　让布雷顿森林机构退役　/314
加强联合国体系的抗衡能力　/317
　　联合国贸发会议的作用　/318
建立新的全球机构　/321
　　联合国国际破产法庭　/321
　　联合国国际金融组织　/322
　　区域货币基金组织　/323
　　联合国贸易争端法庭　/324
　　联合国环境组织　/325
　　联合国公司责任组织　/326

第十一章　从全球到地方你能够做什么　/329

你作为消费者可以采取的措施　/330
　　做知情的消费者　/331
　　购买本土产品　/331
　　参加由社群支持的农业专案　/332
　　支持公平贸易　/332
你作为劳动者可以采取的措施　/333
　　发挥你的养老金的力量　/334
　　建立和支持劳动者所有的合作社　/334
你作为储蓄者和投资者可以采取的措施　/335
你作为公民可以采取的措施　/336
　　作为地方公民　/337

作为国家公民 /338
　　作为全球公民 /339
致力于经济全球化的替代方案的团体 /342
有用的工具和指标 /373
参考文献 /375
索引 /396
关于作者 /452
全球化国际论坛简介 /456

专栏框目录

专栏框 A	伊拉克的"自由":大公司特色	/11
专栏框 B	评论:互相冲突的范式	/29
专栏框 C	作为自由贸易的"障碍"的公益法	/35
专栏框 D	贸易相关的运输对环境的必然影响	/42
专栏框 E	在美国:问题是就业	/46
专栏框 F	全球化和气候变化	/50
专栏框 G	全球经济隔离	/59
专栏框 H	阿根廷与国际货币基金组织和世界银行	/65
专栏框 I	北方国家在世界贸易组织中的伪善面孔	/71
专栏框 J	加拿大的公民议程	/83
专栏框 K	可持续发展的智利	/89
专栏框 L	文化多样性:土著人保持差异和多样化状态的权利	/92
专栏框 M	文化多样性:抵制文化同质化的民族权利	/96
专栏框 N	从公共财产控制到公司对生命的专利权	/117
专栏框 O	生态之城库里提巴	/187
专栏框 P	世贸组织对小户农民的不公对待	/211
专栏框 Q	回归保护大气的农业	/218
专栏框 R	古巴的有机农业	/228
专栏框 S	失业:货币政策的作用	/301

第二版序言

2002年年中，本书第一版手稿完成，从那时起至今，世界正经历着巨大的变化。美国及有关国家针对"9·11"恐怖袭击的军事行动，使得世界的意见和政体两极分化，在原先看似牢固的联盟各国之间楔入了裂隙，同时，也带来了国家之间全新的、意想不到的权力转移。这些变化不仅仅反映在军事事务中，也体现在其他领域，包括经济联盟和力量中心的变化。这些都为讨论全球化问题创造了一个新的语境。美国的单边主义引起了日益增加的警惕，在这样的情况下，我们看到了各种制衡的努力，包括欧洲新的联盟组合，南美新的联盟组合，以及全世界最贫困的国家的联合，所有这一切都是针对美国的明显的全球战略推进举措——推进一种美国主导下的"民主"军事和经济帝国——的反应。

另一个重要的制衡力量就是全球公民社会的发展，正如在针对战争和全球化的大规模的街头抗议中反映出来的那样。在2003年年初，《纽约时报》把全球公共舆论称之为"第二个超级力量"。

被我们称做经济全球化，即由新自由主义或者跨国公司主导的全球化的经济实验明显失败了，这种实验并没有达到其宣称的那些目标——与华丽的言辞相反，那些目标，特别是使贫困国家得到实惠的目标，显然并没有得到重视。因此，经济全球化实验的失败反而导致贫困国家对富裕国家某种形式的反叛。这种反叛在2003年年末的WTO坎昆会议上以及讨论提议中的美洲自由贸易区的迈阿密会议上爆发了。国际范围内对美国单边主义和在伊拉克的军事行动的公开抵制，似乎使先前受到压迫的许多国家变得勇敢起来，开始对抗各个大国提供的虚伪和利己的政策，它们从以前WTO各回合谈判中清楚地知道，全球化不是为被压制国家的利益设计的。除了上述贫困国家的反叛之外，经济实验失败的另一个后果是和平运动和全球正义运动的融合，当我们观察军事活动和经济活动中都有殖民行为时，我们发现两者的区别开始变得模糊。

不管怎样，这本书的作者们清楚地意识到，将新的语境下的对全球化的讨论包括进本书是必要的，在新的《导言：转折点》一节，我们已经做了这样的努力。《导言》包括了我们对于坎昆会议和迈阿密会议失败的影响的反思，也包括对最近美国军事冒险的反思。（除了本文之外，《导言》还选入了全球化国际论坛（IFG）之人员安东尼亚·胡阿什[Antonia Juhasz]的新的专题框，指出美国在伊拉克的军事占领直接被用于推广自由市场意识形态，同时为跨国公司开路。）

2004年5月，我们撰写这篇《导言》。"如果你不主张全球化，那么，你主张什么？"这是西雅图抗议之后出现的问题。据我们所知，《经济全球化的替代方案》至今仍是我们所知的全面回答这个问题的唯一尝试。也有其他文献提出经济全球化之外的替代的一些片断，不过，相比之下，都没有这本更全面，更具综合性。这本书的中心目标是：全面记录下地方的、民族国家的乃至全球范围内的迅速涌现的有关经济全球化的替代的思想和行动。

在第二版中，我们对全书做出了重大的修订，增加了一些新的章节，在前面的章节里面增加了相当的新材料，同时，对全书进行了更新。

在《导言》之后，全书分成三个部分。第一部分："危机中的全球体系"，对全球化的思想和手段提供了一个批判的视角。第一章"互相冲突的世界观"指出了全球主义者和公民社会如何看待世界上的巨大鸿沟，这个鸿沟也正是其他很多问题的根源。

第二章描述了全球化试验的中心理论，并且报告了这些理论最近的失败以了解它们最初的目标。（第一版的读者会发现两个新的讨论专栏，一个是《经济学家》杂志的爱德华·葛德史密斯[Edward Goldsmith]对全球化和气候变化之间关系的讨论。另一个专栏讨论2004年美国总统竞选的热点问题：外包和失业，作者是政策研究学院的萨拉·安德森[Sarah Anderson］和约翰·卡瓦纳［John Cavanagh］。）

第三章分析了1944年的布雷顿森林会议之后所出现的官僚机构，当时，我们现在的全球设计试验初现端倪。我们通过参考其他主要贸易协议以及其不幸的后果，仔细讨论了世界银行、国际货币基金组织、世界贸易组织的表现。同样，这一章里也有更新的讨论专栏框：罗宾·布罗德（Robin Broad）写的"全球经济隔离"，以及萨拉·安德森的"阿根廷、国际货币基金组织和世界银行"。

本书第二部分"行动中的替代"内容包括第四章至第八章，主要讨论新的全球经济体系应该推动的十个中心原则。这些原则构成一个新的价值体系，与现行的以公司利益为首要目标的价值体系相反。与第一版相比较，有些原则的篇幅在第二版中有所增加。

第五章提出了一个新的同时也是有争议的主张，那就是：公共财产因素——不管是地方性的还是世界范围内的——都不应该包含在世界贸易体系之内。这其中的一些公共财产因素，像干净的饮用水、海洋、空气、天空和生物多样性，这些本应该是人类天然有权利共享的东西，现在却被以多种手段私有化了，这带来了很大的破坏性。同时，本章还提出了一个议题，即我们称之为"现代公共物品"的东西，即政府的公共服务，这是在现代世界里我们所要依靠的。

第六章进一步讨论我们所集体采取的一个更有争议性的立场。我们认为：一个集中化的全球经济模式不仅没有奏效，而且也不可能奏效。最为棘手的问题是：这种集中化的全球经济把权力、权威和活动从直接受到其影响的地方社区的人群中抽离走了。辅从性（Subsidiarity）现在被用来形容一种权力的逆转，也就是权力从全球向本土倾斜。在地方层次上能够做出的一切经济决策以及体系，都应该有意识地设计成能够支持非中心化的、对本土的赋权。

能源、交通、制造业和农业，这些都是最重要的全球运作系统，第七章和第八章主要讨论应该做些什么来改变这些运作系统；这些系统的作用是最直接的，全球体系对地方每日每时的选择的影响集中表现在这些方面。我们关注能够进一步脱离全球化体系的方法。（在农业部分，我们增加了两个新的专栏框。第一个关注 WTO 极不利于小农，作者是戴比·巴克尔［Debi Barker］。另一个描述了农业从工业化体系中脱离出来如何能够减缓气候变化，作者是爱德华·葛德史密斯。）

我们也讨论了当前盛行的衡量体系（譬如国内生产总值），社会通过这种衡量体系来确定自身的运行成功与否。现行的衡量体系存在很大问题，因为它们把公司利润的增长和资源的耗竭作为积极的指标，而我们则提供了其他重要的评价标准，包括可持续性以及其他的价值。

在第八章，我们整整增加了两节。第一节讨论的是媒体，它本身是一个运作系统（operating system），同时也影响其他所有的系统。第二节是"人民的替代性行动"（Peoples' Alternative Initiatives），褒扬和描述了全球 20 多个组织——这些组织仅仅是成百上千可圈可点的组织中的代表。这些组织抓住机会，重新界定和掌控了它们自己的经济命运。

第二版的第三部分是"全球治理结构"（Global Governance），这部分不仅关注了这个问题，同时提出了怎样处理这个问题。当前，问题的症结在于跨国大公司和全球官僚体制。所以，我们在这些章节增加了篇幅。第九章的中心目的是回顾有关理念，这些理念意在扭转权力格局，今天，社会的根本驱动力量是未经选举而掌握权力的全球大公司，它们赖以操作的价值观和我们的十项原则是彻底对立的。我们提出的是很长的一系列建议，旨在有效地减少公司的权力，改变大公司的结构。

怎样处理布雷顿森林体系的三大组织——世界银行、国际货币基金组织和世界贸易组织，这是第十章直接面对的问题。我们强烈地主张：以新的国际机构取代这三个组织，新的机构最好是在一个彻底改革了的、去除了大公司影响的联合国的主持之下。这些新的机构将在那些仍然需要国际协议的如劳工权利、人权、环境保护、海洋法、解决争端、信息流通、技术、文化等领域内运作。问题是这样：我们怎样设计出这样的机构，该机构能满足上述领域的需求，但不企图将权力凌驾于地方的机构和程序之上，而且是在互利的、民主的、负责任的框架内运作。我们为读者提出了许多建议。

最后，新增第十一章讨论个人如何参与替代行动，提供了一系列切

第二版序言

实可行的、实际的点子,绝大多数是运用地方社区的层次上,同时也提供了一些在国家的和国际层次上运作的可能性。这个"从全球到地方你能够做什么"的菜单张贴在"全球化国际论坛"(IFG)的网页上(www.ifg.org),我们欢迎大家将这一章当做小册子去下载、散发。我们也欢迎你将"个人能做什么"的点子用电子邮件发给"全球化国际论坛"。最后,书的结尾添加了一个新的资源目录——列出了需要你支持和参与的好的组织。

活的文献

1999年1月,大概在西雅图抗议一年前,我们就开始创作这本书了。当时,30个左右的IFG的成员和其他有关人员参加了会议。他们当中的21个人撰写了论文并且继续参加了随后例会,并最终达成了带有共识性的报告。坦率地说,要让这么多带有强烈意见的个人达成统一共识是一件非常艰难的事情,只有依靠作者之间过去十年的合作和友谊——这也是"全球化国际论坛"的一部分——才可能实现。

和其他典型的共识性报告一样,并不是所有的人都完全同意其他人的观点,报告也不可能包括所有的观点。但是,作者们在绝大多数的问题上都达成了共同的大方向,对于我们每一个人来说,这都是令人鼓舞的经历。

本书的第一版已经翻译成七种语言出版,并且和全世界无数公民和政治团体分享。现在,我们参加了许多全球范围内的地方性会议,从各种政治团体乃至政府官员中获得直接的反馈,同时,也从中发现许多新的地方主动性。第一个讨论会于2004年4月在智利的圣地亚哥举行,另一个则于2004年年末在欧洲召开,随后,在亚洲、非洲和北美也相继召开了类似的讨论会。

这些地方性讨论会的目标是推动对本书观点的对话、批评、反馈和进一步发展,使得本书更具实用性和可实现性。将来,我们还会推出第三版,将会包括从地方讨论会上学习到的新内容,我们也将竭尽全力将这些想法向前推进。这本书的作者坚信，公民运动的最终胜利依赖于我们更加主动地创造尽可能美好的世界。因此，我们把这本书看做是一本将会不断更新的书：亦即活的文献。

鸣　　谢

特别感谢大卫·科顿（David Korten）和萨拉·安德森（Sarah Anderson），在本书手稿最后几个月的准备过程中，他们不厌其烦地润色、修订本书的手稿。同样，也要由衷感谢IFG的苏珊妮·约克（Suzanne York），她是本计划的研究主管，这实在是一件艰难和耗时的工作。还有伊丽莎白·康纳（Elizabeth Connor），她做了手稿的准备工作，并且协调了众多参与者的稿件以及多变的各种信息。还有其他很多人给予了很大的帮助，他们参与了讨论，提供了反馈，他们是戴安娜·阿隆索（Diana Alonzo），爱格内斯·博传德（Agnes Bertrand），布兰特·布莱克韦尔德（Brent Blackwelder），安努拉达·米塔尔（Anuradha Mittal），大卫·莫里斯（David Morris），马克·里奇（Mark Ritchie）和史蒂夫·施利勃曼（Steve Shrybman）。还有彼得·伯格（Peter Berg）、恩内斯特·卡伦巴赫（Ernest Callenbach）、保罗·豪肯（Paul Hawken）和迈克尔·舒曼（Michael Shuman），他们对手稿及其编辑提供了非常有用的建议。

最后，我们对IFG的董事会员、联合创始人马丁·柯尔（Martin Khor）先生和第三世界网致以最深的谢意。没有其他个人或者组织为这本书作出比他们更大的贡献了。马丁总是能够具有前瞻性地指出世界贸易组织以及其他贸易实体的重要新发展，从而指导我们找到相应的策略。我们从他那里受益颇多。

同时也要感谢史蒂芬·皮尔森蒂（Steve Piersanti）和他的团队，他们的热情、专业能力以及优秀的想法都为这本书增色。还要感谢我们出色的审稿人桑德拉·贝里斯（Sandra Beris）。

起草委员会：

约翰·卡瓦纳（John Cavanagh），华盛顿，D.C.

杰瑞·曼德尔（Jerry Mander），旧金山

2004年5月1日

关于资料的说明：

读者将会注意到，在这本书里我们没有使用脚注。主要的资料注明在行文走字当中，所有的资料来源可以在书末的资料来源部分找到。本书所引用的所有网页链接在2004年3月23日曾被确认。

导言：转折点

2003年，对经济全球化来说有三个里程碑事件，它们标志着一个"黄金时代"的结束，即一个跨国大公司驱动经济全球化、华盛顿共识居主导地位、美国有能力单边独断全球政治经济事务进程的时代的结束。

第一个关键事件发生在墨西哥风景胜地坎昆市的阳光沙滩上。2003年9月在这儿聚集了全世界各地的政府和非政府组织的代表、数万抗议者以及世界贸易组织全部成员国的贸易部长们，他们关注着1999年在西雅图破裂的全球贸易谈判能否恢复，9月14日，他们等到的答案是：谈判再度破裂。

三个月之后，在迈阿密，美洲自由贸易区（FTAA）的谈判破裂，这是主流经济设计的支持者的又一次重大失败。

促成这两个事件的重要因素是世界范围内贫困国家对其国内民愤的关注，以及这些国家的空前团结。例如在坎昆，出现过一个有力量的国家联合：21国集团（Group of 21）。这个集团由巴西、中国、印度、南非、埃及和其他16个国家组成，代表了世界上超过一半的人口。成千上万的人们在本国街头游行支持它们，在坎昆，也有几千人游行支持21国集团。21国集团也不再默许世界上最富有和最有力量的国家的利己主义计划和地位。随后，在迈阿密，包括巴西、阿根廷、委内瑞拉和玻利维亚在内的南美新一代国家领导，团结在一起要求美国改变农业补贴，同时要求美国放松对南美产品进入美国的限制。他们拒绝被北半球的强力随意操纵。

大约十年之后，世界范围内的贫困国家清楚地意识到现行的世界经济体系从来没有对它们负责，尽管富裕国家对于公共关系的修辞恰恰与此相反。

这些联盟如果坚持它们的立场，世界将会永久性地被改变。

第三个标志性的事件就是世界范围内反对美国入侵伊拉克的行动。在2003年2月15日，几百万不同国籍、种族和宗教信仰的人们在上百个城市进行了人类有史以来最大的和平游行。除了极少的一些对美国有经济依赖的小国，世界上绝大多数国家都拒绝对美国的军事行动给予经济、军事乃至言语上的支持。事实上，所有参加美国军事行动的其他国家，包括英国、西班牙、波兰和意大利，也是在本国公民的抗议声中，支持了美国的行动。在通常对美国友好的国家中，对美国单边主义和野心的抗议也非常坚决。

这一次，德国、俄国、法国和中国的领导人坚决地站到了一起，以对抗布什政府力图通过军事和经济压力建立一个全球帝国的野心。

这三个标志性事件表明了人们越来越认识到现行全球经济体系和其统治制度的失败，人们越来越希望看到在新的原则和制度上建立全球经济体系，这种体系内应该包括正义、民主和可持续性等价值。

全球性的和平和正义运动正处于一个转折点：值此转折点，我们不仅要继续对主导的经济范本做出批评，同时也要明确提出未来的发展方向。一个曾经以批判为特征的运动已经越来越具有建设性和远景设计。这本书的第二版就是希望放大这种新出现的远景，以及发展现实的战略和观念，以促进一个更好的、更加民主的、生态可持续的世界的实现。

坎昆：民主的爆发

WTO谈判坎昆回合的破裂是出乎人们意料的。作为对WTO西雅图谈判破裂的回应，2001年在卡塔尔的多哈召开的部长级会议上，有人大声疾呼将来WTO的主要任务将是适应贫穷国家的经济需求。一般看来，最富裕的国家将会为了促成共识做出一些妥协。可是，在坎昆会议最后几

导言：转折点

天要求与会国签署的草案，依旧是最富裕国家在幕后操控，然后要求其余的国家签署，这种无礼做法和前些年并没有什么不同。劳里·瓦莱希（Lori Wallach）在《外交政策》（*Foreign Policy*）中提到："发展中国家总被要求对外国投资者提供更多的特权。其国家的政策总是屈服于WTO的原则，把增加进口置于本国的政策目标之上，并采取千篇一律的'竞争'政策，使得大公司集团能够进一步巩固市场。"

不过这一次，贫穷的国家在非政府专门代表协助之下，协同一致，不再接受将其排除在草案起草过程之外的任何协议，不再接受仅仅服务于富裕国家大公司利益的交易。这样一来，大部分的政府是对其国内公民的长时间的，而且越来越有力量的斗争做出了回应。

譬如说，在菲律宾，小农、工人和反贫穷活动分子坚持了几年，对政府施加压力，要求政府兑现在坎昆会议上承诺的各种利益。他们的活动传达给菲律宾政府的信息其实非常简单，这些信息也恰恰把目标对准了WTO议程的中心：

不要让嘉吉（Cargill）以及其他富裕国家的大农业公司利用其政府充足的津贴，将它们的玉米、大米和小麦低价倾销到我们的市场上，来打击成千上万的农民。

在安然公司和世通公司丑闻的时代，不要屈从于美国政府和其大公司，不要把至关重要的公共服务，譬如医疗、教育和供水系统交给那些大公司用以盈利。

不要同意束缚政府手脚的新的协议，束缚手脚的政府将无法防止外国公司对本国小企业的觊觎。

这些菲律宾的活动分子中的许多人去了坎昆，并且加入了大约一万到一万五千人的抗议活动，参加这次抗议活动的人们来自墨西哥以及全世界其他地方。虽然墨西哥派出了上千警力，使得抗议者们没有接近那些可能支持他们的政府官员，但是，第三世界国家的代表还是听到了他们的声音。

警戒圈外，一个特别令人震撼的事件发生在南韩的农民和那些已经对WTO深深失望的学生之中。一位名叫李耿海（Lee Kyung Hae）的农民在会议召开当天将一把匕首刺进了自己的胸膛,而他曾经是南韩农民联合会的领袖。他用生命表明他自己的态度,那就是:"跨国公司和少数一些 WTO 的大的成员国正领导世界走向全球化,这是一种不受欢迎的全球化,这样的全球化残忍、破坏环境、残害农民,而且极不民主。"他的自杀提醒我们,富裕国家的大公司正在贫穷国家进行农产品倾销。他要求一个新的全球贸易体系,这个体系应该能够允许贫穷国家给本国的农民争取到充分的保护。

这次 WTO 的亮点很显然是农业。不过,民主抗议和新的联合的出现具有更加深远的意义。除了 21 国集团,一个更大的由接近 100 个发展中国家组成的联合出现了。它们要求,最贫困的国家应该在全球贸易以及投资规则中享受到"特别的不同待遇"。这代表着一种积极的行动计划,它将促成殖民主义的瓦解,改变严重扭曲的贸易体系。

同时,有上述两个联合体的成员参加的另一个团体坚持,那些由富裕国家提出的试图从对外投资中获利的计划,不应该包括在 WTO 的商谈议程中。该搁浅的计划阻止政府要求各类公司应该雇用本地工人,控制外国资本在本国公司中的股份,或者要求外国投资者们在农村留下部分利益。这些新的规则将会剥夺目前仍残存在各个小国手中的对本国经济的控制权,把它们的命运完全交到外国所有者的手中。(这种规则正是临时联合政府为伊拉克设计的,见讨论专栏框 A)。

无论如何,总体上说,发展中国家谈判代表以及街头抗议的人士联合在一起抵制了 WTO "一刀切"(one size fits all)的发展模式。这是 1970 年以来发展中国家、贫穷国家之间的首次新的团结,以争取共同的利益的集体协调行动,对此怎么评价都不会过分。

通过改变 WTO 坎昆会议的全球化议程,这些贫穷国家的政府,连同越来越充满怀疑精神的全球公众,并没有否决在全球范围内建立贸易和投资规范的必要性。相反,他们提供了大量的其他的替代性方案和新的框架,允许政府合法规制贸易和投资活动,以实现它们对其人民的责任。例如墨西哥、南韩和日本保护它们认为对其文化极其重要的传统农耕活动,巴西生产便宜的基因药物治疗艾滋病,玻利维亚以对本国公民有利的方式开采天然气资源等。这样的新规则将把优先项从不计一切代价提高贸易和投资转到创建能建立健康社区，体面工作和清洁环境的框架上来。

迈阿密：拉丁美洲的政权更迭

迈阿密谈判对于美洲自由贸易区的负面影响是可以预见的。南美诸国经历了政治上的剧变，这些变化大部分是为了回应世界银行、国际货币基金会以及WTO的那些具有毁灭性的新自由主义的规定。那种经济全球化将会带来繁荣的论调，用在拉美和非洲显然是最为错误的。不过，在拉美，人们已经能够对此做一些事情。

最近，南美洲的五个政府相继倒台，包括该地区经济最强的国家巴西。透过这些案例，我们发现改变选民意愿的主要原因就是经济全球化的失败，除此之外，所谓的结构调整，通过世界银行、IMF和WTO强加的扶贫项目的失败。委内瑞拉、玻利维亚、厄瓜多尔、阿根廷以及巴西的新政府都不同程度地反对经济全球化。我们可以把南美洲看做是世界范围内第一个以积极的政治方式脱离新自由主义的主要地区。

因此，2003年12月，当迈阿密的谈判开始的时候，导致坎昆会议失败的类似议题又浮现了出来，这次人们更加不可能去接受将毁灭他们生活的议案。很快，情况就清楚了：如果美国继续拒绝就农业补贴和其他事情上做出妥协——譬如如果允许巴西柑桔进入佛罗里达，那将使布什失去该州的选票，如果允许巴西的钢铁进入美国中西部，其他的一切协议都是不可能达成的。

南美的一些国家加上加勒比海国家，结合成一个政治联盟一起抵抗美洲自由贸易区（FTAA）。被这些国家的集体力量所阻挡，美国不再试图通过多边会谈达成协议，而是利用其对单个国家的优势，通过一系列双边协议达到像FTAA一样的目的。美国也施加强大的压力，试图建立新的中美洲自由贸易区（CAFTA），可是这并没有被美国国会通过，反倒成了一个烫手的热山芋。

在巴西发生的政治巨变特别值得注意。巴西目前已经是世界上第五大人口大国（排在中国、印度、印度尼西亚和美国之后），第八大经济大国，虽然巴西还没有被列入八国集团。

巴西经济上的成功，很大程度上是因为它并没有像其邻国那样拥抱大公司主导的全球化模式，它并没有像其他很多国家那样彻底私有化，它真正开始对外国利益集团开放是在1990年代，因为认识到了邻国阿根廷极端的自由市场模型带来的问题，在2002年的10月份，巴西人民坚决抵制了大公司主导的全球化的道路，选择了一个先前的钢铁工人、工会成员作他们的总统：路易斯·伊格纳修·德·希尔瓦，别名卢拉。

卢拉政府在坎昆会议抗议既有秩序的活动中处于中心位置。巴西政府也领导了21国集团，并且参与了所有发展中国家的联合，同时，巴西坚决抵制是导致谈判破裂的重要因素。美国谈判代表罗伯特·佐利克（Robert Zorllick）指责巴西是那些"说不"的国家的领导。

坎昆会议两周之后，卢拉利用联合国大会机会，在与印度和南非领导人会谈中约定：非正式的"三国集团"将继续会谈。这样，卢拉将三个"南方"大陆上最强大的国家聚集在一起（中国对此表示同情但放弃了亚洲的领导地位），因而潜在地改变了全球的权力关系。在后来的几周内，卢拉政府对正在谈判中的"美洲自由贸易区"表达了不满，而"美洲自由贸易区"正是美国按照"北美自由贸易区"的模型来设计的，因为"北美自由贸易区"是对大公司友好的。巴西在迈阿密和坎昆对这个模型的两次拒绝，起到了决定性的作用，致使人们感到：美国将其意志强加在小国头上已经越来越困难了。

伊拉克战争的经验，提供了更生动的图解，展示了美国霸权出人意外的衰落。

伊拉克：帝国的失败

成千上万的人走上街头，反对美国入侵伊拉克，人们这样做是基于一个共识，那就是这场战争是美国试图成为世界帝国的重要步骤。不过事实上，美国作为一个已经存在的经济帝国，其状况正在急转直下。像古罗马帝国以来大多数的帝国一样，失败的系统往往是绝望的，它力图挽救过度扩张的供给路线和控制路线，可能变得非常危险。如果经济控制开始失败，战争就成为一个选择。

在2003年柏林召开的亨利希·伯尔（Heinrich Boell）基金会的会议上，瓦尔登·贝罗（Walden Bello）这样概括了美国的问题："单边主义的最大的问题是过度扩张，或者说是美国的目标和其要达到目标所需要的资源之间的不相称。过度扩张是相对而言的……它也是随着抵抗而变化的。如果抵抗的力量足够强大，即使军事上的力量不断增加，一个过度扩张的力量也可能处于糟糕的境地。"抵抗的力量很显然是在增长着的，看看美国入侵伊拉克之后其国内街头抗议的人群，看看大部分国家对美国发动的战争以及美国的经济支配地位发出的反对的声音，我们就不难发现这一点。

不过，在伊拉克战争以前，甚至在坎昆会议和迈阿密会议之前，美国作为一个帝国，其失败的征兆已经显现出来。亚洲、俄罗斯以及阿根廷的经济危机都是早期信号，表明现行的这种给贫穷国家带来灾难的经济模式已经不再奏效。此外，多边投资协议（MAI）的失败也是正在高涨的反对声浪的预示，因为现行体制的受害者已经不再有耐心继续玩这种游戏了。（在第二章，我们对现行体制提供了更加详尽的批评。）

新自由主义计划的整体性失败是根植于其经济模式内部的，因为该经济模式要继续支撑下去，就需要一些不可能实现的条件。这些新自由主义经济模式要求如下：（1）提供不断增加的并且用之不竭的便宜的资源；（2）持续增加的新的市场需求；以及（3）稳定的廉价劳动力供给。除此之外，它还要求有很多顺从的政府在此方面与其合作。短期内这些条件还是可能达到的，就像20世纪80年代到90年代中该经济模式所实现的那样，可是，这些条件在我们这个有限的星球上是不可能长期持续下去的。

地球上的很多资源已经被严重消耗，而且开始变得很贵，石油就是其中的一种。入侵伊拉克也许可以在短时间内缓解这种危机，伊拉克提供的廉价石油,尽管可以使美国现行经济体系运转起来。可是,其他许多资源也正被消耗殆尽:水、森林、鱼类、耕地,以及一些重要矿产。全球气候如果像我们预测的那样发生变化,将使所有这些资源的短缺会更加严重。

如果像石油供给那样,资源的供应线要延伸到极远的陆地和海洋上,那么,美国营建的帝国的力量就开始变得不稳定,就会非常容易受到诸如战争、恐怖主义等政治变化的影响。正如我们目前所看到的那样:为了保证资源的长距离供给,美国正通过军事力量进行各种绝望的努力。更为糟糕的是,和石油联姻的领导者拒绝选择那些地方性的、可再生的能源供给方式。

市场也是有限的。在美国,即使有钱的富人可以购买很多私人飞机、奢侈的游艇和豪华的房屋,但其国内市场已经出现大范围的停滞。中产阶级的工作时间在延长,而工资却在减少、消费负债,他们也只能购买那么多的汽车、电冰箱、电视和DVD播放机。那些希求快速发展的各种公司也发现他们找错了地方。因此,探求和开拓新的国外市场成为必需——不管通过贸易协议的压力还是军事力量的强制。

至于廉价的劳动力方面,劳动者已经不甘处于廉价剥削的地位,也不再愿意接受善变的跨国公司的可怜的保障。在美国,那些已经获得相当好的条件的劳工组织,发现它们正在和那些世界上最穷困和受压迫的工人们竞争。这些工人当然有理由愤慨,因为事实是:公司里的首席执行官们正在赚着上百万的美元,而他们自己只能得到下跌的或者是停滞不前的薪水。

很少有政府像前些年那样顺从。

上述的各种条件,对于新自由主义的成功是必需的,然而,没有一种条件是可以持续的。 当美国这一强大的力量意识到了这一点时,它也只能通过一些更加极端的方法来维持现状以使其持续更为长久一些。

正如瓦尔登·贝罗(Walden Bello)所写的那样,美国"对于非美国主导的全球化的过程是非常警惕的,它不希望分散其自身的经济力量"。布什政府在贸易问题上采取双重立场,那些贸易保护论者从农业转向医药,随后转向钢铁业,这些都是布什采取双重立场的证据。正如瓦尔登·贝罗所说的那样,美国奉行的座右铭是:"在美国国内实行贸易保护,其他地方实施贸易自由。"

伊拉克战争的主要企图是保持美国巨大的能源需求的供给,使美国这个经济巨人活的时间更长一些。这就像给一个已经呼吸困难的系统进行人工呼吸。

不过与此同时,这场战争也是用铁拳的一次警告,它告诉其他的国家:究竟谁管事,谁是老大,我们怎样继续生活下去。不过这一次,这种警告已经不像过去那样奏效和令人信服了。

不再顺从的联盟

时至今日,整个世界都已经了解到伊拉克战争的诉求从基础上就是错误的。我们也了解到,新保守主义者(很多目前是布什政府的高级官员)的热情就在于保持各种资源源源不断流入美国,在"9·11"恐怖事件发生的十年前入侵伊拉克,把中东地区纳入自由市场的框架中,也都是为此。

布什政府2002年的"国家安全战略",保护"自由"的花言巧语之中,公开声明,表示其将通过先发制人的战争来保护美国总统所认定的任何美国利益。明显地,他们把"自由"等同于自由市场和自由贸易——甚至提出"降低边际税率"和"促进增长的法律和规制政策"也是自由概念的题中之义。这其中暗示着一个前提,那就是对美国大公司主导的全球自由市场的威胁,就是对美国国家安全的威胁,因此,对其进行先发制人的战争就是正义的。

伊拉克战争是这种理念的第一次实施,该战争的前提假设是伊拉克保留了大规模杀伤性武器,并且串通其他恐怖主义组织对抗美国。至于证据,现在已经证明,伊拉克不仅没有大规模杀伤性武器,而且萨达姆·侯赛因也并没有和基地组织之间有什么联系,对其邻国,伊拉克也并没有威胁性行动,伊拉克对美国也没有足以促成一场战争的迫切威胁。可是,这些事实都被美国简单地忽略掉了。

美国在上述事件中表现极差，带来了国内的信任危机和道德权威的丧失。群众们被激发了起来，很多国家也联合在一起，反对美国这些不光彩的目标。只有少数的国家支持美国的政策，而联合国安理会也没有支持它们，同时，公众意见表明大部分人民都持反对意见，其比例常高达百分之九十。

无论如何，除了美国入侵伊拉克并消灭了一个专制腐败的政府，逮捕了萨达姆·侯赛因，占领了伊拉克以外，现在看来，那些其他事前声称的目标是不可能实现了。这场战争并不会给中东地区带来民主和和平，不仅如此，中东民众对西方国家产生了越来越大的愤懑情绪，这使得世界范围的恐怖主义威胁有增无减。

甚至，这种结果对于美国来说也是损失惨重的。因为美国发现自己在外交上越来越孤立，也越来越难以赢得信任，军事上已经过度扩张，因而联邦政府预算和国家贸易赤字过大，把美国带到了财政危机的边缘。正是基于这种情况，曾任里根政府海军秘书处处长的詹姆斯·韦伯（James Webb）在他的著作《美国的今天》中这样评价伊拉克战争：

> 布什犯下了现代史上重大的战略错误，因为他攻击错了目标。他声称要推翻萨达姆·侯赛因的政权，可是他做的远比这个目标要多。他彻底推翻了一个对美国并没有构成直接威胁的政府，使我们大量的军力滞留在中东地区，而这个地区看上去从来就没有和平过。

"以人为中心发展论坛"发表的报告《全球公民社会：前方的路》（这份报告的作者是大卫·科顿［David Korten］、尼卡诺·帕拉斯［Nicanor Perlas］和万达那·谢娃［Vandana Shiva］）中指出，帝国政府当前在经济上和军事上的政策都是没有任何效果的。

该报告指出："帝国所有那些努力，如果依赖远距离控制和远距离供给，如果高压替代性的发展途径，那么，这些努力都必然是自我削弱。"他们主张其他替代性的发展途径，这些途径应该根植于本土的，而不是为成为全球强势国家设计的，这些另类途径在这本书中也有所展示。

复杂体系的活力依赖于本地化的决策,并把互相依赖的程度限制在一个可以管理的范围内。精英全球化导致了一个不稳定的系统,而且这一不稳定将最终自我摧毁,因为它忽略了这个基本原则。社会和环境系统失败的危机只能以权力和控制的非中心化的办法来解决,只能遵从合作与社区的原则……聪明的和理智的领导人现在应该放弃"帝国的努力"而采纳更加建设性的替代方案。

专栏框 A

伊拉克的"自由":大公司特色

安东尼娅·朱哈斯(Antonia Juhasz),全球化国际论坛

美国入侵伊拉克不仅是为了掠夺廉价、稳定的石油供给,而且它和美国国家安全准则相一致,是一个用来试验未来行动新模式的探测气球,即这种新模式将给其他国家带来"自由",这里所说的自由,是市场自由。武力征服带来了自由贸易的好处,而伊拉克正是从中受益的榜样。对此,如果还有何疑问的话,那么,只需看盟军临时总管保罗·布雷默2003年9月15日发布的第39号令,该法令对在"自由"伊拉克的外国投资制定了新的规则,这些规则是极端新自由主义的,对总部在美国的全球公司大有好处,但这种"自由"对伊拉克却没有什么好处。在本书付印时,布雷默所制定的法令已经加入到了阿拉维总理领导的过渡政府的操作规则中。我们可以预计:在美国权威影子下的未来伊拉克政府,将持续这些规则。

以下是布雷默第39号令的几例:

- **私有化**:法令允许伊拉克全部国有企业(有两百多个)私有化。第一批出卖给私人公司的国企名单中,包括水泥和化肥工厂,磷酸盐和硫磺矿,制药厂和国家航空公司。
- **百分之百外资**:法令规定在除了石油、采矿、银行和保险业之外的全部行业中,允许百分之百的外资所有权(下一段将有所讨论)。

- *国民待遇*：法令规定："外国投资者在伊拉克将得到不低于伊拉克本国投资者所得到的待遇条件。"这一条与世贸组织和其他国际贸易协定中的"国民待遇"条款一致。因此，伊拉克政府不得给予本土的投资者、产业和供应商以优惠待遇。伊拉克政府无权要求持有上十亿美元重建合同的美国公司雇用本地承包商。伊拉克政府也不准为了发展本国经济，而规定本国公司在承接合同方面比外国公司有优先权。
- *无限制的利润汇出*：法令允许外国投资者"随时将投资相关的资金转移到国外，包括股本、利润和红利"（不止于此）。外国投资者可以将他们的钱随意放到任何地方，并随时撤走，"不遭耽搁"。
- *40年约期*：伊拉克政府和产业被锁定在上述法令中，维持40年不变，并可以不断延续约期。

这样，在39号法令有效期内，将允许：在伊拉克的美国大公司可以拥有任何产业、做任何工作，并将它们任何的钱送回家。这些大公司无须拿出一分钱来在伊拉克本地再投资，对于发展伊拉克本国经济，或者帮助被战火摧毁的地区、社区和服务业恢复，这些大公司无须承担任何义务。全部的利润都可以返回母国的投资者，而且外资随时可以撤资。无须雇用伊拉克人，无须提供公共服务，无须保证工人的权利，无须保证伊拉克本国资源不外流。伊拉克及其人民被降格为一堆原材料，可以被美国大公司和全球经济来随时利用和剥削。

和39号法令类似的，还有布雷默的第40号和第37号法令：

- 布雷默40号法令在一夜之间，将伊拉克国家所有的银行转变成市场驱动的体系，允许外国银行进入伊拉克市场，并可以购买伊拉克银行的百分之五十的股份。JP摩根-大通银行（J. P. Morgan-Chase）是美国第二大银行，在安然公司丑闻中有染，该银行争取到了一份合同，合同准许它开设一个来自13个国家的13家银行的联盟，以建设伊拉克贸易银行。伊拉克贸易银行可能只是JP摩根的切入点，仅仅尝一下今后大规模私有化的一点甜头。

导言：转折点

- 布雷默第 37 号法令规定在伊拉克实行 15% 的平税，对个人收入和公司收入同等征收。历史上看，平税能为最贫困阶层减轻税务负担，但极大地增加中产阶级的税负，同时极大地减轻富人的税负。

美国在伊拉克占领当局在贸易自由化方面也有宏大的计划。伊拉克已经取得了世贸组织的"观察员"身份，伊拉克的法律也百分之百地按照世贸组织的规则制定。总部在弗吉尼亚州的白波因特公司（Bearing Point, inc）为盟军临时政府准备了一份计划，开列了最重要出口物的清单：石油、其他自然资源、奢侈性农作物出口，如高价水果、蔬菜、花卉、种子。石油投资和出口的具体方式是一个具有高度争议性的问题，至今仍是一个秘密。我们只是知道：雪佛龙-德士古（Chevron Texaco）争取到了销售伊拉克石油的第一个合同，并从中获取了巨额利润。

《旧金山编年报》2004 年 3 月 21 日报道，大批重建合同已经由一些美国公司瓜分，包括：哈里伯顿/KBR（126 亿美元）、Bechtel（28 亿美元）、华盛顿集团（21 亿美元）、Fluor（11 亿美元）、Perini（10 亿美元）、Parsares（9.74 亿美元）。这些重建工程基本上都是美国在入侵战争中毁掉的基础设施的重建。

最后，布什总统宣布：出台一项新的"美国中东自由贸易区"计划，伊拉克是这个计划宪章起草成员国。

新的觉醒

在目前情势下，现在的当务之急是确定新的发展方向。一个好现象是：世界各地成千上万的人们不再等待政府或者国际官僚机构去做出决策了，尽管我们几乎天天都在努力督促他们去做出好的决策。读者在下面的章节，特别是第七章和第八章"替代性的运作体系"中会发现，世界各地的社区正在挑战有关全球化不可避免的说法，而且正在抵制个别国家强加于我们的全球化。同时它们也抓住这个机会将新的想法付诸实验，争取夺回它们长期以来被剥夺的权利：由自己决定其前途、掌控自己的经济权利，拥有水、土地、尊严和健康的环境的权利，以及过和谐、和平与尊严的生活的权利。

因此，我们在本书开始，就带着一种审慎的乐观，认为世界各国的公民及其政府有希望构建一条取代目前的经济全球化的另外选择。即使在几年以前，在本书中所提出的那些建议会被认为是极其不现实的，而今天，这些建议则不会被认为是那样不现实的了。

从很多方面看，今天这个时代，与20世纪60年代和70年代类似，那时有关发展的争论还很激烈。地方的、国家的以及全球性的另类选择模式不断涌现。在那个时期，公民社会和南方政府联手，策划出另类选择模式，并且在许多国家实地实施。

历史很可能会证明：20世纪80年代和90年代的大公司驱动的全球化，是一个反常阶段，在这期间，一种单一的模式被推广，尽管这种模式本质上不切合现实、不符合人们的需求。从20世纪90年代中期以来，这种模式不可避免遭到失败，变得越来越明显，因而导致了政治上的巨大变化，特别是以2003年的转折性事件为标志，世界银行和国际货币基金组织受到各方面的严厉批评，批评不仅来自公民社会、政府，甚至来自美国国会的一个两党合作的委员会（即发表了2001年报告的麦尔泽委员会［Meltzer Commission］）。在发生了安然和世通公司造假丑闻后，全球大公司很大程度上失去了公众的信任。全球公民联合起来，在世界各地举行示威游行，规模越来越大、越来越成功，力量越来越强。公民社会的上万名代表现在每年聚集在一起参加"世界社会论坛"，以此来加强他们之间的联合，并分享一种世界未来远景，在这个远景中，世界能够摆脱大公司全球化的控制而繁荣发展。"世界社会论坛"的精神和原则得到了传播，表现为全球各地越来越多的地区的和国家的社会论坛，这些论坛吸引了成千上万的人们在一起进行富有智慧的、焦点集中的对话，以讨论更好的世界的可能性。

公民社会组织和全球南方国家政府之间的联合，现在也在开始发展，使人想起20世纪70年代民间组织和"77国集团"之间的联合,那时这个联合以"新的国际经济秩序"的名义提倡并促进其共同经济利益。1999年西雅图抗议活动导致世贸组织会议失败,这个事件使一些南方国家的政府变得勇敢起来,更直接地对世贸组织程序和新议中有害于其国家利益的那些内容提出挑战。2000年4月在美国首都华盛顿举行的反对世界银行和国际货币基金组织的抗议活动,提出了减免穷国债务以及取消结构调整政策等口号。这次抗议活动与"77国集团"在古巴召开的首脑会议在时间上重合,会上几个国家的首脑发表声明,严厉批评了世界银行和国际货币基金组织,对华盛顿的抗议者表示支持,并主张将布雷顿森林机构的三大组织(WTO、WB、IMF)的责任转移到联合国。在美洲自由贸易区的谈判回合中,巴西和委内瑞拉的政府谈判小组定期地离开谈判会议,以便对国际公民社会的代表汇报重大的进展。

南方国家在布雷顿森林体制保持不变的情况下会继续其利益受损的状况,而在新的程序下将大大受益,本书下面就会提出这些新的程序,包括债务减免、取消结构调整条件、控制国际投机资本的流动等。南方国家在联合国大会拥有大多数的表决权,这种对抗北方工业国家的权力,它们从前一直都不愿使用。但是,近来南方国家在世贸组织中的经历以及它们和公民社会组织的联合,使得在北方国家和南方国家中,有越来越多的人支持南方国家采取独立的立场,采取倾向于民主、环境和穷人福利的立场。

在历史上,可以找到这样的先例,即:穷国进步领导人、全球公民社会和富国中有同情心的政治家建立起大联合,从而有能力在全球范围内争取全面的制度改革。许多年前,曾经有过这样的进步联合,即富国的进步力量和前殖民地的群众领袖之间的联合,最终导致了大西洋奴隶贸易的废止以及后来欧洲殖民地的瓦解。近来的事态发展能够让我们相信:一个新的变化周期已经到来,这种变化既表现在制度层面上,也表现在草根层面上,一个新的大联合很可能出现,这个大联合将有能力祛除我们这个时代的不公正。

第一部分 危机中的全球体系

经济全球化被当做一种解决一切问题的灵丹妙药,推销给全世界,但是其效果没有像广告所吹嘘的那么好。经济全球化没有帮助穷人,而是带来了前所未有的贫富差距(在收入和财富两方面),无论是穷国和富国之间还是穷人和富人之间都是如此。经济全球化妨碍了民主和社会正义,经济全球化摧毁了地方社区,将农民和世世代代的土地隔离。经济全球化使历史上最大的环境破坏加速发生。全球化的真正受益者是世界上最大的公司及其高级官员,以及它们所带来的全球官僚。

第一部分讨论的是使这个体系出现的世界观,以及它失败的原因——原因要从体系最深层的基本结构和设计中来寻找。

第一章 互相冲突的世界观

在印度、菲律宾、印度尼西亚、巴西、玻利维亚、美国、加拿大、墨西哥、阿根廷、委内瑞拉、法国、德国、意大利、捷克、西班牙、瑞典、英国、新西兰、澳大利亚、肯尼亚、南非、泰国、马来西亚和其他世界各地的数百万人，上街举行大规模的示威游行，反对大公司全球化的制度和政策，但媒体对此经常抱着怀疑甚至敌视的态度。主流媒体很少试图去严肃地告诉公众，抗议者所关心的问题是什么，而经常是将抗议者描述成"无知的贸易保护主义者"，似乎他们提不出什么替代性方案，因而不值得重视。许多媒体试图将很复杂的问题简化成简单的对立，比如："保护主义"和"开放"之间的对立，"无政府状态"和"有秩序的民主过程"之间的对立。在北美和欧洲，那些参加抗议的人会被当做特权所惯坏了的孩子——自私、无知的不满者，想要取消贸易与国际合作。

任何人只要稍微做些调查，就会发现，将成千上万的来自几乎世界各国的、各种行业的人们上街抗议，用那样简单化的方式来描绘，是完全不真实的。有一种指控说抗议活动是反对穷人的，但最大多数抗议是在低收入国家发生的，参加者本人也大多数是穷人。还有一种指控认为抗议活动是主张孤立和排外，这同样也是片面的：对大公司的抵制是全球范围的，手段是国际合作，目标是为全世界所有人都争取到经济的正义。至于一种指控说抗议活动是反贸易的，也不正确，因为许多运动的领导人都在推广"公平贸易"的理念，以改善穷人及其社区的经济状况，他们反对的是所谓"自由贸易",认为它经常是剥削性质的。

实际上,抗议运动是建立在严谨、完备的批评理论之上,发表在许许多多的出版物和公开宣读的论文中,其中包括"全球化国际论坛"的文献库,以及该论坛相关学者的许多著作和论文。有关批评理论也见诸越来越多的独立媒体的出版物,这些出版物对主流媒体所忽视和否认的事实和可能性加以报道和传达。这些独立的信息来源正在渐渐地增强公众意识、使得要求改变现状的人越来越多,但是这些信息来源还没有多到一个足够大的数量,以至能够改变政治辩论的基本定式,政治辩论仍然被大公司媒体和利益所主宰。

说抗议者拿不出替代方案,也同样是不符合事实的。除了在书籍、杂志、会议和论文中描述了许多替代方案之外,公民社会组织在过去的20年中,发表了许多精心起草的声明,这些声明勾勒出丰富的替代方案,这些方案具有惊人的一致性,它们都基于共同的、人类社会应有的价值观。2001年以来,数万人每年都聚集在巴西的阿雷格里港,或者印度的孟买,参加世界社会论坛,其主题为"另一种世界是可能的",这是一个继续构建共识的过程,以设想出一个符合全人类利益的世界图景。

公民社会团体提出的最明确、最直接的一个替代方案,恐怕就是暂时停止新一轮的贸易谈判。还有一些更宏大的建议,比如在本书中所提出的,主要是有关:将全球的、国家的和地方的优先任务,转变为建设健康的、可持续的人类社会,使它符合所有人的利益。

尽管许多抗议者集中反对贸易协议,全球公民社会并不一般地反对贸易。人类从一开始就进行贸易,只要有两个人存在,贸易就会继续。抗议者所反对的,是大公司利益集团利用国际贸易协议来阻碍民主,在全球性的行动中剥夺社会保障和环境保护,而这是人们经过了几十年甚至数个世纪才争取来的。

问题在于:谁有治理权。普通人能否发出民主的声音来决定对全社会都最为有益的规则?还是说,由一个统治精英小集团背着公众私下开会商议,继续为人类的未来制定规则?如果决策者只是关心下一季度的公司利润,那么,谁还会在乎人们的健康、福利以及整个星球?

这些问题，对于许多人来说，都是越来越严肃的问题，因为他们生活在暴力和不安全之中，在全世界贫富差距不断加大、社会基本结构破裂，重要的环境系统解体的同时，这种暴力和不安全也在蔓延。是这种社会和环境解体的现实，把数百万人汇集到了一起，形成了一个松散的全球联盟，这个联盟穿越国界，它可以被看做是人类历史上最为全球性的、最具有容纳性的社会运动。

不同的世界

推行大公司全球化的人，通常在豪华的地方聚会，在那里为了私人利润而策划出大公司全球化的路线图。而公民运动则是以民主的名义来反对前者，这前后两者之间，在价值观、世界观以及进步的定义上，存在着巨大的鸿沟。有时，他们似乎生活在截然不同的世界里，从很多方面看，的确是如此。了解这方面的差别，对于理解人类面临的重大选择，是一把钥匙。

推行大公司主导全球化的人，生活在权势和特权的世界里，从他们的角度看，到处都可以有进步，只要将公共财产私有化，使市场免于政府的干预，就能将自由和繁荣传播到世界各地，就能改善所有地方人们的生活，并能创造出金融的和物质的财富，用来消除贫困和保护环境。他们把自己就看做是一个不可阻挡的但却是好的历史过程的化身，这个历史过程，会消除掉经济和政治的边界，使大公司的扩张不再受任何障碍，消灭公共官僚的插手、低效和专制，释放出竞争和私有企业的巨大能量，让它们去创新并创造财富。

推行大公司主导全球化的人把加速实现这些发展趋势当做自己的伟大使命，他们推进有关的公共政策和国际协议，以便更好地保护投资和私有财产，同时取消对商品、资金的自由流动的限制，取消对大公司随时随地寻找赚钱机会的限制。他们推崇全球性的大公司，把它们看做是最伟大、最高效的人类制度，看做是强大的创新机器和财富制造机器，认为它们在世界各地都正在扫除进步的障碍，为人类取得成就。他们高度评价世界银行、国际货币基金组织和世界贸易组织，认为它们是重要而有益的全球治理机构，它们正在进行为商业运作改写规则的伟大工作，以便让市场更加自由，创造经济增长的必备条件。

推行大公司主导全球化的人把这种世界观奉为金科玉律。他们在内部也有一些分歧，主要是有关政府在多大程度上应该补贴私有大公司或在多大程度上提供安全网以保护市场激烈竞争中失败者的损失。

与此相反，公民运动看到的，是完全另外一个现实。公民运动关注人和环境，他们看到的是一个危机中的世界，而且危机是如此地深重，已经危及到文明的基础和人类生存的基础——世界的贫富差距在迅速变大、信任和亲善的关系在消失、地球的养育生命能力在失效。公民运动认为：推行大公司全球化的人在推动市场经济的传播，治理的权力正在从社区、从人们的手中流失到金融投机家和全球性大公司手中，这些金融投机家和全球性大公司一心只为短期的利润，完全不考虑人和自然环境。公民运动看到：大公司正在以金钱的专制取代民主，以大公司内部集中计划经济取代自我组织的市场，以贪婪和物欲的文化取代多种多样的文化。

在公民运动看来，这些发展趋势并不是什么不可避免的历史力量所导致的，而是受大公司金钱影响的腐败的政治制度有意所为。公民运动把世界银行、国际货币基金组织和世贸组织看做是侵犯人们利益、危害环境的首要工具。

推行大公司全球化的人声称能够带来种种好处，但却未能实际做到，具有讽刺意味的是，公民运动也寻求同样这些好的东西：民主参与，能够提供满意的工作、同时也能满足顾客的需求的企业，健康的环境，消除贫困。然而，推行大公司全球化的人追求竞争性的全球经济，这种经济受超大型的公司的主宰，这些大公司不对任何地方或个人保持忠诚；而公民运动追求的全球化，是这样一种全球经济体系，它是由本地所拥有的企业所组成，这些企业对所有的利益相关人都负责任，公民运动的宗旨是：符合所有人利益的经济正义，国际合作，活跃的、多元的文化，健康的、可持续的社会，这样的社会中人们把生命的价值放在金钱之上。

第一章　互相冲突的世界观

公民运动认识到：推行大公司全球化的人无法兑现他们的承诺，因为在金钱上的狭隘和短视的约束，和那些承诺是完全背道而驰的。许多推行大公司全球化的人可能是带着好的动机去行动，但是他们只看到自己的成功，而没看到这些成功的代价，因为这些代价是强加在没有发言权的人们的头上的，包括我们的后代。

推行大公司全球化的人通常以他们自己的金钱和财富来衡量进步，比如用升值的股票价格，或者有钱人能够支付得起的商品和服务的总产出做进步的指数。在拉丁美洲等地区，这些指数会有周期性的波动和跌落，在最贫困的非洲国家，人均收入在跌落。除了以上这些例子外，上述指数在世界各国的表现不错，从而使推行大公司全球化的人认为：这印证了他们所许诺的：他们的计划使世界富了起来。

对比之下，公民运动用以衡量进步的指数，是人们的福利水平和自然环境的完好程度，特别关注的，是那些需求尚未得到满足的人们的生活状况。按照这种标准，除了那些享有大公司全球化特权的极少一部分人之外，该指数显示人们的生活状况是在以惊人的速度恶化，这意味着：按照对人们重要的东西来衡量，世界正在迅速走向悲惨。

联合国粮食和农业组织（FAO）报告说：在20世纪70年代和80年代，世界上长期饥饿的人数一直在持续减少，但是从20世纪90年代初期开始，一直在增加。美国农业部估计：到2008年，撒哈拉以南的非洲国家将有三分之二的人营养不良，在亚洲，将有40%的人营养不良。

在世界上，少数几个国家拥有难以想象的多的财富，而另一方面有2亿5岁以下的儿童因为缺少食物而体重不足。每年有1400万儿童死于和饥饿有关的疾病。另有1亿儿童生活或者工作在街道上。20世纪90年代，有30万儿童被征兵入伍，其中有600万在战斗中负伤。世界上有8亿人每天晚上饿着肚子去睡觉。

这个人类悲剧不局限于穷国。像美国这样的富国，仍有610万成年人和330万儿童晚上吃不饱。百分之十的美国家庭（大约合3100万人）没有保证基本需求的足够食物。这些都是全球危机越来越深的表现。

在环境方面，联合国发展计划署（UNDP）、联合国环境计划署（UN-

EP）、世界银行和世界资源研究所2000年发表的一个联合研究，对五种生态系统——农业、海岸、森林、淡水和草原，和五种生态系统服务——粮食、纤维生产、水量、空气质量、生物多样性和碳储存量的关系进行评估。研究发现：25种生态系统服务组合当中，16种出现衰落趋势。唯一有正向增长的，是森林生态系统的粮食和纤维生产这两个组合，这是由于工业生产方式的单品种人工造林的扩大，但损害了物种的多样性。

据估计，人类的活动，特别是矿物燃烧，造成大气层内聚集的二氧化碳达到了2000万年来最高的浓度。据"世界观察研究所"（Worldwatch Institute）——一个环境智库——的报告，1990年代的自然灾害，包括气象有关的灾害，如暴雨、水灾、火灾等，殃及20亿人，在全球造成了6080亿美元的经济损失，超过了以前40年的总和。仅在1998年一年，就有3亿人因为气象灾害的原因逃离家园，被迫流离失所。

随着每一天的流逝，重新思考人类的首要任务和制度变得越来越紧迫了。然而，绝大多数推行大公司全球化的人，却偏偏视而不见，他们重复着自己的那套华丽词句，认为只要有足够多的时间和耐心，大公司主导的全球化就将创造出足够多的财富来结束贫困并保护环境。

公民运动反对这种看法，它们认为：大公司全球化正在摧毁地球上的真正的财富，只是为了推行原始的、赢家通吃的竞争，这不可避免地造成贫富之间的鸿沟。他们认为下面这种论点是荒谬的：必须剥削穷人、毁灭环境去挣钱，这样才能消除贫困、拯救地球。

许多公民运动将当前必须转型的迫切性，当做是一次机会，通过这次机会可以把人类提升到一种新的可能之中，这是人类有史以来最富有创造性的挑战。然而经验告诉他们，有领导能力的现存既得权力体制既不可能、也不适合去迎接这个挑战。现今的领导，在现状中得到优厚的待遇，而且坚信除了现状外，别无选择，不能指望他们突然良心发现。

因此，为创造一个公平和可持续发展的世界，在这场挑战中，担任领导的任务就只好落在了数亿名非凡的人们身上，他们来自一个正在形成的全球公民社会，他们相信：一个更好的世界是可能的；他们正在建立全球性的联合，以推动治理权力的转移，使其更加民主、更加植根于基层，使其成为对普通人友好的机构，使其更看重人的生命，而不是金钱。尽管他们中最引人注目的，是那些上街抗议的人，但同样重要的，而且人数更加众多的，是那些面对敌对他们的体制的力量而正在奋斗建设他们自己的社区和经济的人们。

经济民主

现在和未来的人类福利，取决于改变社会内部的权力关系，以及改变不同国家之间的权力关系，使其变成更加民主、更加互相负责的管理模式，其特点是自我组织的、权力分享的，从而尽量减少强迫性的中央权威。*经济*（原文斜体——译者注）民主的含义是：在赖以维持生计的生产资料占有方面，所有人都能有公平的参与。经济民主对于权力关系的转变是至关重要的，因为：经济权力的过度集中，是政治民主的"阿基利斯之踵"，大公司全球化的经验就说明这一点。

20世纪最重要的政治斗争是围绕着社会主义和资本主义展开的。两者都将所有权力集中在不负责任的机构手中：社会主义国家将其放在国家手中，资本主义将其放在大公司企业手中。两者都违背了经典自由主义理想中的自我组织的市场，在这种市场中，社区自我组织起来，在一个通过民主方式制订的规则内，对本地的需求有求必应。

很少有人注意到这一点：经济民主对经济的高效运行十分关键，它相当于一个有效的公共调控。由于今天的市场只对金钱做出反应，因而它过分地关注富人的需要，而很少注意到穷人的最基本需求。经济民主也是个人、社区和民族的经济自决权的必备之基础，经济自决权也就是决定自己经济优先项、主导自己的经济生活的能力。经济民主使每一个人都能发出自己的政治声音。

同时，在地方、国家和全球的规则制订中，确实存在着困难的取舍选择。比如：公民社会坚持在世界各地都提高社会和环境标准，为此，有些积极活动分子呼吁建立全球统一的劳动、健康、安全和环境标准，而且要求最好以贸易制裁作为后盾。他们正确地指出：允许不同的标准，全球竞争性的经济不可避免地对所有人施加竞争压力，使标准变得更低。

但是，另一些人指出：永远是强国的人在倡导统一标准，因为他们能用强力对弱国推行他们自己选择的、对己有利的规则，而且，统一的国际标准不仅违反了民主自决的原则，而且也没有考虑到不同地方的不同状况和偏好。那些持这种观点的人，呼吁保护各国甚至各地采纳适合自己条件的标准，只要他们不是把负担转嫁给别人。

两种立场都具有合理的方面。其差别一部分是缘于给予经济自主的优先程度有所不同。一个社区或者国家的经济自主程度越低，其对外部的依赖就越大，因而对全球统一的规则的要求也越大，以避免标准下滑的压力。同样，一个社区或者国家的经济自主程度越高，其地方的灵活性也就越大，就越容易适应本地的状况。在"全球化国际论坛"上对这个取舍选择的对话，已经达成了共识的倾向，即倾向于经济独立自主和地方自决。

关注地方经济自主和自决，对全球治理结构具有重大意义。比如：在一个自主的和本土化的体系内，实施规则的首要权威是该地拥有管辖权的国家和地方政府，国际机构的角色应该是协调民族国家之间的政策，特别是涉及诸多国家共同利益的问题，比如全球变暖问题。

当然，坚持民主和自决，意味着最终应该由每个国家的人民（甚至是每个原住民团体和社区）来决定，他们愿意在多大程度上和其他国家的经济整合在一起。国际上人们关心的应该局限于：这些决定是以民主方式做出的，国家间的经济关系是公正的、平衡的，不会有一些国家债台高筑，无法偿还，所有的国家都能够防止外国或大公司的掠夺性干涉。

由于不同国家的利益的互相冲突不可避免，当然需要国际机构来协调合作和交换，以全球性的方案解决冲突。然而，这些机构必须是透明的、民主的，并且保卫个人、社区和国家的权利。世界银行、国际货币基金组织和世界贸易组织严重违反了所有上述条件，为此本书建议：取消对这些机构的授权，在联合国改革并加强之后，在联合国新的权威之下，建立新的机构以负责免除第三世界的国际债务负担，帮助所有国家将其与全球系统的国际贸易账户和投资账户恢复平衡，促使各国政府加强合作，以促使跨国公司建立起其公共责任。

第一章　互相冲突的世界观

变革的契机

不到十年前，推行大公司全球化的人所声称的"不可避免性"还有很多人相信。那时，谈论经济的替代方案似乎是夸夸其谈。今天，尽管大公司全球化仍然是一个巨大的势力，但是它看上去不再是不可战胜的，对替代方案的讨论也不再是天方夜谭了。公众充分意识到大公司的权力滥用，导致了一个强大的反对派运动的诞生。

如20世纪90年代经济合作组织（OECD）框架下多边投资协定的秘密谈判就被揭露出来，最后被终止。美国总统克林顿寻求的"直通谈判权"两次被否决，这个"直通谈判权"将允许他在贸易谈判中完全自主，将国会的辩论减少到最低、取消其修正权。（后来在2002年，共和党占主导的国会仅以超出三票的多数最终批准给予布什总统"直通谈判权"。）1999年在西雅图世贸组织部长会议上试图开始新一轮的贸易谈判被打断，世贸组织2001年将其部长会议移至卡塔尔，那是一个遥远的王国，公共抗议被严厉禁止。因此，世贸组织的不民主的本质也被揭露。在2000年4月，警察将美国首都华盛顿大部分封锁，以保护世界银行—国际货币基金组织的会议不受抗议者的打扰。抗议者要求这两个机构退役，取消第三世界的债务，后来在布拉格召开的一次国际货币基金组织和世界银行的干事会议被迫提前一天结束，2001年在巴塞罗那计划召开的会议被取消。2001年，制药大公司被迫做出让步，允许穷国更多地使用低价的无商标药品。如本书引言中所记载，2003年秋天在墨西哥的坎昆和美国的迈阿密，抗议者和穷国政府联手，导致了全球和地区性贸易谈判脱轨。

演变中的公民社会组织，包括了工会、农业工人、无地农民、宗教信仰者、妇女组织、青年组织、小生意人、手工业制造者、经济公平组织者、监狱改革倡导者、环境保护主义者、艾滋病和其他卫生问题活动分子、政治家、独立媒体组织、公务员、无家可归者、和平与人权组织、同性恋团体、知识分子、消费者维权人士，甚至包括少数大公司的首席执行官，他们当中有男女老少、来自不同的宗教、种族和国家。这基本上是数百万人的一次自发的觉醒，他们醒悟到：他们的未来以及他们后代的未来，取决于他们行使自己的民主权利，参与决策，以影响自己的未来。

这个联盟是因为对民主、正义和尊重生命的普遍价值的信奉，而走到了一起，而且工作效率越来越高，但它并不存在一个中央组织机构，也不存在一个规范自己的意识形态，在不同的场合所采取的形式也不一样。

在印度，在上百万人参加的"活着的民主"的运动的旗帜下，积极活动分子们试图通过社区资源的民主控制来使当地的人们赋权。在加拿大，上百个组织一起加入到一个活动中，宣传一个公民议程，寻求从大公司手中夺回对政府的控制。在智利，环保组织的联盟创建了一个强大的"可持续的智利"建议书，寻求逆转他们的国家走向自由市场的过程，重新确立大众对国家的优先任务和资源的民主控制。在巴西，关注的焦点是工人的权利、贫困人口和无地的农民。在玻利维亚，工人和农民的群众性运动成功地阻止了水的私有化。在墨西哥，玛雅人重新燃起了萨帕塔的精神，他们的运动是为了确立原住民对土地和资源的权利。法国农民起来反抗那些有可能摧毁小农场的贸易规则。在英国，修建高速公路招致了数十万人的反对，他们反对为了全球化高速运输的无情需要，而去把乡村破坏得乱七八糟。

这些只是在全世界各地发生捍卫民主权利的动议和行动的几个例子。有些是纯粹地方性的，而另一些是全国性的或国际性的。有些是寻求对现有的结构进行重大改革，有些是寻求彻底的变革。有些是短期的，关注的是现时段的争论，有些则是长远的，着眼于未来的规则和机构，以推动可持续的社会。（参看专栏框 B，总部设在马来西亚的"第三世界网络"[Third World Network] 的马丁·柯尔 [Martin Khor] 更详细地讨论了实行替代方案的不同途径。）但是，所有这些例子都具备一个共同之处：那就是对全球大公司的不合法的权力与虚假的承诺的唾弃，以及抱着坚定的信念去复兴各个层次的民主——地方的、区域的、国家的和全球的。所有这些例子，都以自己的方式为一个正在浮现的图景做出贡献，这个图景就是一个健康、公正与可持续的社会，而且人类有能力去创造它。所有这些例子，都以自己的声音,加入到一个越来越响亮的大合唱中,这个大合唱宣称:"我们地球上的人类"有权利创造一个这样的社会。

> **专栏框 B**
>
> ### 评论:互相冲突的范式
>
> 马丁·柯尔,第三世界网络
>
> 首先,我提出公民社会正在面对的两个互相冲突的范式,需要我们做出困难的选择,以便决定我们怎样进行工作。第一个范式是:在全球化的体制内做工作,不过我们会感到陷入其中无法自拔。在体制内做工作,我们首先要问:"游戏规则是否公平,特别是对弱势方,他们是否被强势方所玩耍和操纵,弱国是否被压制?"如果是的话,我们就努力改变规则,使规则更加公平。我们必须监督规则,知道规则的哪部分是对弱者不利的。在这第一个范式中,我们是在体制内工作和论述,并试图对其修补,因为我们认定:除此之外,没有更好的办法,特别是在短期内是如此。这是务实的人们可能会采取的策略,比如:在五年或者十年内,为了生存所采取的办法。
>
> 但是,我们也发现:即使我们在体制内做工作,使其对所有人都更加公平,这个系统也可能由于生态的限制,不会持续很长时间。换句话说,如果我们继续强调高速增长,但是增长的果实要比以前更公平地分配,因而穷人的境况好转,不过工业文明的体制仍在运行。因此,争论的问题是:一个纺织厂应该继续留在伦敦,为英国工人提供工作、高水平的生活标准和安全,还是应该将纺织厂转移到孟加拉,那里童工受到剥削。也许,让童工受剥削,要比让他们失业或者死去更好一些。在第一个范式内,我们将会碰到类似这样的争论。让孟加拉人在工厂里受剥削,还是让他们不受剥削,哪个更公平?他的工资是否应该提高?如果他的工资提得太高的话,他可能失去工作,因为工厂有可能迁回到伦敦,这样伦敦工人就又有工作了。

这样，问题就变成这样：也许这个工厂根本就不应该存在，无论是在伦敦还是孟加拉，因为工业文明本身是不好的；恐怕工业文明和世界的长远生存是相矛盾的。这就是第二个范式的基础：有关南方国家和北方国家的争论是无关紧要的，因为20年或者30年之后，整个体制反正是要崩溃的。因此，在第二个范式中，我们以甘地式的、社区为基础的、独立自主的家庭生产为基础，主要依靠社区内和区域内的贸易，只是在需要的情形下，才偶尔与世界其他地方作交换。

如果我们是在第二个范式内做工作，你可能会说："我不要跨国公司。我会想一切办法赶走它们，我将重视本土生产。"因此，如果我们是在第二个范式中做工作，我们将会得出与第一种范式中得出的完全不同的政策结论，因为第一种范式的宗旨是：更公平的贸易、更公平的经济关系。

有关贸易协定是否应该关心工人权利和环境问题的争论，是包含在第一个范式中的，同时我们也必须记住：还存在着第二个范式。但是有时我们从第二个范式中借用一些想法，来支持在第一个范式中的论点，或者反过来，这样我们自己也被搞糊涂了。因此，我们做工作时和辩论哪个方案更好时，应该清楚：我们是在第一个还是第二个范式中辩论。

让我们清楚这一点：在第一个范式中，世界是在前进的。我们中的一些人可能是在第一个范式中斗争，指出哪里有不平等，哪里有双重标准，哪里应该有更公平的交换条件，等等。我本人就是常常在第一个范式中做工作，但在情感上，我其实是属于第二个范式。因此，如果我们问：是否应该和世界其他地方作贸易，我们必须说得很清楚，我们是从哪一个范式出发。因为，最后我们希望将第二个范式灌输到第一个范式当中，使其成为一种过渡。

比如：当我们在第一个范式中为贸易和环境问题斗争时，我们只需问：如何才能使全球化的体系在环境上更加可持续，并以此问题作为向第二个范式的过渡。我们过渡的方式，应该是使穷人不受害，而富人承担代价。

> 我相信：我们现在必须坚持每时每刻都在两种范式内工作。在这种意义上，我们能够设计出一种体系，它能够以社会公平的方式走向环境的可持续性，同时减少收入不平等；消除贫困，但同时也解决环境问题。贸易机制，价格和产品体系，以及其他一些东西，能否很好地设计，使其能够向第二个范式过渡？这是我们面对的最大的挑战。
>
> **来源**：马丁·柯尔："评论"，见约翰·卡瓦纳夫（John Cavanagh）等编《南方与北方之间：转变一个分裂的世界的公民战略》（*South-North: Citizen Strategies to Transform a Divided World.*）圣弗朗西斯科：全球化国际论坛，1995年11月。

第二章　跨国企业统治的蓝图

从早期殖民主义时代以来，大公司主导的全球化经历了五个世纪，从殖民主义时代到帝国主义时代，再到后殖民时代。这种大公司主导的全球化带来了广泛的破坏性的后果，这本书提供的替代性的发展选择就是针对这些破坏性后果提出来的。二战以来，经济全球化背后的力量就来自于上百个跨国公司和银行，它们很早就开始编织生产、消费、金融和文化的跨国网络。事实上，现在我们吃的食物、喝的饮料、穿的衣服、开的汽车以及我们的娱乐，大部分都是跨国公司提供的产品。

上个世纪后半叶出现了世界官僚机构，这些大公司往往被这些官僚机构支持。这种情况带来的结果就是随着经济和政治权力的集中于这些官僚机构和大型跨国企业，使得民主、平等和可持续发展的目标遭到了破坏。

一般的言论喜欢把经济全球化描述成一个长期的、不可避免的过程，乐于把它看做是经济和技术进化的产物。同时，也把经济全球化看做一种不可控制的力量，就如同自然的力量一样。一些言论甚至声称，所谓其他的选择不过是乌托邦而已。接受这种全球化不可避免的观点，就意味着对经济全球化的任何抵制都将是无益的，大多数的政府、研究机构和主流媒体目前也正是这样做的。不过，事情并不是一成不变的，在美国的西雅图、加拿大的魁北克、印度、巴西、墨西哥、菲律宾、新西兰、阿根廷、英国以及其他一些国家，出现了成千上万抗议游行的群众，他们向我们证明：过去那样的对于经济全球化的消极态度发生了改变。

的确，全球贸易活动以及相应的观念（譬如自由贸易）已经以不同的形式存在了好几个世纪。虽然先前的模式和现代的模式在规模、速度、形式上发生了很大的变化，但是，它们对社会以及环境的影响并没有多大的改变。

现代全球化并不是进化而来的产物，事实上，它是为了一些特殊的目标而人为设计出来的。这个特殊的目标就是：使经济具有优先权，大公司的价值要在世界范围内推广和实现。事实上，现代经济全球化的时代是有其出生地和出生时间的，它就出生在布雷顿森林、新汉普什尔、1944年。也正是那个时候，世界上最著名的大公司的领导者、经济学家、政治家、银行家聚集在一起，讨论如何减轻二战带来的创伤，如何避免再一次的经济萧条，他们决定要建立一个新的中心化的世界经济体系，来推动全球经济的发展。他们认为，只有这样，才能避免将来可能发生的战争，才能减轻贫困，才能帮助世界的重建。

布雷顿森林会议的与会者把自己看做是利他主义者，尽管他们中的很多人从会议结果中获利，他们认为能够把世界整合起来的东西也就是这些跨国公司了，它们受到新的政府机构的支持，而且遵从自由贸易的原则。布雷顿森林会议之后，世界银行成立了（一开始的名称是国际重建发展银行），国际货币基金组织也成立了。随后，WTO 的前身关贸总协定（General Agreement on Tariffs and Trade）也诞生了。（关于这些组织，第三章有更多的讨论。）除此之外，还有北美自由贸易协定（NAFTA）和欧洲马斯特利赫特协定也纷纷出台。

以上这些组织、协定等，给我们带来了自工业革命以来对于世界最根本的重新设计，这些组织和机构重新设计了我们的社会、经济以及政治，并通过这些组织机构的强力带来权力的重大转移，把政治、经济的权力从国家、地方政府转移到了跨国公司、世界银行等国际组织和机构的官僚的手中。

另外值得我们乐观的是，上述这些情况是可以修改和转变的，本书这一部分的内容就是帮助我们推动这一进程。

全球化模式的关键要素

经济全球化，经常也指大公司主导和新自由主义推动的全球化，有以下一些关键特点：

- 推动极度增长，为了实现增长，对资源环境进行无节制的开发，并不断开拓新的市场。
- 公共服务的私有化和商品化，以及其他仍保留公共性的全球财产和社区公地的私有化、商品化。
- 全球文化经济的同质主义，极力推动消费至上主义。
- 整合、转化各国的本国经济，包括转化、整合那些高度自足的经济，将其转化为对社会和环境都有害的出口导向的经济。
- 主张国际间资本超越宏观调控以及其他限制。
- 公司之间日益增加的大幅度的集中化趋势。
- 取消既有的公共医疗以及其他社会和环境方面的项目。
- 将民主国家和地方社区的传统力量去除，代之跨国公司机构的力量。

我们开始对上述经济全球化模式的一些特征进行重新审视。

极度增长

全球化设计的第一条信条就是使大公司达到更快的、永不止歇的经济增长，也就是极度增长。为了达到极度增长，需要不断寻求途径来获取新的资源，需要新的更加廉价的劳动力，需要新的市场。正因为如此，当中国加入到全球化体系中来的时候，这些大公司是非常兴奋的。因为中国可以提供上述三个条件：劳动力、资源和市场。为了达到极度增长的目标，需要强调该模型的理想化的核心概念——自由贸易，也就是减少宏观调控对大公司活动的限制。自由贸易理念就是要去除妨碍大公司活动的所有因素，为其扩张活动创造条件。在实践中，这些妨碍因素一般包括：环境法案、公共健康法案、食品安全法案、保障工人权利和就业机会的法案、保证国家控制投资的法案，以及那些试图使国家能够掌握本土文化的法案。这些法案被经济全球化鼓吹者看做妨碍了自由贸易，所以受到新的投资和贸易协定的挑战。因此，当全球化设计取消了对大公司的监管和限制的时候，民族国家和地方政府受到的监管和限制反倒加强了。对于国家和地方政府来说，保护本地的工作机会，本地的身份认同和本地的文化成为一件越来越难的事情，同时，保护本国主权和大自然日益困难了。（见专栏框C）

全球化的支持者们乐于把极度增长说成是对贫穷国家和贫穷人民有好处的事情，因为他们相信这些增加的财富会"涓滴下流"，最终使那些贫穷的国家和人民得到好处。不过正像我们在后面要讨论的那样，所有的证据都表明事实是恰恰相反的。极度增长的好处并不是"涓滴下流"，而是"涓滴上流"。

专栏框 C

作为自由贸易的"障碍"的公益法

戴比·巴克尔（Debi Barker）、杰里·曼德尔（Jerry Mander），
全球化国际论坛

布雷顿森林三大机构的一个主要目标就是取消障碍，包括公益性质的规则，因为它们可能限制大公司得到市场、劳工和资源。

世贸组织的裁决小组的纪录很可观，它向通过民主方式制订的法律和标准挑战，特别是环境保护的法律和标准。世贸组织的第一个裁决就是反对美国"清新空气法案"，该法案对污染空气的汽油制定了较高的标准。但发现：该法案不符合世贸组织的贸易规则，必须修改。

其他有争议的裁决是有关其他议题的：
- 美国海洋动物保护法案（特别是其保护海豚免受工业捕鱼所杀害的条款）

- 美国濒临危险物种法案的保护海龟的措施
- 欧洲联盟禁止美国注射生长荷尔蒙的牛肉的进口

尽管只有政府才能够向世贸组织提交诉状,全球大公司几乎永远是后面的动力。在一个最骇人听闻的例子中,美国政府以奇奎塔公司(Chiquita)的名义向欧盟挑战,因为欧盟对其前殖民地的香蕉进口给予优惠。

这个过程还有第二个让人不寒而栗的效果。比如:危地马拉政府取消了一项公共卫生法律,该法律禁止婴儿食品公司,特别是戈伯尔(Gerber)公司,在广告中说它们的产品比自然喂奶要好。此外,加拿大取消了对进口MMT的禁令,MMT是一种燃料添加剂,它能够破坏神经系统。在上述两例中,都是因为受到贸易体制下的起诉的威胁。在戈伯尔公司案例中,美国威胁要向世贸组织起诉。

在加拿大的案例中,伊瑟尔公司(Ethyl)威胁要在北美自由贸易协定的投资者——国家条款之下起诉加拿大,这个条款很可能被推广到美洲自由贸易协定中,该条款第一次允许大公司在国际裁判庭,而不是国内法庭里起诉主权国家。伊瑟尔公司的起诉威胁声称:加拿大有非法"侵占"行为,因为加拿大的环境安全法律降低了该公司的未来利润。相似的一个案例是:美国受到起诉,因为加利福尼亚禁止另一种危险的燃料添加剂MTBE。

最后的效果是:整个过程导致了在所有国家内环境、劳工或健康标准的退步。这是一种"交叉的取消监管",是大公司让自己的政府摧毁其他国家的法律的一种办法,正如同它们在国内就要求取消监管。

支持者喜欢管它叫做*自由*贸易,但是他们所说的"自由"的真正含义是:全球大公司的自由,而压制了社区和国家监管的自由,和维持基本价值的自由,比如:环境、卫生、文化、就业、国家主权,以及民主等等基本价值。

来源:黛比·巴克尔、杰里·曼德尔,《看不见的政府》(*Invisible Government*),旧金山全球化国际论坛,1999年版。

私有化和市场化

大公司统治蓝图的第二个要旨是：对尽量多的非市场领域，推行私有化和市场化。这对于扩大经济地盘和利润都是很必需的。这个转变过程现在还包括针对从前全球公共领域里的一些原生态的东西：这些原来就一直根本不在贸易体系内，而且我们一般都把它们当做全人类不可异化的权利，并一直保持为非商品的形态。比如：我们人类的基因结构而且全部生命，现在也都正在被"跑马圈地"，成为贸易体系的一部分，这样做是采取生物科技的手段，而且得到了世贸组织的知识产权规则的很大帮助。同样，传统的本土的种子，是在农业社区内经历了数千年的开发，一直是免费的共享，现在也被全球性大公司通过专利的办法所长期单独占有。近来，世贸组织的"贸易相关知识产权协议"（TRIPs）遭到了抗议，抗议者来自印度的农民，以及非洲和其他地方的艾滋病人，这些艾滋病人因为专利药太贵而需要帮助。这些都使人更看清了这个问题的阴暗一面。

与此类似，还有人在推动淡水的私有化，比如：河、湖、溪流等，而淡水恐怕是生存的最必需品了，从来都是公共财产的一部分。这些也有可能很快就被转化为全球贸易的一部分。所有这些以及更多的东西，都正在被迅速地私有化、商品化，这是全球化计划的一部分，是为了带来更多的原材料、更多的领土（地理和生物的），提供给大公司使用、投资、开发、交易。（见第五章"重新壮大公共财产"更多的讨论）

令人震惊的是，私有化过程现在也发生在公共服务领域。大公司声称：政府从来就是官僚的、低效率的、自我中心的，而相比之下，私有部门则是有效率的、有活力的，而且对消费者的需求是敏感的。因此，公共服务领域应该交给私有部门。尽管他们作为运作基础的一套价值观和政府的完全不同，它们还是这样声称。

公共服务领域的私有化现在是它被最新提出的美洲自由贸易协定（FTAA）、世贸组织内的贸易和服务总协定（GATS）的重要一部分。后者的谈判，目前正在进行，其内容是：将许多服务私有化，这些服务在不久前还是保留给政府的，比如：公共广播、公共教育、公共卫生、水的运输和处理、污水和环境卫生服务、医院、福利系统、警察、消防、社会保险、铁路和监狱。这些不久可能都会被商品化、私有化，对外资开放，使其受外资的主导，最终可能变成只有那些付得起商业售价的人们才买得起。我们将来很可能是闹成这样的：三菱公司经营我们的社会保险，贝其特尔（Bechtel）控制着全世界的供水，德国银行经营监狱（也许还有公园），迪斯尼经营英国广播公司，美尔克公司（Merck，美国制药大公司）经营加拿大的医疗系统。这些听起来好像很荒唐，但是它有可能成为真的危险。

还有，钱本身也被商品化。现在，全世界在自由贸易体系下的绝大多数交易，都不是有关商品或服务，而是金融交易。钱被当成了一种商品来做投机。现代信息技术使其成为可能：将难以想象的大量金钱在世界上任何地方、在国家间即时传送，对交易没有任何限制，只需按一下计算机键盘。这是引发1997—1998年的亚洲金融危机的原因之一，已经给许多国家带来了动乱的后果。

经济和文化的单一化

经济全球化的第三个要旨是：将所有国家的经济活动整合、融合成一个单一的发展模式，一个中央集中化的超级系统；文化、经济和传统相差极大的国家，比如印度、瑞典、泰国、肯尼亚、不丹、玻利维亚、加拿大、俄国以及其他近两百个国家，都将采纳相似的趣味、价值和生活方式。为他们服务的是同样的几家全球公司，同样的快餐店，连锁旅馆，连锁服装店；穿同样的牛仔裤和鞋，开相似的车，接受相同的电影、音乐和电视节目；生活在同样的城市环境中，进行同样的农业和工业开发计划，同时又具备相同的个人价值、文化价值和精神价值——一个全球单一文化。旅行的人会看到，这个趋势已经很明显了。所有的地方都越来越像其他地方了。文化多样性也将跟着生物多样性走向消亡。

这样的同质性模式可能适合最大的公司追求效率的需要，使它们能够在全球一碗水端平，把它们的生产和营销活动在一个扩大了的领土上重复复制，从而取得无国界条件下的经济规模。这就像新时代的标准铁轨，或者用今天的话说，就像计算机兼容性。全球贸易协定和全球官僚机构的一个主要目的，就是制订规则，以保证资本流动畅通无阻，全球公司在所有的国家可以自由进出，而且经济一体化的整合进程加快进行。

出口导向的贸易和投资

大公司的全球化喜欢所有国家都是出口导向的，希望清除所有针对外国投资的障碍，解除对投机资本跨国流动的所有限制。这些偏好会鼓励针对外国市场的生产，而不鼓励针对本国市场的生产，鼓励外资所有权，不鼓励本国所有权，鼓励金融投机。这些活动对全球性大公司和金融家有利，但是会让所有地方的人们都被迫将他们的生计依靠不在本地的产业拥有者的行动上，对此他们没有任何控制。

出口导向生产的理论依据是来自*比较优势*理论。根据这个理论，所有的国家都应该只生产其有比较优势的产品；这样一些国家现在只生产农作物如咖啡、甘蔗、森林产品，或高科技组装。理论上，它们可以以这些专门产品的出口创汇来购买其他国家具有优势的产品和服务，来满足自己的其他需要。

"比较优势"是全球化理论中的一个关键组成部分，它加快了原有的千差万别的地方经济和区域经济体系的消失，原有的这些经济体系强调的是多样性的小型农业、工业、手工业，这样的经济体系中会有许多小生产者，他们绝大多数是采用本地或本地区的资源，雇用本地或本地区的劳动力，生产的产品供本地或本地区消费。但是国际经济体系的建立取而代之的是大规模的单一种植的出口体系，这是"比较优势"理论的目标。

时间退回到20世纪中期，那时世界上许多国家努力在做的，是和这种专门化恰恰相反的事：为从殖民阶段的单一种植体系内恢复出来，它们使本国的工业和农业体系多元化,在殖民阶段经济体系下,这些国家被迫作为原料生产地依附于宗主国,实行单一种植业例如菠萝种植农场、咖啡种植农场、香蕉种植农场;随着工业化的发展,宗主国又把工业装配生产线强加给它们。独立以后,许多国家政府认识到:这种被强加的专门化,使它们处于特别被动地位,容易受到国外政治决策与市场价格体系的波动和变化的影响。因此,它们经常无法购买到像医药制品、食物、能源和基本工业产品等必需品。自然,这些国家寻求在这些产品上能够自给自足。为此,战后新独立国家力主采用"进口替代"政策,其实质就是通过掌握对本国经济控制权来获得"国家独立自主"。

布雷顿森林体系建立以后,特别是在20世纪80年代,世界银行和国际货币基金组织对这些国家施加了巨大的压力,逼迫他们放弃独立自主的政策,甚至在国际舆论中这个词变成了孤立主义、保护主义的同义语。世界银行和国际货币基金组织对这些国家施压,要求它们对全球性大公司的私人投资开放本国市场,以便这些全球性大公司能够在这些国家建立大规模的生产,以符合出口模式。这些国家被迫接受结构调整计划,不然的话,就难以得到任何经济援助。结构调整计划就是将国内经济体系重新改造,变成只出口导向的经济体系。这个压力型政策在这些国家经济结构调整中取得了成功。但是,这些国家将大部分生产转变为出口导向后,发现它们仍然受到富裕国家的进口限制。许多贫困国家现在懊悔它们接受这个体系,现在参与到抵制这个体系的行列中。

为什么世界银行和国际货币基金组织花费这么大的精力推行这一政策?问题的关键在于:*强调本地和本地区独立自主的经济体系,对自由贸易、经济全球化和跨国大公司推动的经济增长,具有极大的破坏力*。因为发达国家的跨国大公司依赖于数量的极大化,以及经济交易的规模。为本地方的和本区域的消费而进行的生产,是全球化的死对头,因为独立自主的经济体系本质上就只能在较小的规模内运作,而且中间环节不多。

如果本地人口或一个国家能够依靠本地区或国家内部来满足其需求,而不需要将经济活动安排为跨越重洋出口进口,或者受跨国公司支配来料加工或委托加工,跨国公司的发展机会将会大大减少。全球经济增长

第二章 跨国企业统治的蓝图

就是靠着这些,这些也为全球性大公司提供机会。但是,这也是毁灭环境的最快的途径,并造成许多国家对它们无法控制的外部力量形成依赖。

讽刺的是,自由贸易理论家经常拿出亚当·斯密和大卫·李嘉图的名字和其理论来为毁灭性的出口导向政策做辩护。但是,斯密很明确地赞成小型的、本地所有的企业。而李嘉图的比较优势理论,假设资本是不流动的,局限在国家边界之内,这和今天的规则与理论有天壤之别。

将千差万别的地方经济转变为以出口贸易体系为主的经济,对全球性大公司有利,但会使个人、社区和国家变得对外依赖,并易受外部的冲击。如果国际机构和协议要帮助的,是地方和国家的自给自足,而不是出口生产,那么社会、社区和环境都将受益。

农业产业是出口导向发展模式下社会与环境问题的主要例证。即使在今天的计算机时代,世界上仍然有一半的人口的生计直接来自土地耕作经营,为了给家庭和社区提供食物,他们主要是种植粮食和其他杂类作物。这些农民具备很多样的本土的种子,应用轮作技术,在社区内共享各种资源,比如水、种子和劳动力。这样的体系让他们生存了数千年。但是这种地方体系是全球性大公司的梦魇。现在一些大公司,比如孟山都(Monsanto)、嘉吉(Cargill)、阿彻·丹尼尔·米德兰(Archer Daniels Midland)等,正在掀起一个大合唱,大公司、政府和官僚机构都参与其中,通常是以数百万美元的广告的形式声称,小农不具备"生产性"、不够"有效率",不能够养活一个饥饿的世界。

世贸组织、大银行的几乎所有的投资规则(还有更多的规则正在被制造出来),都是对全球大公司非常有利,对单一种植非常有利,而不利于本土化的多样性的、自给自足的农业耕作。原来成千上万的小农只是在土地上种植自己食用的粮食,现在大型公司和全球性的规划正在把这些土地改变成单一作物的奢侈型单一种植,并交给不在本地生活的所有者经营。

还有,这些大公司种植的产品并不是为了本地人的消费。相反,他们更喜欢高价的、更奢侈的品种——花卉、盆栽植物、牛肉、虾、棉花、咖啡,为了出口给已经消费过多的国家。至于那些生活在那片土地上自己种地谋生的人,则被迅速地被排挤在生产过程和消费群体之外。还有,大公司的生产体系是机械密集型的，因此本地就业机会大大减少。所以，本地过去依靠自己种粮食吃的人们，现在变成失去土地、身无分文、无家可归、对外依赖、饥肠辘辘的贫民，曾经是自我可持续发展的传统社区消失了，原生态的文化被毁灭了。这种情况在美国都是如此，在那里家庭农业工人大部分失业了。

其他出口转向必然带来的其他类似的环境问题，生物多样性的丧失，以及大量使用杀虫剂。比如，菲律宾的原住民曾经种植数千品种的稻米，现在大批生产的只有少数几种，其他的品种正在消失。墨西哥已经失去了其原有的本土玉米品种的75%。据联合国粮食和农业组织（FAO）的报告，由于产业化农业的全球化，全世界75%多样性的农作物已经丧失。

产业化农业还有外部的代价。虽然被吹嘘为比小农耕作更有效率，但是这种效率忽视了由此造成的：空气、水和土壤的污染，河流污染而造成鱼群死亡的多种代价。许多与食品有关的公共卫生问题，都与工厂式的耕作系统有关：比如，沙门氏菌感染、大肠杆菌感染、李斯特氏菌（listeria），以及疯牛症、口蹄疫，等等。

最后，产业化农业还付出了巨大的社会成本，如产业化农业发展造成的失去生计的农民的安置问题，如将这些社会和环境代价统计进来，远不止数十亿美元，如果将这些外部代价也考虑进去，还有什么"高效率"可言呢？

专栏框 D

贸易相关的运输对环境的必然影响

杰里·曼德尔（Jerry Mander），全球化国际论坛
西蒙·里塔拉克（Simon Retallack），《生态学家》杂志社

出口导向的生产模式，最主要特点是它极大地提高了运输和航运的能力。自布雷顿森林体系成立以来的半个世纪，国际运输能力增长了25倍。

第二章 跨国企业统治的蓝图

全球运输的增加，反过来促使全球基础设施巨大的增长。这对贝希特尔和哈利伯顿这样的大公司是很好的事情，因为它们能够得到那些建筑项目：新的机场、海港、油田、输油管、铁路和高速公路。其中很多建设在基本未开发的偏远地区，那里具有生物多样性、珊瑚礁或者其中很多是建设在农业地区。其影响的冲击力目前在南美洲和中美洲更强烈一些，在那里的偏远地区，已经有规模巨大的基础设施投资，因此而经常遭到当地社区的强烈抵制，比如哥伦比亚的乌瓦（Cu'wa）、巴拿马的库纳（Kuna）以及像厄瓜多尔的许多组织的强烈抵制。同样的问题也发生在发达国家。几年前在英国，20万人抗议反对穿过乡村的大型高速公路，这些高速公路只是为了使大卡车更好地服务于全球贸易系统。不发达国家的原住民和英国的乡村都在反对同一件事情，即为了全球化而摧毁本地的生态和社会系统。

全球贸易的增长还使得石油燃料的使用增加，造成全球气候变暖问题。海洋运输占到了全世界的国际货物贸易的将近80%。货船所用的燃料是柴油和一种名为"C舱"的低级燃油的混合物，因为它有高含量的碳和硫造成环境污染，如果不是用于轮船的燃料，它通常是被当做废物的。航运业正在期待未来几年内的巨大增长，仅洛杉矶港就策划未来十年内50%的增长。

航空运输的增长比航海运输危害更大。用飞机运输每吨货物所耗能源，是轮船运输的49倍。波音公司一位技术专家曾将把747飞机起飞时污染描述为相当于"将本地一个加油站放火点燃，而任由浓烟散布"。747两分钟的起飞，相当于240万个割草机运行20分钟。

海运对海洋污染已经到了危机的程度，大型货船已经对海洋生物和渔业产生了直接的影响。更严重的是，可能出现大规模种群入侵，并造成物种灭绝。随着全球运输的增加，数十亿的生物在迁徙。全球贸易带来的物种入侵，经常把当地的物种在竞争中淘汰，从而带来污染或者卫生危机。由于人类运输活动增加，西尼罗河病毒入侵到从未出现的美国，同样，疟疾和登革热也被传播到其他一些地区。

> 海洋运输需要更多的冷藏导致了臭氧层的消失和气候变化，集装箱的增加、对木材使用的增加，这些因素很少被提及，但它们也对全球的森林产生相当的影响。
>
> 全球范围内小规模多样化地方农业转型为出口市场导向的大型的、密集使用化肥的产业化农业，给地球上的土壤、水源环境带来极大的破坏。（见第八章）
>
> **关键之点在于：** 如果认为全球贸易和运输是件好事，并据此而设计一个体系，那么它肯定会具有上述那些环境问题的。因为这些消极后果该模式的内在特征。

确实，在世界各地，农民正在迅速地成为国际上抵制全球化运动的带头人。我们已经看到日本、泰国、菲律宾稻农的大规模抗议。在印度，爆发了反对嘉吉、肯德基炸鸡、孟山都的大规模街头抗议，有数百万人参加。几年前，一位名叫何塞·波佛的法国农民将他的拖拉机开进了麦当劳快餐店，他说，他抗议的是"恶劣的食物"以及整个产业化农业体系、大公司为了搞单一出口农业而对小农场的兼并、法国传统耕作方式的毁灭。

经济全球化的受益者

人们或许不愿对全球化实验的设计者简单地加以否定。也许这些设计者们其实是相信这个体系会带来快速的增长，并且真的能够对穷人和环境有益。我们一定反复听到这句老话："水涨自然船高。"我们继续从世贸组织、世界银行和绝大多数国家的领导人那里听到这句话。但情况的确会这样吗？

这种快速增长的设想问题出在"超高速增长可以无限延续"这个假定上。如果地球只是有限的，那么指数增长又如何可能呢？超级扩张所需要的矿物、木材、水、土地等等资源从哪里来呢？其结果不是有可能把地球和人类自身都毁灭吗？世界资源的极限已经近在眼前。人类还能制造、购买多少汽车和电冰箱？地上还能修多少路？在种群灭绝、生态

第二章 跨国企业统治的蓝图

系统崩溃之前，还能从海里搜刮多少鱼类资源？世界还能够承担多少污染？怎样应对全球变暖、有毒的废弃物、臭氧层耗尽等这些问题？

另一个重要问题是：谁在这个体系里受益？受益者不是那些被从土地上赶走的农民，他们变成了无家可归的、没有工作的难民，不论是在发达的北方国家还是欠发达的南方国家都是如此；也不是那些城市居民，他们必须面对那些成千上万的、流离失所的蜂拥进城市寻找工作的人群；也不是那些在北方国家和南方国家被持续下降的工资所套牢的工人；也不是那些原住民，他们面对的，是成群结队的大公司入侵者，来抢夺最后的资源；更不可能是大自然。

真正的受益者是显而易见的：不是宣传中所说的那些受益者，而是正相反的那些人。例如，在美国，在20世纪90年代这个全球化发展最为迅速阶段，全球最大的大公司高层经理人员拿到的薪水和股票期权是数百万美元（数亿美元也是常有的），与此同时，普通工人的工资却在下降。政策研究所（Institute of Policy Studies）的萨拉·安德森和约翰·卡瓦纳的报告说：2000年，美国著名跨国公司首席执行官年薪是生产工人的458倍，而在1991年，仅为104倍。经济政策研究所的劳伦斯·米什尔（Lawrence Mishel）等人1990年的报告说：过去25年中，平均小时实际工资下降了10%。电脑产业最近导致了美国经济的繁荣，一些人也从中发财并出名，但在电脑产业中，80%的装配和生产工人都是临时工，他们每小时工资是8美元，而且没有任何福利或工会。

至于在全球范围内解决贫困的问题，联合国发展计划署1999年度的《人类发展报告》透露：全世界富人和穷人之间的差距、富国和穷国之间的差距在持续增长。2004年，联合国国际劳工组织（ILO）证实：贫富之间的鸿沟继续变大，"占世界人口14%的国家拥有了全世界一半的贸易和投资。"美国，全世界最富裕的国家，被认为是世界上贫富差距最大的国家。国际劳工组织的报告还表明：在贫困国家，妇女从事的传统农业受到全球化的冲击最为严重。连美国中央情报局也同意这个看法。美国中央情报局在《全球趋势，2015》报告中认为：全球化将制造出"今天各个地区的赢家和输家之间更大的差距。（全球化）的演变过程将是不平坦的，带着长期的动荡和越来越大的经济鸿沟……越来越严重的经济停滞、政治不稳定、和文化的异化。这将引发政治的、种族的、意识形态的和宗教的极端主义，以及与此相伴的暴力"。今天财富的集中，已经到了这样的地步：世界上587位亿万富翁的财富，超过了全人类最穷的一半人口的全部收入。

专栏框 E

在美国：问题是就业

萨拉·安德森（Sarah Anderson），政策研究所全球经济项目主任
约翰·卡瓦纳（John Cavanagh），政策研究所

许多美国人对全球化也有各种各样的关注，这和全世界各地的人们的感觉是一样的，无论北方国家还是南方国家。如同墨西哥的圣路易斯波特西州那样，加利福尼亚州的州议员和其他人也对国际投资规则感到愤怒，因为规则允许像麦特克拉德（Metalclad）和米森奈克斯（Methanex）这样的全球大公司从事投资者对州政府的诉讼，从而使公共利益的调控规则失效。在玻利维亚的科查班巴和美国的新奥尔良，居民都在为反对基本公共服务（如供水）的私有化而斗争。正如同其他国家的人民不满于美国大公司主导他们的文化、媒体和政治体系，美国人也为这些大公司的过于强大的影响力而担忧。

不幸的是，在一个全球化体系内，一个社区的利益经常被安排成和另一个社区的相应利益冲突。一个地方因为"外包"而失去就业机会，可以被看成是另一个地方的"经济发展"。这是全球化体系的悲剧性的现实：让不同国家的工人互相对抗。

2004年在美国，人们对这个问题更加关注，使之成为总统竞选中的一个关键议题。然而，十多年来，贸易和投资的自由化会使美国工人直接和那些低工资、劳工权利和环境保护都不健全的地区去竞争，这一直是促使一些人在这方面积极活动并参与辩论的推动力。

第二章 跨国企业统治的蓝图

　　为了消除美国丧失就业的恐惧，北美自由贸易协定及其他贸易协定的支持者提出主要两个论点。第一，北美自由贸易协定能够净增加美国的就业机会，因为它将导致美国对协议签署国的贸易顺差。然而事实却恰好相反。北美自由贸易协定生效以来，尽管美国的出口有所增加，美国对加拿大和墨西哥的总贸易逆差增长了 10 倍。整体来说，2003 年美国的商品贸易逆差是 5494 亿美元，达到历史最高纪录。中国自从加入世贸组织后，和美国的贸易顺差达到有史以来最大的 1240 亿美元（2003 年）。在美国贸易赤字激增的情况下，支持自由贸易的人改变了自己的计算方法，声称只需要考虑出口的增加对就业机会影响，而无需考虑进口增加导致的就业流失。这种观点在美国制造业数百万就业机会流失的事实面前显得软弱无力。

　　当前全球化支持者的第二个错误论点是：美国制造业失业的工人们不必害怕，因为美国的整体失业率比较低，而服务行业存在新的、更好的就业机会。然而，根据美国劳工部的信息，1999 年到 2001 年期间失去就业机会的工人，有三分之二在 2002 年仍未找到工作，那些找到工作的工人当中，有一半以上的工人工资有所降低。这并不令人吃惊，因为 20 世纪 90 年代新出现的就业机会，几乎全部都是服务行业的，而服务行业的工资比制造业平均要低 20%。

　　当然，不是所有的服务行业工作都是做汉堡和拖地板。也有那些高工资的职业，如医疗、信息技术，这些被当做美国经济的光明未来而被看好。但是，现在连需要高度熟练技术的计算机编程、金融分析和解读 X 光透视的工作都正在向海外流失。这个趋势是因为信息技术的发展，这使得美国工人在面对就业机会似乎无止境地转移到低工资国家时信心动摇。

　　这类外包服务工作的首选发展中国家是印度，根据 2003 年加州大学伯克利分校的研究，在印度，电话接线员的工资不到美国的十二分之一，医药抄写员的工资是美国的九分之一。第二个吸引走最多的服务行业就业机会的国家是中国，该国工资极低，但没有印度的英语优势。再次是墨西哥，那里的工资和美国之比是八比一。

46

麦金赛公司是一家咨询公司，该公司帮助美国大公司进行海外操作，该公司说：全球的工资差距使得外包能够节省45%～55%的成本（如果将基础设施和其他方面的成本全考虑在内）。果真如此的话，伯克利的研究数字就表明：美国的公司如果将大约1400万个被认为有可能转移向海外服务行业的就业机会都外包的话，那么，将能够节省3000亿美元。

将白领就业机会向海外转移引发了从高工资到低工资的美国人对全球化的质疑。低工资和中等工资的工人对象北美自由贸易协定和世贸组织这样的贸易协定向来是比较怀疑的。根据马里兰大学2004年2月的民意测验，在1999年和2004年之间，即使在年薪10万美元以上的美国人当中，对自由贸易的支持率也从57%降到28%。

并不清楚美国人当中这最新一波对就业和全球化的不安全感是导致排外情绪、孤立主义反应，还是更理性的政策，以帮助美国和其他地方的工人。迄今为止，在美国争论的焦点一直是如何采取全国性措施，以防止服务就业机会外包。比如：禁止将和政府签订的合同工作转移到海外。长远来说，最好的应对是集中支持穷国的可持续发展的经济活动。这需要区分外包的两种情况：一种是露骨的剥削，另一种是可以真正有益于工人及其社区。比如，一些人认为：高度熟练的软件工程就业机会流向印度是件好事，这是对该国投资高等教育的回报，这些工作虽然大部分没有工会，但工作条件要比血汗工厂好得多，而且按照当地标准，经常是报酬较高的。我们的目标不应该是剥夺任何地方的工人的体面的就业机会，而应该关注使工人容易受剥削的那些因素。这些因素包括：世界银行、国际货币基金组织和世贸组织推行的农业政策，这种政策已经迫使成千上万的农民离开了土地，形成了几乎无限大的失业大军寻求就业。其他一些因素也人为地导致工资偏低，包括对劳工的压制，以及全球化经济中雇主能够让一部分工人和另一部分工人作对而增加自己的权力。对美国人来说，在可预见的将来，一个主要的挑战就是认识到：应该和他们在全世界的工友们团结

> 一致，共同行动，而且帮助穷国和美国自己更好地建设本土经济，使本土经济能够满足本土需求，而不需要横跨全球的大公司的干涉，这样做是有益美国工人自己的利益的。只有这样，这条危害所有人的经济鸿沟才有可能缩小。

全球大公司的经济影响也同样让人吃惊。政策研究所的萨拉·安德森和约翰·卡瓦纳报告说：1983年到1999年之间，全世界最大的两百家公司的营业额的总数，比全球经济活动的增长要快，达到相当于全世界国内生产总值的30%。尽管这些公司雇用的，只有全球劳动力的0.75%。它们持续增长、越变越大并更加全球化的同时，也在继续以机器代替工人，或并购竞争者，取消重复的就业岗位。这种规模经济是自由贸易、全球化设计的内在要求，正如同环境污染是出口导向贸易的内在特征。大规模的并购和兼并，一味求大，只能造成就业机会的减少。确实是这样，经济全球化的意识形态和规则已经摧毁了成千上万人的生计，并取消了基本的公共服务。尽管如此，大公司缴税比以前减少了，这和新自由主义的哲学是一致的。根据国际劳工组织2004年报告，"在世界上最富裕的30个国家，大公司的平均税收从37.6%减少到30.8%。"

在一些个别孤立的例子中，第三世界国家取得了一些改善，这也是事实。世界银行、世界贸易组织、国际货币基金组织三大组织经常鼓吹这些例子。然而，这些增长带来的的改善通常是非常短暂的，这也同样是事实。而且，几乎全部好处都流向这些国家的精英，以及全球大公司的首席执行官们，这些全球大公司是整个过程的中心。

让我们看一下鼓吹自由贸易的三大组织推崇的所谓榜样——亚洲的四小虎的情况：台湾、南韩、新加坡和马来西亚。在这些国家和地区，经济成就的取得，不是因为忠实地遵守了三大组织的规定，而是因为经常做和它们规定恰恰相反的事情。那些在经济发展上取得了短暂成功的亚洲国家和地区，没有应全球化机构的要求而降低他们的关税，也没有取消对国内企业、地方经济和地方农业的支持。这些国家和地区所做的是：先发展出自己的能力去照顾自己内部的基本需求，而不是彻底转型为出口导向的生产系统。

一些国家由于一开始抵制了三大组织的经济模式，从而避免了出口市场的动荡。但是，当它们最终屈服于国际货币基金组织和世界银行的压力后，它们的黄金时代也就迅速结束了。

确实，绝大多数国家从来就没有享受到全球化的好处。通过30年来国际货币基金组织和不到十年的世界贸易组织的猛药，许多人看到：全球化的承诺是虚假的，有关政策不是为了使他们受益，而是为了使富裕工业国家和全球大公司受益。因为如此，世界上的许多穷国，特别是加勒比国家和亚洲国家，坚定地站在一起，1999年在西雅图反对世贸组织，2001年在卡塔尔的多哈很勉强地同意进一步的贸易谈判，而在2003年坎昆会议上，彻底拒绝了新一轮贸易谈判。

"水涨船高"至此可以休矣。看起来，"水涨"只能把"豪华游艇"抬高而已。（见第三章的专栏框G）

成千上万的人们现在坚信：并不是非要全球化不可，它并非是不可阻挡的。全球化是靠一套规则和一些自私的机构所推动的，而这些都是可以改变的——只要我们有民主。

从根本上说，经济全球化其实是一场实验，是由那些从中受益最多的人所推动的。至于说，有人指控那些反对全球化的人是空想主义，那显然是把事情搞颠倒了。指控完全可以放在他们身上：全球化模式为了大公司的利益将全球经济活动和文化单一化，将社区手中的权力夺走并转移到全球官僚手中，毁灭大自然，相信这种模式能够持久，那才是空想主义。这种模式是不灵的。我们最好是选择其他的解决方案。

专栏框 F

全球化和气候变化

爱德华·葛德史密斯，《生态学家》

气候变化可能是人类迄今为止所遇到的最可怕的问题，而经济全球化正在使气候变化加速。政府间气候变化专家组（The International

第二章 跨国企业统治的蓝图

Governmental Panel on Climate Change）现在预测：21世纪气温有可能升高5.8℃。但是，政府间气候变化专家组并没有将一些关键性的因素比如热带森林和植物的灭绝，特别是全球贸易和发展模式所造成的后果考虑在内。这些热带森林含有6000亿吨的碳，几乎和大气中所含的碳一样多。这些碳在今后几十年中，很可能被释放到大气层中，这是由大型全球伐木公司越来越不受控制的活动所造成。联合国环境计划署总干事最近说：只有奇迹才能保住世界上仅存的热带森林。政府间气候变化专家组也没有将现代出口导向的产业化农业对土壤所造成的破坏计算在内。农业导致了全世界25%的二氧化碳释放量，60%甲烷释放量，以及80%一氧化氮的释放量，所有这些都是能造成温室效应的气体。全世界所有的土壤中含有16000亿吨碳，多于目前大气中碳含量的两倍。这些碳的很大一部分在未来的几十年中也将被释放到大气中，除非人类迅速地转向可持续的、本地取向的、以有机种植为主的农业。

英国气象学组织哈德里（Hadley）中心得出了比政府间气候变化专家组更加令人震惊的结论。哈德里中心将森林耗尽和产业化农业考虑进去，得出结论说，世界平均气温在本世纪将升高8.8摄氏度，而不是5.8摄氏度。其他许多气象学家同意这个结论。如果这是真的，将意味着可怕的后果。

政府间气候变化专家组告诉我们：将会有更多的热浪袭击、暴风雨、水灾以及热带疾病向温带传播，这不仅会影响到人类健康，还会影响到我们的庄稼。还告诉我们：海平面会升高88厘米，这将影响到大约30%的世界农业用地（主要由于海水临时性和永久性地侵入到耕地）。这对那些贫穷的、占据低地的小农将是格外的灾难，比如像在孟加拉和一些岛国，同时，美国的海岸线也不会被放过。当然，假如哈德里中心的预测是正确的，那么后果将比上述还要严重。

同样令人担忧的，是南极、北极的冰层融化，特别是格陵兰冰盖的融化，其速度比政府间气候变化专家组预测的要快得多。这将冲淡海洋的盐分，减弱洋流并改变其方向，比如使墨西哥海湾洋流改变路线。这个过程可能最终导致目前气候温和的地区变成冰天雪地,比如北欧,变得和同纬度的拉布拉多尔相仿。很讽刺的是,全球变暖也可以导致一些地方的极度寒冷。

(英国报纸《观察家》2004年披露美国五角大楼一份秘密研究报告,其中警告:"最早在本世纪上半叶,就有可能出现:欧洲城市被升高的海平面所淹没,同时英国陷入西伯利亚式的气候。"五角大楼的报告显然也预测由此引发的全世界出现核战争、大干旱、饥荒、骚乱的可能性。这个研究的作者[其中包括中央情报局顾问、荷兰皇家壳牌石油公司前计划主任彼得·施瓦茨]认为:气候变化"不只是一个科学辩论,而应该提升为美国国家安全问题",这个建议恐怕被布什政府所充耳不闻。)

确实,气候变化的影响速度地预计的要快。非洲大部分地区连续四年干旱,造成3000万到4000万人面临饥荒。在美国玉米地带、加拿大平原和澳大利亚小麦地带的干旱,可以使小麦出口严重减少,从而影响非洲和其他地方千千万万已经面对饥饿的人们。近期欧洲的气候也变得很糟。2002年德国的水灾造成了100亿欧元的损失。2002年意大利北部的暴风雨夹着网球大小的冰雹,摧毁了大面积的农作物。南欧的干旱还严重影响了收成,比如意大利南部和中部的橄榄收成。

所有这些,都是近来全球温度上升不超过0.7摄氏度的后果。如果我们是在一个平均温度升高2~3摄氏度的世界里种粮食,情况会是怎样?如果像上面所预测本世纪将要发生的那样,温度升高5~8度就更不堪设想了。

即使我们明天开始停止燃烧矿物燃料,我们的地球还会继续升温,至少持续150年,这是二氧化碳滞留的时间,该气体是造成温室效应的最主要气体,同时海洋在1000年内将继续变暖。我们唯一的选择,就是采取措施,而且是非常果断的措施,让变暖过程放慢,使得我们的地球保持大致可居住。这些措施包括:尽量减少出口导向的产品,减少相应的矿物燃料,在农业生产方面做出极大的改变。但是,迄今为止,工业化国家没有充分地关注这个问题,有些国家,比如美国和俄国,彻底忽视它。公众的抗议是必需的。

媒体的角色

全球化实验的不稳定和不公平,尽管其迹象到处可见。但不幸的是,并没有引起媒体给予很好的报道。当主流媒体偶尔报道全球化所导致的危机时,它没有帮助公众去了解到:所有这些危机,都是来自同一根源——也就是大公司的全球化。以下是一些例子。

- 我们会读到环境问题,比如:全球气候变化,极地冰盖的融化,和动植物栖息地的毁灭等。我们还会读到臭氧层的消失,海洋污染,以及为石油而进行的战争,而且也许我们很快就将读到为水源而进行的战争。但是,这些沉重的话题很少会和经济全球扩张的内在需求联系起来,自由贸易、资源的过度使用、电视及其广告在全世界所推销的消费方式,这些都在加速经济全球扩张。(见专栏框F,"全球化和气候变化")。

- 1997年到1998年的亚洲金融危机和2001年到2002年的阿根廷金融危机经常被这样报道:其起因是那些国家的无能、无效率、腐败和裙带主义。国际货币基金组织在亚洲的大规模出资挽救,被描述为有益的慈善行动,为了帮助我们那些地位低下的、功能失调的亚洲朋友,他们还没有取得我们所拥有的高尚的伦理标准。媒体几乎从不提及:这些钱不是给那些国家的普通公民,而是用来挽救国际银行家,而恰是他们以不负责的借贷制造了人为的金融泡沫,才导致问题的发生。流行媒体也不会去谈资本投机者在亚洲金融危机中的角色。在全球自由贸易和取消监管的新规则之下,对跨国界的大规模资金流通不再控制,进入和流出都畅通无阻。自从全球计算机网络出现以来,货币投机者有能力将难以想象的大量金钱即时地、无影无踪地从一个国家转移到另一个国家,从而使一个国家的货币不稳定,进而使国家整个经济产生动荡,迫使它们寻求国际货币基金组织出资挽救这一剂苦药。(如果一国不能控制迅速流入和流出的巨额投机美元,我们称之为"赌博经济"。)如果有些国家制定规则限制资金的流动速度，比如象马来西亚、智利和中国所做的那样，那么，它们就会被主流的经济机构和媒体所嘲笑。

- 主流媒体对反移民的浪潮是有所报道的，无论是美国以帕特·布坎南为代表的、法国以让马利·勒·庞为代表的，还是奥地利以约格·海德尔为代表的。但是却忽视了一点，就是国际贸易协定的角色，它使得很多人无法在本国生活下去，才试图移民。我们在其他地方提到北美自由贸易协定所起到的作用：摧毁了墨西哥玛雅人的自给自足的玉米种植经济。在印度、非洲和拉丁美洲，巨大规模的发展计划将成千上万的本土居民和小农赶出他们祖祖辈辈赖以生存家园，只为了腾出地方建造大型水坝和其他开发项目。结果是：更多的人加入到无地、失业的城市贫民中。

- 有各种可怕的疾病爆发，如：埃博拉病毒、疯牛病、大肠杆菌感染，以及最近在美国爆发的西尼罗河病毒，这些都有详细的报道。但是，这些疾病的爆发与全球运输发展加速疾病传播的流动性之间的关系，却很少被提及。新闻报道也不会提到疾病与工厂式种植和产业化农业的全球化之间的关系。

- 我们读到有关美国安然公司的令人震惊的行为，该公司主导了能源业的取消监管，欺骗自己工人的同时给高层经理发奖金，还给美国总统和副总统在能源政策和政府任命方面做秘密咨询。大众媒体没有清楚解释的，是安然公司如何从像世界银行这样的全球官僚机构那里得到好处：世界银行给穷国结构调整贷款，通常附加的条件就是：这些国家必须用这笔钱雇用像安然这样的公司来建设国内基础设施，以推动经济。世界银行一手送出去钱，另一只手却为它的朋友拿了回来。我们也不会读到：安然公司的行为并非个别，这是全球大公司的典型行为，这是体制本身所设定的。和全球化的其他特点一样，这个问题是体系性的。

- 我们也读到在亚马逊流域、婆罗洲（Borneo）和菲律宾对最后的本土部落的进犯。报道不足的是其根本原因：全球化过程需要更多的水源、森林、石油和其他资源，只好从本土居民世世代代就生活在那里的地区去寻求，也同样千方百计地将自给自足的人们转变成消费者。这同样也是全球化过程的一部分：概念框架的单一化，人和土地的单一文化化、单一种植化，地球上所有地方发展模式的统一化。

所有这些主题在主流媒体中都被当做好像是毫不相关的。这对焦虑的公众是不负责任的，他们正在试图搞清到底是怎么回事。媒体没有帮助人们去理解，如下一系列重大问题是同一个全球过程的不同方面：拥挤的城市、不正常的气候、全球不平等的加剧、新的疾病的传播、普通人工资的降低而企业利润和首席执行官的工资却飞涨，社会服务的取消、环境的毁灭。这是一个整体，一个联结在一起的网络，是新的世界经济安排的结果，而这一切都是因为一个不能带来社会和生态的可持续的经济意识形态。（见第八章的"全球性的媒体"，那里有对此问题的更详尽的讨论。）

第三章 非神圣的三位一体：世界银行、国际货币基金组织和世界贸易组织

制订并体现经济全球化规则的三大全球性机构是：世界银行、国际货币基金组织和世界贸易组织，它们经常被叫做"非神圣的三位一体"，或者"铁三角"。它们最基本的工作就是将全世界各国千差万别的民族国家经济用一个中心化公式变得整齐划一，去创造一个标准轨道，使得大公司领导的经济增长能够更容易地完成布雷顿森林的使命。

三者各司其职。世界银行为大型项目提供资金，推行结构调整政策，并通过其研究部主导有关发展的辩论。国际货币基金组织通过短期的紧急贷款推行同样的"改革"。世贸组织则是全球贸易和投资的规则制订者。三者共同工作，以保证所有国家都采纳统一的视角、统一的政策和统一的标准，并不准越雷池一步。三者都为了共同的目标，即对大公司的活动取消监管，对所有公共领域都实行私有化，防止各国采纳保护自然资源、维护劳工和安全的法律和标准，以及将各国的渠道彻底开放，使投资和贸易畅通无阻。

这些政策的凶猛程度，恐怕是在国际货币基金组织和世界银行强加给低等和中等收入国家的结构调整计划中，表现得最暴露无余了。结构调整要求政府做以下几件事：

- 将政府的教育、卫生和保护环境的开支消减，提高生活必需品，如谷物和食用油的价格。

- 将本国货币贬值以增加出口，加速自然资源的掠夺，降低实际工资，对出口导向的外国投资实行补贴。
- 对金融市场实行自由化，以吸引短期投机资本，从而制造了巨大的金融不稳定和对外债务，而缺少任何实际用途。
- 提高利率，以吸引那些逃离本国的外国资本，因而增加本国企业的破产，增加负债人的负担。
- 取消关税和其他进口控制，从而用借来的外汇增加进口消费品，危害本国工业和农业生产，因为它们不能和廉价的进口竞争；增加外汇账的负担，使对外债务加深。

世界银行

　　根据其宪章，建立世界银行是为了"通过协助生产性资本的投资来帮助成员国领土内的重建和发展"，以及"推动大范围内的国际贸易的均衡发展"。世界银行最初是为了对二战后欧洲的重建集中提供资金，用成员国政府缴纳的资本作为保证金，成员国政府从而能够从国际金融市场上以优惠的利率借进贷款，然后再对本国发展项目借出贷款。当欧洲国家对把自己的经济未来抵押给外国银行表现非常冷淡，世界银行开始对新独立的前殖民地推销它的贷款。这种方式在最开始，同样也是卖不出去。所以，世界银行花钱搞了培训和教育，对几十个第三世界国家的官员和经济学家进行思想灌输，传达这样一种意识形态，即把发展等同于由对外借贷和投资推动的、出口主导的经济增长，这个错误的想法至今仍然是其政策的基石。

　　最初，借贷是用来为基础建设项目提供资金，以及填补出口创汇少于进口所需资金的缺口。最终，需要越来越多的贷款，而且这些贷款仅仅用来偿还利息，以及以前到期贷款的本金。借得越多，就越需要更大的贷款，这种滚动效益使借贷成了某种经济沉溺。除了少数一些公民监督团体外，很少有人注意到这些贷款所形成的负担，当还贷时刻到来时将压迫国内经济。

在20世纪70年代，石油输出国组织（OPEC）急剧地提高石油价格，从而增加了能源进口的成本。北方国家的银行，由于有大量的石油输出国组织的存款，对第三世界国家慷慨地贷款，经常是在世界银行的支持之下。不久，债务的数量超过了还贷的能力，而且超出了如此之多，以致出现了全球金融危机的危险。从1982年墨西哥债务危机开始，国际货币基金组织和世界银行就行动起来实施结构调整，作为它们的主要应对措施。两个组织一道将各国的国民经济的导向做了调整，转向以还债为目标，并进一步将自己的资源、劳工和市场开放给外国大公司。被"调整"了的国家受到很大的压力，必须增加自然资源和劳动密集型产品的出口，对进口更加依赖，本国经济中的外国所有成分增加。一旦这些国家接受这些条件，国际货币基金组织和世界银行会给予回报，方法是更多的贷款，从而加深它们的债务负担，这就如同火上浇油，不是灭火而是让火越烧越旺。

这种灾难性后果，不仅是人的代价和环境的代价惨重，而且经济代价也同样惨重。1980年，发展中国家的全部外债是6090亿美元；而2001年，经过了20年的结构调整，这个数字变为2.4万亿美元。2001年，撒哈拉以南非洲国家所偿还的债务，就比它们得到的新的贷款多出36亿美元。非洲用来偿还债务的金额，是其医疗卫生开支的4倍。（相关讨论见专栏框G。）

近年来，世界银行提供了数千亿美元的低息贷款，用来补贴全球大公司在受援国家内控制自然资源和市场。能源和农业部门的大公司是最大的受益者。经常，世界银行为道路、电厂、电网的修建提供资金，主要服务于全球大公司在该地区的操作，而不是为当地的人服务。千真万确，如同政策研究所记载的那样，世界银行因为支持大量矿物能源项目，已经成为全球温室效应气体排放负最大责任者，而这些项目最主要的是使全球大公司受益。地区性发展银行如亚洲开发银行（Asian Development Bank）和美洲发展银行（Inter-American Development Bank）基本上复制了世界银行的模式。

专栏框 G

全球经济隔离

罗宾·布洛德（Robin Broad），美国大学
约翰·卡瓦纳，政策研究所

仔细分析一下联合国、世界银行、国际货币基金组织和其他来源的社会经济数据，将会发现一幅令人震惊的画面，画面展现了全球经济的趋势和富裕国家与贫困国家之间的鸿沟。有两种方法来衡量北方国家和南方国家内正在发生什么。第一种方法，是衡量谁发展得更快，从而知道鸿沟是在增大还是减小。另一种方法是衡量两者之间的金融流动。

在第一个问题上，情况很清楚：在1982年以后的十年中，南北差距戏剧性地加大了，第三世界的债务危机使穷国的钱都流向了富国的银行。在1985年和1992年间，南方国家向北方国家用于偿还债务的借贷比它们得到的新的贷款和政府援助要多出2800亿美元。南方国家在20世纪80年代，人均国民生产总值增长了1%（撒哈拉以南非洲国家下跌了1.2%），而在北方国家，增长了2.3%。

将"失去的20世纪80年代"放在一个更长的时间段里，我们会发现一些地区有相似的趋势。根据联合国发展计划署，非洲的人均收入在1960年是北方国家的九分之一，在1998年，下跌到了十八分之一。1960年及其40年后，人均收入在绝大多数其他发展中国家（拉丁美洲、加勒比地区和南亚）一致保持在北方国家的十分之一的水平，只有在东亚的发展中国家弥合了和北方国家的鸿沟。类似的，考察一下北方国家和南方国家之间各种资源流动使人受到启发。尽管有一种假象，债务危机似乎已经缓解，第三世界的整体债务在20世纪90年代每年都增加1000亿美元（在2001年达到2.4万亿美元）。南方国家每年偿还的债务（2000年达到3310亿美元）仍然超过新增贷款，资金净外流对于非洲国家的经济社会发展具有特别的杀伤力。尽管在过去几年中，一系列债期调整已经减少了金融从南方到北方的负面转移，净外流仍然在持续。

一些人认为债务危机现在不再是个问题，部分原因是由于从20世纪90年代初期开始，偿债资金的净外流被增加了的资本流入所抵销了。这里，深入地观察一下分解后的数字，就能发现其背后令人不安的事实。根据世界银行的数字，1992年进入南方国家的大公司的外国直接投资的大约一半，很快地就以利润的形式离开了那些国家。而且，外国投资主要流向10到12个第三世界国家，这些国家被北方大公司和投资者认为是新的利润增长中心。根据世界银行的数字，1998年70%的投资流向了10个所谓新兴市场：中国、巴西、墨西哥、新加坡、泰国、波兰、阿根廷、南韩、马来西亚和智利。

　　难以回避的结论就是：南北经济差距只对十来个国家是在减小，但是对上百个其他国家，是在继续扩大。因此，如果没有政策上的转变，21世纪的世界，将是一个经济隔离的世界。将会有20多个富裕国家，十来个较穷的国家开始弥合和富国之间的鸿沟，但大约140个穷国，将落在越来越远的后面。

　　美国公司在过去的半个世纪当中，从地方市场转向了全国市场，现在转向了全球市场，在世界各国，赢家和输家的新的划分正在出现。政策研究所的创始人之一理查德·巴奈特和约翰·卡瓦纳在《全球之梦》这本书中，记载了美国的大公司及其英国、法国、德国和日本的大公司正在把人类中的仅三分之一（绝大多数是富裕国家的人和穷国的精英）整合到一个复杂的生产、购物、文化和金融链条当中。

　　在各个国家都有一些飞地和这些全球经济网络相连，其他人则被遗忘了。沃尔玛正在西半球扩散其超级店；而拉丁美洲成千上万的人因为太穷而买不起，只能看一眼奢侈品。花旗银行（Citibank）的顾客能够在全世界各地的取款机上取款；而绝大多数的人只能从街上放高利贷者手中借钱。福特汽车公司在堪萨斯市组装了它最新型的"全球车"，其零件来自全球各地；在底特律的执行官们焦虑着谁能够买得起它。

第三章 非神圣的三位一体：世界银行、国际货币基金组织和世界贸易组织

> 因此，尽管一方面对绝大多数第三世界国家，南方和北方的鸿沟正在加大，另一方面，全球的链条将南方和北方的地理区别变得模糊。这个过程产生了另一种南北方鸿沟：大约三分之一的人类是各国的受益者，组成"全球北方"，而另外三分之二的人类，从纽约的贫民窟到巴西里约热内卢的贫民窟，他们没有被链接到全球生产、消费和借贷机会的链条中，他们组成"全球南方"。
>
> **来源**：罗宾·布罗德、约翰·卡瓦纳改写，"发展：只有市场还不够。"《对外政策》，101 期，1995—1996 冬季号。

国际货币基金组织

国际货币基金组织最早创建时，是为了和各国合作，采取措施保证国际金融秩序的稳定，并调整收支不平衡问题。到了 20 世纪 80 年代前期，国际货币基金组织政策措施发生了很大变化。它不再只是帮助各国政府避免金融危机，而是对它们持续施加压力，逼迫它们放弃对跨国贸易和金融流动的监管。国际货币基金组织这一政策措施，造成了大规模的贸易赤字和轻率的金融投机。

国际货币基金组织支持政策对新兴市场经济国家的全球危机起到了推波助澜的作用，为亚洲和拉丁美洲的所谓的"新兴市场经济"吸引了大量的外国资金的流入，通常是以贷款和投机性投资的形式。瓦尔登·贝罗和马丁·科尔各自记录了 1994 年墨西哥金融危机以及 1997 年到 1998 年亚洲、俄国和巴西的金融危机之前外国金融资本的大量积累，从而为随后到来的金融危机搭好了舞台。这就是为什么当流入资金造成的巨大的金融泡沫不可再持续已经很清楚、外汇已经无法承担时，投机者抽逃资金，突然将数十亿美元撤出的原因。这些国家的货币和股市一落千丈，成千上万的人重新回到贫困。这时，国际货币基金组织走上前，提供挽救外国银行和金融家的新的贷款，而贷款到期时的还债负担则落

到了已经被摧毁的经济中的普通纳税人身上。在很多情况下，国际货币基金组织会坚持将不能讨回的私人债务转化为公共债务。

在过去的20年中，国际货币基金组织和世界银行把所谓结构调整计划强加给从圭亚那到加纳等将近90个国家，结构调整计划的目标，不仅仅是偿还债务、取得短期的宏观经济稳定，而是为了整体摧毁这些国家保护主义以及其他政府主导的资本主义政策，这些政策在他们的理论家看来，是持续增长和发展的障碍。

在第一个结构调整贷款过去20年后，世界银行宣称：将正式放弃这个计划，取而代之的是所谓的"全面发展框架"。根据七大工业国财政部长和中央银行行长的联合声明，这项新计划具有以下内容：

- 减贫财政开支有所增加，并更有效率，资源预算的目的性更加明确，特别优先用于基础教育和卫生两项社会服务；
- 更加透明，对财政支出具有监督和质量控制；
- 改革和减贫过程更加国有化，有公众的参与；
- 更加明确的减贫效果指标，以便能够监督；
- 保证宏观经济的稳定和可持续性，并消除贫困人群从增长中受益的障碍。

是什么导致了这个计划上的变化？很清楚，就是这些政策措施让这些国家遭受可观的失败，如果继续否认，将失去全部信誉。十多个国家经历"调整"已经十年多了，世界银行都不得不承认：从中找到几个成功的例子很难。绝大多数情况下，结构调整导致经济跌入一个空洞，低下的投资水平、缩减的社会服务开支、缩减的消费、低水平的产出，互相促进，导致了一个衰退和停滞的恶性循环，而没有出现世界银行和国际货币基金组织理论所描述的良性循环：增长、更高的就业率、投资的增长。

世界银行的总裁詹姆斯·沃尔芬森在世界银行根深蒂固的官僚的抵抗之下，慢慢地将世界银行和强硬的调整政策拉开距离，甚至说服了一些世界银行的工作人员（在不情愿的情况下）去和公民社会组织一道进行所谓"结构调整计划审查动议"(Structural Adjustment Program Review Initiative)来评估结构调整计划。不过,整体来说,态度上的转变没有造成操作层次上的转变,因为结构调整的方法在世界银行的操作者那里,已经深深地成为内在的东西了。

尽管世界银行对其政策措施及其实施结果已经充满了自我疑问,但国际货币基金组织充满信心地继续前进。国际货币基金组织把缺少成功的案例,简单地解释为政府缺少推行调整的政治意志,并力图通过建立"强化结构调整促进措施"(Enhanced Structural Adjustment Facility),以寻求对一些国家长期资助,使其政策中心目标的自由市场改革更彻底地制度化。

亚洲金融危机最终导致国际货币基金组织做了一些表面的变化。1997年到1998年,国际货币基金组织带着很大的自信进入泰国、印度尼西亚和韩国,并且开出经典的药方:短期财政和货币政策,连同自由化、取消监管、私有化方向的结构调整。这是国际货币基金组织从各国政府那里勒索到的价钱,交换的好处就是金融营救整套计划,使各国能够偿还私有部门所欠下的大规模债务。但是,这一政策措施使一个短期危机转变成为一个深度的衰退,对于私有部门活动的衰退,政府因为预算和货币被压制而使其反制措施能力被摧毁,如果在一些国家出现了可观察到的复苏,那普遍被看成是在克服了国际货币基金组织政策措施缺失情况下取得的,而不是在其帮助下取得的。

全世界对国际货币基金组织的无知傲慢的厌恶已经很长时间了,现在到了忍受不了的时刻,在1998年到1999年,对该组织的批评达到了一个高潮。对国际货币基金组织的批评,不再局限于它顽固坚持结构调整和它的挽救机制仅为国际金融资本服务,批评开始指向其不透明、不负责任。其要害性的弱点最近在一次争论中被暴露,这是美国国会就七大工业国提出的一个动议辩论,该动议计划为40个穷国减免债务。美国的国会议员指称:国际货币基金组织才是造成了穷国债务危机的祸首,一些人还提出应在三年内废除该组织。国会议员玛克辛·沃特斯(Maxine Waters)说:"我们需要国际货币基金组织参与吗?因为我们痛苦地发现:

国际货币基金组织的运作方式会让儿童饥饿。"

批评来自国际货币基金组织的最强大的成员的立法者，面对这种批评，克林顿政府的财政部长拉里·萨默斯声称：以国际货币基金组织为中心的过程将被取代，取而代之的是"一个新的、更开放、更包容的过程，这个过程有多个国际组织的参与，而且各国政策制定者和公民社会团体也将扮演更关键的角色"。

这意味着什么？结构调整死了吗？布雷顿森林所创立的三大机构开始明白了吗？事实是：对于国际货币基金组织，以及世界银行、亚洲开发银行，抛弃了结构调整的范式，使它们在批评者眼中，变得无所适从，只有减贫这个大目标和修辞，缺少创新性的宏观经济办法。詹姆斯·沃尔芬森和他的前首席经济学家约瑟夫·斯蒂格利茨谈到"综合考虑""宏观经济"和"社会"层面的发展，但是世界银行官员除了将卫生、人口、营养、教育和社会保障的借贷增加到其整个借贷的25%之外，提不出一个更大的战略。亚洲开发银行在反对贫困方面更是一个新手，最近它的一个战略文件提出了许多令人赞赏的目标。但是连亚洲开发银行的知情者都认为：在宏观经济创新方面，它一无所成。国际货币基金组织的经济学家们，更是感到困惑，他们其中一些人在1999年9月的世界银行——国际货币基金组织的会议上，对非政府组织代表公开承认：迄今为止，新的办法仅限于将"强化结构调整促进设施"改名为"减贫促进措施"（Poverty Reduction Facility），而且他们正在向世界银行寻求指导。

在这种情况下老的范式会再次彰显自己，这并不奇怪。比如，国际货币基金组织告诉泰国政府（泰国政府已经是其最驯服的学生），要消减其财政赤字，尽管经济复苏还非常的脆弱；国际货币基金组织还推动印度尼西亚将其零售业开放给外国投资者，尽管这会带来更多的失业。同样，亚洲开发银行的技术官僚们在给菲律宾的能源贷款时，提出的条件是：加速国际货币基金组织推行的国家电力公司（National Power Corporation）私有化，尽管消费者更可能要对取而代之的七家私人垄断公司支付更多的钱。"这是取消监管、私有化、自由化的老办法，只不过多了一个安全网。"一位经常被三大机构咨询的菲律宾劳工领导人这样准确地描述。

专栏框 H

阿根廷与国际货币基金组织和世界银行

萨拉·安德森，政策研究所全球经济项目主任

阿根廷曾经是国际货币基金组织和世界银行的榜样国家，其经济崩溃也是最具有戏剧性的例子之一。经济崩溃导致了一次民众起义，最终使新一届政府通过选举上台，这就是奈斯特·基什内尔总统的政府，现在正在和布雷顿森林机构做对，并拒绝其新自由主义的模式。

下面就是这个故事的一个剪影。在世界银行和国际货币基金组织的强大支持下，阿根廷在20世纪90年代初期，开始将贸易和金融市场自由化，并且将几乎所有的公共服务部门都私有化（包括邮政）。政府进一步自缚手脚，将其货币汇率和美元挂钩。当美元在20世纪90年代中期开始升值时，事情开始失控了。阿根廷的出口失去了竞争力，工业开始衰退，导致了失业激增。同时，在世界银行赞助下的社会保险的私有化导致了政府收入的减少，因为社会保险金被转化为私有的退休基金。收入减少时，阿根廷政府转向国际货币基金组织求援，以便还债。国际货币基金组织的回应是：要求公共开支大幅度削减，从而进一步消减了内需，导致了社会动荡。

尽管阿根廷过度高估的货币是其经济崩溃的重要因素，其他自由市场改革也恶化了局势。一旦贸易障碍和资本控制被取消后，政府对于越来越大的贸易赤字和资本外逃束手无策。私有化导致了穷人和中产阶级享受社会服务水平的降低。成千上万的人失去了健康保险，因为国际的私人保险公司要求医疗机构减少成本。阿根廷的银行被卖给外国公司，从而使中小企业的借贷也被削减。失去保障的私有企业，被迫转向大规模裁员。与国际货币基金组织和世界银行一道，它们还游说推动劳工法改革，进一步弱化工会。所有这些都无异于给愤怒的社会火上添柴，导致了2001年12月致命骚乱的爆发，带来了这个国家的经济瓦解和政府倒台。无法偿还外国银行的债务，阿根廷在当月宣布世界历史上最大的债务拖欠。

国际货币基金组织不仅从来没有承认在阿根廷有什么过错，反而指责其公共开支过大，以及货币挂钩，但是国际货币基金组织一开始是支持货币挂钩的，并帮助货币挂钩使其可持续，但后来声称这纯粹是阿根廷国内产生的政策。尽管在2002年阿根廷的经济像自由落体一样下跌（GDP下跌了12%），国际货币基金组织继续要求实行更紧缩的政策，以及其他结构改革政策，以此作为继续借贷的条件，对付这个以借贷为生的国家。高涨的公共舆论浪潮反对进一步向国际货币基金组织妥协，迫使政府声明：如果国际货币基金组织不同意延期还债，阿根廷将对"国际借贷人的总后台"实行债务脱逃，正如同它对私有银行所作的那样。

2003年1月，国际货币基金组织的董事会承认：国际货币基金组织的信誉在整个拉丁美洲都面临严重危险，因而被迫接受阿根廷的请求贷款。基什内尔政府于2003年5月上台，仍然保持此立场。该政府成功地抵制了国际货币基金组织和七大工业国的压力，它们要求阿根廷政府给私人借贷者更好的条件，要求政府削减公共开支来增加政府财政盈余以偿还拖欠的国债。该政府还打破了国际货币基金组织和世界银行的正统，将邮政服务和其他公共服务部门重新国有化，而这些公共服务部门，是被前任政府——一度曾是自由市场原教旨主义者的宠儿——所私有化的。

阿根廷的经验教训是：极端的自由市场体系是高度危险的，同时阿根廷经验也告诉我们：抵制的强大力量。尽管阿根廷人民仍在蒙受苦难，他们一致反对国际货币基金组织和世界银行，给世界带来了正面的影响。

世界贸易组织

世界贸易组织后来成为布雷顿森林体系的第三个支柱。

第二次世界大战结束时，有一个很健康的辩论开始了，主题就是需要一个全球贸易和投资的机构，它能够保证充分就业，维护全世界工人的权利，而且防范那些当时被人们称为"全球卡特尔"的组织———小部分在某个部门取得了很大权力的大公司。这些宽泛的目标被铭记在哈瓦那宪章中，该宪章建议，成立一个"国际贸易组织"（International Trade Organization）。这个建议被美国参议院所否决，认为其宽泛的授权会损害到美国的主权，只是国际贸易组织的一个元素，即关贸总协定（General Agreement on Tariffs and Trade）被建立起来，只为了一个更窄的目标，即：降低商品和服务的关税，设定少数几条宽泛的贸易原则。

第二次世界大战结束后，世界贸易在关贸总协定的导引下有了极大的增长。最开始只是局限于贸易扩张的使命，后来关贸总协定演化成为这样一个机构，它致力于推行大公司的权力，而不顾人权和其他社会的和环境的优先权。

在20世纪80年代早期，一些经济学家和政治家们受到所谓里根革命以及撒切尔和科尔在欧洲的崛起的鼓舞，开始策划一个新的但全然不一样的一轮关贸总协定谈判。他们的目标是：扩大关贸总协定的强制性，使其对签约的政府在一系列多边政策上具有约束力，这包括服务行业、政府采购和投资部门；建立全球性限制条件，以限制各国政府对环境、食品安全和产品标准的监管；建立针对大公司在富裕国家取得的知识产权的新的保护措施；并使这个宽泛的一整套、一刀切的规则，在所有签约国和政府的各个层次中得到严格的实施。

这个议程被转化为关贸总协定的乌拉圭回合谈判，这是一次实施转型的行动，由总部设在美国的全球大公司及其美国政府内的盟友所推动。在1994年结束时，乌拉圭回合让老的关贸总协定这个贸易合约被一个新的机构所取代，这就是世界贸易组织。世界贸易组织被赋予了一个内在的强制执行机制，这方面比以前的任何协定都更强大。在这个系统内，有专门的内部裁判庭，由贸易官僚组成，他们将裁决一个国家的法律是否越过了新规则所设下的限制，对拒绝服从世界贸易组织命令的国家，实行自动的、永久的贸易制裁。总而言之，世界贸易组织扮演了一个全球实施者的角色，所实施的政策议程与世界银行和国际货币基金组织强加给绝大多数第三世界的基本相同。

世界贸易组织的支持者认为，为了监管贸易、防止贸易战、保护穷国利益等该组织是必需的，但是该组织的行动告诉我们的，却是另外的故事（见专栏框 C 中世界贸易组织最具争议性的一些有关环境保护规则的清单）。世界贸易组织小组还裁决加拿大的文化保护措施违反世贸协定，因为该措施对美国杂志征税。印度被告知：印度必须修改宪法，因为世界贸易组织规则不允许印度给人民提供廉价的、没有品牌的药品，因为这被认为是对那些外国制药公司不公平，而外国制药公司可以通过有品牌的药品获得可观的利润。产品的标签能够帮助消费者知道他们买的是什么，并估计相关的风险，但世界贸易组织甚至将给产品是否贴标签的决定也要抢到自己手中。

有人宣称世界贸易组织帮助穷人，并防止贸易战，那么，1999 年的世界贸易组织对"香蕉大战"的裁决就特别发人深省。欧洲国家被世贸组织告知：他们不得对加勒比海小香蕉农合作社的 20 万成员生产的香蕉给予进口优惠，因为这对两个美国农经企业大公司——奇奎塔（Chiquita）和多尔（Dole）不公平，这两个公司在中美洲种植香蕉，并控制了全世界一半的香蕉贸易。当欧洲国家拒绝停止优惠，世界贸易组织支持美国实行制裁措施，对一系列欧洲出口产品课以 100% 的关税。这样，在这同一个例子中，世界贸易组织阻止对穷人的优惠，同时支持了一场贸易战。

具体地说，世界贸易组织服务于美国政府和大公司的利益，而不顾发展中国家和公民社会的利益。在 1948 年，恰是美国阻止了国际贸易组织的成立，因为它当时感到这对美国战后压倒性的经济主导地位没好处，同样，仍旧是美国成为乌拉圭回合全面谈判和成立世界贸易组织的主要游说者，因为它感到全球竞争加剧的状况造成了一种局面，在这种局面里，大公司的利益现在需要和 1948 年相反的立场。在 20 世纪 50 年代，美国曾威胁退出关贸总协定，如果该组织不允许保留对牛奶和其他农产品的保护机制，因此，关贸总协定的规则对农业贸易的覆盖面非常有限；同样，在 1995 年，仍旧是美国施加压力，将农业领域彻底纳入关贸总协定——世界贸易组织的体系内。华盛顿立场转变的原因，被当时美国农业部长约翰．布洛克在 1986 年乌拉圭回合谈判的开始时刻很坦率地表达出来:"发展中国家应该养活自己这种想法,是已经过去的年代的过时的想法。现在它们可以依靠美国来保证它们的粮食安全,美国农产品不仅供给充足,而且绝大多数情况下价格低廉。"华盛顿想到的不只是发展中国家的市场,还考虑到的是日本、南韩和欧盟。

在美国的推动下,服务业进入了世界贸易组织的覆盖范围,这是因为美国估计到在新的国际服务繁盛地区,特别是金融服务,美国的大公司具有优势,这种优势需要保持下去。同样,也是在美国的推动下,世界贸易组织将其管辖范围扩大到了贸易相关投资措施(Trade-Related Investment Measures)和贸易相关的知识产权(Trade-Related Intellectual Rights),这两者在前面的一章提到过。贸易相关投资措施寻求取消一个国家引导外资的能力,使其不再能够让外国投资有益于本国利益。比如:贸易相关投资措施针对的是一些监管跨国公司的分公司跨国界零部件贸易的国内法规,发展中国家原来通过这些法律,是为了发展新的本国工业。贸易相关知识产权的设计,是为了巩固美国在尖端的、知识密集产业中的优势。

同样还是美国强行建立了世界贸易组织的强大的争端解决机制和执行机制,这是因为美国贸易官员认为关贸总协定在执行有利于美国的规则时过于软弱。正如同华盛顿的贸易方面的正官方学者、国际经济研究所的主任 C. 弗莱德·伯根斯坦告知美国参议院的那样:世界贸易组织强大的争端解决机制,符合美国利益,因为"我们现在可以利用国际机制的全部力量来对付那些贸易壁垒,消减它们,并取消掉它们"。

总之,正是美国对其自身经济利益需求的认识的不断变化,导致了国际贸易体制的不断变化。世界贸易组织在 1995 年的诞生,并非全球的必需,而是美国政府估计到:美国大公司的利益在一个松散的、灵活的关贸总协定之下,不再能够得到保证。在 20 世纪 90 年代,一个本来只是美国的想法,经流传后变成了最富裕国家——那时被称为七大工业国集团(美国、日本、德国、法国、英国、意大利和加拿大)的颂歌。从世界贸易组织作为思想基础的自由市场范式,到在乌拉圭回合中确立的各种不同协议规则,再到它的决策系统和负责系统,世界贸易组织是一个蓝图,它规划了总部设在最富裕国家的最大公司对全球的霸权。

但是，发展中国家又如何呢？世界贸易组织是不是一个必要的结构——是不是尽管有许多缺陷，但仍然是利大于弊，因此值得花一些力气去改革？当乌拉圭回合正在谈判之时，发展中国家对谈判表现出明显的冷淡。毕竟，这些国家组成了联合国贸易与发展会议（United Nations Conference on Trade and Development；有关这个组织，见第十章）的骨干，在这个体系里，一个国家一票，多数票表决，发展中国家感到这才是一个更符合它们利益的国际场合。它们进入乌拉圭回合时，对贸易大国的政策感到很厌恶，因为它们将20世纪70年代后期和80年代早期的联合国贸发会议弱化、边缘化。然而，它们得到承诺：世界贸易组织的多边规则和执行方式将使大国不再能够在贸易问题上进行单边的恐吓。

然而，当世界贸易组织开始运作时，很明显，经济力量上的不平衡没有被纠正。只是当一些国家花了数百万美元提交了一个案件后，世界贸易组织的规则才会被执行，贸易制裁才会进行。许多发展中国家开始意识到：它们签约后，把自己的许多权利都丢掉了，而这些实施各种重要的贸易措施的权利，可以用来促进发展。关贸总协定的松散框架，还允许一些自主发展的空间，相比之下，收紧了的乌拉圭回合，从根本上说是反发展的。以下就是一些明显的证据：签约加入世界贸易组织之后，第三世界国家承诺：对一切进口取消数量限制，对许多工业产品进口削减进口关税，并承诺对其他进口不再提高关税。这样做，就等于放弃利用贸易政策为国内目标服务。新兴工业化国家为达到今天的地位所走的道路，即进口替代政策，现在被取消了。世界贸易组织协定的反发展冲动，在"贸易相关投资措施"和"贸易相关知识产权"中，就更明显了。象南韩和马来西亚等新兴工业化国家，应用很多创新性机制，比如"贸易平衡要求"，即把外国投资进口的原材料和零部件的价值，和出口的成品商品的价值挂钩，还有"本土化"规则，要求一件产品中一定百分比的零部件必须在本国内生产。

这些规则的确限制了外国投资者的活动空间，但这些规则被新兴工业化国家成功地应用，使外国投资和本国企业相结合。这使得这些国家从资本密集型的出口中提高收入，发展支柱产业，引入技术，同时仍然保护本地企业对国内市场的优先权。而"贸易相关投资措施"使这些机制变为非法。

正在考虑中的未来世界贸易组织的行动建议包括：继续扩大世界贸易组织现存的如下规则，即禁止任何国家的公共政策给予本国投资者或供应商、而不给予外国投资者或供应商（包括银行、媒体和其他服务部门）的优惠。同样在议事日程上的，是对国家所能采取的措施加以限制，将会受到限制的措施包括：保护国家粮食安全并保护本地农民不受外国竞争，保护森林和水源不受外国大公司的开发，以及监管国际资金的投机性流动。世界贸易组织的其他建议是：放松限制允许公共服务比如公立学校、医疗卫生私有化，使其变为全球大公司所有。

世界贸易组织的规则和执行机制，经常性地被大公司及支持它们的政府用来对其他国家政府的有关措施进攻，这些措施为了保护人们的健康、安全和文化，以及保护自然环境。而在世界贸易组织规则下，政府在保护大公司、大金融机构的利润和产权方面，采取了比以前更强的措施。尽管世界贸易组织似乎是将一刀切的统一规则强加于世界贸易组织成员国的公共利益政策之上，它却对全球大公司和金融投机家的过分行为没有设任何限制措施，而对这两者的监管才是首要的工作。相反，世界贸易组织去监管国家和地方的政府，要求他们不要去监管国际贸易和投资。一句话，它通过监管各国政府来保护大公司。（见专刊框 I 的有关讨论。）

专栏框 I

北方国家在世界贸易组织中的伪善面孔

马丁·柯尔，第三世界网络

恐怕没有任何一个其他领域像贸易政策那样，美国和其他最富裕的工业化国家在其中说一套，而做另一套。20 年来，除了自己说之外，还通过世界银行、国际货币基金组织、关贸总协定，以及现在的世界贸易组织，千篇一律地教诲：南方国家市场的自由化是必需的。虽然一直这样说，它们在自己的国家却一直没有按照其教诲去做。

旧的关贸总协定体系主要是有关商品。即使是这个体系，也是不平衡的。比如：绝大多数发展中国家最大的经济部门和出口部门就是农业和纺织业。在这两个部门，工业发达国家仍然雇用数百万人，几十年来，各国对这两个部门是高度保护的。

1986年起，各国开始著名的乌拉圭回合谈判，最终在1995年将关贸总协定转变为世界贸易组织。谈判的关键一点，就是有人提出的这样一个交易：发展中国家同意世界贸易组织一系列新措施（服务、知识产权、投资措施），从而使这个系统更加不平衡、更加具有干涉性（系统从原来的对贸易壁垒的传统关注转移到对国内经济和发展的结构和政策的更大卷入）。作为回报，发展中国家得到承诺：乌拉圭回合将开放北方国家的农业和纺织品市场。

北方国家坚持要求南方国家完成自己的承诺，但是却没有完成自己的承诺。发展中国家处在很大的压力之下，工业化国家、国际金融机构和发达国家的地区性贸易安排以及世界贸易组织都要求它们尽快地放松进口和外国投资的规则。实施世界贸易组织的协议，给发展中国家带来了许多问题。下面就是一些例子：

- 对投资措施和补贴的禁令使得发展中国家鼓励或者推动国内部门变得很困难，甚至不可能。
- 农业进口的自由化威胁到了小农的生存和生计，他们的产品将面对廉价进口粮食的竞争，进口粮食许多都是通过大量的补贴变得人为地价格低廉。
- 严格的知识产权体制包括：高价的药品和其他生活必需品，源自南方国家但被北方国家注册专利的生物材料，以及对发展中国家来说更贵的价格、更不易得到的工业技术。
- 发展中国家受到越来越大的压力，被迫开放服务部门，造成穷人难以得到最基本的服务。

这些措施威胁着发展中国家，使其不能达到一系列目标：工业化、更新技术、发展本国工业、保护小农、实现粮食安全，以及满足医疗卫生需求。

发展中国家的问题来自世界贸易组织的数个协议的结构不平衡和弱点。发展中国家开了一个长长的清单，列举了它们实施时的问题，以及解决问题的建议，并将清单呈交给世界贸易组织。对实施中的问题只有极少数有解决的进展。其中一些和许多其他议题一起，放在了后多哈的工作计划中。发达国家的态度似乎是：发展中国家签订了具有正式法律约束力的协定，因而必须遵守，如果要改变，就必须做出新的让步。这种态度对世界贸易组织不是什么好预兆，因为这意味着：不平衡的状况将会继续，如果发展中国家的代价增加一倍、两倍或三倍，这种不平衡将会恶化，发展中国家的负担将会更重。

世界贸易组织的新规则对富裕国家的公众也有问题，包括因专利而导致的高价的药品和其他消费产品，以及公共服务部门的私有化所造成的自然资源管理的风险，比如水。地区性的"北美自由贸易协定"也导致了一系列问题和争议，包括：大公司因为国家在卫生和环境等方面的措施影响了大公司的利润，或其他原因而起诉国家。

另一方面，工业国家很大程度上没有做到将其农业和纺织业对外开放。在大多数北方国家，这些部门仍然是关闭的。在农业部门，许多发展中国家感兴趣的产品的关税仍然高到了难以接受的地步（一些关税在200%到300%以上）。根据2000年经合组织发表的数据，经合组织（OECD）国家的国内补贴从2750亿美元（从1986年到1988年的年平均数）增加到了1999年的3260亿美元。在允许范围内的补贴的增加，远远超过了农业协定规定必须降低的补贴类别的实际降低。

在纺织业和服装业，只有发展中国家出口的极少数类别，从北方国家的配额单上清除，尽管十年实施期已经过了一大半。根据国际纺织和服装局的一份递交给世界贸易组织的报告，只有少数几个配额限制被解除（美国的750个中解除了13个、欧盟的219个解除了14个，加拿大的295个解除了29个）。按照这个记录，让人怀疑能否在2005年取消规定的配额。

2002年开始，美国宣布它将对进口的钢材实行最高为30%的关税，以保护国内的钢铁工业。这个决定在全世界产生了震荡，因为这发出了信号：世界最富裕的国家加强了单边保护主义行动。

要求发展中国家再忍受一会儿快速调整的痛苦，得到的保证是：过了几年一定变好；而提出这种政策的发达国家自己却要求更多的时间来调整自己的农业和纺织业（及其他产品），而这些部门已经被保护了几十年了。

富裕国家还在声称：它们需要更多的时间来保护它们的弱势的、不具竞争力的部门，这应该使他们能理解发展中国家越来越多的抱怨，因为进口自由化和其他义务已经损害了它们的社会。但是富裕国家的政府拒绝承认事实，抵制公民团体和许多南方国家的政府有关改变该体系的要求。

在世界贸易组织2001年卡塔尔多哈部长级会议上，发展中国家提出了许多这类实施中的问题。然而，最大的发达国家极力推动的，是要世界贸易组织扩大其谈判和制订规则的权限，包括新的领域如投资、竞争政策、政府采购以及贸易和环境。

要求扩张的尝试受到了绝大多数发展中国家（包括地区性集团）的抵制，它们认为：第一，它们还没有准备好在这些问题上谈判或签订协议；第二，它们还不能把握这些被提出的议题的重大意义；第三，从它们对有关议题的有限理解来看，它们非常担心在这些领域的新的协议将增加它们已经很沉重的义务负担，更进一步限制它们发展政策的选择，并限制和减少它们的发展前景。多哈会议以双方令人困惑的语言为结束，发展中国家关心的是规则实施，而发达国家希望讨论新的议题。对于世界贸易组织如何继续发展，当然没有任何共识。

建　　议

布雷顿森林体系的三大机构持有一个歪曲了的经济进步和经济关系

第三章 非神圣的三位一体：世界银行、国际货币基金组织和世界贸易组织

的观点。它们拥护无限制的贸易扩张和外国投资以实现经济增长，说明它们认为最先进的发展状态就是：全部生产性财产都由外国大公司所有，生产是为了出口；每日交易的货币是从外国银行借来的；教育和健康服务是由外国大公司以赚取利润、交费制的方式运营；本地人的几乎全部消费都是进口的。如果以这样强烈的方式来表达，这种意识形态的荒唐就很明显了。同样很明显的是：这样的政策为谁服务。这种政策不是为了改善人们的生活或改善我们的星球，而是为了巩固和加强大公司的一小部分精英的财富和权势。

哈佛大学的经济学家丹尼·罗德里克（Dani Rodrek）引用了相关数据来说明：贸易和投资的自由化并不一定带来经济增长和繁荣。但是，贸易和投资的自由化确实能够带来全球经济的严重的不平衡，包括国家之间和国家内部的贫富两极分化的令人震惊的加剧。替代性的模式才更有希望，在替代性的模式中，强调国内生产为国内市场服务，以及直接贸易和外国投资为本国的需求服务。

作者威廉·格莱德（William Greider）指出了另一个不太为人们提到的贸易和投资自由化所造成的不平衡，那就是：生产的快速扩张和工资被压低结合在一起，使得绝大多数工人买不起它们自己生产的产品。后果是今天又出现大量的生产过剩。全世界把美国当做最终的购买者，以此来对付生产过剩的问题。20多年来，美国一直是从别人那里买回来很多，却卖给别人很少，而用从外国投资者那里借来的钱来支付其中的差额，主要是从日本那里借。从金融角度上看，这就把美国放到了亚洲、俄国和巴西在1997年和1998年金融危机之前的位置上。在这个令人困扰的公式的另一边，我们发现：一个又一个国家向美国出口商品，支持美国毫无必要的消费，而那些国家自己的人民缺少资金来取得最基本的生活必需品。

贸易理论非常重视保持国际贸易和国际收支账户的平衡，强调交易应双方互惠，而且经济关系应保持相对稳定。英国经济学家约翰·梅纳德·凯恩斯即布雷顿森林体系的主要设计师，对此命题极为认真。1942年，他指出：我们"需要一个具有内部稳定机制的系统，任何一个国家

如果对外部的支付平衡偏离了均衡点，无论赤字还是盈余，都将会受到压力，这样才能够阻止另一种运动，这个运动会对其邻国产生一个等量的但相反方向的需求平衡"。

讽刺的是，国际货币基金组织的最初责任就是帮助各国的国际收支账户保持平衡。而今天世界银行、国际货币基金组织和世界贸易组织不仅忽视了这个原则，还设立了一些条件，使得各国无法遵守该原则。后果就是：不平衡、不稳定、不平等，以及一些人遭受剥夺。

在当前的经济体系内，贸易和投资的自由化以及国际竞争力的提高，被看成是增长的手段，而增长又被看成是繁荣和民主的关键。后面的章节勾勒出一个替代性体系的有关原则，这些原则将民主和权利作为手段，致力于可持续的社区、有尊严的就业以及健康的环境。在第十章"新的国际结构"中，我们提出具体的想法，描述一个以这些原则来操作的全球治理体系。

第二部分　行动中的替代

　　一个纠正和调整的过程正在从上到下进行。成百上千万的人站起来要求一个新的体系和新的观念；很多人已经在把他们的新观念付诸实践。在第二部分中，我们提供一系列的从理论到实践的替代性表达：提出这样的新原则——它们能够为一个可行的、为了人民和环境而不是公司利润运作的体系提供一个基本框架；重新壮大公共财产的新观念——公共财产曾经被所有民族所使用但是现在大部分被私有化了；提出能促成全球化向地方化重大转变的概念；在那些全球化经济严重影响地方的区域，从能源和石油、交通运输到制造业、农业、媒体等方面，推动直接管理。最后，我们评论来自全球的草根动议。合起来看，这些事件和行动表明，一个新的体系正在从旧的体系中破土而出。

第四章　可持续发展的社会的十项原则

1999年11月末的一个雨天，环境保护运动的积极分子们身着雨衣，打扮得像海龟，互相挽着臂膀，与运输工会会员们一起行进在西雅图市中心的大街上。这天一个不同寻常的事件发生了，即后来人们说的"西雅图战役"，它阻止了世界贸易组织的谈判者进入会场，使这个强大机构推动全球化的势头从此一蹶不振。加入被称为"西雅图联盟"的成千上万示威者并非属于同一个组织，他们中有来自许多国家的学生、宗教活动家、女权运动的活动家、家庭农场主、医疗卫生运动的活动家、土著居民以及争取经济公正的组织者们。

通过仔细研读这些此前分散的社会团体在现场散发的书面材料，我们发现了一个非常令人兴奋的共识。不管他们来自哪个国家或哪个团体，表达核心原则的词汇从四面八方同时涌现出来。

本书的作者几乎当时都在西雅图，无论是最初在西雅图交响乐大厅举行的规模壮观的全球化国际论坛上的宣讲，还是后来的上街示威，我们都注意到了参与者们在核心原则上的这种共识。

"民主"这个词看来是把各个团体联系在一起的最共同的思路，尽管不同的组织在"民主"的前面使用了不同的形容词以便赋予它更多的含义，例如，"生活方式的民主"、"参与民主"、"新民主"、"人民民主"等。仅次于"民主"使用的频率，下一个概念是"生态的可持续性"，同样，在它的前面通常使用了不同的修饰词来限定。大多数团体现在还建议用"本土化"和"辅从性"来与"全球化"概念相对立。

当我们研读各个组织在西雅图及其他地方散发的文件与声明时，我们发现作为组织的原则，有十个概念使用的频率是最经常的。于是，我们开始了解了这个曾经被交替地称为"反对公司全球化"或"支持全球公正"运动的基础。正是在组织原则中这日益增长的共识，使得这些有着几千个分离的领导人和有着几百个不同观点的分散团体能够形成一个统一的社会运动。

这些原则与指导经济全球化的原则是完全对立的。后者只是为少数人服务，以牺牲多数人的利益和对环境的破坏为代价。经济增长历来是国际货币基金组织、世界银行、关税贸易总协议及其继承者世界贸易组织的中心目标，国际贸易与投资的扩张一直被它们视为本身就是目的。

正如我们在第一部分所说明的，过去半个世纪来占统治地位的意识形态一直认定，被除去束缚的贸易和投资将产生繁荣，繁荣将产生民主。这一意识形态是自杜鲁门到小布什的历届美国总统发布的宣言，以及整个世界大多数领导人尤其是自20世纪80年代以来的政策声明的共同的指导思想。公司的和政府的领导总是念念有词地祷告：为了在全球经济中维持竞争力，政府必须放松管制以便为引进外资创造最有利的条件，不惜牺牲工人的权利和生态环境的完整性。用加拿大人委员会主席毛德·巴洛（Maude Barlow）的话来说，"非国家的公司已经导致公司国家。"

现在是开创为所有人服务的健康的、可持续发展社会的时候了。在这样的社会中，被赋予权力的机构，以对人民、共同体和自然环境的长期康乐的贡献为准绳，由此鉴定社会变化的好坏及其发展程度；并将权力平等地分配给全社会所有的当事人。调节这一社会的，主要将是其根本的性质即是全体人民的福利。每一个可持续发展的共同体和国家在满足基本需要，包括食物、住房、干净用水、能源、教育、医疗卫生、政治参与和文化等方面，都寻求达到充分的自给自足，以便确保自己每个成员的生计、公民自由、价值感和身份特征。

核心原则

为了真正实现可持续发展社会,一切国际的、国民的、地区的经济政策规则及其机构的构成都应当遵循以下阐明的十项基本原则。

1. 新民主

极其多样性的公民社会(civil society)在西雅图喊出的战斗口号汇聚成简单的一个词——民主。当人民组织起来保护他们的共同体和权利,并使他们选出的官员对人民负责的时候,民主就兴旺起来了。过去20年中,政府把自己的许多主权转交到全球公司手中。本书的作者主张新的权力转变,权力应从为公司服务的政府手中转变到为人民与社区服务的政府手中。这个过程主要在地方层面上展开,但同时对于各级政府又都是生死攸关的。请注意两个颇有希望的例子,巴西的卢拉和阿根廷的基什内尔就是因为被委任担当权力转变的任务才当选为总统的,他们的成功最终同样取决于他们能否监督这一权力转变的完成。

我们之所以运用"新民主"和"生活方式民主"这样的概念,部分原因是因为在许多人的观念中,民主只是等同于选举。尽管选举对于民主既是必需的,也是公平的,但我们要集中更多的注意力关注世界范围内由公民社会组织所发起的动态过程,以便把新的动力和意义慢慢地灌输到民主运动中。在一些国家,主要是南半球,这些运动的焦点是赢得社区对自然资源的控制。在另一些国家,主要在北半球,他们力争阻止公司的金钱流入政治,以便使公民权利重新成为政府议事日程的焦点。

责任制(accountability)是"生活方式民主"的中心课题。当决策者同时承担其后果时,例如,当一个共同体民主地决定如何管理宅基地周边的森林,从而影响到他们对洪水与用水的控制程度时,在这种情况下,他们很可能优先考虑森林长期可持续生长的健康状态,因为他们自己的康乐以及子孙的康乐与森林的命运得失攸关。如果管理决策掌握在一家外国公司手中，它的主管们居住在千里之外，而且面对的是法律上的强制委托——给公司的股东以最大的短期回报，那么，情况就完全不同了。而这些股东甚至很可能不知道自己握有这家公司的股份，更不要说这些森林的地理位置了。这些条件致使公司主管们只顾成片砍伐树木带来的直接利润，他们既看不见也不承担这样决策的成本，即造成的洪水、泥石流和对当地给水资源的破坏。当健康、劳动和环保的标准以及外贸与投资的规则由公司的说客在遥远的城市与议员秘密谈判而形成时，那些能从中获利的人有充分的代表，而那些将承担成本的人们则不在场，他们的利益也不在谈判的天平砝码上。

新民主的原则意味着创造诸种治理体系，这些治理体系在决策做出时支持那些承担代价的人。它也意味着限制那些不在场所有者（absentee owner）的权利和权力，并确保那些拥有决策权的人为自己的行为给利益相关者带来的损害负责。全球主要的经济机构是进行公开贸易的有限责任公司。通过把极端的不在场所有权形式制度化并使股东——公司在他们的名义下进行行动——无须为这些行动可能给他人带来的损害负责，它们违背了这些条件。它是一种无法充分满足可持续社会要求的制度形式。

本书包括了有组织的公民主动开创"新民主"的大量事例（尤其参见第四、七和八章）。这些事例就像产生它们的条件一样具有多样性。其中有一些事例涉及面很小，而且建立在群体之上，例如智利农村的76个家庭组建了一家渔业合作社。其他一些事例涉及面很大，包括整个地区甚至全国，例如西班牙蒙德拉贡合作社公司（Mondragon Cooperative Corporation）、孟加拉（和现在其他地区）的乡村银行（Grameen Bank）和巴西的"无地工人运动"（Landless Worker Movement）。

一些"新民主"产生于市场经济的崩溃，例如阿根廷所谓的"同行主义运动"（horizontalism）就源于2001年12月国际货币基金组织模式的危机。一些"新民主"是一些临时的进程，旨在动员大众抵抗对民主的进攻，例如1998年"加拿大人调查"（Canadian inquiry）寻找公司驱动的多边投资协议的替代物。（参见专栏框J）一些"新民主"是公民主动阻止公司对重要资源的滥用，例如玻利维亚科恰班巴市（cochabamba）

的保护水资源运动。

许多其他的"新民主"涉及那些要求收回对自己的生活、土地和资源的自主权的本土人民。某些涉及其他主张对种子或其他自然资源的集体权利的群体。与"可持续发展的智利"规划（Sustainable Chile，参见专栏框K）一样，某些"新民主"运动把许多人卷入到关于他们可以创造的未来的对话之中。

所有这些努力都需要人们组织起来并冒险坚持对自己生活和资源的控制，以便促进公益。

专栏框 J

加拿大的公民议程

托尼·克拉克（Tony Clarke），北极星研究所（Polaris Institute）

"所有大的社会运动都曾经由强烈的想象点燃"，1998年公民调查的一位参加者宣称。这项调查是在OECD关于多边投资协议的谈判破裂之后在全加拿大进行的。

20世纪90年代末期，在巴黎OECD总部秘密地进行了关于多边投资协议的谈判。这次谈判成为加拿大公民活动分子的爆发点。多边投资协议不只是成为"美加自由贸易协议"及其产物——北美自由贸易区——之后其他任何一系列问题的象征，还成为公司全球化失败以及大众抵制公司全球化的象征。当加拿大政府拒绝理会1998年多边投资协议失败的教训时，加拿大最大的公共利益组织——加拿大人委员会（The Council of Canadians）抓住了时机。

同大约40个全国组织一道合作，加拿大人委员会于1998年秋天在加拿大8个城市中举行了一系列的公开听证会。一个委员小组领导了一系列被称为"多边投资协议：公民对替代选择的需求"的公开听证会。这个委员小组包括那些不仅全国知名而且对全球化问题颇有研究的人士。

在听证会的准备过程中，一本《公民手册》(*Citizen's Handbook*)被广为散发，它旨在激发关于组织全球经济的替代之路的构想。由于突出根据民主的"3R"——权利（rights）、规则（rules）和责任（responsibilities）——来重组全球经济，这本手册包含一份公民对像世界贸易组织、国际货币基金组织和世界银行这些机构的业绩进行评价的报告单。

在公开听证会期间，证人一个个地强调作为全球经济改造的基础的新组织原则的必要性。这些组织原则如下：

- 就像在《联合国人权宣言》和关于经济权、社会权和文化权以及关于公民权利和政治权利的国际契约中被奉为圭臬的那样，承认人们的基本民主权利。
- 保护那些影响所有人的生活和权利的共同利益（common good）和公共遗产，例如食品安全、劳动标准、环境保护、文化完整性、公共服务、重要资源和基本的人权。
- 建设可持续发展的地方社区。在这个社区中，在生态的限制之内使用当地的资源和人员为当地的社区生产产品和提供服务这一点应受到更多的重视。
- 恢复政府的政治主权，例如为国家的发展确定经济、社会和环境的目标的权力和保证跨国公司服从这些目标的能力。
- 通过新的参与性民主形式重申公民的民主管理，由此公民有效地参与关于贸易、投资和金融的国际决策。

正如"公民调查"的最终报告所证明的，谈到重组全球经济来为人们的民主权利服务和保证地球的生存，并不存在任何短期的构想。听证会没有为全球经济改造制定出任何蓝图或纲领。相反，人们被鼓励作为个体或群体提出他们自己的适合于讨论和辩论的想法和建议。通过这种方法，各种各样具有创造性的倡议被提出来：

- 通过对跨国公司的运作实施一种更为严格的检查程序来控制它们并使之更加负责。

- 通过重新开放颇有争议的领域的谈判——如果没有令人满意的改变，继续援引废除条款，重新进行贸易协议谈判，比如说北美自由贸易区和世界贸易组织。
- 重新对外国投资进行管制，以便为民族发展的目标和优先项服务。
- 通过采用各种管制资本流进和流出的"缓速块"（speed bump）措施来控制金融市场中的投机。
- 政府控制资本逃逸的威胁。政府发展出一种更富创造性的与跨国公司的谈判策略，并且鼓励战略性地使用替代性的资金来源——工人养老金基金。

总之，加拿大"公民的调查"为人们的如下行为提供了基础：集合到一起并开始通过提出全球经济改造的建议来召回民主和公共财产。对于正在参与的公民活动分子来说，这是在加拿大和全世界建设一种新民主运动的重要组成部分。

但是，加拿大人委员会不久意识到，这不是一次性的努力。发展一种公民议程是一个不断前进的过程。把精力集中在全球经济上，而不同时提出在国家和地方层面上改造经济和决策结构的建议，是不够的。更重要的是，推进一项变革社会的公民议程不应该单纯局限在某个组织的成员身份上。要想成为一种有效的进程，这个进程必须在与各种各样的公民社会组织和团体的结盟中进行。

因此，加拿大人委员会开始建立一个特别工作组来制定和实施一项三到五年的行动计划，以便在加拿大发展出一项关于社会变革的公民议程。这项计划集中在三个层面上：地方、国家和国际。加拿大人委员会并不是在真空中展开这种公民议程的进程。相反，它采取了各种步骤来学习那些在其他国家中已经进行的试验，例如"可持续发展的智利"（Sustainable Chile）规划、印度村务委员会运动（Via Panchayat movement）和巴西阿雷格里市政府已经创立的人民预算程序。这样，公民议程应该受到全球公民社会运动建设的激励，并且推动全球公民社会运动的建设。

2. 辅从性

经济全球化首先需要本土社区和经济的去本土化（delocalization）和失去权力（disempowerment）。然而，地球的大多数人仍然通过本土性的、以社区为基础的活动来生存：小规模的农业、本土市场、为了本土消费的本土生产。这种传统的体制曾经使人们保留了对自己经济和食品安全的控制，也维护了他们的社区和文化的活力。即使在发达国家中，大多数人的生计在传统上是与当地的经济生产联系在一起的。经济全球化正在迅速地消除这种联系，反而促进那种全球公司所控制的以出口为基础的经济。这导致了本土生计、本土就业和社区自立性的破坏。

人们必须创造出新的规则和体制。这些规则和体制要有意识地推动本土的发展，并遵循辅从性（subsidiarity）原则，也就是说，凡是在本土能够进行的决策和活动，都应该在本土进行。所有可以保留在本土的权力，都应该保留在本土。只有当需要那些无法在本土得到完成的高一级活动时，权力和活动才应该移交给临近的更高层，依次是地区、国家和世界。本地政策（site-here-to-sell-here）和资本位于本土化应该被法律化。经济体制的设计应该使经济和政治权力向下移动——移向地方而不是向着全球的方向移动。（在欧洲，IFG和其他组织的成员呼吁：保护和重建本土经济应该取代全球化。这些呼吁取得了初步的政治成功。1999年，英国绿党的一些党员以一项"全球性地保护本土"的本土化宣言当选为欧洲议会的议员。）

辅从性原则（subsidiarity）尊重那种主权在民的观念。换句话说，具有合法性的权威通过表达人民的民主意愿而从下向上地流动。因而，较远层面上的行政机构的权威是辅从性的，或者从属于比较地方的层面。这为直接的公民参与留下了更大的机会。正确做出的决策不仅贴近那些承担后果的个人，而且对他们来说也切实可行。自立的地方经济的大多数事务留给了当地的人民和机构；而诸如全球变暖这样需要全球范围内的集体行动的问题必然需要全球机构更多的参与。

辅从性原则承认本地民族、群体和国家自决的民主权利，只要这项权利的发挥不侵犯他人的类似权利。这项权利通过如下条件可以得到正确的保证：（a）资源和生产资料由本土和国家所有和控制；（b）本土和国家制定规则时的权威特点是：更靠近中心的权威在其中支持本土实现自我确定的目标；（c）本土和国家的自立性，即在切实可行的程度上用当地和该民族的资源来满足本地根本的需要。更大的本土所有权、政治权威性和自立性意味着更小的依附性和易剥削性，也意味着减少或消除对就业、市场、金钱和自然资源的竞争性争夺中赢家通吃一切的现象：这是全球经济体系的核心。然而，这并不意味着孤立。可持续的社会是良好的邻里关系，通过贸易、文化交易与信息和技术的共享在所有人中实现合作、和平和互利的关系。

辅从性原则对于可持续发展的社会非常关键，因此本书的第六章专门论述这一原则，对其进行详细的说明，同时简单地谈谈在这个问题上的激烈争论。

3. 生态的可持续性

地球上的所有生物都依赖生物链系统的健康、充满活力和生物多样性的保持。一个经济体系长期生存能力的最后尺度最终必须是它是否能够满足人们的真正需要，而同时不破坏子孙后代满足自己真正需要的能力和地球生物的自然多样性。因此，任何可持续的社会必须保证：（a）资源的利用率不超过资源的再生率；（b）资源的消费率不超过可更新的替代资源投入使用率；（c）污染排放率和废物倾倒率不超过它们无害消化的速率。（GDP增长率或财富增长并不是适当的标准，而且可能实际上是证明失衡的例子）。危害这三个条件中的任何一个条件都把未来子孙的福利和地球的生物置于非常危险的境地。

不幸的是，经济全球化本质上会破坏环境，因为它的活力依赖一系列相反的标准：不断增长的商品消费、扩张性的资源利用和增加在海洋、土地和大气中的污染物排放。正如前文所描述的，全球化的一个主要特征——出口导向的生产——本质上具有破坏性，因为它增加了全球的运输活动，因而增加了矿物燃料的使用、制冷、包装以及非常昂贵和具有生态破坏性的新基础设施——例如水坝、港口、道路、机场、运河、运输管道等等。在农业领域，向工业化型出口型体制的转变也带来了土壤和水的污染、杀虫剂中毒和转基因植物的基因污染。而且，由于全球化官僚工具的统治，全球化也加速了基本生活资源——例如淡水——的商品化和私有化；全球化把像大气和海洋这样全球共有的东西盗用为废物倾泄地；全球化抑制了各个国家调控自己环境的能力；通过抛弃对地球极为友好的世界观和实践并代之以工业体系，全球化使农民和传统的民族脱离与自己土地的历史联系；全球化是传播入侵物种的主要工具，这些入侵物种包括致命的蚊子和其他生物；全球化以基因单一化（homoyeneity）和单作物种植（monoculture）来取代生物多样性；全球化直接服务于不受管制的公司权力。

莫里斯·斯通（Maurice Strong）是一位主流的商人，也是一个环境主义者。他在1992年主持召开了斯德哥尔摩首次人类环境大会，然后在1992年主持了"地球峰会"。对于这个问题他有最清楚的认识。在《我们究竟在向何处去？》（Where on Earth Are We Going？）一书中，他写道："环境不仅仅是一个问题，一个可以得到解决而其他一切仍然保持不变的问题。在我们的工业文明受到重视并且控制自身的道路上，生态破坏是失衡的标志……全球化正在以前所未有的规模创造新的财富，同时增加工业资本主义的胜利者和牺牲者之间的分裂。"

如果我们打算将来反方向前进——而且就已经产生的气候变化和其他的危机来说，这必须在最近的将来进行，必然要重新设计出一种制度，一种遵循生态可持续性的基本规律的制度。现在迫切需要的是一种颠倒当前主导价值观等级的新制度。当前的价值观把公司的利润和财富的创造放在第一位，并且忽视了可持续性。这是一种灾难性的规则。地球和所有自然系统的生存是基础，而且不能受到危害。

专栏框 K

可持续发展的智利

萨拉·拉瑞恩（Sara Larrain）

大约十年前，奥古斯特·皮诺切特通过公民表决而被迫下台。然后，智利开始重建一个比较民主的政府。然而，智利民主当选的领导人多半都继续支持导致社会不平等和非持续性的政策。虽然智利常常被引证为宏观经济成功的典范，但智利许多非政府组织、学者和公民社会组织继续提出一些严肃的问题：对于环境、穷人和公益来说，这种建立在实施新自由主义的极权主义之上的成功意味着什么？

为了响应日益增多的关切，政治生态研究所（The Institute for Political Ecology）、全国生态行动网（The National Network for Ecological Action）和玻利瓦尔大学于1997年开始了"可持续发展的智利"规划。在一年半中，该规划与相当数量的公民团体、教堂和学术机构协调合作，形成了一项基于社会平等、环境可持续和民主得到加强的公民的议程。而且500多公民社会领导在智利多个城市召开的专题讨论会上代表他们的社区，对他们地区面临的可持续发展问题提出对策性研究，并就这些问题提出具体的计划建议。

贫困、不平等、财富分配的不平等、对自然资源的剥削、污染和有拘限性的民主制度构成对智利可持续发展的严重威胁。表达了对智利公民社会的关切及其优先事项，并且提出许多补救措施，包括收入再分配、减少军事开支、改革国家环境和渔业法律、稳定铜的生产、改革皮诺切特政权制定的1980年宪法、废除旨在确保侵犯人权者豁免权的特赦法律以及制定一项全国性的青年计划。公民的议程也包括关于保护本土土地和水资源的建议，例如制定全国性的本土土地和水资源的记录制度与全国性的土地和水资源转让监督机制，免除水资源本土所有者的税收，批准关于保护本土权力的《国际劳工组织169号公约》。精心制定公民议程的过程把全智利的不同组织集合到一起，因而了加强了公民社会。议程的目的在于充当全智利公民和政治家进行讨论和对话的基础。"可持续的智利"项目的组织者希望它不仅推动公开的讨论，而且被用做一种工具，以动员社会的和政治的意志来把他们的建议付诸行动，从而建立一个以可持续性为基础的智利社会。在"可持续发展的南锥体国家"（Sustainable Southern Cone）计划下，类似的实践曾在巴西、乌拉圭和阿根廷实施（2002年）。

资料来源：改编自《为了一个可持续发展的智利：争取改变的公民议程》（*For a Sustainable Chile: A Citizen's Agenda for Change*），圣地亚哥：可持续的智利方案，1999年。

4. 共同的遗产

有一些共同的遗产资源成为所有人的一项与生俱来的集体权利，它们可以被所有人平等地分享。我们认为存在三类共同的遗产资源。

第一类共同的遗产资源包括所有人生活都依赖的水、土地、大气和渔场。第二类包括我们人类集体创造的文化和知识。第三，比较现代的共同资源是政府在所有人名义之下提供的，表达了诸如公共健康、教育、公共安全和社会保障这样的基本需要的公共服务。所有这些共同的遗产资源都极其紧张，因为公司试图将其私有化和商品化。

总而言之，这三类资源构成了所有真正财富的基础。毕竟，没有它们，就既不会有生命，也不会有文明。健康的社会承认并奖励个人对增加自然资源的有用的生产率或扩大人类的文化和知识公共积累的贡献。同时，它们也承认没有任何个人创造了地球上的自然财富或任何整个基础性的知识体系。

当共同遗产资源的所有权被用来获取个体的生存权时，我们就应认识到，任何利用共同遗产资源的权利都带有相应的代表所有人充当它的道德责任保护者。同样地，这样一些权利的积累不要危害他人的拥有共同遗产平等份额的与生俱来的权利。个人或公司垄断主要共同遗产资源例如水、种子的多样性或森林的所有权并排斥他人需要的企图应该被认为是无法接受的事情。

我们认为这些种类的共同遗产资源在全球经济中应该受到不同的对待。这种观念开始了关于如何管理这三种共同遗产资源的争论。这种争论不仅影响巨大，而且引人关注。本书第五章将予以探讨。

5. 多样性

数十年前，人们仍然有可能离家找到某个地方：那里不仅建筑和风景不同，而且语言、生活方式、服装和价值观也不同。今天，法国和印度的农民和电影制片人以及其他地方的无数人正在声明要维护那种多样性。全世界成千上万个群体已经完善了本土的资源管理体制。这些管理体制虽然在运作，但正在受到公司主导的全球化的侵蚀。对于一种有尊严的、充满乐趣的和健康的生活来说，文化、生态、社会和经济的多样性仍然是关键。多样性是任何生命系统的活力、适应力和创新能力的关键。人类经验和潜力的丰富多样性反映在"文化多样性"上。文化多样性为实现推进更高水平的社会、思想和精神成就的创新提供了文化基因库，并且创造出一种认同感、共同体感和意义感。（参见专栏框 L 和 M）本土经济满足了人民、群体和自然的需要，而经济多样性则是地方经济恢复能力、稳定、能源高效性和自立的基础。所有生命和财富最终都是从生态系统中产生，而生态多样性则是生态系统的复杂性、自我调节和自我更新所不可缺少的东西。

专栏框 L

文化多样性：土著人保持差异和多样化状态的权利

维多利亚·托利-科尔普斯（Victoria Tauli-Corpuz），
国际土著民族政策研究和教育中心

世界上仍然有大约 3 亿土著居民。我们代表着 5000 多种不同的文化和 6000 多种语言。根据联合国环境署，土著人是世界剩下的文化多样性的主体部分。

但是，经济全球化对我们的持续生存产生了严重的威胁，差不多也威胁着我们的森林和草原的多样性。全球化实际上是我们 500 年来一直遭受的殖民化的延续。在过去，刀枪被用来镇压我们的反抗和占领我们的土地。殖民者也利用政府法律和制度、学校以及教会来使我们的祖先鄙弃我们的文化并背弃我们的身份。今天，全球化的力量继续把我们的权利、政治体制、经济体制以及文化和知识体系当做是落后、不切实际和浪漫主义的东西。但是，关于对我们的攻击的真正解释是我们居住在地球最后剩下的地方。在这些地方，资源丰富，生态多样性和文化多样性生机勃勃。我们的继续存在妨碍了他们的"进步"。

土著人的世界观敬重"地球母亲"，也敬重生命的神圣性。我们信仰与自然之间的互惠关系，也信仰人民之间和各代人之间共享天赐之物。我们的集体认同是：集体拥有森林、水和土地。这些与个人主义、私有制、现代化和全球资本主义恰恰相反。

对土著人来说，守住我们的领土或古代的土地是最为重要的事情；它决定了我们的身份。这是我们祖先漫步和我们学会他们留给我们的一切的地方。这是我们与自然建立关系和创造我们彼此之间社会纽带的地方。这是我们反抗文化同质化和全球化的原因。

获取我们的土地和资源的压力已经导致世界性的大灾难。由于世界贸易组织的贸易自由化规定，各个公司正在迅速地侵入我们的区域。

第四章　可持续发展的社会的十项原则

哥伦比亚的乌瓦（U'wa）人正在反抗开采他们土地下的石油；卢旺达和布隆迪的俾格米人正在抵制采伐森林；菲律宾的伊哥洛人、芒扬人和卢麦德人反对在他们先辈传下来的土地上采矿。马来西亚沙劳越州的普南人、加拿大的克里人和智利的马普切人全都在反对世界银行的大坝规划。而且，这些只是众多例子中的少数例子而已。

然而，我们的矿藏、木材、水和生物多样性并没有让它们满足；现在它们还想要我们的集体知识和人类基因。公司布满土著人的土地，力图获取我们已经培育的种子或者我们关于森林植物的美容和药物特性的知识。它们把这种知识带回本国，然后把我们的植物申请为专利。这种"生物盗窃"（biopiracy）甚至延伸到我们身体内部的基因结构：它们秘密收集我们的血液样本，而没有告诉我们为什么。它们将其称之为"人类基因多样性计划"，而我们则将其称之为"吸血鬼计划"。世界贸易组织与贸易有关的知识产权协议蔑视我们的传统信念和习俗，认可个人和公司为生命体申请专利的权利，从而将这种"生物盗窃"合法化。

我们的祖先告诉我们，土地是神圣的，动物和植物是我们的亲戚，而且我们有责任保护它们传宗接代。我们对这些将我们同质化的努力的反抗必须得到支持即我们的自决权利和保持差异和多样性状态的权利必须得到支持。那些与我们的本土价值观、宇宙哲学、生活方式和习惯法相冲突的法律工具不应该从外部强加给我们。这些不是世界贸易组织、国际货币基金组织或世界银行有权决定的。我们为我们的自决权力和继续作为土著人生活在我们祖先的土地上的权利而战斗。我们努力保护我们自己的一种重要方式是迫使联合国人权委员会批准《联合国土著人权利宣言草案》（U. N. Draft Declaration on the Rights of Indigenous Peoples）。但是，更重要的是提高全世界土著人关于我们作为独特人群的权利的意识。《联合国土著人权利宣言草案》的全部45个条款同样很重要，但我将强调其中一些：

- 土著居民拥有自决的权利。借助这种权利，我们可以自由地决定我们的政治地位，而且可以自由地追求我们的经济、社会和文化的发展。（第三款）

- 我们拥有集体和个体的权利来维护发展我们独特的身份和特点，包括我们把自己确定为土著人并得到承认的权利。（第八款）
- 我们有权实践并复兴我们的文化传统和习俗。这不仅包括我们有权维护、保护和发展我们文化的过去、现在和未来的表现形式——例如考古学地点和历史地点、人工制品、各种礼仪、技术、视觉和表演艺术，还包括我们有权取回文化、知识、宗教和精神的财产，它们没有经过我们完全的、知情的同意或者违背了我们的法律、传统和习俗而被掠夺走了。（第十二款）
- 我们有权维护和发展我们的政治、经济和社会制度，有权安全地享受我们自己的生存和发展资料，而且有权自由地从事我们所有传统的和其他的经济活动。那些曾被剥夺了生存和发展资料的人有权得到公正的补偿。（第二十一款）
- 我们有权维护和加强我们与土地、领土、水、近海和其他资源——我们传统上曾经拥有过它们或者以其他方式占有或使用过它们——之间的独特的精神和物质关系，而且有权维护我们在这方面对后代的责任。（第二十五款）
- 土著居民应获得承认：他们完全具有拥有、控制和保护自己的文化和知识产权的权利。我们有权采用特殊的措施来控制、发展和保护自己的科学、技术和文化表现形式，包括人和其他动物的基因资源、种子、医学、关于动植物特性的知识、口耳相传的传统、文学、服装设计和视觉和表演艺术等等。（第二十九款）
- 我们有权拥有自己的传统医学和保健方法，包括有权保护重要的药用植物、动物和矿物。（第二十四款）
- 我们有权拥有、开发、控制和利用自己的土地和领土，包括我们曾经在传统上拥有、居住和利用过的土地、大气、水、近海、海冰、动植物群落以及其他资源的整个环境。这包括我们开发和管理自己资源的法律、传统和习俗、土地所有制和制度有权获得全面的承认。国家应该提供保护性的措施来阻止对这些权利的干预、转让和侵蚀。（第二十六款）

- 土著居民有权决定和发展如何利用自己土地、领土和其他资源的优先项和战略，包括要求政府在批准任何影响这些资源的规划之前应该获得我们在充分知情基础上的自主同意，尤其在矿藏、水和其他资源的开发、利用或开采上。（第三十款）
- 我们有权按照现存的与政府或其继任政府缔结的条约、协议和其他建设性协议的原来精神和意图来承认、遵守和执行它们，并且有权让它们获得政府的尊重。那些以其他方式无法解决的冲突和争端应该提交给所有相关各方都同意的有法定资格的国际机构裁决。

《联合国土著人权利宣言草案》的这些和其他内容是我们保护自己文化和土地努力的良好起点。1994年，联合国预防歧视和保护少数族裔专门委员会通过了这份宣言草案。然而，直到现在，联合国人权委员会由于一些政府的反对还没有批准它。最有意阻碍的政府是美国政府。即使《联合国土著人权利宣言草案》没有被更高的联合国机构批准，但我们现在把它当做是保护自己权利的国际标准和框架。它现在正在成为一份关于土著居民的国际习惯法。1997年通过的《菲律宾土著居民权利法》即是这份宣言草案的翻版。

我们向全球正义运动中的朋友寻求支持，以向联合国成员国施加压力来通过这份宣言草案。我们也号召你们帮助我们推动国家立法来保护我们的权利并把这份宣言草案用做立法的大框架。对我们来说，我们对反全球化和同质化斗争的最大贡献将是进一步保护和推动我们文化和生态遗产的多样化，以及保护和推动我们已经培养和维持的世界观与经济和政治制度的多样化。

专栏框 M

文化多样性：抵制文化同质化的民族权利

毛德·巴洛（Maude Barlow），加拿大人委员会

我不想让自己的房子四面皆墙，也不想让自己的窗户密不透风。我希望所有地域的文化之风尽可能自由地吹过我的家园。但是，我不愿被任何一种文化吹翻在地。

——圣雄甘地

在拉美、亚太地区、非洲和工业化的世界中，公司主导的全球化的力量导致年青人追求耐克运动鞋、Gap 服饰、最新的 CD、乔丹 T 恤衫、美国棒球帽和其他在世界最主要经济大国中流行的消费商品。好莱坞的电影、全球音乐工业、电视和面向大众市场的书籍传播着一种同构型的文化。在世界各地，北美的公司文化正在破坏本土的传统、知识、技艺、手工匠和价值观。当与破坏世界上许多地方的土著居民生活环境相结合的时候，这种对本土文化的进攻产生了深刻的影响。

技术也正在促进单一的文化和语言。美国拥有的计算机比世界其他国家加起来还多。英语是 80% 的网站所使用的语言。然而，全世界每十个人中不到一个人说英语。在每一个地方，是否有条件上网都把受过教育者与文盲、男人与女人、富人与穷人、年青人与老人以及城市与乡村划分隔开来。

对于许多感觉到经济全球化的隔绝和同质化效应的国家来说，文化多样性以及保护它免受全球化力量冲击的权利已经成为一场像保护生态多样性那样重要的斗争。通过美国庞大的娱乐工业联合体，全球化文化正在同质化。全世界的政府和人们日益担心这种由美国和西方的价值观和生活方式所主导的全球文化同质化。

许多社会尤其是土著居民把本土文化视为自己最丰富的遗产。如果没有这种遗产，他们就没有族群的根源、历史和灵魂。在世界许多

地方上，正在滋生一种忧愁的情绪：文化不像钢铁或计算机部件那样仅仅是另一种产品。通过资助计划、比例管制和其他公共政策机制，许多国家曾经鼓励了自己的艺术家和文化，并且努力为它们自己的知识创造留下一席之地。而且其他的国家为提升本土文化的表达而转向这些模式。

相比之下，娱乐工业联合体把文化看做是一种商业———一个非常大的行业，它应该通过像世界贸易组织这样的国家贸易协议加以猛烈的推进。这种工业把庞大的电信公司、电影工作室、电视网、有线电视公司和因特网结合在一个复杂的网络中工作。这个复杂的网络包含出版、电影、广播、录像、电视、电缆和卫星系统、大片生产、音乐录制和销售以及主题公园。

根据联合国1999年的《人类发展报告》，美国流行文化大规模生产的产品是美国最大的出口商品。在一种反对其他国家文化保护的共同阵线中，一个巨大、组织良好的联盟成为美国娱乐、媒体和信息技术部门连接在一起的纽带。像时代华纳和迪斯尼这样的公司在国会山和白宫拥有很有权势的朋友，并且它们与美国政府紧密合作，而美国政府反过来则积极地保护它们的利益。

多年来，美国国务院使用了各种各样的贸易救济措施，以便始终如一地消除旨在保护本土文化和民族文化的民族国家的和地方的法律。近年来，随着越来越多的国家采取措施来支持自己的艺术家和文化生产商，斗争已经十分激烈。

在2000年初向国会委员会所做的演讲中，当时的美国贸易代表查琳·巴尔舍夫斯基依然决定利用贸易协议来保护美国娱乐公司的利益。她说："我们正在为广泛的部门提出建议。这些部门包括视听服务业和电信，我们的商业公司在这些领域拥有巨大的商业利益。我们的公司要准备好成为WTO更强承诺的主要受益人之一。"这段引语清楚地表达了文化中的困境：如何能在促进多样性的同时又维护知识创造的自由流动？

争论不仅仅在于国家是否有权维持现存的政策和计划。更根本的是，争论在于国家是否有权随着社会的演进而提出新的政策和计划和采用或修正其他的政策和计划。全世界所采取的措施一般并不是保护主义，因为大多数市场仍然对其他国家的文化产品开放。争论在于找到能给公民提供选择的方法：以便在现有的文化产品洪流中，公民能够选择观看、聆听或阅读那种反映他们自己当地现实的书籍、杂志、电影或唱片。总的说来，争论的正是文化多样性。

　　由于公民社会运动向国际化发展，因此，文化群体也正在发展国际纽带，以为自己的生存而斗争。2000年9月，一个关注文化问题的非政府组织全球网在希腊圣托里尼举行会议，并且成立了"国际文化多样性网络"（International Network for Cultural Diversity）。30多个国家的160个多组织发起了这个网络，并且在未来的几十年里致力于成为一个强有力的声音。

　　文化群体中的许多人相信，现在该是一个新的国际工具来解决这个新问题的时候了。按照这种精神，"国际文化多样性网络"于2002年3月提出了"文化多样性公约"草案。"国际文化多样性网络"相信要想成功，这个工具必须拥有与贸易协议同等的地位，它不能是附属性的。它将承认维护文化多样性对所有民族和人民的重要性，只包含那些与文化相符的使命，并且着手制定各个国家能够使用何种措施来促进多样性的规定。在新宪章条件下的挑战和争端可能需要由文化专家而不是贸易官员裁定。

　　这个工具必须自主，可以决定什么对某个民族是而对另一个民族不具有文化重要性。必须允许这些界定随着时代的变化而有所改变，因为我们无法知道今天的文化表达形式将来会采取什么样的形式。

　　注： 特别感谢 Garry Neil。

　　全球公司憎恨多样性，因为对它们来说，多样性是效率低下和不确定性的根源，而且首先也是对利润的侵蚀。它们试图通过文化同质化、经济专业化和消除无利可图的种类来减少成本和增加市场控制。这些公司受惠于规模经济、管理成本减少以及个人和群体对它们所出售的有利可图的产品和服务的依赖性增加的增加。一些社区曾经通过本土企业来生产它们的生活资料，使用本土的劳动力和资源来满足本土的需要。现在，因为它们根本控制不了市场与远方公司的关系，它们都必须依靠在市场上出卖的自己的劳动力和资源。生态多样性的丧失损害了生态的生存能力，这导致不断增加和无法忍受地依赖昂贵的和常常有毒的化肥和杀虫剂进口。人民和群体为丧失那些自然曾经免费提供的服务付出了代价；公司的不在场所有者却大获其利。

多样性可能会损害公司的利润，但却是社区健康、可持续发展和充满活力所不可缺少的条件。

6. 人　权

1948年，世界各国的政府举行集会通过了《联合国普遍人权宣言》(United Nations Universal Declaration of Human Rights)。《联合国普遍人权宣言》确立了某些核心的权利——例如"有权享受健康和幸福所需的生活水准，包括享有食物、衣着、住房、医疗和必要的社会服务"——和"在遭到失业时享受保障的权利"。根据这个宣言，各国政府在随后的数十年里通过谈判达成了两项公约：一项是关于政治权利和公民权利的公约，另一项是关于经济、社会和文化权利的公约。

在过去半个世纪的大部分时间里，人民努力迫使它们的政府发展这些权利。这些权利在今天就像其开始之初那样仍然是人类发展的核心。贸易和投资的目标应该是提高生活的质量和尊重关键的劳动、社会和其他的权利。

在传统上，美国和其他富国的大多数人权争论集中在公民权利和政治权利上。尽管我们一致认为政府有责任保证这些权利，但我们认为它们也需要保证经济、社会和文化权利。这个主张有一些重要的含义。例如，就像第五章所解释的，我们认为每个人都有权拥有清洁和安全的淡水。这使我们得出如下结论：水不应该为了以市场价格出售而被商品化和私有化，而且保证安全的淡水的供应是政府的责任。我们承认许多政府腐败和不负责任，但这没有使我们断定私有部门是更好的权利保证者。毋宁说，它加强了我们把责任强加给每一级政府的决心。

一些人提出，人权这个原则可能与第二个原则——辅从性——相冲突。他们的推理是这样的：一些地方性的社会群体遵循了那些违反人权的习俗，例如女性的生殖器切割和其他违反性别平等权利的做法。我们认为，当这两个原则冲突的时候，此时普遍的人权应该战胜违背那些权利的地方性权威主张。

7. 工作、谋生与就业

《联合国普遍人权宣言》肯定人人"有权工作、自由选择职业、享受公正和合适的工作条件并享受免于失业的保障"。世界的大多数人通过在正式部门之外的工作保证了自己家庭的生计。在本土的社会中，大数人所从事的维持生计的活动常常没有被一体化到国家或全球市场之中。在农村，大多数人依靠土地谋生，常常从事维持生计的农业活动或那些不提供定期收入的小企业活动。在城市，比较贫穷的国家里的大多数人因为没有固定的工作和收入而饥寒交迫。在上述的每一种情况中，与其说公司全球化在帮助人们，不如说它正在使人们失去体面的生活。全球化政策使农民失去自己的土地，并且使渔民失去自己的沿海生态系统。颠覆这种全球化政策是一个可持续发展的世界的目标实现的核心。

《联合国普遍人权宣言》也肯定人人"有组织和参加工会的权利"。在过去的80年里，联合国国际劳工组织制定了一百多个进一步说明基本劳动权利的公约。然而，正是这个组织指出，今天大约30%的工人失业或就业严重不足。在那些工作的人中，许多人的工作条件不仅恶劣危险，而且受到剥削。一些最充满活力的社会运动在反抗着公司主导的全球化。其中之一是有组织的工人，它已经把大约1亿多人集合到工会之中。数百万人更多地加入到非正式部门工人的联合会之中。这些运动都植根于争取这些核心权利的斗争之中，它们是那些正在创造替代经济模式的社会运动的基础。

因此，可持续的社会必须既在非正式部门中保护工人的权利，又满足下述两类人的生活要求：那些在数量更多的非正式部门的部门中谋生的人和那些没有工作或就业严重不足的人。

8. 粮食安全与食品安全

当各个社区和国家的人民拥有足够的食物的时候，尤其是在这些国家能够保障它们自己粮食供给的时候，这些社区和国家不仅稳定，而且安全。人们也需要安全的食品，而安全的食品是一种日益缺乏的商品。

今天，农业不仅已经工业化，而且已经全球化了。世界上一些最强大的公民运动正在同这类农业的不可阻挡的力量做斗争。少数公司对粮食和种子的垄断不仅威胁着无数的农民，也威胁着成千上万人的粮食和食品安全。全球贸易规则现在有利于工业化的农业模式，正在迅速地消灭那些为本土消费生产大宗粮食的小农。全球化的工业化农业正在把小农户驱离土地，并且以杀虫剂和机械密集型的单作物种植来取代本土化小农户生产方式，而杀虫剂和机械密集型的单作物种植则以巨大的环境和社会代价生产奢侈的出口商品。同时，生物技术带来大量的新的生态和健康风险。

新的贸易规则必须认识到，为社区消费而生产的食品应该处在农业价值链的最顶端。本土粮食生产的自主与食品健康和安全的保证应该被认为是一项基本的人权。缩短贸易距离和减少对那些经过长距离运输送达的昂贵进口粮食的依赖是新粮食体系范式的核心。（也可参见第八章）

9. 平　等

在当前的规则下，经济全球化扩大了富国与穷国、多数国家里的富人与穷人以及男性和女性之间的差距。由此产生的社会混乱和紧张局势已经成为全世界和平与安全的最大威胁之一。国家之间以及国家内部的较大平等可以加强民主和社区的可持续发展。

减少富国与穷国之间日益增大的差距首先需要取消穷国的不合理债务。它也需要以把全球公平包括在自己运作原则之中的新全球治理机构来取代当前的全球治理机构。

至于国家内部的不平等,当前主导体制的关键缺陷在于市场满足了那些有钱人的需要,而它对那些没有支付手段的人的最基本需要置之不理。收入和财产的极端不平等扭曲了经济资源的分配,把除了富人之外的所有人排斥在及其重要的民主参与之外,削弱了制度的合法性,并且导致社会的不稳定。

经济全球化也极大地伤害了妇女。妇女占了那些小粮食生产者的大多数,这些小粮食生产者仍然是世界大部分的营养需要的满足者。因此,她们是全球化农业体系的最大受害者。同样,耐克、戴尔和其他全球性公司生产线的大多数工人都是妇女,因此,她们也是大多数这些工作场所的血汗工厂条件的最大受害者。不管是农民还是工厂工人,妇女是主要的家务劳动工人和操心者,而且这类工作大多数都没有报酬。而且,正如全球性生产线的最低端主要由妇女构成一样,公司的 CEO 和全球官员绝大多数是男人,因而加大了工资性别不平等的程度。

经济全球化的拥护者声称,那些积累大量财富的人没有从那些财富较少的人那里拿走一丝一毫。这个说法最不诚实。为了喂养家禽以便为那些能消费得起的人提供肉食,那些享受丰富肉食的有钱人就促使市场把可以得到的谷物从穷人的饭桌拿走。此时,那些有钱人成为饥饿到处肆虐的帮凶。当银行取消家庭农场抵押物品的赎回权并且将抵押物品拍卖给那些种植出口农作物的公司的时候,它们是在剥夺那些落难家庭的生活资料,并且常常使它们处于边缘、依赖的生存境地,恰如那些生产自己消费不起的出口商品的无地工人或血汗工厂工人一样。那些山坡砍伐一空的受益者所造成的洪水席卷了生活水平低下者的家庭和农作物。那些能够挥霍能源的富人所促使的暴风雨使成千上万生活在孟加拉和其他海岸低地地区的居民失去了生命,或者使之成为难民。那种认为富人的好运并没有影响穷人的境况的观点可能使富人的良心得到安慰,但事实并不是如此。

在一个环境承受能力有限、日益拥挤的世界中，在富裕阶层增加奢侈消费与满足每个人的基本需求之间人类面临着越来越痛苦的抉择。

由于平等对于社会的健康至关重要。健康社会在底层和顶部分别设定了下限和上限，而且同时在努力保持真正的机会平等以及激励和公平之间的平衡。一个世纪以前，著名的金融家 J. P. 摩根（他本人并不是美德的典范）声称，公司高级管理人员的薪水不应超出收入最低工人的 20 倍。正如我们先前提到的，在 2000 年，美国公司首席执行官的薪水是普通工人工资的 458 倍。有大量的政策选择可以提高产业工人和农业工人的收入。也有一些明智的方案能够消除那些鼓励向高级管理人员支付高薪的刺激因素。

在国家之间、在各国内、在各少数民族之间、在各个阶级之间以及在女性和男性之间，实现社会公正和更大的平等是可持续发展社会的基石。

10. 预警原则

在我们生活的这个时代中，公司驱动的科技革新正在史无前例地影响环境、社会和政治。在事先不清楚会产生什么影响的情况下，并且通常在没有经过民主评估程序的情况下，发生了重大的技术变革，通常弄清楚变革会产生的影响时已经无法扭转技术的负面影响了。在 20 世纪，仅仅几项革新就给我们带来了汽车、化工产品、塑料、核能、空中旅行、电视、计算机、生化武器、空间探索和近来的生物技术、纳米技术和无线通讯。其中任何一项革新已经给社会、经济和政治领域带来了巨大的变化。这种变革中的大部分是有益的，但是已经出现一定程度的污染和生态影响。这两方面问题从来没有被公众考虑过，并且可能引发今后几代人的痛苦、疾病和流离失所。最重要的是，这些变革中的任何一个都不是以民主方式来到这个世界上的，而此前一些技术潜在的负面结果已完全暴露出来。这些负面结果包括从气候变化、海洋污染、化学品中毒到空间武器再到全球通讯集中化等等诸多方面。差不多所有变革都是出于军事原因或市场因素而引入的，而根本没有考虑、公布或讨论潜在的负面影响。无论什么时候谈论起新技术，总是与利益密不可分，而且常常以乌托邦式的语言进行描述。"核能很安全、清洁并且不受限制。""生物技术将会造福世界。""抗生素将终结疾病的肆虐。"有些负面影响通常直到很久之后才凸显出来。

认识到这个问题后，由参加里约地球峰会（Rio Earth Summit）的各国签署的1992年《里约宣言》（1992 Rio Declaration）将预警原则编纂成为国际法，内容如下："为了保护环境，应该广泛采用预警方式……只要存在产生严重或无法挽回的破坏的威胁，那种质疑缺少充分的科学确定性不应被当做推迟采取措施防止环境受破坏的理由。"

全球化国际论坛大力支持这一原则，将其作为合理、民主的决策过程的基础。很明显，有时候，建立/确认证明某项变革有害的科学依据要花好多年时间，并且预警原则将举证责任放在该技术或程序支持者的肩上，由他们来证明在普遍采用前，该技术或程序是安全的。正如格言中讲到的那样，"安全胜过遗憾。"或者我们要按照如下原则来警惕那些有问题的技术："有罪推定原则"。

预警原则的两个基本要件是：一是甚至在绝对地确定危险以前就采用预防措施，二是故意让该技术或程序的支持者承担举证的责任。另外两个要件是：出现疑问时，应优先选择备选方案；公众必须全面参与各个层次的决策过程。

尽管许多人认为预警原则很有争议，但许多国家已经开始接受这一原则并将其纳入法律之中。德国和瑞典已经这么做了，而且除此之外，澳大利亚、苏格兰和挪威已经广泛地使用了这一原则。2001年2月，欧盟的分支机构欧洲委员会也采取了有益的态度："当我们有合理的理由担心潜在的危险可能影响环境、人类、动物或植物的健康，同时资料可以做出很详细的风险评估时，预警原则在政治上已经被当成一种风险管理战略。"然而，并不是所有的国家都这么做。

例如，美国已经尽人皆知地拒绝在气候变化方面采用这一原则，它辩称科学尚未证明人类活动是气候变化的原因——一个非常孤立而且危险的观点。美国也根据世界贸易组织规则上诉，请求撤消欧盟对以人造生长激素喂养的菜牛制品的进口禁令。这种激素被怀疑提高了人们患癌症的风险。这一禁令本身就表明了欧盟对预警原则的支持。

我们在此遇到对世界贸易组织构成严重问题的另一领域。根据世界贸易组织规则，安全条例一定要以"风险评估"为基础。这要求政府在禁止使用新技术之前要证明该技术绝对有害。无法提出绝对有害证据——欧盟在禁止进口含有激素的牛肉时就没有绝对有害证据——的预防性措施即构成"非法贸易壁垒"，而且可能被撤消。如果世界贸易组织的这一规则在20世纪50年代起就开始实行的话，美国食品药品管理局（U. S. Food and Drug Administration）就无法禁止药品萨立多胺（thalidomide）的使用了。许多国家（包括欧洲国家）批准萨立多胺的销售，并且广泛使用。但是，该药却导致这些国家婴儿的严重畸形。而直到30年后，也没有最终证实该药的危害性。

美国的几部法律实际上的确应用了预警原则，尽管在名义上不是这样。世界贸易组织规则可能在某一天会被用来质疑这些应有了预警原则的政策，这些法律包括《清洁水法案》、《国家环境保护法案》、《职业安全与健康法案》（OSHA）和1990年的《污染防止法案》。同时，美国采用世界贸易组织的规则威胁要对他国政府的预警政策采取行动。除了牛肉激素事件之外，转基因食品出口、含聚氯乙烯的儿童玩具中所含的邻苯二甲酸盐（phthalate）和某些电子技术等事项上也发生了类似情况。

如果公民有权通过民主选举的代表了解、决定和控制其自身或自然环境应该面临的风险，那么对预警原则的普遍接受和采纳就非常重要。全球贸易机构应该像"里约峰会"所做的那样，将此原则纳入法典加以采纳，或者至少在其他国家应用该原则时不采取限制的立场。

把这些原则应用于全球化

这十个原则看来与推动全球公司经济体制前进的原则正好相反。这一强大体系的绝对命令产生了自我强化的推力推向如下方面：公共遗产资源私有化和垄断；权利和权威集中于少数人手中，而他们则不用为自己的决定对人类和地球的福祉所产生的影响承担法律责任；将世界分裂为大赢家和更大的失败者的生死竞争；不负责任的成本外化；文化、生物和经济多样性的毁灭；对威胁着人类健康和环境健康的致命风险的漠视。从这些全球化公司机构手中夺回权利并且以能更好地满足人类和地球需要的机构和规则取而代之等的时候到了。

我们提出这十个组织原则作为确定哪些规则、激励措施、政策和机构能支持可持续社会的基础。由于关于全球化的争论大部分都集中在国际贸易和投资上，所以考查这些推动可持续发展社会的原则怎样转化成国际贸易和投资的原则是必要的。以下几段文字改编自"贸易与投资互信工作组"（Interfaith Working Group on Trade and Investment）（由美国几个以信仰为基础的组织组成）的一则声明。这些话表达了关于这一主题的一些看法。

- 国际贸易与投资体系应该尊重各级民主政府的合法职能。政府应该获准与民间社团合作制定关乎其人民发展和福利的政策。这意味着尊重每个群体和国家的民主自决权，包括同其他群体和国家合作确定各项贸易和投资条件的权利——他们希望在这样的条件下与其他群体和国家进行贸易活动或邀请它们投资本国经济。由于这样的决策会对每个社会成员的福利产生深远的影响，应该通过有各级政府和民间社团参与的透明的民主程序做出这些决策。最弱势的利益相关群体对决策过程的参与尤其重要。

- 国际贸易和投资体系应该保卫全球公物，并尊重和提升人权以及工人、妇女、原住民和儿童的权利。应该尊重本土社区以一种可持续的方式，保护和利用它们的自然资源来满足它们人民的需要的权利。社会需要保护公共利益的规则。像人类活动的任何领域一样，国际贸易和投资应该最好由相关国家和社区的民主选举出来的政府根据这个目标进行调节。任何关于贸易和投资的国际协议应该恰当支持本土和国家的调节政策。

- 最后，所有的国际协议应该支持创造可持续发展社会的目标。这要求改变过去的实践，在下面的章节中我们将更充分地讨论这一点。

确实，是到了采取新的措施的时候了。

第五章　重新壮大公共财产：
哪些东西不该全球化？

就在 20 年前，世界大部分地区并未加入经济全球化。世界上大部分人仍生活在几乎不依赖于外界市场的地区。在许多农村地区，种子是作为社区集体财产而不是孟山都（Monsanto）公司或者嘉吉（Cargill）公司的私有财产参与交换。全世界 3 亿土著居民中的大部分与全球贸易完全隔绝。市镇的供水系统通常都是当地政府或社区控制。苏联、东欧和中国的大部分经济活动与全球市场没有关系。许多发展中国家在银行、保险以及其他关系民生大计的经济领域限制国外投资。股票市场都只允许本国居民参与而不让国外投资者进入。即使跨国公司强烈要求进入这些领域进行投资，中央政府、地方政府以及社区仍给它们设置有重重壁垒。

如今所有那些都已改变。在由罗纳德·里根总统、玛格丽特·撒切尔夫人、赫尔穆特·科尔总理以及其他类似的人物所推崇的市场原教旨主义（market fundamentalism）20 多年的影响下，这些壁垒都被摧毁了。其中，比如柏林墙的倒塌之类的事件，被美国有线电视新闻网以一种戏剧性的方式呈现在世人面前。而有些事件是在各地居民的强烈反对下发生的，比如 1993 年北美自由贸易区（NAFTA）协定和 1994 年世界贸易组织（WTO）协议的通过。其他反对全球跨国公司控制的斗争，发生在局部地区，比如说玻利维亚工人和农民为保卫科恰班巴（Cochabamba）的供水系统不落入美国贝克特尔（Bechtel）公司之手进行的斗争，以及印度农民反对嘉吉（Cargill）和孟山都（Monsanto）公司对他们的种子征收知识产权费的斗争。在这 20 年里，全球跨国公司在其母国政府的强力支持下，已强行进入了全球各地的所有市场。到现在它们所涉及的领域几乎已经扩张到每个领域，甚至是世界各地偏远的农村地区。

　　本书作者们的最重要的共识之一，就是公司全球化对人们生活和环境的各领域的侵入必须停止。我们试图在这个意义上改变关于全球化的讨论的"框架"：我们相信社会经济生活的许多方面都是不容许经济全球化进入的。在本章，我们将提供一个确定哪些领域应该禁止哪些方面的经济全球化的初步"框架"。

　　在一个层面上，关于全球化的争论各方已经有了一致意见。大家都认为某些商品和服务不应该进行交易。例如，世界各国政府都已签定了国际公约禁止买卖危险废弃物。同样地，也有国际协定反对非法买卖濒临灭绝的物种。全球打击跨边界的非法拐买妇女以强迫其从事性交易的行动也日益壮大。

　　现在，"全球化国际论坛"将把对这些商品的讨论扩展到在那些传统上被称为"公共财产"的领域的人民的权利以及国家的责任等问题。

　　在本章中我们将首先概述"公共财产"的诸多概念，并描述当前经济全球化对诸如淡水、基因公共财产、公共用地及其他公共财产的威胁。紧接着我们将引入"现代公共财产"概念，即作为一个神圣的公共委托责任人的政府在提供一些特定的关键服务方面所扮演的角色。这些服务曾一度是社区和家庭的事情，但现在已经成了政府管理的领域并已经成了政府的一部分。我们认为出售这些公共服务给那些只关注自身利润而非公共利益的跨国公司是对"现代公共利益"的严重侵犯。这些公共财产中的绝大部分是决不应该被商品化的。相反，这些应该是作为人们的公共权利和服务的被委托人的政府的责任。最后，我们提了几点可能保护公共财产使之即便在面对经济全球化的最坏的方面时仍不受破坏的方法。

　　我们提出这些建议是为了引出一场更加深入的讨论而并非是要给出最后的答案。

第五章　重新壮大公共财产：哪些东西不该全球化？

理解"公共财产"

这几十年来，经济全球化的推进很大程度上都是受跨国集团拼命开发和出售各种自然资源所驱使的。在这个自然资源已经被严重过度开采的世界，这些公司不遗余力地试图将自然界所有的尚未被开采的角落的资源和人类经验商品化。

现在，生活中那些一直被认为是在商业行为之外的领域正在被考虑作为货币化、私人拥有或者全球贸易的目标。这些生活领域自从远古以来就一直被当做是集体财产或者是所有人和社区的公共遗产，正如几千年来那样，是为了每个人去分享它们而存在。这些就是人们所说的"公共财产"。

显然，"公共财产"包括我们呼吸的空气、饮用的水、海洋、多样化的野生动植物、所有生物用来传宗接代的遗传基因、人类积累的知识和智慧、社区非正式的支持系统、社区用来播种的种子、公共广场、共用的语言和文化，以及土著居民中集体耕作了几千年的公共用地等。

一些"公共财产"是大自然赐予的礼物，对人类和地球的生存极其重要。许多文化都有数不清的赞美上天的赐予的仪式和反对妨害这些的禁忌和惯例。另外有一些"公共财产"是新近才有的，例如：广播频谱或者互联网。也有一些是自古以来就有的，例如非洲、欧洲和亚洲的畜牧草地、民间传说以及文化工艺品等。

某些"公共财产"可以被视为全球的，比如：大气、海洋以及南极洲和月球（因为它们尚未被谁宣称拥有其主权）。另一些则似乎被视为社区的"公共财产"，如：公共场所、公共用地、森林、基因库、当地关于植物草药的知识以及当地社区培育了许多个世纪的种子等。

美国加州托马斯湾区研究所（Tomales Bay Institute）的乔纳森·罗（Jonathan Rowe）指出各种"公共财产"的关键特征就是它们都属于每一个人。从来没有人对它们拥有排他性权利。我们共同继承了它们，它们是我们的公共遗产。罗说："对我们的生活来说，它们比国家和市场更根本。"他还说:"无法想象没有可供呼吸的空气、容纳了丰富的生物的海洋、淡水和充满生机的生物多样性,我们将如何生活。这些都是我们认为理所当然有的事物。'公共财产'的特征就是它始终在那里,可以永远供人和其他生物代代享用。"

随后,我们会提出另一类的公共财产——"现代公共利益",如保健、水的净化和分配、教育以及信息等公共服务。这些"公共财产"都曾在当地小范围的社区内非正式地实现了,但现在已被各个政府所吸纳并开始被私有化。

现代民族国家也把保护公民的集体安全视为己任,这在以前科技不发达和人们迁徙较少的时期都曾是社区的职责。那么,我们就需要讨论除了其军事角色之外,政府还应该提供的不同的安全保护。自从1948年世界人权宣言通过以来,联合国帮助各国政府界定了基本的人权。政府必须保护作为生活基础的人权以及食物安全,保护文化多样化也是国家的一项基本权利和义务。全球贸易体制绝不能被允许凌驾于这些问题之上。(目前,世贸组织及其他的贸易协定都有许多条款直接反对那些竭力保护这些基本权利的国家。而这些权利正是我们提出的"现代公共利益"的一部分。)

准确定义每类"公共财产"是很难办到的,因为很多公共财产都可以被同时划分到多个种类中。例如,河流(可能会流经几个国家和地区)、生物多样性(可能是地方性的、也可能是国家级的)、广播频道(可能是地方的、全国的甚至国际的)、生命的基因结构。同样地,反对破坏"公共财产"的有毒物品和武器的交易必须有全国以至国际上的一致行动才行。

这个讨论的目的是提出一个中心原则:*任何全球贸易制度都要承认并服从于这样一种理念,即并非人们生活的每一个方面都必须遵从它的集权化了(centralized)的规则,相反,人们生活的许多方面都绝不应该被纳入任何世界贸易和投资领域或者遵从贸易和投资的规则。*

这些复杂问题往往在关于全球贸易体系的讨论中被遗漏掉,它们只会着眼于新资源、扩张和利润。但是如果要想实现任何一种社会和环境的可持续性，我们就必须直面这些问题。怎样才能有效地保护公共空间？现在有有效的措施了吗？有新的提议吗？我们如何定义那些决不能用来进行贸易的——至少是不能服从于那些损害地区和国家主权的全球贸易协定的权威的——公共领域、公共遗产和政府服务？现代世界中的民族国家的职责和义务有哪些？哪些物品属于那种太危险了—如毒素、武器以及毒品——而不应该被允许进入世界贸易体系的呢？我们是否应当对某些贸易设立禁令呢？

对"公共财产"的现实威胁

公共财产被商品化、私有化已经进行了几个世纪。（其历史背景见下一节"'公共财产'的传统"。）在目前情况下，推动这种进程的主要是跨国公司以及越来越服务于这些公司的全球官僚机构。在新的全球贸易和金融官僚机构的帮助下，这些公司在一些绝大多数人从来没有想到过会成为公司企业领地的、从未被开发过的领域找到了机会。

对淡水资源的威胁

听起来有点让人不可思议，作为满足人类生存的基本需求的一个公共遗产的淡水资源，正在被私有化、商品化、出口和贸易。听起来水资源就象是电脑部件或汽车的轮胎一样的普通商品，而不是地球上所有生物共享的、不可替代的并且是有限的资源。

在世界很多地方，江河、溪流、湖泊的淡水使用权利都被出售给像贝克特尔（Bechtel）公司、维望迪公司（Vivendi）等大型跨国公司了。（安然公司在倒闭前就曾是从事淡水交易的主要公司之一。）这些公司对人们的每滴饮水和每升灌溉用水都要收费。对于付不起水费的家庭——大多数都无法负担，它们只能忍受干渴，它们的田地也得不到灌溉。

全球私有公司都把淡水看做是尚未开发、可以大力开发谋取利润的最后自然资源。它们都迅速地控制了淡水和淡水供应服务并在被作家毛德·巴洛（Maude Barlow）和托尼·克拉克（Tony Clarke）誉为"蓝金"的这一领域开始了贸易。的确，淡水资源正变得如同上个时代的黑色金子——石油——一样重要。

这些公司在这个领域能够突飞猛进正是由于北美自由贸易区和世贸组织都把水界定为可交易商品。一旦龙头被拧开——就是说，一旦由*任何*一个国家或者市政当局将淡水和淡水供应私有化以后——要想不侵犯公司权利，水龙头就没法再关上了。世贸组织有专门条款禁止用出口控制措施来阻止淡水出口。北美自由贸易区也有一条款（北美自由贸易区协议第二章），赋予公司控告政府使其失去未来利润的权利。比如，万一某地政府要阻止淡水出口，这一条款就可以适用。淡水服务同时还在新的服务贸易总协定（GATS）中，在叫做"环境服务"的新的类别中，被认定为服务之一。（要更多了解这一点，可以参阅下一小节"对现代'公共财物'的威胁"）

一旦淡水被私有化，被商品化，并被投入公开市场进行交易，它就不能供给所有需要的人而仅仅是能付得起钱的人。但目前，与大家想象的相反，全世界大部分淡水是被各种公司用于产业化农业生产和制造业（如被用于电脑产业中生产电脑芯片）。只有相对很小的一部分淡水是用于饮用和小规模农业。

现在全世界大约有4.6亿人靠私有的淡水公司生存，而在1990年只有0.5亿人处于这种情况。但与此同时，抵制淡水私有化的力量也在以同样的速度增长。一个强有力的全球公民运动在强烈要求承认获得和控制淡水公共资源是一项基本人权。下面简单介绍几个来自全球各地的事例：

阿 根 廷

1993年世界银行要求阿根廷将本国的给排水系统私有化以作为给它贷款的条件。世界上最大的水资源公司苏伊士公司通过其下属公司阿根廷水公司（Aguas Argentinas）接管了这个系统。世界银行、国际货币组织以及其他借贷机构提供该私有化项目所需的10亿美元资金的97%，而居民用水费用价格*上涨了88.2%*。在1997年，苏伊士公司被指控没有按照承诺改善和扩展服务。2003 年，该公司被指控没有对其运送的大部分污水进行完全处理以及将未经处理的污水直接排入阿根廷的河流中。在布宜诺斯艾利斯七个地区的水都被发现已"不适合于人类使用"。为此，成千上万的市民堵塞道路以示抗议，要求国会推翻和取消该私有化合同。

玻利维亚

同阿根廷类似，1999 年世界银行将玻利维亚的第三大城市科恰班巴的淡水私有化以作为免除其部分债务的条件。贝克特尔公司通过其附属的 Auguas del Tunari 公司获得了合同并将水费涨到原来的两倍之多。几乎在一夜之间，每月只能挣 60 美元的家庭就得支出 20 美元的水费。一个称为"保卫生命和水协调总会"的联合抗议组织迅速形成。刚开始时政府一度使用致命武器去保护贝克特尔公司，但到 2000 年 4 月，抗议活动的空前广泛和强大使得贝克特尔公司停止这个项目。然而该公司随后就根据玻利维亚与荷兰签定的一个与北美自由贸易区协定类似的投资协议，提起了针对玻利维亚的一个价值 2500 万美元的诉讼，指责玻利维亚造成了它的利润损失。（其结果至今尚未确定。）同时，工人，市民和当地官员通过一个"支持获得（access）而非利润"的自治组织，成功地运营该给排水公司三年。玻利维亚的例子给了其他国家的人民巨大勇气，激励着他们去寻找类似的出路。

南　非

1994 年，为支付废除种族隔离政策后转型所需的资金，南非接受了世界银行和国际货币基金组织的贷款并接受它们将其全国水资源系统私有化的"建议"。随之而来的水价上涨导致仅在 2001 年就有 1000 万家庭因无法支付水费而被断水。几百万贫困的城镇居民毫无办法只好使用未经处理的河水来满足生活之需，结果导致一场感染了 14 万人之多的霍乱爆发。一个强有力的人民运动——反私有化论坛——正要求结束私有化并将保障所有人都有淡水供应。

印 度

印度三个邦——喀拉拉邦、马哈拉施特拉邦、乌塔尔·布拉代什邦——都经历了由于可口可乐公司过度开采其工厂周围公用地下水而导致的严重缺水。可口可乐公司还将废水直接倾注到地里，污染了其余的原本就稀少的淡水。村民得不到适于饮用和灌溉的淡水，必须到几英里外的地方找水。在泰米尔纳德邦的斯瓦甘垓地区（Sivagangai），居民们以其他地区的遭遇为鉴，组织起来阻止了一个建立可口可乐工厂的计划。成千上万的印度民众都认为可口可乐已经证明了自己是个不速之客，应该离开印度的土地。

加 拿 大

水资源丰富的加拿大是第一批面临跨国公司根据贸易协定来争夺其对水资源的控制权的挑战的国家之一。1998 年，阳光地带水资源公司（Sun Belt Water Inc.）得到了一份将淡水从加拿大卑诗省大量出口到美国加利福尼亚州的合同。但当地市民强烈抗议，并成功地发起运动禁止了从他们地区出口大量淡水。在省里被阻止之后，该公司转而求助于北美自由贸易区协定中声名狼藉的"第二章"，即投资保护条款。如果阳光地带公司胜诉，则要么卑诗省不得不取消出口淡水的禁令，要么加拿大政府不得不为保护自己的淡水资源而赔付给该公司两亿两千万美元。后来，在 2003 年 7 月，温哥华的市民迫使当地政府放弃了将其给排水系统私有化的计划。

美 国

美国 85% 的给排水与水处理系统仍然是公有的并且是由政府运营的。跨国水资源公司希望改变这一状况。于是，它们开始以降低成本和增加服务的承诺诱惑那些财政困难的城市将这个系统私有化，一些城市屈服了。然而，美国反对淡水私有化的运动越来越壮大，并且直接与世界各国同这些公司斗争的积极分子联合起来一起行动。最近一个例子就是在加州斯托克顿市取得的胜利。2004 年 1 月，有心的市民带着全球范围内水资源私有化带来的毁灭性影响的证据提起诉讼后，法官命令斯托克顿市取消与 OMI－泰姆斯（OMI－Thames）公司签订的关于水资源私有化的合同。法院裁决认为市政府没有进行对水资源私有化的环境风险进行评估，违反了《加尼福尼亚环境质量法规》。

全球的抵制活动日益增强。2004年1月，在新德里，万达那·谢娃（Vandanashiva）与北极星研究所（Polaris Institute）、加拿大人评议会（the Council of Canadians）和公共公民组织（Public Citizen）一起组织了一次会议，共有63个国家的积极分子参加了这次会议。会议发起了世界人民护水运动（the People's World Water Movement），号召世界人民联合起来"阻止一切盗窃世界水资源的行径"。与会者承诺要建立护水抗争的全球联合，并建立了行动纲领：（1）行动宗旨："水就是生命"；（2）重申水是人类的基本人权，并争取在联合国达成关于水资源的国际协议；（3）抵制跨国公司为牟取利润夺取公共水资源这一公共利益；（4）发起运动阻止跨国公司对地下水的窃取并拒绝接收那些鼓励将淡水从公共社区夺走而转为被公司控制的全球贸易规则；（5）加强公众反对那些破坏性的大坝和河流引流工程的活动；（6）加强推动地方社区开发和使用合适的方法对水资源进行可持续性管理，并发展出一套水资源管理体系以代替对水资源的商业性破坏。

对基因"公共财产"的威胁

另一个很少人能想到的可能会被私有化和开发利用的的公共财产就是基因——地球上所有生物的大量的构造基础。然而现在这也开始在被基因工程改造并被变成受专利保护的商品。

地球岛研究所（Earth Island Institute）的大卫·布劳尔（David Brower）曾将基因"公共财产"称为"地球上最后一片未被开发的荒地"，但这已经不再是事实了。如同我们的巨大的森林一样，基因公共财产已经处在猖獗的商业运作的边缘。在某些领域，比如农业，这一进程发展很快。第三世界的农业活动分子称之为生物掠夺行为（biopiracy）。（参见专栏框 N）

国际科技评估中心的安德鲁·金柏利（Andrew Kimbrell）指出，"跨国公司正在全球搜寻有价值的动植物和人类的基因，从而将其宣称为它们的私有财产，如同这是它们所发明的一般。已有上千个基因专利被这些公司获得，它们能够针对整个生命形式申请并取得专利。"

大部分的这类活动发生在生命科学产业。像孟山都（Monsanto）、诺华（Novartis）、杜邦（Du Ponr）、先锋（Pioneer）等公司在世界贸易组织的与贸易有关的知识产权协议（TRIPs）中大受裨益。这个协议承认它们只要得到植物与种子的基因构造就可获取其专利权，即使这些多样化的物种是各地农业社区几个世纪中培育出来的，并且免费共享这些资源一直是它们的文化内核，而现在这些社区要使用它们却不得不付费。

全球跨国公司坚持声称这类宝贵的基因资源不应该被封闭在小社区内而应该让全世界都能够得到和使用它。事实上，这些公司维护全球公共利益的说法到它们要宣称它们对它的垄断专利权时就变了。在这种时候，所有那些保卫共利益的说法都被抛弃了。相反的，这些公司还主张它们应该通过申请专利来封锁这些知识以作为对它们研究的一种补偿——这也是为了全人类的利益。

制药公司尤其渴望得到基因物质的专利权。它们派代表周游全球，到丛林和田地寻找当地传统的医疗秘诀。它们提炼当地人的血液和擦伤时所流出的黏液，希望从中提取到它们所携带的天然抗病基因。往往它们都不会透露它们这样做的目的或是它们的发现和取得这些专利会带来多大收益。在政府进行建设工程或是公司被允许进入之前，当地居民的"无偿优先被告知和征求许可"权利（the right of free and prior informed consent）已成为国际上最主要的要求。

当这些跨国公司在南非拒绝抛开世贸组织的与贸易有关的知识产权协议（TRIPs）的规则，不允许用当地开发的低成本的治疗艾滋病的药物来代替它们所控制的昂贵专利药品时，这种做法的荒谬极其明显地表现在了世人的面前。只是在全球的抗议日益激烈，这些专利权所有者才被迫在当地降低了治疗艾滋病药物的价格。但是，"与贸易有关的知识产权协议"在其他情况下仍然是有效的。

本书的作者们认为,那些由社区经过几百年甚至上千年的培育和改良得到的种子、药物和其他的基因物质,应该由社区集体控制。任何涉及使用这些物质的与外来者的协议都必须在平等、公正的基础上一件一件地谈判,并且必须在就相关情况的充分讨论后才能签订。

专栏框 N

从公共财产控制到公司对生命的专利权

万达纳·谢娃(Vandana Shiva),科技与生态学研究基金会

在关税与贸易总协定的乌拉圭回合谈判期间,美国成功地通过世界贸易组织把它自己国内的专利制度强加于这个世界。美国公司在其中起了重要作用,它们起草了"与贸易有关的知识产权协议"并做了许多游说工作以使该协议通过。正如一位孟山都公司的发言人在谈及它们的游说努力时所说,"全球的生产商和贸易商同时代替了病人、诊治医生和处方医生的角色。"

"与贸易有关的知识产权协议"不仅使得美国式的专利制度成为了全球法规,而且通过将生命形式和生物群落纳入了可申请专利的物品的范围打破了关键的道德和伦理界限。自生的活的生物体和生命形式被视为那些由专利权所有人创造和制造出来的机器和人造物品一样的东西,而事实上这些公司只是在它们的实验室做了些很小的——仅够把它们说成是"发明"的——修正。然后,即便那些种子最初是当地农民培育出来的,知识产权法律和专利法却授予了那些专利权所有人垄断性的权利以禁止他人制造、使用和出售这些"发明"。于是,农民保存种子这一神圣权利被重新界定为犯罪行为:盗窃公司"财产"。所有对自己种子及当地生物群落的基本所有权都遭到了破坏。"与贸易有关的知识产权协议"的第二十七章第三条(b)款是关于有生命的资源的,它是由那些生命科学公司用来确立它们的"生命之王"的地位的。

目前,那些生命科学公司正在宣称对各种基因、植物、动物以及

种子的专利拥有权。西巴－盖吉（CIba Geigy）公司和萨多斯（Sabdoz）公司已经合并成为了诺华（Novartis）公司；赫斯特（Hoechst）公司与隆－普朗克（Rhone Poulenc）公司合并成了安万特（Aventis）公司；捷利康（Zeneca）公司已经与阿斯蒂亚（Astia）公司合并；杜邦（Du Pont）公司已经收购了先峰种子（Pioneer HiBred）公司；而孟山都（Monsanto）公司现在已经拥有了嘉吉种子（Cargill Seeds）公司，迪卡（Dekalb）公司，加州基因（Calgene）公司，艾格瑞斯特（Agracetus）公司，三角洲和松兰（Delta and Pine Land）种子公司，霍登（Holden）公司，以及阿斯尧（Asgrow）公司。全球种植的转基因种子中的80%是属于孟山都公司的知识产权。它还拥有大范围种系的玉米、芥末和大豆等的专利。但这些都并非孟山都公司的发明或创造，而是印度和东亚的农民从大自然众多的物种中挑选出来，经过几百年漫长的培育和改良得到的。

将这些生命形式专利化的做法是蛮不讲理的，具体表现在：

违背伦理：目前的知识产权法律允许将种子、植物、绵羊、奶牛甚至人类的细胞排列作为孟山都公司、诺华（Novartis）公司、伊恩·维尔莫特（Ian Wlmut）或者是PPL公司的"智力产品"。这忽视了活的生物体的自组织能力；它们自己会生长，因而并不能在逻辑上被简化为专利所有人的发明创造。它们不能被当做私人财产，因为它们是我们赖以生存的生态系统，而不仅仅是基因库。

使保存和共用种子成为罪行：承认跨国公司通过知识产权成为种子的拥有者使得保存或是与人共享种子的农民成了所谓的"窃贼"。事实上，孟山都公司确实聘请了专人追捕那些可能从事这种"窃取行为"的农民，并将他们送上法庭。

鼓励"生物掠夺"（biopiracy）行为："生物掠夺"在南方国家被用来特指那些通过这些专利行为盗窃生物群落和本土知识的做法。这种行为从三方面剥夺南方国家人们的权利：

● 它错误地授予那些所谓的创新和发明以专利权，事实上这些知识是从古代就开始缓慢积淀而来的。生物海盗行为是一种对知识的窃取,是对第三世界人民的创造性和知识资源的掠夺。

- 它将稀缺的生物资源置于跨国公司的垄断控制之下,剥夺了当地社区和本土居民的权利。生物海盗行为是在对人类最穷的2/3 的人口进行资源盗窃。这些人依赖于这些生物来维持生计和满足基本需求。

- 它剥夺了原初创造者在当地、国内和国际市场应有的权利,却让那些跨国公司垄断了这些市场。世界贸易组织的"与贸易有关的知识产权协议"不是阻止这些有组织的经济盗贼,而是保护那些势力强大的跨国公司并处罚它们的受害者。在美国发起的一起针对印度的争端中,世界贸易组织强迫印度更改其专利权法并按照外国专利权法律授予外国公司独占市场的权利。由于许多这类专利权都是基于生物海盗行为的,世界贸易组织事实上是在通过专利制度鼓励这种海盗行为。

随着时间的推移,"与贸易有关的知识产权协议"给南方国家的生物群落和南方国家人民对这种多样性的所有权所带来的后果将会越来越严重。在这些国家,将没有人能够不用支付专利费就生产或繁殖那些被申请了专利的农作物、药物或是畜禽;小生产者的生活将被破坏,穷人被禁止用自己的资源和知识来满足健康和营养的基本需要。要想正常地使用受专利保护的东西就必须向专利权所有者付费,未经授权的生产将会受到惩罚,债务负担将进一步加重。

印度的农民、传统医生和贸易商都将失去他们在当地、国内和国际的市场份额。比如。美国政府目前就授予了两名外籍印度人安喀·S. 托摩(Onkar S. Tomer)和科里潘纳斯·伯拉(Kripanath Borah)以及他们的同事彼得·格罗尼斯基(Peter Gloniski)关于治疗糖尿病的植物karela, jamu, and brinjal 的专利。然而,这些用来控制糖尿病的物质和方法在印度早已是常识,其医学效用很早就为《印度财富》、《印度本草纲要》、《印度草药医学论文》等权威著作所记录了。

如果只有一两起这种基于生物海盗行为的错误的专利授予,我们称之为过失。然而，这种生物海盗行为已经开始泛滥。像印度楝（Neem）、姜黄（haldi）、胡椒（pepper）、哈拉豆（harar）、巴巴拉（babera）、醋栗（amla）、芥末（mustard）、巴斯马蒂香稻（basmati）、姜（ginger）、蓖麻（castor）、加拉姆拉（jaramla）、阿玛塔斯（amaltas）以及新卡里拉（karela）和贾穆姆（jamum）这些作物都被授予了专利。这个问题是深刻的和系统性的，需要系统性地改变而不是一个一个地挑战。

有些人认为生物掠夺行为在印度的发生是因为印度的相关知识没有被正式记录下来。事实远非如此。在印度，本地的各种知识都被系统地记录下来了，而这实际上使生物掠夺行为更为容易发生。即便是那些在当地社区中口头流传的民间智慧也应该被视为集体积累起来的创造。美国对这些知识的无知不应当被允许用来把跨国公司的生物掠夺行为合法化为创新行为。

第三世界贫民可能为这种生物掠夺行为付出的代价是巨大的。因为南部三分之二的人口都是依靠自由取得的各种生物资源来维持生计的。在印度70%的种子都是农民自己保存和共享的；70%的疾病都是靠着医生用当地的草药医治的。一旦这些经济组织通过专利权窃取和控制了这些基因资源，这些贫民就将一无所有。

参考资料：

万达那·谢娃（Vandana Shiva）《反对自然和南方人民的战争》，出自萨拉·安德森（Sarah Anderson）主编的《来自南方的观点：全球化和世界贸易组织对第三世界国家的影响》（*Views from the South: The Effects of Globalization and the WTO on Third World Countries*），旧金山：全球化国际论坛，2000年。

对公共用地的威胁

在全世界几百种文明中，私有制、个人土地所有制的观念都是令人厌恶的。公共土地所有制——或者没有土地所有制——是每个大陆上本土农业社区的传统习俗和理念。这种世界观无论是对这成百上千万的人们来说,还是对他们的文化、农业、经济、政治和精神传统来说都是根本性的。在南美和亚洲的农业社区和各地的本土部落中,那种认为个人或者公司可以合法地依靠自己的权利兼并大量物产丰富的土地——因此使已经共同分享了这些土地几千年的人们贫困不堪——的理念是荒谬的和无法容忍的。

美国原住民活动分子威诺娜·拉·杜克(Winona La Duke)曾经描述在土著人民中的土地所有问题,她指出在他们的欧基维(Ojibwey)文明中,nisbnabe akin 这个词的意思是"人民所属的土地"。这种观念与西方土地所有制的观念截然相反。在许多教义中,人与土地的相互依存、互惠互利的关系都是一个中心观念。

相反,这些新的贸易协定以及跨国银行和公司的政策都被设计来使任何这种互惠的安排成为非法的并加强土地私有制以便于更容易地收购和开发这些土地。例如,在与墨西哥关于北美自由贸易区的谈判中,美国的一个特别的要求就是让墨西哥打破马雅玉米农民传统的 Ejidos 制度,而这是在 20 世纪早期由萨帕塔(Emiliano Zapata)领导的成功的农民革命之后建立起来的土地公共所有制度。

圈占公共财产的历史主要就是在全球把公共土地私有化的历史。到目前为止,在大多数地方,土地私有化的问题很少被拿来公开讨论。但这种情况正在改变。巴西的无地农民运动(无地工人运动)以及世界其他地方的类似的群众运动已经要求在这样一个原则下进行重大的土地改革和重新分配,这个原则就是,和水一样,土地也是人类生存的必需品。 **118**

广播频谱的私有化

电磁波频谱是大自然给人类的另一特别礼物——来自于太空和地球的波能量——它是地球生态体系中让人迷惑的、极其复杂的一个组成部分,同时又直接影响到所有的植物、动物和人类的健康和发展进化。r 射线、x射线、紫外线、红外线、可见光、短波和长波无线电广播、电视、民用波段广播和电话、雷达信号、微波（以及其他的）都各自占用了电磁波的部分频谱。仅经过近几百年来的科学研究和认识，电磁波完全可以被认为是一种全球的"公共财产"，一个辐射的"荒地"。当然，有人会说，相当部分的电磁波频谱——或者其使用——是被单个国家在各自境内进行着广泛的管制。通常情况下，这种管制是在为所有的人服务，但现在却更多地是为了维护跨国公司的利益。

出于我们在本文中的目的，我们主要关注广播频道所占的，只占电磁波频谱的一小部分的频段——无线电广播和电视这一全球通讯基础设施的核心。（许多关于广播和另一公共财产互联网的问题，将在第八章——"替代性的运行体系（2）"——中详细讨论，但我们还是有必要在此作为我们对公共财产的更全面的考查的一部分简要介绍一下广播频段问题。）

关于广播频谱的使用的政策在各国差别很大。有的国家把公共广播频道作为它们的公共信托责任并把它作为最重要的"公共服务"——即公共教育和信息服务能力——仅允许十分有限的部分私人商业拥有。在一些欧洲国家——如英国、法国、德国和斯堪的纳维亚国家——就是这样。这些国家强调这种资源的非商业性的和在公共利益方面的应用。加拿大和新西兰也采取了类似的做法。在英国、法国和德国，差不多一半的无线电广播和电视频道都是非商业性的、由公共财政资助的公共财产。尽管在撒切尔—里根时代受到了要求将全部或者大部分广播频谱进行私有化的巨大压力，这些国家仍然保持了这种状况。

与上述的欧洲的那些国家的例子相比处于另一个极端的是那些专制的一党政权为了它们自己的目的而占用了整个的广播频谱。直到不久以前，东欧和部分亚洲、南美洲的国家就完全是这种情况，虽然这些国家中的大部分现在都在迅速地将这些频段进行商业化。一些国家已经基本放弃了任何有意义的受托人责任，完全把它们的广播频道交给了私人商业企业。

正如在公共利益的许多其他方面的情况一样，在这方面美国的情况也是比较复杂的。在20世纪20年代里开始的对广播频道的民主地和公共服务性地使用趋势在20世纪后期开始发生变化，而现在正在朝相反的方向迅速发展。

1934年的联邦通讯法案的公开目的是为了给早期广播系统中非常拥挤和充满静电噪音的开放频道带去秩序。根据该法案，联邦通讯委员会被创立了，它拥有发放每一特定频段的许可证的权力。许多群体为了保障一个高度民主的获取公共频道的途径而奋斗，1934年的这个法案也确实规定所有的获得许可证者必须把这些公共频道用来"为公共利益、公共便利和公共需要"服务。它同时规定广播频段的所有权不得转让。频道资源仍然在公共领域中，而联邦通讯委员会就是受托者。

（公正原则是公共服务的标准之一。该原则要求获得特许权者必须让那些有争议的问题——环境、公共卫生、工作标准等——的双方的意见都得到表达。并且所有的广播公司都必须进行每年一度的评估以确认它们的行为是否符合公共利益。）

可叹的是，作为对这些被假设为有用的广播贡献的交换，美国的那些被授予了特许权者无需为这个特许权支付任何费用。而且，它们被允许出售广播时间进行广告并保留从中获得的利润。在20世纪30年代早期，在电视出现之前，人们完全无法预料到它会在后来成为一个如此重要的事物。当时的人们也没有想到商业广播产业及其伴生物——广告业——的权力和规模会最终变得如此之大以致成为社会中的信息流和文化流的决定性的控制者，并史无前例地影响着民主过程和公共政策。

与此同时，非商业性的"教育性的"广播机构却在为了生存而与不断增长的商业利益集团的权力进行斗争。它们在这个体系的边缘——那些商业利益集团尚未进入的广播频谱领域——运行。它们在20世纪20年代发展出了调幅（AM）广播，后来又发展出了调频（FM）广播和超高频（UHF）电视。但一旦发现能够从这些频段中获利，商业广播公司马上利用它们的政治权力侵占了这些领域。尽管如此，在20世纪60年代，在一个自由主义的民主党政府掌权时，国会终于在1967年通过了公共广播法案。这带来了公共广播公司（CPB）的创建以及不久以后公共广播公司（PBS）和美国国内公用无线电台（NPR）的诞生。但是，从一开始这些机构就被设置了重重障碍。

与英国广播公司（BBC）之类的欧洲公共广播体系不同，公共财政对上述的这些美国公共广播机构的支持是令人同情地少，其目的是为了不与商业广播公司形成真正的竞争。经过了许多年的的不断削减之后，到现在公共财政资金只占这些公共广播机构的资金的10%，远低于欧洲的同类机构。

与此同时，商业广播商对它们不断增长的广告利润的反应变得更加灵敏。它们给连续几届政府和国会施压逐渐解除了它们所面临的大部分管制措施，其中包括公正原则。它们还成功地让政府减少了对它们在同一市场中购买额外的特许权以及在国内其他市场上进行同类交易的限制。到1983年，50个左右的媒体集团就控制了全美国广播媒体的一半；到1993年，20个企业就控制了同样的份额；而现在则是10个集团就做到了这一点。基本上同样是这些集团控制了全球媒体的70%左右——其中最有名是时代华纳集团、迪斯尼集团和福克斯集团。（关于传媒的集中更多的情况请参见第八章。）

为了取悦于那些传媒大亨，克林顿—戈尔政府推动了1996年电信法案的通过，更近一些的是布什—切尼政府（为了同样的原因）强力推动了联邦电信委员会和国会2003年新规则的出台。这使得本来就不好的情况更为恶劣。伊利诺斯大学的传媒学者和活动家罗伯特·麦克切斯尼（Robert McChesney）把1996年的这个法案看成是"这个时代最重要的联邦法律"。而一个可以预见的情况使得这件事更为不一般，那就是尽管那些传媒集团强烈地支持这个法案，却在除了商业版面的背面外几乎没有报道这个消息。麦克切斯尼指出，"1996年通讯法案的根本目的就是解除通讯传媒产业的管制并让市场而非公共政策来决定信息高速公路和通讯体系的进程。" 1996年法案和2003年新规则一起，使得那些巨型传媒集团还能大量地增加它们在地区和全国的特许权，这样，一个公司最终可以在控制一些地区市场的同时还能占有全美国传媒市场的一半而不用担心任何的管制措施。于是，最初免费得到的运营公共频道的许可证现在已经价值几十亿美元。

故而，虽然广播电视频道在美国最初被规定为公共财产，但它们现在已经几乎完全被私有化了。即便是美国公共广播公司这样的公共广播机构事实上也被私有化了，其原因就是联邦资助已经是如此之少，它们的唯一选择就是转向私人公司寻求资金来源。所以我们现在看到真正的商业广告在这些"公共"频道播出。同时，联邦通讯委员会的公共信托和管理责任已经基本上被放弃了。虽然人民还在名义上拥有这些频道，但受托人显然正在浪费公众的利益。

其结果就是传媒提供的和公众接收到的是一个相当同质化和越来越狭隘的政治和文化视角，节目内容的全面庸俗化——"弱智化"——以及管理部门的自由放任的态度。它们只会在节目中偶尔出现裸露的乳房时才会进行干预以"保护"公众。

美国的情形与其他许多国家不一样，这些国家更为严肃地对待它们在电视广播公共利益方面的信托责任。但是，现在所有国家都面临着世界贸易组织的非常迅速的动作。世贸组织在努力去除所有的这种不一样并施加压力以施行统一的和完全的私有化。例如，在世界贸易组织内进行的服务贸易总协定（GATS）谈判如果成功了，任何国家都将难以制定有效的规则来减缓巨型跨国传媒集团购买它们地区性的和全国性的电视广播商，也将难以为仅存的非商业性的、公共财政资助的电视广播保留所需的部分频段。事实上，在世界贸易组织的新规则下，这种资助公共电视广播的行为将被归为"非法补贴"或者"不公平贸易行为"而被禁止。无论人们觉得他们的社会价值怎样，美国公共广播公司（PBS）和美国国内公用无线电台（NPR）都可能会失去作为服务公众利益的广播频道所需的保护，也会面临着进一步被商业化的危险。同样的事情很快会发生在所有国家的公共电视广播领域。这个仅仅八个公司就已经控制了大部分电视广播以及其他传媒的世界将发现信息控制的进一步集中。（在第八章我们将详细讨论这个话题。）

攫取废物排放方面的全球公共财产

对公共财产的威胁并非只局限于所有权和私有化。跨国公司正在事实上攫取一种特别的全球公共财产并把这个世界作为它们的免费的垃圾倾倒地和废物排放场。

由于被那些石油、能源、航运以及有毒产品产业免费占用并作为它们方便的废水、废气和废物排放场所，大气、海洋以及外层空间都已经被污染到了一个危险的程度。对汽车、船舶和化石燃料产业而言，废气排入大气是由它们所采用技术决定的结果。

当类似的污染发生在一个地区或者在一个国家内部时——例如，烟尘排放或者废水直接排入河流等——会有相应的政府部门做出反应。这并不是说这些政府部门在监管这些行为方面就做得很好了——它们往往做得并不好——但是，至少它们提供了一个解决问题的权威部门，并给人们提供了一个反映情况和抱怨的地方。

然而，当问题扩展到全球范围时，几乎不存在同类的机构。在过去的半个世纪里，确实也有过一些努力尝试着在全球层面上管制污染行为。控制全球温室效应的《京都协议》、控制破坏臭氧层的物质的《蒙特利尔协议》、《联合国海洋法公约》、《关于持久性有机污染物的斯德哥尔摩公约》以及其他多边环境协议（MEAS）都是控制对这种全球公共财产的损害的努力。但是，所有这些协议都面临着强大的政治阻力、形同虚设的管制机构以及极低的实施能力。当然，多边环境协议仍然给人们理性地认识到下面的情况保留了一点希望，即在个案基础上在国际上人们在为服务所有人类和地球上其他物种而保护这种"公共财产"是大家的集体权利。

然而，一个严重的问题是，当这些协议开始限制到跨国公司的活动时，世界贸易组织就会基于全球贸易活动优先而坚称其具有更高的权威并威胁要否认这些协定。例如，2001年11月份在卡塔尔的多哈举行的世贸组织部长级会议上，世贸组织就明确提出要规定其对多边环境协议的优先权。这将可能会使几代人的努力付之东流。

针对这个问题的其他解决办法也被提出来了，包括各种托管协定方案。在这些方案中，某些公共财产会被作为所有人类的明确的财产而为了将来被托管。任何侵入都必须通过非常复杂的审批程序。这样至少可以减缓这个问题的发展并使问题在变得更为严重之前凸现在人们的面前。

遗憾的是，我们已经提及了许许多多威胁到"公共财产"的例子。这些都反映了那些仅存的尚未被开发的公共领域所面临的不断增长的压力。然而，值得欣慰的是，越来越多的人们开始起来抵制这些侵害。我们必须尽快找到或者创造出新的方法和措施以防止进一步的破坏发生。

公共财产的传统

世界许多地区，公共财产的传统都有悠久的历史，尽管其内容在不同地方不同文化中各有差异。下面就是几个实例。

欧 洲

在欧洲，"公共财产"的概念至少起源于1500年前，它是指共有的土地和所有村落居民共享的当地资源，包括牧场、小溪和河流以及所有土壤和森林中生产的人们维持生计的产品。

欧洲的有些地区还把"公共财产"的具体内容正式编入法典，其中最为著名的例子就是在公元529年根据那个时代的皇帝的名字命名的《查士丁尼法典》中编入的关于公共托管的罗马原则。查士丁尼说："根据自然法则，空气、流水、海洋及邻近的海滩都是人们的'公共财产'。"

在随后的1500年间公共托管原则被应用在了许多场合，并在整个欧洲和其他地区作为"共同法"（common law）而在一些具体的情况下出现。最近的一个例子发生在夏威夷。（在那里，在关于土著居民对当地自由流淌的水资源的权利的一个诉讼案中，法官引用了公共托管原则作为判决的基础做出了对土著居民有利的判决。）

根据旧金山学者、新闻记者马克·道维（Mark Dowie）的说法，这个原则在欧洲的"兴衰决定于政治气候"。尽管封建领主和国王有时使用军队将村民的草场和湖泊、溪流占为己有，但仍有大量"自由贵族"将公共托管原则应用到土地、森林以及田地以便于农奴和其他平民使用这些资源。

在11世纪，法国颁布的一条法令写到，"公共公路和便道、流水和泉水、牧场、森林、荒地和岩石都不得为领主所有，它们只能保留在一个总是能被人们所使用和享有的状态。"道伊的著作中讲到，几世纪以后，西班牙国王阿尔方索十世（Alfonzo X）把港口增加到上述公共领域的清单里。1225年，英国又将查士丁尼原则写入《大宪章》中并在约翰国王在泰晤士河畔的兰尼米德的失败之后迫使他承认了这个原则。该法令规定任何君王不得授予喜爱的伯爵或公爵私自狩猎和打渔的权利，不得剥夺人民赖以生存的"公共财产"。几个世纪后，道伊这样写到，"河流和森林周围建起来防止他人进入的栅栏和围墙被推倒了，这些英国的'公共财产'给平民提供了必需的生存物资。"

直到17世纪，在北美洲和中美洲的殖民主义强权仍然采纳了各种英国、法国和西班牙的公共托管原则作为它们殖民地的共同法。而且这个理念在美国最初的13个州中也被保留下来。道伊写到，"这使各州政府有了至高无上的权利和责任拥有和保护公共土地。"一些州将一种形式的古代法条直接写入它们的宪法。例如，下面一段话就来自现存的宾州的宪法：

> 清新的空气、纯净的水是属于人民的，他们有权利和义务保护环境的自然的、景观的、历史的和美学的价值。宾州的公共自然资源是所有人民及其后代的共同财产。作为这些资源的受托人，共和国（commonwealth）应该为人民的利益保存和维护这些公共资源。

其他三个州制定了类似的宪法而且直到今天还称它们自己为"共和国"。它们是麻萨诸塞州、维吉尼亚州、肯塔基州。它们在制定它们的宪法时都使用与欧洲法典类似的语言。

第五章 重新壮大公共财产：哪些东西不该全球化？

然而，在封建欧洲的部分地区，"公共财产"的情况随着时间的推移普遍地恶化了。随着地区之间贸易的发展，尤其是整个欧洲的羊毛大市场的兴起后，领主和商人都想方设法通过将更多的公共领域尤其是土地私有化以确保和扩大他们自己的供应。随着他们成功地圈占了越来越多的土地，农民社区开始失去那些以前被他们认为是上天赋予的资源。自给自足越来越困难了。越来越多的农民无法靠自给自足和在当地市场交易来维生而不得不开始当起小手工作坊者或是为占有他们先前土地的大的土地拥有者干零工来维持生计。

19世纪早期英国的"圈地法案"根据私有产权优先的原则第一次把从公共土地中猎取和收集食物规定为非法行为。数百万的自给农民被从他们的土地上赶走。随着工业革命的发展，家庭手工业也开始没落，于是人们只好成为与土地再也没有什么联系的工人。这样，农民就演变为了无产阶级。

一些主流经济学家都肯定和称赞公共用地的私有化。他们声称这样做可以建立明析的产权从而使相关的资源得到保护而不被滥用。但这种为本质上是对共享的公共资源的抢掠的行为辩护的说法忽视了两个重要事实。首先，许多世纪以来靠共用土地生存的人民几乎总是其出色的守护者而且他们已经出色地守护了许多个世纪。事实上，由整个社区共享其价值、保持其特色并帮助保护和维护它是公共资源得以存在和维持的基础。其次，那些圈占公共资源并为了私人用途而开发它的人往往是外来者并且不住在当地，他们自己几乎没有什么个人意愿为了未来去给土壤施肥、护土并照料这些资源。他们追求对这些资源的私人产权的目的是为了尽可能快地开发它们。他们并不是为了保护它而攫取它。相反，他们往往是掠夺性开发并污染那些资源。那些主流经济学家的观点是完全站不住脚的。

随着公司所有权和私有财产权的发展，所有权变得更加抽象并与他们的来源相脱离。后者越来越作为一个能计量的、客观的术语被人们所理解。例如，就森林而言，人们不再关注生物群落对社区可持续生存的贡献、森林所培育的生物多样性或者是它们给人的精神享受。相反，人们只关注他们能够提供多少立方的可采伐的木料。这确实就是我们今天所需面对的情景。

土著社区

在世界其他一些地区像"公共财产"这些说法并不多见，但社区共同使用和保护公共资源的理念仍是整个社会的基础，融入了土著文化，并被整个社会所普遍理解和尊重。

在世界各地的土著居民中，一直以来几乎所有政治、社会以及精神方面的价值观念都与关于自然世界的价值观念和教义深刻地交织在一起，以至这些社区都认为它们是密不可分的。与欧洲人所理解的不一样，这并不是一个关于社区公共财产的问题。这更多的是这样一个观念，即，所有生物——人类以及动植物——都是密切相关、彼此平等的，都有平等的竞争生存的权利。所有经济、政治、精神教义都根植于这一重要关系。

因此，这个现象就一点也不奇怪了：那些入侵的团体——至少是那些没有真正地屠杀土著居民的团体——想方设法地破坏和摧毁了土著居民对土地和大自然传统关系的遵从，这也是他们能够成功夺得那些他们垂涎已久的资源的唯一途径。（见专栏框 L）

当地人民受各式各样的方式强迫与土地分离。这些方式的第一步都是破坏传统的宗教观、宇宙观以及教育人们要作为大自然的一部分并与大自然和谐相处的传说和传统教义。在整个美洲、太平洋岛屿以及非洲，传教士的活动在这方面的所作所为都是众所周知的。他们积极地帮助将本土居民传统的价值系统转变为一个新的、更为等级制的关于人类和大自然的观念体系并帮助确立个人主义的私有财产观念。在美国、澳大利亚和其他一些地区，"再教育"也引起了很大作用——青年被强制性地迁出他们的传统社区并被关入不能讲土著语言也不能传播土著世界观的隔离学校里。其结果就是通过自我厌恶自己的文化来破坏土著文化以及他们传统的集体经济观念。

同样重要的是法律伎俩的运用，比如强制要求土地所有者拥有经核准的土地权。土著居民一直以来并不把他们自己当做是土地的"主人"而是作为一个集体认为自己是土地的一部分。故而对他们来说，谈土地的所有权是荒谬的，但他们却被要求这么做。入侵者与土著社区之间关系的历史充满的是这样的故事：入侵者用种种法律伎俩将印第安人从过去集体所有的几百万英亩土地上驱逐出去。这种驱逐和隔离的行径至今仍在继续，尤其是在美国。

一个特别令人震惊的近期例子就是美国国会制定和通过的《阿拉斯加土著居住权法》（ANCSA）。这个法案的目的是保证阿拉斯加土著居民的土地权利，但具有讽刺意味的是，在阿拉斯加土著居民的这个权利从未被废止过。事实上，《阿拉斯加土著居住权法》是彻底消除当地土著居民按传统方式共享和拥有土地的权利的最后一步。该法案并没有授予阿拉斯加土著居民土地所有权，或者是像他们要求的那样直接承认"土著居民的所有权"，相反，阿拉斯加的土地被分割开，其中一小部分被授予了土著居民的公司并交由他们的董事会来管理。为了生存，这些公司也得像其他公司一样砍伐森林或开采矿藏。尽管是由土著居民管理，这些公司的行为也是与他们先前的价值观相背离。但对美国社会而言，目的已经达到：与大自然的共有关系已经被清除，并由一个剥削性质的关系所取代，而这为跨国公司提供新的可供剥夺的东西。

全球范围内对公共所有的土著居民土地的入侵——在各大洲都不断发生并持续到今天——已经带来可怕的后果，包括从使人与自然的传统互惠关系遭到破坏到造成整个社会的崩溃。

土著价值观与那些要求将公共土地和资源私有化的压力之间的冲突在由易洛魁族（the Hou de no sou nee）在1978年发表并提交给联合国土著居民大会的《对良知的呼唤》一书中得到详尽描述。下面是该书的几小段摘录：

> 这个世界的大部分人在西方文化和传统中找不到他们的根源。这个世界的大部分人只能在自然世界寻找到其根源，正是自然世界以及自然世界的传统必然永恒胜利。
>
> ……

最初的教诲要求我们向所有创造和支持生命的一切神灵表达最高的敬意、热爱和感激。一旦人们停止对他们感恩，所有生命都将被毁灭。

……

到今天，这些我们仍然拥有的区域还充满了树木、动物以及上天给予我们的其他各种恩赐物。在这些地方我们还在从地球母亲那里得到我们所需的营养。许多个千年以前，这个世界所有的人们都相信同一种生活方式，即与宇宙和谐相处。但那种被称作西方文明的生活方式是一条通向死亡之路，即便是他们自己的文化对此也没有可行的解决方案。

……

那些将我们的土地殖民化的印欧语系的人对创造和支持生命的事物没有表现出多少尊重。我们相信这些人很久以前就停止了对世界的尊敬。空气变得污浊了，水也被污染了，树木正在枯死，动物正在消失。甚至气候也在改变。我们祖先的教义警告我们，如果人类违背了自然之法则，上述这些灾难就会降临。

……

传统的土著居民掌握着逆转西方文明进程的钥匙。我们的文化是世界上现存的最古老的文化之一。我们是这个地方的精神卫士，我们来这里就是要传递这个讯息。

亚　洲

全球各地的传统社会都有着与北美易洛魁族领导者所表达出来的相类似的价值观。像大地母亲这样的概念以及对非等级制的、无所有权基础的共有的田地和森林的信念在所有那些与土地有直接关系的民族中都能找到。

许多印度人到今天还是作为森林居住者、农民、渔民、医生、家畜饲养人从各种生物资源中获得谋生和满足他们的生存需要的物资。当地

第五章　重新壮大公共财产：哪些东西不该全球化？

关于医药、农业以及渔业的知识体系仍是他们满足食品、健康和文化需要的重要基础。在这些传统的社区中，森林和田野里的生物群落、为改进食物和医疗而培育出的新物种都从来不是被看做某个个人或家庭的财产，而是被视为供所有人共同享有的集体的财产。没有人的相关权利能被剥夺，也没有任何其他有经济强权的实体能垄断这些生物的或者知识的公共财产的任何方面的使用。

当前在印度有一场围绕公共财产而进行的激烈的斗争。这里的公共财产不仅包括到今天仍然是绝大部分印度人口生存基础的生物方面的"公共财产"（土地、森林、水），还包括知识方面的"公共财产"。这是指农业社区几世纪来累积起来并免费共享的知识，以及为改进食物和药物而培育新物种的知识。跨国生物技术与医药公司一直在疯狂地将这些知识公共财产变为专利，阻止大众共享这些知识并为了它们自己的目的将其据为己有。这种入侵引起印度农民、本地居民以及农民社区的震怒，几百万人走上街头抗议世界贸易组织的保护那些从事这种活动的公司的与贸易相关知识产权协议。

社区控制这些生物的和知识的"公共财产"是作为特定专有权在法律上被承认的。这种权利与专利权相当，但被授予者是社区集体而不是个人。这种制度部分地建立在收益权的基础上，它使农民和劳工有权使用他们赖以生存的资源，如牧场、淡水以及各种生物群落。可持续性和公正性是这种收益权所内在必具的，因为每个人能付出多少劳动是有物理极限的，相应地，与资本和私有财产不同，给劳动的回报也是有限的。

印度人民为保护农民生物的和知识的权利的斗争和对世界贸易组织的与贸易相关的知识产权协议的抗议是印度漫长而痛苦的公共土地被圈占历史的一个结果。在印度，采伐森林和圈占土地的政策始于1865年的《印度森林法》。该法授权政府宣布森林是"未经测量的"土地，或者由国家"预留"以便以后使用。这启动了对森林的所谓科学管理。但这实际上是将森林从人民手中剥夺并转化为可供私人拥有的商品的一系列步骤的第一步。那些原本靠森林资源为生的农业社区不得不放弃生产食物转而生产蓝靛并且为了盐而付税。他们经历了他们对食物、燃料、牧场、森林和宗教遗址的收益权的迅速侵蚀过程。这是导致他们后来贫困化的重要原因，它直接导致他们对跨国公司进一步侵犯他们公共权利的抵制。

对现代公共财产的威胁

在绝大多数发达国家，已经很难记起中心的政治和经济单元还是地方性机构以及资源还在被共享的时代了。在过去的几个世纪里，政治、经济和科技在世界大部分地区的演变使得经济行为更加专门化和工业化，使经济和社会的自给自足变得更少，使人们更多地依靠城市、省和国家这些有统治权的集中化的政治机构提供人们必需的各种共同的基本需求和服务，如教育、交通、医疗、环保、安全，并确保有足够的食物、住房和工作等。

所有政府都承认它们在这些事务上的责任，然而它们在这方面的表现不尽相同。至少在不久以前，加拿大人和丹麦人还倾向于相信他们的政府在这方面做得很好，但俄国人和缅甸人对各自的政府的表现却可能会有不同的看法。大部分政府的表现是不能简单用好或坏来评价的——在有的方面做得好，在其他方面做得不好。比如，美国在经济和卫生设施方面通常就做得很好，但在医疗、交通方面就做得很差，并且极度不平等是它提供这些服务时的一个显著特点。毛德·巴洛（Maude Barlow）的著作《利润并非良方》（*Profit Is Not the Cure*）详细描述了世界银行、国际货币基金组织、世界贸易组织及其市场开放政策对全球医疗服务行业的破坏，她还仔细记录了那些从中受益的私人企业。20年来这些政策的推行导致了全球范围的获得这些服务的机会的不平等以及贫困人口的健康危机。

《联合国世界人权宣言》主张除了国家应该提供的那些服务之外，政府还应该保障特定的基本人权、宗教和政治自由以及得到有人类尊严和合理工资的*有意义*的工作的权利。事实上，这个宣言还主张这个星球上的每个人都拥有"天赋的公民权"，包括医疗权、受教育权和工作权。更进一步，每个政府都有责任保护其每一个公民的基本人权，即便他在国

第五章　重新壮大公共财产：哪些东西不该全球化？

外。这些主张也意味着政府有责任保护自己提供这些服务和保护这些基本人权的能力不受损害。

本报告的作者们认为这些服务和保障可以被称为"现代公共财产"，在其中，国家承担了曾经由地方社区承担的对共同财产的责任。即便是更多的权力被移交给地区政府——这是我们中的大部分人所支持的——我们仍然认为国家在保护社区对传统和现代公共财产的管理工作中应该起到至关重要的作用。然而这些责任的履行面对着国际经济组织的巨大威胁。

跨国公司和国际组织的官僚给各国政府施加了很大压力以使大部分公共服务私有化和商品化。跨国公司力求把这些服务与那些由私人企业以市场价格提供的牙膏、汽车、房地产服务或者电影等一样都被归入商品的范畴。

在提供基本需求和保障基本权利这一神圣的政府职责与那些私有的通过合同来提供的产品、娱乐与商业服务之间有着深层次的区别。公司依靠一套等级化的价值观念来运行并且其目的就是利润和增长。当作为医疗、教育、水或者食物安全的提供商的公司按照商业规律运行时，它们只会给那些能按市场价格付费的人提供服务。许多不能支付相应费用的人必然要退出这一系统。*因此，我们主张任何试图把为所有人——无论这些人经济地位如何——提供服务和保障的责任从政府剥离的行为都应该被阻止。*

同样，政府和活动分子应该坚决抵制并最终禁止国际组织官僚迫使政府将这些服务私有化的行为。此刻，正在日内瓦召开的世界贸易组织的关于扩展《服务贸易总协议》（GATS）的会议就是这样的行为。

如果《服务贸易总协议》最终通过了，那么在上面作为公民的基本权利和政府责任列出的绝大部分服务将受该协议的新规则约束。换句话说，跨国公司就有权在那些目前还属于国内服务的领域进行商业运行。这些领域包括医疗、老人照料、儿童保育、淡水的净化和输送、教育、监狱、国内铁路和航空运输、大众传媒、公园、博物馆和文化机构、社会安全和福利项目以及各种公共工程等。正如第二章所提到的那样，美国或者加拿大可能发现埃克森·美孚公司正在运营本国的公共广播电视，三菱公司在负责社会保障；法国可能会让迪斯尼公司负责管理卢浮宫，安然公司或世界通信公司可能会运营德国医疗系统；而壳牌石油公司则可能会负责日本的铁路运营以及儿童的保育。这样的情况并非是不现实的：我们已经提到，美国贝克特尔公司直到不久以前还差点接管了玻利维亚的相当一部分淡水输送业务，而该公司由于对贫民的价格太高险些在这个国家引发一场革命。

联合国《经济、社会和文化权利国际公约》包括受教育权和健康权。在所有的服务中，这两者是那些积极推进《服务贸易总协议》的跨国公司最有可能获取巨大利润的领域。全球教育支出超过2万亿美元，而医疗支出超过3.5万亿美元。因此，跨国公司一心想要拆除公共的教育和医疗系统。它们已经成功地说服了包括所有欧洲国家在内的40多个国家同意把这些服务列入《服务贸易总协议》。

政府为其公民提供这些服务的责任可能很快会被减少为决定那些远来的公司是否会在孩子上学和就医方面收取一个民众能承担的价格。

在我们看来，任何国际协议都没有权利强制性地干预政府与市民之间的委托协议。

当然，除《服务贸易总协议》外还有许多对社会项目和服务以及食物与健康等基本权利的威胁。在第二章我们已经讨论过了有关于世界银行和国际货币基金组织的结构调整计划。为了能够得到贷款和债务免除，几十个发展中国家被迫放弃许多社会项目，并且允许以营利为目的的外国企业进入并把这些项目商业化和私有化并且损害当地人民利益。

我们还讨论过世界贸易组织的《与贸易相关的知识产权协议》，这个协议允许跨国公司拥有别的人们和社区的基因遗产的知识产权并改变了当地农业的角色和形式。保留下来的耕种和社区生活方式逐渐被那些使农民依靠它们来提供种子、化肥、杀虫剂以及除草剂的跨国公司所支配。结构调整计划在农业的这种转变中起了重要作用，它要求那些国家使它们的农场转为出口导向型的、专业化的生产，并且准许加速这一进程的跨国公司介入。这迫使农民离开了他们以往为他们的社区种植食物的土地并使得饥荒和移民的现象严重。

因为食物保障是最基本的人权之一,每个政府都有兴趣去确保这个社会稳定和公共卫生的重要基础。我们相信这意味着没有任何发展银行或贸易协定有权要求任何国家改变其农业生产体系,允许外国公司进入和投资,或者不惜损害自己的利益对外国更廉价的食品开放国内市场。当然假如条件允许,任何国家都可以选择这样做,但不应该是被迫这样做的。

文化的多样性和整体性是另一个国家应该保护的可以被视为公共利益并且可以被论证为一项基本权利的领域。这也在多方面受到了国际贸易协议的威胁。社会的、宗教的、文化的以及本土居民的团体保留他们的习惯、信仰、文物以及艺术表现的权利对在国内和在国际上保持多样性是极为关键的。同样道理,民族国家防止外国文化通过传媒和艺术创造来控制自己国家的文化表现也是应该的。在许多国家中,尤其是是加拿大和法国——两者都非常关心电影和电视产业是否控制在自己国民的手里——都为了保留维护自己文化的权利而顽强地斗争。

现在的世界贸易组织的有关法律规定在文化产业适用包括"国民待遇"、"最惠国待遇"以及禁止数量限制在内的有关协议。(所有这些规则都可能使更为强大的外国传媒和其他文化产品进入一个国家,而这往往使当地文化遭到破坏。)自从这些规则开始实施以来,在世界贸易组织已经发生了几起关于文化的争端。这些争端全都以限制国家保护本国文化的权力而告终。最有影响的是1997年的一个裁决,那一次,美国成功地迫使加拿大放弃了对国内杂志产业的保护,尽管当时美国的杂志已经占据了加拿大杂志行业85%的市场。当时的美国贸易代表查琳·巴尔舍夫斯基曾说过,这个裁决可以作为对付加拿大或其他国家保护本国电影、出版和电视广播业的有力武器。

美国之所以采取这样强硬的立场,就是因为任何放过加拿大的裁决都将会成为其他国家的先例,特别是那些保护本土文化的意识正在加强的发展中国家。在西雅图世界贸易组织部长会议中取消对文化产业保护的企图的失败并不意味着这个问题的解决。《服务贸易总协议》和《与贸易相关的知识产权协议》都会对电信产业包括互联网、数字和电子商务领域、公共电视广播、专利、商标以及版权法等造成直接的影响。所有的这些都正摆在谈判桌上。它们应该被从谈判桌上拿掉。

总之，我们认为，在所有上述的议题上，民族国家和社区不应该受到像世界贸易组织或者国际货币基金组织等多边国际组织的贸易协定规则的限制。在这些领域的贸易活动应该完全由国家和当地政府来决定。只有这样国家才可能代表公民的公共利益而有所作为并切实履行其自身的职责。

关于重新壮大公共财产的三条建议

实业家彼特·巴尼斯（Peter Barnes），经营资产公司的前任总裁，现任加州托马斯湾区研究所（Tomales Bay Institute）的主任，将公共财产比做是"世界的暗物质。它无处不在，但我们却看不见它，我们唯一看见的，只是闪耀着美元价格标签的经济事物"。

换句话说，大自然或日常生活中那些仍起着公共利益作用的方面——不断流动的淡水、大气层、公共市场、生物的多样性、海洋和国际互联网——大多数都未被纳入经济赢利的算计，尽管公司和全球官僚机构正在极力以私有化和圈占方式改变它们的功能。

巴尼斯认为："21世纪面临的巨大挑战是：第一，使公共财产显形化；第二，赋予公共财产应有的尊严；第三，将这一尊严转化为公共财产权利和法律制度，使之（至少）具有与私有财产权相等的地位。"

因此，中心思想是把公众的公共财产的权力至少提升到这样的地位，使其能与市场相抗衡，然后制定战略去进一步加强它的重要性、可行性和维护制度。

在这一节，我们对三个领域要做的工作提出建议，以调整私有权势与公共权势之间的平衡。第一，削弱对公共财产的攫取，削弱全球贸易与金融机构的权威。第二，增强多边环境协议的权威，以及代表公共利益的国际组织的权威；第三，验证和加强能有效地保护公共财产的托管管理的协议——我们将继续引证巴尼斯的研究成果。

建议如下。

1. 逆转全球贸易机构控制公共财产的权力，将公共财产的某些方面从贸易体制中排除出去

今天在对非货币化的、非私有化的公共财产日益加剧的侵害中，毫无约束的全球贸易机构起着越来越大的作用。我们曾提及《贸易和服务总协定》（GATS）日益逼近的作用，它暗中破坏民族国家保护现代公共财产的服务功能，包括水利运输、大众传播、教育、社会福利、文化甚至国家安全和军事体制的公共服务功能。所有现有的公共托管保护或公务员法规，都可能因此被剥夺而置于私人控制之下。

第二个因素是正在形成的 WTO 对投资的作用，它将提高跨国公司自由进入各国并在金融上控制和管理当地的或国内的公共财产的能力。

第三个因素是世界银行和国际货币基金组织的"结构调整规划"（SAPs），它往往要求政府将其服务和当地的公共财产私有化，以此作为贷款的前提条件。

第四个问题是 WTO 关于超越多边环境协议（MEAs）而具有最高权威的新主张，如京都议定书和生物多样性公约等保护全球公共财产的条约，都被要求屈从公司导向的贸易规定。（多边环境协议将在下一小节中提到）。

以下的想法和建议涉及建立有效的机制和规则以削弱全球官僚机构控制公共财产的权力，并提出哪些公共财产的领域是必须保存在全球贸易体系之外的。

必须缩小贸易协定的权威范围

在涉及公共财产、自然遗产资源、维护国家的抉择权包括国内服务或基本人权等方面，全球贸易官僚机构和国际金融机构不应当具有高于政府的或国家的决策权之上的权威。贸易和投资协议无权要求国家或政

府将现存的公共利益或公共服务私营化或商业化，也无权采取强迫东道国政府遵守其条款、否则予以惩罚的胁迫手段，强制东道国向国外的投资和竞争开放。

应由地方或本国决定公共利益财产资源和公共服务

关于公共利益财产资源和公共服务的决策应保留在作为当事人的地方和国家手中，与辅从性原则相一致（见第六章）。地方公共利益属于地方社区的管辖范围。国家的公共利益通过国家的民主决策过程来管理。全球的公共利益应由基于可持续发展与平等进入的原则而达成的多边贸易协议来解决。没有任何公共利益——不论是地方的、国内的、全球化的——能成为任何一个多边贸易协议所固定特有的覆盖对象。对基础设施公共服务的所有、控制、运行的决策，都应该明确地从多边贸易与投资协议中排除，它们包括医疗、水资源的管理与水利运输、自然资源的使用、教育、交通、大众传播、农业和食品安全、文化、社会安全、社会福利、军事、警察和监狱。

一些国家和社区可能会认定，将一些他们的资源和公共服务订约交由私人经营符合他们的大众利益。的确，有些时候在一定公共遗产资源（包括土地、种子和水）的管理、配置和移交方面，私有制和市场有发挥作用的空间，但这只是在有效的民主责任制的公共管理构架已具备，因而得以对公正的定价、平等的进入、产出的质量和公务员的素质提供保障的条件下才好实施。尽管如此，这些事物的决策权都应当因地制宜地属于当地的或全国的权威机构，而绝不应由只追求私人商业利益的全球贸易和投资组织发号施令。属于当地的或全国的权威机构权限内的行动，却要听从任何一个国际协定的指挥，这是绝对不能接受的。否则，将导致个人和社区无法平等地获取资源和服务，例如，不能平等地获取悠关生命和健康的净化水。

生命与人类生存的基本条件不应该被私有化或垄断

公共利益中作为基本生存条件的方面不应该被私有化或受制于贸易

协定。这些方面包括大气层、流量大的淡水和构成生命模块的遗传基因与分子（包括人类的基因组）。在有限的时间限制内，私人基金资助的研究创造出来的真正与众不同的种子特殊变异，也许能允许申请专利。但是，自然界生成的种子，或农业社区培育的改良品种，或公共基金资助的相应研究成果，是不允许申请专利的。

生命的某些方面不应该被专利权或其他方法所垄断

我们囊括的某些生命领域，现在已被部分私有化和商业化了，但生命的这些领域绝对不应当归于跨国公司按世贸组织的知识产权协议（TRIPs）取得的专利权或垄断的所有权。目前，这些领域包括了遗传基因、种子、植物和动物的各类品种。对由私人基金资助的改良项目所创造的动植物特有品种，拥有排他性的生产与销售的权利，如果是暂时性的，可能是个例外。但总的原则是：生命物质没有专利权。我们有必要重新考虑专利权对维持生命药物的有关规定条例——例如，抗爱滋病药——以便确保定价的公平，使需要它的患者都能买得起，不受他们货币支付能力的限制。

138

国家禁止有害物品进出口的选择权应当被保护；国际条约可适当禁止一定危害性物品的贸易

一个国家完全有权禁止对本国人口的健康或安全构成威胁的产品的进出口，包括转基因有机体（GMOs）、毒素、武器以及烟酒一类瘾性物质，而正是这些产品被现存的贸易协议禁止列入排除的范围。当前交易的产品中有一些构成了对环境、大众健康、安全、和平以及全球公共利益的严重危害，急需商订一个国际协定对这些产品与服务的交易全面设立禁令。它们应当包括有毒物质、核废弃物、濒危物种、露矿、性交易。然而，这些问题应提交专门关注这些论题的国际论坛和协议来解决，而不是由专项的贸易机构或贸易与投资协议来商订。

2. 加强各国政府之间多边环境协议和其他保护性条约的实施及其影响范围

当前，对全球公共利益某些方面的保护唯一有针对性的，是联合国的多边环境协议（MEAs）。它们中有京都议定书中关于气候改变的联合国准则公约，蒙特利尔议定书中关于消耗臭氧层的物质的条款，联合国大会关于生物多样性的公约，联合国大会海洋法公约，1967年关于外层空间的条约，1959年关于南极带的条约，联合国大会关于跨界和高度洄游鱼类的协定，关于持久性有机污染物的斯德哥尔摩公约，还有，国际电讯协会（它分派无线电频道给各国并监督它们的使用），等等。

所有这些协定可能都已经被世贸组织暗中直接破坏了，它在2001年的多哈部长会议上宣称WTO的规则应当优先于这些协定。按照WTO的规定，当这些条例之间有冲突时，WTO优先于联合国的多边环境协议（MEAs），这意味着由贸易部长而不是环境部长决定资源的最终利用。而且，这还进一步意味着公司的利益决定着全球共同资源的命运，即便在公司的利益迅速毁灭全球环境的公共利益时，也得由公司的利益主宰一切。如果左翼对该条例不发起挑战，WTO的该项政策将给地球的环境治理带来灾难性的后果，将会破坏现存的保护全球公共利益的最有效机制。

国际社会和政府（其中许多来自第三世界）曾经领导了建立多边环境协议的外交斗争，但他们至今还没有对WTO造成的威胁做出充分的反应，或者甚至还不了解这一潜在威胁的存在。一些国际的民间组织，特别是"全球化国际论坛"（IFG），已经提出了全方位的方案来处理这一问题。但是，任何新的政治联盟要想维护多边环境协议，显然必须大大超越环保团体的狭窄范围，而要把贫民运动、农民（farmers）、土著居民、渔民等依赖这些公共利益维持生计的广大阶层包括进来。广泛包容这些运动可能会引起一些棘手的问题。例如，在土著群中，土地所有制传统上是公共的和非商品化的，但某些多边环境协议和托管协议将一定的自然过程商品化了。例如京都议定书有关碳污染的交易，在一些托管商定中也包括基于市场的运作。尽管这样,所有团体现在一致主张:联合国,而不是WTO,才是讨论决定多边环境协议命运和权力问题的论坛。

联合国关于土著居民权利的决议草案,已将土著居民的权利与环境保护结合起来。批准该决议将是解决土著居民问题的一个重要步骤。它应该最终取得与所有其他国际条约,包括多边环境协议,一样等同的地位。(同时见第四章专栏框L)

在我们的所有努力中最重要的,是必须增强多边环境协议实施的权力。WTO已经被赋予这样的实际权力,对任何敢于藐视它的政府施行经济的和政治的制裁;而许多多边环境协议却缺少这样的权力。权力间的制衡需要恢复。而且,我们今天所看到的多边环境协议都是国家间复杂谈判的产物,可能不能完全覆盖相关领域的所有问题。比如,京都议定书就有很多漏洞。多边环境协议对被危及的公共利益每个方面的覆盖,也是这样。尽管如此,多边环境协议毕竟是当前对环境治理最可行的国际模式。

最后,制订多边环境协议的官员们必须在章程中用明确的语言规定,其条款替换(supercede)任何全球贸易机构、包括WTO的有关章程。此前,讨论有关生物多样性,保护物种安全的缔约大会就在基本协议中明确使用了这样的语言,这肯定会最终导致与WTO的一场痛苦战斗。它是政府和每个多边环境协议的官员们应该发起,并且最终赢得的一场战斗。

为了有助于拓宽多边环境协议的界限,一些官员、学者和社会活动家正在建议增强协议的全球治理机制,如设立一个世界环境法庭等。例如,英国政府1997至2003年的环境部长迈克尔·米切尔(Michael Meacher)强烈主张建立这样一个"最高法庭"对解决危害全球环境公共利益的意义。米切尔说:"其法制体系运行的基础是一个全球环境宪章,宪章要明确说明必须满足的生态条件,要求人类生存发展的自然功能只在生物圈允许的弹性范围内活动。"而且,米切尔及另外的人都认为,我们需要一个强化的联合国环境规划(UNEP)。这需要规划有三个基本的发展变化:(1)国家政府捐助国内生产总值的一定比例作为它的基金;(2)它至少要由各国的环境部长来共同管理;他们不只是对话,而且更要做出对各国都有约束力的具体决策；(3) 它必须具有至少和 WTO 相等的权威。最后，对于破坏规则的惩罚必须足够严格，这样才可能真正对破坏公共利益起到威慑作用。

3. 应用现代委托管理的模式

彼得·巴尼斯认为，在国内法或国际协定及条约，例如多边环境协议，被证实是不充分的情况下，各种类型的委托管理模式至少是保护当地的和全球的公共利益最有实践经验的长期形式。他说，委托管理模式已经成功运行了几个世纪，今天它们的基本规则使其成为独特的适宜手段，实施对公共利益的保护，使共同资源在市场的蹂躏下得以保全。

正如在前面的章节中提到的公共托管模式所显示的，委托管理的托管人（即受托人）可能是国家；或者，托管人可能是由委托人任命的分离机构。在所有这些情况下，管理者或托管人必须遵循一定的规则，其中包括：坚守受托人的职责义务，在操作运行中专一地忠实代表托管的受惠者的利益；不得偏向当前这代人而侵犯将来几代人的利益；除非接到委托人的书面指令，否则必须阻止弄空或贫化被保护资源的行为；始终保持管理的透明度和责任的可说明性与可追究性。委托管理的这些运作标准，把这一模式与公司管理的模式在结构上对立起来，后者的目标通常是企图实现短期利益的最大化。实际上，公司法的规则强制性地要求公司经理把利润作为主要的评估标准，而极少考虑保护资源或社区福利的价值。我们下面首先考察公共托管的教义，然后考察托管的其他各种模式，以及它们有效实施的经验案例。

公共委托管理的教义

保护人民的公共利益是国家和政府的天职，尤其是保护水、空气、生物多样性、野生动植物、森林等生命之源，还要保护我们称之为"现代公共利益"中的公共教育、大众传媒、交通运输等等。

前面我们曾提到，"公共托管教义"（the Doctrine of Public Trust）起源于罗马时期，延续至中世纪的法国、西班牙、英格兰，在大宪章中被编成法典。在东欧,公共托管教义不只是承认所谓的"commoners"(享有使用公共土地权利的人们)享用来自土地、水、森林等收获的权利,同时也规定当着政府或君主在法律上是公共土地的所有者时,他们之所以如此,是因为他们受公众的委托,因而有责任和义务保护公众对这些资源的共同使用。用马克·道维(Mark Dowie)的话来说,正是在这一含义上产生出"君主财产"的观念。"随着君主主权,同时产生了国家管理者不可推卸的责任,这个概念(的完整性)在教义的所有表达形式中都得以延续,直至今天。"他进一步讲到:"政府不能放弃这样的公共委托责任而将其移交给任何私人当事人一方。"

公共托管教义直至北美殖民时期仍然可行,事实上,它在美国和其他地方还被认定为习惯法。多维引用了许多习惯法的案例。比如,19世纪新泽西州渔民抗议将海岸及河口牡蛎养殖场私有化,因为多少世纪中他们的社区就一直自由地在那里获取食物。这样,当海岸和牡蛎养殖场被私有化时,涉及的法律问题就是:是否禁止公众对它们的使用。此案最终上诉至美国最高法院,后者判定,依据公共托管教义,即使教义从未编入美国法典,牡蛎养殖场的使用权也须受到保护。十年后,加利福尼亚州最高法院又裁决:水域的财产权"与其说在于它的流动性本身,不如说在于水的使用所产生的利益"。换句话说,公共使用权是被保护的。

多维报道说:"1892年出现了所有相关案例的原型,在《伊利诺斯中央铁路对伊利诺斯州》的判例中,美国最高法院裁决,一个州的立法机构不能把航行水域下面的土地所有权授予私人当事人一方。"该法院说,水面及其下面的土地"是人民以托管方式委托给州的所有权,他们可享用水上航行、穿越水域从事贸易和自由捕鱼,而不受私人当事人一方的妨碍和干涉"。

后来求助于公共托管教义来解决的案例还有著名的墨诺湖(Mono Lake)判决。加利福尼亚州最高法庭裁定,该湖不能转为私人开发使用,因为那样不仅会损坏潮浸区,据记者多维报道,还会损坏"湖泊、河流和河床,野生物习性……以及娱乐"。

公共托管教义在最近纽约州哈得逊河流域的通用电气公司案例的判决中也被运用。由于该公司数十年来向邻近河水的土地倾倒了累计上百万吨的有毒物质,导致河水污染,因而最终被剥夺了公司对土地的私有财产权。有关公共托管案例的法认定,由州政府为人民托管的潮汐资源和湿地包括其中由私人所有的土地;州政府作为公共托管人无权放弃这些土地上公众享有的权利。同样的逻辑被运用在夏威夷州维阿霍尔(Waiahole)沟渠案的判决中,它确认州政府保护土著居民对水资源的权利是自己的职责和义务。

这样,"公共托管的罗马训导"(The Roman Doctrine of Public Trust)仍然活着而且适用。尽管产权论的右翼鼓吹者对这一教义的攻击是最主要的,但在任何情况下,他们都能够且已经力图利用这一教义来为自身的利益服务。多维举了一个案例:"一个以德克萨斯州为基地的石油公司没有被准许到加里福尼亚州开采原油,为了颠覆判决,公司声称,国内的石油特别在当前情况下,对于公众(的利益)就如同水一样悠关紧要。"这个案子目前仍悬而未决。

多维的观点认为:"保持生态的完整性应当在美国所有的州都被确立为是公共托管的权利。"问题在于:承认公众对不动产拥有权利的教义能否被用来为"有时是无形的更广大的公共利益的所有方面"服务?多维说:"这类公共托管诉讼要想取得成功,就必须加强社区行动的主动性,以及加强公共教育。"

新颖的托管观念

彼特·巴尼斯提出一种现代化的托管机构设想,它能保护公共利益,就像公共托管教义在过去曾经做的那样。他同意,要取得成功需要来自民间组织和政府官员的日益增大的压力,一旦成功,这一托管模式将在法律上取得与公司相比拟的地位。

针对不同的目的,托管有足够的弹性采取各种不同的形式。在各种变化的形式中,托管人的主要职责仍然如前所述:只代表公众受益者行动,不能弄空资源,行为须公开,等等。所有这些标准与当前通过市场因素管理资源的准则都是对立的,甚至与当前国家对资源的管理也对立(国家往往蒙恩于商业利益)。

例如，某些托管方式的设计几乎能阻止对一定的公共利益，如荒野地区或公园等，最不具有侵害性的使用。其他的托管形式能聚焦在可实质性使用的各种公共利益方面，使其资产不流失。它们适于对渔业、河流、森林和大气层的管理。用从事商业的话来说，巴尼斯写道："挑战意味着靠收入生活的同时，不使资本流失。"一个习惯法的先例是"河岸土地所有者原则"，英国和早期的美国曾经广泛地把它运用到对河流溪水的管理。它许可水域的公共使用，使水域不为河岸土地所有者所有，并保证不得破坏和改变水域的质量和流量。"太平洋森林托管"（the Pacific Forest Trust）是这种形式的一个例子，它从自然资源保护地的私人所有者手中购买了保护地的通行权、使用权，这样一来，私人所有者虽然仍可采伐树木，但却有严格的限制，从而防止了对森林保护地的滥伐、破坏生态的行为和对保护地的开发。

托管的其他类形式能允许对非损耗性的公共利益如国际互联网自由地无限地使用。另外的托管形式涉及可损耗性的、高价值的公共利益，它能事先确定一个最大使用的范围，并将使用支付的收费作为收入交给托管的公共受益人。阿拉斯加永久基金（the Alaskan Permanent Fund）是这类托管形式的例子。每个阿拉斯加州居民现在每年都从基金中分得来自租赁油气田的红利。不幸的是，这样的安排有其不利的方面，因为它可能刺激公众支持石油消费的增加。

问题较少的例子有加利福尼亚州成功管理的麦林农业土地信托基金（Marin Agricultural Land Trust），针对所受到的无计划占用山林农田建造厂房等多种开发的威胁，它的目的是要保持农业区的田园特色。它用公共的和私人的基金从小农场主手中购买了保护地的通行权、使用权。这样，农业土地使用的性质获得了保证，小农场主得以生存，继续经营和拥有自己的农场。类似的情况还有俄勒冈州水域信托基金（the Oregon Water Trust），它获得了以前分派的水域权，并利用手中的通行使用权，增加水域的流程以利于环境保护的健康。

巴尼斯自己看好的例子是他的天空托管（Sky Trust）模式（见第七章"能源系统"），它对全球的公共利益——大气层——进行托管，以防止大气层成为倾倒垃圾的污染场所。

巴尼斯写道:"天空托管的前提是,天空属于每个人,为了后世的利益必须以托管的方式持有。它要求污染天空者从代表世界所有公民的托管会那里购买昂贵的污染排放许可证。托管会的收入用于公共目的的支出或以相同的红利退还给公民。"如同阿拉斯加永久基金那样。天空托管与阿拉斯加永久基金的不同处在于:前者的托管人可严格建立使用的最高尺度,以反映生态平衡的限度,向使用人征收非常高昂的费用。这样,天空的污染者就须付出大的代价,而至今他们对此仍分文不付,从而使他们不得不提高污染产品的价格,如汽车或大烟筒工厂产出的价格。于是,污染不再受到鼓励,污染产品的消费也是如此。而来自支付污染排放费用的收入则分派给公众或用于公共的目的。

当然,如何能实现这些不同形式的托管仍然是个问题。实现这些模式使公共利益的某些部分有效地从市场力量主宰下挣脱出来的政治意志在哪里?公众的义愤和有组织的政治压力是不可缺少的,然而,提出这些托管模式,为选择别的可行制度提供了表达的机会。它们还有助于在严峻环境中达成妥协方案。私有化、狂暴不羁的经济增长,公司的政治主宰,这些严峻的大环境是问题存在的根源。

路径终于在面前完全展现。将全球的、地方的和现代的公共利益从全球贸易体制的控制下坚决地切除出来,加强公共利益的生存能力并将其与市场力量分离,成为反对资本全球化运动统一行动的第一个切入点。保存并扩大多边环境协议是生死攸关的,采用各种类型的托管可以发起攻击。

第六章　辅从性：
从全球化那里召回权力

民族国家、国家、地区、社区或本地社会传统上拥有经济控制权，经济全球化的拥护者认为，把经济控制权从这些地方剥夺走，并将其交付给通过大公司和官僚机构全球性地运行的那些非本土权威，将使社会的各阶层获益，这是经济全球化拥护者的巨大的自负或者说是赌博。

全球化的魁首们是在被一种至今仍然是经济意识形态的观念所推动。他们在一种宏观的层次上运作，脱离本土日常的现实条件以及对这种条件的认知。他们为这些观念和理论游说，好像它们是可行的和无可辩驳的，好像他们是专业的幻想家和他们的新的集中化的全球结构的管理者。尽管他们的公式导致了无数的触目惊心的崩溃：亚洲金融危机、俄罗斯金融危机、巴西经济的几近崩溃、阿根廷的崩溃，加上贫困、饥馑、不平等、依赖性和无权性的全球性增加，他们继续鼓吹他们的公式。这些理论没有奏效也不可能奏效；主要的受益者倒是令人吃惊地是全球公司和经济精英，正是他们设计了这些过程。

如我们所知，全球化的中心操纵模式就是，剥夺本土对经济和政治活动的控制权，就是系统地剥夺本土的权力、决定、选择和功能，这些在漫长的历史中原本由社区、地区或国家实施。全球化的另一个操纵模式就是匿名性（anonymity）。从另一个角度来说，本土化的一个主要优点就是，它能使人们面对面，知道信任和经济交易之间的关系。

当自主权从本土夺走而交付给遥远的官僚机构时，本土的政治机制也被重新改造,以适合遥远的官僚机构的规则和实践。以前,社区和国家以一种相对自力更生的方式运行,能代表该地人民的利益,而现在,它被转变成为那些大的、不民主的和不负责任的全球结构中的勉强的任人摆布的棋子。

与此同时,全世界成百上千万的人继续每天辛勤工作,尽力想维持他们传统的小规模的手工艺性质的土生土长的谋生方式。事实上,无论是在北方国家还是南方国家、穷国还是富国,本土经济都是大多数社区的基础。甚至传统的经济学家像保罗·克鲁格曼(Paul Krugman)也承认,由于服务经济的扩大,大多数美国城市是植根于本土的。但是这些本土经济活动受到持续的攻击。它们越来越受制于并依赖于更大体系的神秘的爆发和旋转。这些包括远方的出口市场的变幻莫测,价格和汇率的波动,民族国家政府偿付贷款利息的能力,以及关于国际资本流动、商品限定等的集中决定——这些决定由华盛顿、日内瓦、布鲁塞尔、罗马、东京的权威机构做出,丝毫不符合任何民主程序。在地方层次上的例如咖啡、土豆、石油、小麦或稻谷的价格等事项依赖于这些深不可测的远方的事项。不仅劳工的主导性的工资率,像股票和证券等金融资产,也是越来越不受本土状况的统治,相反,越来越多地根据金融主和公司组成的控制网络波动。

但是悲惨的是,正是民主本身以及所有它的体制受到的破坏性影响最大。

如果民主是基于人们必须参与那些影响他们生活的重大决定,那么基本生活的决定权被转移到远方的机构特别是那些不喜欢民主参与、公开性、责任感和透明性的机构时,将导致民主死亡。如果本土的经济活动是人民为他们自己而做的,那么全球化意味着是对人们实施而非由人们实施的事物。

我们已经走到了这一过程的终点,现在是改变方向的时候了。

第六章　辅从性：从全球化那里召回权力

理解辅从性

由于全球化就是问题，因此在逻辑上重返本土就是不可避免的：就是重新激活那些有助于本土重获决定和控制他们喜好的经济和政治道路的权力的条件。不是把所有的体系塑造成适合全球化的模式——即强调生产分工、比较优势、出口导向的经济增长、单一作物种植和在全球公司体制的主导下的经济、政治和文化形式的同质化，我们而是必须重塑我们的机制，以利于相反的趋势的发展。

这种转折的运行原则就是辅从性（subsidiarity），即只要有机会，就要选择本土。在实践上，辅从性的意思是，任何决定应该由级别尽可能低的能胜任的治理机构做出。全球健康危机和全球污染问题经常要求国际合作做出决定。但是，大多数经济、文化和政治决定不是国际性的，能够根据议题的性质在国家、地区和地方层次做出。应该鼓励权力向下而不是向上发展。决定应该经常尽可能地靠近那些受决定影响最多的人。如果任一地方的经济生产、劳工和市场可以本土化，它们就应该本土化，而规则也应该帮助人们实现本土化。国际的、地区的和次地区的贸易当然继续存在，但是它应该作为最后的选择，而不是这个体系的目的。

所有的体系应该强调本土生产和本土消费，而不是有意地设计为为远距离的贸易服务。这意味着缩短经济活动链条的长度：食品供给的路程缩短，石油供给的路程缩短，上班路程缩短。应该选择能更好地服务于本土控制的技术，而不是那些全球性运行的大技术。（本书的作者赞同选择太阳能、风能、小水电、小型发电设备和储存设备而不是核能和石油；我们赞同选择小规模的地方农业和地方市场，而非面向出口市场的全球化的工业化的农业。企业应该继续运作，但是应该限定于"位于这里卖在这里"，而投资和资本应该植根于社区，多次循环，并能被当地控制。

我们想澄清的是，自力更生并不是自给自足。事实上，有令人信服的证据表明，很多健康的社区继续有进口和出口，只是进出口的几百种商品项目无一对社区的生存构成威胁。北达科他州的电力部门就是一个很好的例子。有些人现在强调，如果北达科他州想要在能源上自给自足，就必须建立大规模的风力电站。接着，如果他们发现他们还得依赖进口风力发电机械，他们就得发展本地的风力发电机械工业。如果他们这样做，他们很可能依赖进口钢铁和零配件。这样这个过程永远不能完结，但是一种进口替代过程确实能稳步地带来一个更多样化的、健康的和自力更生的经济。

在公共资源如水、土地、生物多样性、本土性知识存在的地方，这些资源应该作为整个社区的财产。无论哪里，只要有原生性活动或有效的非货币化活动继续存在，这些都应该作为合法的经济形式得到尊重和鼓励，它们给人民和社区而不是全球公司和市场提供了真正的服务。目的不再是个人或公司的财富，而是社区的自力更生、公共健康、平等、责任感和民主。（关于这一论题要了解更多可阅读第四章。）

很明显，这种倒转即有意识地选择本土的而不是全球的将和世界上那些最大的和最有力量的公司冲突，所有这些公司都依赖巨大的全球体系、漫长的供给线、膨胀的贸易和不在场的集中化控制。像过去一样，这些形式都是根据它们的形象打造的，能给它们带来利润机会最大化。但是世界上的公民群体和一般人正在清晰地表达出他们的选择，就是沿着重建社区的方向前进。农民、工人、工会、小商业、消费团体、农民组织、环保主义者、人权拥护者和所有追求实质民主的团体已经都在扭转方向。他们将不会被拒绝，但是要做得更快的话，他们需要帮助。

这些人不会被拒绝的一个重要原因和本土的小规模的替代经济有关。像我们所指出的，小规模的替代性公司以节约成本的方式已经正在生产大多数的商品和服务，而且很多趋势预示，它们的作用将加大。在众多的趋势中，最明显者如下：

- 分销开支相对于生产开支成比例地加大，这意味着通过直销提供更廉价商品的做法现在有了机会。
- 由于油价上涨，油价开始反映实际成本（直到现在运输的实际成本一直被外部化了，参见第七章），以及绿色税开始实施，全球运输成本升高。
- 定向销售（niche marketing）越来越选择那些知道当地消费者的当地生产商。
- 从商品向服务的转换内在地有利于本土商业。
- 计算机互联网的成长使从任何地方包括在家运行复杂的商业很容易。
- 大公司比小公司一般说来更不适于工作。
- 恐怖袭击使与公司全球化的神秘巨物脱钩回归自力更生愈显重要。

在本书的其他章节，我们描述了与我们这里说到的变化相应的关键全球机构和制度的变化。例如，我们描述了在支配性的布雷顿森林体制、公司结构和社会的重要运行体制如能源、交通和农业中发生的可喜的变化。这里我们开始认真考察能重振社区和国家权力的治理规模和治理程序问题，这些权力现在被从社区和国家夺走了。

通往本土之路

本土化努力通过明显而积极地实施有利于本土化的各种政策来扭转全球化趋势。根据背景的不同，本土可能被界定为民族国家中的次一级；它也可能是民族国家本身，或者有时是地区性的民族国家集团。

带来本土化的政策能提高社区或民族国家对经济的控制，将这种被剥夺的控制权从全球机制中夺回来。这些政策将使民族国家、地方政府和社区收回并重振经济，使经济尽可能多样化，并将稳定性重新植入社区生活，以确保更多的可持续发展形式的方式，实现国家和地区的最大程度的自力更生。（一个否认：我们知道本土化不是万应灵丹。本土化并不能保证民主或平等或人权，它只是使它们有更大的可能性。更小的社区给人民提供了更多的接触权力资源的机会和产生积极后果的机会。然而，甚至在本土层次，历史也提供了无数的残忍的机会主义的例子。像法国的国民阵线［National Front］和奥地利的海德尔［Joerg Haider］的拥护者就提供了一个当前让人警觉的例子。不过，可以肯定的是，全球化为振兴民主没有提供任何机会。小规模的体系能给我们带来更多的机会。我们后面将再回到这个问题上来。）

沿着本土化的方向前进将需要在社会假定上实行完全的改变，也需要很长的时间和很多步骤。但是为了使我们的思考开始，这里我将提示科林·海尼斯（Colin Hines）在《本土化：一个全球宣言》、迈克尔·舒曼（Michael Shuman）在《走向本土化》、海林娜·洛柏格-霍基（Helena Norberg-Hodge）在关于全球化的章节、杰里·曼德尔（Jerry Mander）和爱德华·葛德史密斯（Edward Goldsmith）在《反全球化经济状况》中认真提出的一些要点。

重新引入传统上用来保护国内或本土经济的保护措施。传统的保护措施包括关税、进口配额、投资限制和规则，以及涉及健康、劳工、环境和投资标准的非关税壁垒。这些由民族国家政府设置的保护是世贸组织和其他官僚机构建立的全球贸易规则的直接攻击目标，它们力图瓦解本土权威机构和这些机构保持自力更生的能力。

改变补贴政策

当前，国家除了补贴制造污染的活动的外部化成本外，还为基础设施建设特别是大规模的能源、运输和通讯以及其他的大型发展项目提供巨大的补贴。这些政策应该完全颠倒过来，促进社区信贷、社区发展贷款和基金，以及促进重要的本土企业，例如小规模的面向当地市场的有机农业，小规模的能源和交通基础设施（太阳能、风能和小水电等，专用公共汽车道和方便步行、自行车的设施）。市政府应该甄别地方补贴，促进本土所有和当地进口替代。这些补贴包括贷款、贷款担保、债券和资产提升（capital improvement）等等。这种性质的补贴项目可以从两项更进一步的要求中获得改善：这些项目要提前公示并公开招标（以阻止幕后交易并鼓励透明性）；它们必须以绩效为根据（在你创造了你所许诺的工作岗位后，你才能得到税收的减免）。

对公司活动施加新的控制

这类控制包括对于无论国内的或地区的制造业、银行业和其他服务要求实行"位于这儿销售在这儿"的政策。当地应该有权要求下面的任一条件:改变公司的董事会构成,以包括劳工或环保代表或当地的持股者;限制公司购买别的商业特别是别的地方的商业;严格限制资本的流动;放弃公司法人法(personhood law),该法律给予公司普通公民权但是没有要求相应的责任;放弃有限责任的规则,这种规则保护公司股东不负犯罪的责任;要求公共事物的透明性;等等。(关于公司法人权和有限责任的法律请阅读第九章。)

使资本落地(ground capital)和投资于社区

当地赢得的利润基本上要保留在当地。外地来的直接投资只有在和当地的条件和要求符合的时候才容许并鼓励。加拿大的劳工投资基金(LSIFs)提供了一个很好的如何使资本落地的例子。该基金将养老基金只投资在那些对劳工和环境友善并被当地省份所有的工商业上。它成功的关键是,政府必须能够给那些将钱投入这些基金的人给予税收减免。有选择性地投资公共养老金和公共事物剩余税收基金还有非常大的潜在作用。新的为在社区使用设计的地方货币也是很令人满意的。在本章的后面部分,我们将回到资本和投资问题上来。

在税收政策上做出重大改变

引入污染税以及提高资源税对于控制对自然资本如森林、水和矿藏的提取和消耗是很必要的。这些将精确地反映公司发展活动的真实成本,并要求公司承担被公司外部化了的现在由政府补贴的成本。另外的税收包括引入对投机金融交易征收的"托宾税"。(它们现在没有被征税导致它们的数量和造成的危害在加大。）还有必要重估当前的对大公司比对小规模的本土公司有更多的税收减免的政策（包括对小公司不利而由大公司享有的废除投资税收信用和加速固定资产贬值政策）。在税收政策上的这些改变将为向本土化的转变提供资金。

提高政策决定中的公众直接参与度

参与度的提高有助于保证平等和观点的多样化。本土化的一个基本特征就是：它使更高水平的直接民主成为可能。

重新定向国际援助和贸易规则

那些影响这些改变的国内政策也应该被修订，以保证这些政策有助于重建一个本土化而非全球化的经济，特别是通过加强信息和技术的全球转换。自力更生的社区将被证明是传播那些帮助别国相应社区自力更生所必需的资本、技术、政策和经验的最好角色。这是和发展以及发展援助基本不同的范式。

设计新的不同的竞争模式

当前反映在世贸组织和其他官僚机构制定的规则中的全球竞争政策加强了全球大公司强制进入地方和国内领域的竞争机会。在本土化政策之下，持续存在的全球公司将不再有这样的进入机会，除非它们符合包括将资本留在当地的要求等所有的当地投资规则。然而，当地企业间的竞争将很受鼓励，以激励创新。地方政府应该有权鼓励（而非强迫）公民购买本地产品。政府选择性采购本地产品和服务外，应该允许贴本地标签。

第六章　辅从性：从全球化那里召回权力

鼓励社会凝聚和本土经济更新

向全球化的推进使大多数社区失去了鼓励地方环境和社会价值的可行政策工具。对本土文化的质量和重要性以及社区在住房、生计、可持续的生活方式和一个安全而健康的环境上的项目给予关注，是至关重要的。必须集中关注所有这些：从土地使用、区划考虑到小额信贷、发展信托、信贷联盟、社区交通活动、社区循环、社区自建计划和无数的保存活动，这些都是实现完全转变所需要的在方式上的改变。同样重要的是，改革教育系统，以抓住和传递替代体系的价值观。

投资和金融议题

在使本土经济体系可行的一个同样重要的议题是，如何以及能否找到足够的资金以使这些体系能运行下去并充满创造性。很清楚，在本土经济中，运行成本完全不同于在全球化经济中的相应成本。对经济成就的衡量不是基于传统的像 GDP 或 GNP 这样的资料，而是更主体性的社会和环境特征，这包括将不砍伐森林和不把大量的美元投入安全和军事开支（传统上这被看成创造了 GDP）也看成是有价值的。相反，他们认为本土经济的不要购买的非货币化方面也具有正价值，这些方面反映在个人照料、家务劳动、自力更生的生计活动（有时基于易货交易），看重社区自力更生的一般目标而非个人或公司的财富。

然而，至少在很长时间内，资本和投资因素将发挥重要作用，因此有必要论述它们。这里提出的是现在正在研究的能够帮助该体系有效运行的一些想法。

资　本

我们在前面的部分提到，本土化的拥护者力求将资本留在当地。资本外逃意味着任何可行的社区的死亡，因此必须被阻止。可供考虑的方法有这些：重新引入货币兑换控制，重新规制银行和金融机构和制度，以保证通过本土投资而非资本外逃取得更大的好处；引入高速控制机制，处罚那些迅速进入或撤出投资机会的投资者，以组织他们将他们资金的相当大的比例出口；通过贷款政策要求那些寻求投机的银行保持100%的储备金（reserve requirements）；引入托宾税以抑制由频繁的资金流动导致的投机性投资和不稳定；对买卖债券征收更高边际税；限制金融衍生物的使用，要求银行有现金或流动性资产（liquid assets）储备来支持这些合同（contracts）。

政府也能够而且应该将储蓄投入到对社区友善的银行，以支持这些银行的发展。它们能够而且应该创造新的二级市场（secondary markets）以为新的本土经济提供融资。这是因为在大多数经济体中，很多储蓄都流入证券市场，而补贴等鼓励在当地投资的做法却极困难。迈克尔·舒曼（Michael Shuman）提示说，一些这种类型的最有意义的当地投资机会是通过持有类似想法的当地政府获得的。社区再投资就是一个很好的例子。一个100%的投资本土化的社区在投资上不能实现地理上的多样化，这将提高风险程度。解决办法之一就是，几个社区90%资本再投资于当地，但是剩下的10%的资本投资于别的基金。所有的基金将都支持当地的工商业。同样的情况也适用于城际之间为了提升公平贸易而进行的合作，作为当地货币兑换的交易所，以及将有弹性的制造网络集中起来，生产那些生产或销售时要求更大经济规模的商品。

征　税

我们已经讨论过，为了减少资本外逃和投机，以及为了收回以前被外部化而由公共部门支付的成本而采取的几种税收政策改变。我们也提到取消对大企业的税收减免和有必要提高对能源使用和资源开发资本的征税力度。

其他的重要改变包括，减少对劳动的课税，这导致不令人满意的后果：鼓励公司将裁员作为减少纳税的方法。当前这样的税收政策包括职工工资表（payroll）或收入税，社会福利税和增值税（value-added），等等。

资本收益（capital gains）税应该提高，特别是对短期持有的资本。对那些基于生产性工作而得到的收入的课税应该比对那些通过将钱在不同的投资之间转移而获得的收入课税应该优惠一些。

政府能够严厉地限制避税：强制公司公开披露公司财务，特别是在全球的税收交纳和减免情况；堵塞国家和国际的税收漏洞；处罚并最终消灭免税区（tax havens）；监督和终止公司内通常用以避免缴纳国家税的致报税种特别是低报税额；对于低报税额或改报税种应该实行税收罪。

新的投资规则

现今的全球资本和投资规则鼓励消除社区本来需要的对资本的控制。资本已经被打造成几乎可以完全自由地流动，这样哪里利润最高，资本总是能够流向那里。就像在本书第二章中我们所提到的，甚至自由贸易最早的主要主张者大卫·李嘉图和亚当·斯密都反对资本自由流动。资本自由流动将要求社区改变其经济和优先项，以投合外资投资的需要，然后遵从它们的否定性的束缚——从结构调整计划到严苛的贷款条件等等。

辅从性和本土化要求颠倒这个公式，以强调和选择本土直接投资，而非外来投资。在继续寻求外来投资的地方，当地社区应该控制投资条件。目标是利益当地社区，这些包括工作、当地生计、服务、当地城市社区发展、小规模的能源、为国内和当地市场而非出口生产等等。例如，政府可以对搬离社区的企业予以罚款，而不是像现在很多城市的政策：企业将搬迁带给社区的损失一笔勾销。

优先选择本土直接投资

科林·海尼斯（Colin Hines）代替外来投资者的的替代投资规则，它有如下新的方针。优惠措施总是应该给予那些来自本土的直接投资；这颠倒了世贸组织的最惠国条款，它规定：对本土企业的优惠是不允许的，从而为严重依赖外来投资商扫平了道路。投资可能继续得到鼓励，但是条件必须是，这些投资能够带来有体面工资的工作岗位，或者提高当地社区的生活质量。所有的投资商都必须将尊重当地的基本人权和保护环境作为最优先的考虑。

现今法律给予社区企业的外来所有者优惠措施，在几年的时间跨度内，这必须颠倒过来。

在替代性的投资规则规定下，国家和社区将公开允许实行如下关于行为的要求（又和世贸组织的规则针锋相对）：在所有的制成品中要求一定比例的国内内容或本土内容；要求一定比例的当地人员参与企业并尊重劳动和环境标准；保护那些满足社区需要的企业免遭外国不公平竞争的损害；优先购买当地产品。扭转现在由贸易协议和布雷顿森林体制强加的政策还包括如下内容：

- 社区对投资商必须有制定某些规则的余地：如果投资商不守诺言，就可以没收财产。为了阻止滥用这种规则，社区只有在投资实施之前，才有权力制定很大范围的没收规则；现存的企业可以有几年的预备期。
- 政府必须能够对外来投资商将带到其母国的资本和利润数量设置限制。公民团体和社区机构必须有权利起诉那些违反这种投资法的企业。所有关于这些事物的审判程序应该公开和透明。

鼓励长期本土投资

由于新的条件使资本流动变得很困难，而且新的一系列规定要求企业对自己的行为负责，外来直接投资商以前享有的机会和好处减少了，这样机会的钟摆就摆向有利于本土直接投资，和使资金在社区内生产性地循环。

要鼓励投资向长期化和本土化转变，如下措施将是有帮助的：

- 给长期本土投资提供更高的税收减免，并对快速的资本流动增加严厉的税收处罚，特别是对外来的投资商。
- 在地方一级也包括国家一级，给予中央银行直接影响地方银行的结构和利润率的权力，优先支持那些为本土发展提供本土投资的地方银行。国家政策应该鼓励提高对市场的调节，建立提供小额信贷的小银行，提高对信贷联合（credit unions）和本土兑换贸易体系（Local Exchange Trading Systems）的重视，为将大型企业分解为小的非集中化的当地所有的运作单元提供税收减免。中央银行也可以为对社区友好的银行设置较低的贴现率。
- 关闭所有离岸中心，它们逃避银行和证券法律，也逃避国家收入税。国家银行系统将不得兑现离岸资本的转换（honoring the transfers）。

通过提供较高的利率鼓励在当地银行长期储蓄，从而为当地银行为当地发展计划提供进一步的发展基金。

回应对辅从性的批评

面对全球化这一主宰者和它被广为宣传的乌托邦景象，拥护更不集中化、更本土化的替代道路的人往往遭遇诸如这些解决方案不可行一类的激烈批评和怀疑。

我们已经提到，全球化的拥护者认定本土化的体系比推进全球政治建构更不利于民主。我们已经同意本土治理并不保证民主、人权平等或善治。我们和有些人一样引证了这样一些例子：有些本土治理是极权的、压迫性的，甚至是残忍的。然而，将治理和经济减小为小规模的体系——这样人民就可以离权力源近一些——比现在的模式为民主参与提供更大的机会和承诺。在全世界存在大量的这样的例子，有些在土著居民中，有些在小的社区中，有些在大城市中，比如巴西的阿雷格雷港和库里提巴（Curitiba）（关于这一主题的更多论述，见第七章）。相反，全球化没有提供任何民主承诺。实际上，全球化保证了巨型公司只是根据它们自己的经济利益实行不在场的统治，而对于大多数人在日常生活中面对的处境根本没有真正考虑。因此，真实的选择是，要么允许公司主导的体系从遥远的城市控制社区，要么努力加强那些将重振本土权力的形式，在本土社区，民主、平等和对当地社会和环境条件的关注仍然存在。对于这个报告的作者来说，更好的选择是什么是很明显的，尽管警惕是必需的。

至于界定和支持人权，就要在国家之间维持合适的国际协议，这些协议有足够的权力实施像几十年前拖垮南非白人种族主义政权一类的制裁。记住辅从性也预想到更高秩序无论是国家或全球秩序的规则的作用。它只是坚持这些规则要尽量少而且是真正达成了共识，特别是当这些规则将限制本土行动的时候。值得提到的是，用于南非那样的制裁措施现在可能非常难以采用，因为根据世界贸易组织它们基本是不合法的。事实上，这样的制裁措施将被新的美洲自由贸易协议（FTAA）或曾被提议的多边投资协议（MAI）的再现所公开禁止，后者几年前被活动分子所击退。多边投资协议的很多内容在别的协议包括世贸组织提议的新的投资协议中重新出现。（如果这些规则在 20 年前已经建立，内尔森·曼德拉将很可能还在狱中。同样的遭遇也会发生在人权的保护者和全球化者身上。）

对本土化的其他批评实质上是在重复申明全球自由贸易在理论上的诸多好处：财富将"滴流"到穷人那里，价格将更低，市场上的产品将更多样化。第一，所谓全球化使人们摆脱贫困，这是非常明显而悲惨性的错误。就像本书第二章所解释的，全球化的好处实际上恰好上流到富人那里了。它加剧了国家内部和国家之间贫富差距。（IFG 提出的特别报道《全球化帮助穷人吗？》关于这一现象提供了更多的资料。）关于全球化将使产品更多样化，这只是对于某些产品类型和社会上的某些部分的人是真实的，这些人可以利用全球化带来的扩大的机会，例如外国汽车、时装和外国的奶酪和肉。但是在很多情形下，本土化提高了产品的多样化：我们认为，有一千个小啤酒厂比只有一个国际大公司要好，很多种类的土豆和西红柿比单一的工业化的农作物要好。对于那些每天只是努力地养活家庭的人来说，无论如何产品的多样化只是一个抽象。同时，影响每一个人的文化多样性和生物多样性被全球化模式严重地压制了。

在竞争仍然存在的部门，全球市场有时确实带来更廉价的产品，这是真实的。这是因为自由贸易规则鼓励外国农业和制造业商品有时以更低的价格自由进入。然而，这些更低的价格并不表明全球化带来了新的效率。它倒是常常意味着出口倾销（当国内的生产过剩威胁国内的高价格和高利润时）。低价格也是源自很高的直接补贴，以及将工业化的单作物种植的环境或社会成本外部化而造成的外地补贴。如果这些被补贴的成本——它们最终被纳税人和普通人支付——真正地被包括进进口商品的价格之中，它们将不会那么便宜。然而，即使它们便宜，一个国家或社区为了消费者在超市能节约几个硬币，而牺牲它的经济体系的活力和结合力——特别是对于环境和文化能带来利益的食物货品的生产，这样做是更好的社会政策吗？我们不这样想。今天，本土公司可以提供更低的价格，本土银行可以提供更低的利率，然而，这些事项进行得不顺，这是因为巨型公司和银行有更优越的营销势力。

所有这些都建立在浅薄的比较优势理论之上。根据比较优势理论，经济体系的可行性完全依赖于进口社区出口所谓的有比较优势的产品挣得的钱能否支付它的进口。在实践中，这个简单的公式基本不灵。出口市场是易变的，极度波动并不可靠。很多国家现在面临着由于比较优势理论失灵导致的饥荒，——出口价格崩溃了。

另外一些人通过提出小的工商业机构经常提供更低的工资和更少的福利，以及更少组织工会，来反对本土化。事实上，这常常是不真实的。很长时间以来，当小公司成长时，早期雇员常常获得很大的工资鼓励和很高的福利。另外一个论证是，规制100个小厂比规制一个大厂要困难。也许这是真实的，但是巨型公司的政治势力往往使之不受监管，这就抵消了它的好处。而且，当地居民往往是当地小厂子的最好裁判。最后，有论证认为，一些社区比别的社区禀赋的条件要好。这当然是真实的。正因此，需要再分配机制。

162　很明显，如果任何国家或社区，在进入全球市场之前，能种植自己的食物——因为这至少能确保他们的生存不受市场波动和危机趋势的摆布——并能制造尽可能多的他们需要的产品，那么它们的安全将能更好地得到保障。社会的目标不应该是寻找更廉价的产品，而是找到方式达到如下目标：所有人的需要都得到满足；在一个不因为是瞬息万变的全球市场的一部分而崩溃的体系中，令人满意的安定的生活能够保持下去。如果人们能够种植自己的食物，生产自己的必需品，并能控制他们的生

163　活条件，价格问题就变得无关紧要了。

第七章　替代性的运作体系（1）

　　第四章中列举了应成为所有经济活动标准的十项原则：新民主、辅从性、生态的可持续性、共同的遗产、多样化、人权、可持续的谋生和就业、食品保障和安全、平等以及预警原则。这些原则将指导我们所提议的、对构成全球经济基本架构的机构的变革。官僚机构和全球公司不应再继续按它们的那套价值观来运作：将经济增长和公司利润置于对关键性社会和生态规范不予考虑的层级结构的最上方。

　　但是，问题不仅在于那些目前剥夺了公民和民族国家按照其利益行事的能力的官僚机构和公司，如果我们对此没有认识的话，我们的讨论将是不完整的。这些官僚机构和公司是实际社会运作体系的一部分，特别是在其最为重要的经济体系，如能源、农业和食品、交通运输和制造业体系的一部分。

　　应该不觉得奇怪的是，每个这样的部门所采用的标准，或生产和分配形式，都与我们所建议的应统御社会的核心价值观背道而驰。实际上，它们与更广泛的全球化力量完全吻合——事实上两者之间体现了相同的基本价值观。它们都是单一的一体化的超级结构的组成部分，这个超级结构就是全球经济，它延伸到我们的国家和社区之内。如果不重新设计世界上的许多关键性运作体系的话，就不可能建设更为可持续发展的国际结构。

　　本报告的目的不在于对我们社会中的每一个经济运作体系进行充分的分析；我们暂时不这样做。但在本章和下一章中，我们将考察六个关键的因素：我们已经提及的四个体系，即能源、农业、运输业和制造业，它们是现代社会中日常经济生活的基本结构；社会现在用来评价其总体表现的衡量标准和指针；以及最后一个因素——媒体。所有这些体系，就像整个的全球官僚体系架构一样，必须进行改变，以反映新的价值观层级结构，而我们希望后者将最终支配所有的经济活动。

在这一探索过程的随后几年里，我们将通过一个时间跨度为几年的项目，直接参与到全世界的草根组织的活动中去，以强化并帮助"落实"这项工作。（在第七章的末尾，我们将提供两个草根倡议的例子，它们已经取得了实现变革的控制权。）

能源体系

较诸今天占统治地位的能源体系，从原料的来源到产生的废弃物，全球经济活动中没有任何其他一个领域对社会、环境和政治产生的危害更大。但颇具讽刺意味的是，也没有任何一个领域更容易实现令人满意的、短期的转变，和更明显地存在着卓越的替代性选择的了。

今天，在世界上的绝大部分地方，特别是在西方工业化国家中，新的能源生产是建立在化石燃料的基础上的：石油、煤炭和天然气，它们在某些地方由大规模的水电和核能所补充，生产在全球范围内高度集中。以石油为例，若干个巨型石油公司和石油生产国中的少量全球能源性生产卡特尔控制了大部分的世界供应和定价。

掌管全球贸易和金融的官僚机构一向制订的规则和政策，对化石燃料的生产比对所有其他的选择都要有利得多，这损害了许多可行的替代性体系，而这些体系要更为合适而有效得多，对环境、社会和政治的危害也小得多。

关于替代化石燃料的生产，布雷顿森林体系所建立的机构现在认为可以接受的唯一选择，不是大型的水电站就是核能源。同化石燃料体系一样，这两者都具有大规模和集权这样的内在属性，这使得它们适宜于由全球企业独自进行控制。这两者还同化石燃料体系一样存在着酿成环境和社会大灾难的潜在可能。所以，它们提供了甚少的替代可能性。

上面提及的每种能源体系都存在着环境方面的问题，这些问题是如此耳熟能详，没有必要在这里重复它们了，只需要指出的是其中专门作为我们时代的主要危机而隐现的且是化石燃料生产的直接结果的问题，即快速而毁灭性的气候变化。没有一个世界性的问题比它更需要我们马上予以关注了，因为否则它就会彻底颠覆我们为实现可持续发展的未来社会所进行的任何努力，并且它威胁到人类和其他物种的生存。但尽管如此，民族国家仍以令人吃惊的速度继续补贴着化石燃料的生产，每年在全球范围内达到了3000亿美元。仅美国对这些能源体系的直接补贴就达到了每年200亿美元。但即使是这个数目也还没有包括化石燃料体系的全部成本，这包括让人咋舌的环境危害，以保护易受攻击的供应线以及通常是腐败的石油生产国而实行的军事项目中的巨大的投资，更不用提实际的战争如在伊拉克进行的战争的成本了。

尽管化石燃料体系存在着大量的环境、社会和政治危险，但主要的国际金融机构对热衷于化石燃料和其他大规模能源体系的投资人和倡导者一向予以奖励，特别是在发展中世界里。

根据政策研究所（Institute for Policy Studies，IPS）发表的作者为吉姆·怀勒特（Jim Vallette）和达美尼·怀斯汉姆（Daphne Wysham）的一份报告，自1992年的里约热内卢地球峰会以来，世界银行为价值136亿美元的能源产品提供了融资，这包括51个煤炭、石油和天然气发电站和26个煤矿。这些项目在其使用期中将排出380亿吨的二氧化碳，这几乎是1996年所有国家排放量合计的两倍。与此同时，世界银行能源预算中的不足3%用于了替代性的、可再生的能源体系。在1992年和1998年之间，这个组织在化石燃料项目上的开支是在可再生能源上开支的25倍多。至于保护项目，尽管许多是简便易行的（如将一国使用的电灯泡从白炽灯泡转为荧光灯泡），并能取消很大比例的大规模的化石燃料开发，而且会更为快速而便宜，但该银行对此根本就没有安排任何的开支。不过，世界银行项目的直接受益人是全球公司，它们拿到了95%的合同；而转换项目将使它们一无所获。

海外私人投资公司（Overseas Private Investment Corporation，OPIC）和进出口银行（Export‐Import Bank，Ex‐Im）——使用纳税人的钱为美国在发展中国家的商业利益提供补贴的美国出口信贷机构（ECAs）——也向基于化石燃料的能源项目投入了几十亿的美元。根据IPS的研究，1992年至1998年间，Ex‐Im和OPIC累计对煤炭、石油和天然气项目的支持，总额达到了232亿美元。这些项目终其一生将最终排放293亿吨的二氧化碳。类似的，英国出口信贷担保部门（British Export Credit Guarantee Department）对中国的煤炭发电站和印度、印尼及其他国家的大量煤炭发电站提供了支持，故而实际上补贴了如壳牌、阿莫科、三菱、安然和德士古这样的石油公司。

在大部分情况下，多边开发银行忽视了可再生能源项目，并且破坏了可以降低整体能源消耗的当地生产和消费体系。所以，因为强调发展化石燃料以满足全球化的需要，世界银行和其他开发机构在加速气候变化中发挥了带头作用。

除了这些全球开发和借款机构以及石油生产联盟和石油公司自己之外，这一危机中最重要的参与者是大部分的发达国家。美国是化石燃料的最主要的消费者，是化石燃料使用最主要的鼓吹者，也是有意义的改革的最主要的反对者。它甚至拒绝签署仅只提出非常适度改革的关于全球变暖的京都议定书（Kyoto Protocol on Global Warming），而后者得到了大部分其他国家的支持。

尽管美国的人口仅占全球总量的约4%，但美国现在使用的石油占世界石油产量的25%左右。它所使用的石油主要为美国的汽车和其他燃料密集的运输系统提供动力。这个国家已经变得如此依赖于从遥远的地方——主要是沙特阿拉伯，它占世界已知石油储备的25%——运来的石油，以至据估计它每年花费250亿到350亿美元，以在军事上保护腐败的沙乌比阿拉伯政权和其他的中东地区石油来源。与此同时，美国国内通过转向替代性的可再生能源形式而减少对外国石油的依赖的机会为政府所抵制，特别是被对石油友好的乔治·W. 布什政府视为太过不切实际或者太过昂贵（似乎战争并不如此）。

有些学者和评论人士——特别是总部位于伦敦的新经济学基金会（New Economics Foundation，NEF）在其由安德鲁·西门子（Andrew Simms）所编写的报告《环境战争经济》中指出：西方工业化国家已经远远用完了它们在全球化石燃料供应中的比例份额，而且已经在"全球大气共同体"中产生了远远超过它们所占的比例份额的污染，以致它们欠世界上的欠发达国家一份主要的"生态债务"（以及一份财务方面的债务）。许多南半球国家同意甚至于认为：像京都议定书这样的协议必须急剧减少北半球国家的能源使用，而且应给予欠发达的南半球国家更多时间，以弥补阻碍了其发展的此前对它们的剥削。（南半球国家还提出：除了基于石油的生态债务之外，北半球国家还欠它们一项主要的债务，这项债务是基于这些北半球国家在长达500年左右的时间里对南半球生物多样性的践踏。参见第五章中专栏框N内对此更详细的介绍。）

"运营资产"（Working Assets）的创始人彼得·巴尼斯（Peter Barnes）对全球大气共同体这一概念进行了发挥。在他的书《谁拥有天空?》中，巴尼斯提议建立一项制度，通过这项制度世界上的所有公民都被给予对大气的公认的"财产权"。他们有权决定任何商业性角色是否可以"使用"大气，以及替代性能源形式是否是一个更好的选择。如果对某种程度的大气污染——按今天的标准应该是很小的——给予了许可，商业实体应为此项权利支付高额的费用，而且这些费用应最终在平等的基础上根据每个国家的人数交还给每个公民。巴尼斯认为这样做可以逆转当前能源开发中的补贴和不负责任，并形成对这种能源形式的逆向激励。

全球以石油为基础的经济中最大的体系性问题方面，可能是生产者和消费者之间固有的长距离且高度脆弱的供应线。

石油必须以跨越海洋的巨型油轮和在公共高速路上跨越各个国家的卡车的某种组合进行运输，或者是通过易受攻击的输油管道运输，这些管道穿过几千英里的土地，通常是在脆弱的荒野地区和土著地带。这些输油管道还横跨若干个民族国家，而它们的政治和军事气候以及保护的程度各不相同。

每种这样的运输方式都可以（而且已经）带来了巨大的地缘政治和生态环境问题，这包括最近的石油战争。最为糟糕的是，这些供应线的长度本身，再加上石油的极度挥发性，使得它们特别容易遭受到故意的破坏。例如，横穿哥伦比亚丛林的一条输油管道，就遭到当地正在进行的一场由三方参加的战争中各方超过 400 次的轰炸，从而导致了生态环境上的灾难。在阿拉斯加，有一个枪手孤身一人在几年前将来福枪子弹射入阿拉斯加输油管道中，使得 3500 桶石油溢满了在生态上脆弱的冻土地带。至于其他的运输方式，读者们已经了解了许多事例，其中油轮中的石油泄漏到海洋里和海滩上，杀害了野生生物并破坏了脆弱的海洋生态系统。这些供应线的长度本身，使得有必要花费大量资金试图从军事上来保护它们以及为清理成本提供补贴。这些得到补贴的成本并没有在加油站里的汽油价格中体现出来。

最后，当然，有谁可能会忘记它的挥发性使得飞机燃油成为恐怖分子的最佳选择，并在 2001 年 9 月 11 日通过被劫持的飞机将它扔了下来，从而导致了令人震惊的结果？这些对纽约和华盛顿特区的攻击反过来又导致了在阿富汗进行的花费几百亿美元的战争。还有几百亿美元正用于重建阿富汗并支付防卫美国国土的年度成本。而且当然，"9·11"被用做美国进攻伊拉克的理由，其最终的成本很可能达到几千亿美元。在考量对石油的依赖中所涉及到的全部成本时，把这些开支中的一部分包括进来显然是公平的。

替代性能源体系带来的希望

不再有任何理由让这种不可持续的情况继续下去——也就是说，除了石油公司所施加的巨大压力之外，它们寻求让国家和全球性机构继续有利于石油公司的进行干预。考虑到以化石燃料为基础的经济中内在的社会、环境和安全问题，这种形式的能源生产能够存活到现在，这本身就令人吃惊不已。

若干国家已经显示，消除对核电站所产生的电力的依赖是有可能的，

第七章 替代性的运作体系（1）

而核电站对全世界成百上千万人的健康和安全也构成了不必要的威胁。

- 在切尔诺贝利核事故和意大利人民在全民公决中投票反对核电站后，意大利在 1987 年至 1990 年间关闭了它所有的 5 座核反应堆。
- 在 1980 年的一次全面公决后，瑞典宣布它将逐步关闭它的 12 座核反应堆，而这些核反应堆产出了该国一半的电力。本书付印之时，第一座核反应堆已经被关闭。第二座将于 2003 年关闭。新的产能将主要来源于能源的节约和风能。
- 比利时 1999 年宣布它将在 2015 年到 2025 年之间逐步关闭它的 7 座核反应堆，这些核反应堆产出了该国电力的近 60%。
- 荷兰到 2003 年要关闭它的 2 座核反应堆。
- 德国 2000 年承诺到 2021 年之前关闭它所有的 19 座核反应堆，而这些核反应堆产出了其电力的 30%。风能将替代它们。

就在现在，我们的能源基础设施实现完全转变所需的大部分技术已经成形。通过使用各种可再生的资源，如太阳能、地热、微功耗涡轮，以及最为突出而且重要的风能和氢燃料体系，我们可以成倍地提高能源效率并满足我们仍存在的所有需要；氢燃料可直接应用于汽车、卡车、飞机、轮船，以及所有其他的运输方式。

这些替代性技术中没有一项是难于开发的或深奥的；实际上，在许多地方所有这些技术都已经在使用了。例如，丹麦已经通过风力涡轮机获得其全部电力中的 15%。氢燃料和太阳能体系已经为美国的空间项目和大量其他的军事项目提供动力。在德国，宝马汽车公司已经启用并销售使用常规引擎的氢动力汽车，它们比由汽油提供动力的汽车要有效率得多。在日本，马自达汽车公司正在将其转子引擎转变成氢动力的，这将在 2004 年完成。戴姆勒克莱斯勒、福特、本田、丰田和通用等汽车公司也在开发氢燃料电池汽车。洛基山研究所（Rocky Mountain Institute）——由阿莫瑞·洛芬斯（Amory Lovins）任主任的一家重要的技术思想库和研究机构——已经完成了使用原型氢燃料电池的"超级汽车"（hypercar）的设计和制作，这种汽车将不会很贵，它拥有标准汽车的大部分安全和性能方面的功能，而且据称可以使用氢燃料达到相当于每加仑汽油跑 99 英里的单位里程数。（参见洛芬斯所著《超级汽车：材料、制造及政策含意》）

氢燃料没有任何石油所有的地缘政治问题，而且它不稀缺。实际上，它是宇宙中最为丰富的元素，而且它可以从水中直接进行转化。它可以使用由风力涡轮机产生的电能通过电解作用而从水中释放出来，也可以从天然气中进行重组而获得。其过程相对简单；它不会产生污染——它唯一的排气管释放物是水，而且没有任何全球性企业联盟可以控制它。

为加速向氢燃料电池的转变，美国风能公司（U. S. Windpower Corporation）的创始人和前任首席执行官阿尔文·达斯金（Alvin Duskin），现在领导着总部位于旧金山的基于石油的经济转变委员会（Committee for Conversion of the Oil – Based Economy），他提出了一项大胆却是可行的建议：利用美国上部的平原州蒙大拿、北达科他和明尼苏达形成一个"风能的沙特阿拉伯"。达斯金说这些州中有足够的风稳定地吹过，可以"在 20 年的时间里将整个的美国运输部门从使用石油转变为使用氢燃料电池"。要达到这一目的只需相对较少的政府支持，这"与美国现在为保护石油供应而在战争和安全的花费相比微不足道"。

可以想见的，布什政府另有打算。在 2003 年，这位总统一方面对向氢燃料电池长期转变的想法予以口头承诺，另一方面却宣布他计划强调转变要通过对天然气和石油供货商的巨额补贴来实现。其净收益，至少对大气层来说，将为零，但是对于他在石油行业中的同事而言，这将是他们最大的一笔横财之一。这对军事承包商来说也大有神益，因为他们要很忙活上一阵子，帮着增强美国的战争努力以保护石油供应。

不过，其他国家对新观点的态度非常地认真，而且在某些领域取得的进展令人印象深刻，这特别是在欧洲和加拿大。

欧洲的例子

在大气领域，英国政府采取了明显不同于美国的政策，它宣布将利用各种方式，包括对企业的重大激励措施和施加压力，到 2050 年将总体的二氧化碳排放量减少至少60%。同时，托尼·布莱尔首相与瑞典首相约兰·佩尔松一起建议整个欧盟采纳同样的60%目标。欧盟的政策制订者已经启动了一项雄心勃勃的立法议程，在整个欧洲范围内引入排放量交易，以及通过改善设备标准、需求方管理、生物燃料和氟化气体，来实现其他方面的排放量减少，而这对所有的欧盟国家都将是强制性的。

在2003年发表的一份《以身作则：减少温室气体排放的成功战略》报告中，洛克菲勒兄弟基金会（纽约）的迈克尔·诺斯诺普（Michael Northrop）提供了另外一份欧洲国家以及其他国家目前正在进行单方面努力的长长的清单。例如，德国的排放量已经比1990年的水平减少了19%，而德国的官员现在预计到2020年会减少40%。德国还正在迅速地开发可再生动力，最近通过采用新的风力涡轮机而增加了约120万千瓦。此外，德国政府正在为小型企业和家庭户提供低成本的贷款和其他的激励措施，用于能源设备的改进翻新、提高效率、产出可再生能源；德国政府还提供了创新性融资安排，它相信这样做会产生使德国经济更强大更有竞争力的额外好处。

诺斯诺普的报告还显示瑞典承诺到2050年将温室气体排放量减少50%。法国的目标是到2050年减少75%，而丹麦保证到2010年减少21%。丹麦还计划在北海和巴尔干地区建立一系列新的大规模离岸风力农场，到2030年它们将产出该国动力的一半。冰岛已着手让本国到2030年成为世界上首个使用氢燃料电池技术从而替代其当前使用的全部化石燃料的国家。而荷兰也正在制订详细的50年规划，以实现温室气体排放量与上面类似的减少。

加拿大和澳大利亚的例子

与此同时，在大西洋另一边的加拿大，世界观察研究所（Worldwatch Institute）的创始人勒斯特·布朗（Lester Brown）报告说，大卫·五十铃基金会（David Suzuki Foundation）（温哥华）和气候行动网络（Climate Action Network）已经制订了出色的计划，该计划到2030年会将二氧化碳排放量减少50%。在加拿大人口最多的省份，安大略清洁空气联盟（Ontario Clean Air Alliance）发表了一项计划，到 2015 年关闭煤炭发电站。按布朗的说法，"这项计划得到了加拿大所有三个主要政党的支持"。

以加拿大的一个省份马尼托巴为例，迈克尔·诺斯诺普说这个省将减少温室气体排放作为"全面经济发展计划的核心"。马尼托巴省采取了一系列措施来减少短期和长期内的排放，将煤炭从其能源组合中去除，增加对能源效率提供的资助，鼓励以乙醇代替汽油，开发风力和地热动力，引入低影响水电，并开始向着运输中的氢燃料电池转变。马尼托巴省还同安大略省和萨斯喀彻温省一起，对在加拿大发展一个全国性的清洁能源电网进行评估，这个电网可以通过长距离输送线在全国范围内配置风力和低影响水电。诺斯诺普写道："通过这样一些行动，马尼托巴省相信它可以创造出几千个新的工作岗位，而且仅在 12 年到 15 年的时间里成为一个零净排放量经济体。"

加拿大政府对这样的努力给予了坚决的支持。它最近发放了一笔价值 2.5 亿美元的补助，帮助各个城市为减少温室气体排放出谋划策。已经有约 103 个加拿大城市和乡村宣布了它们减少温室气体排放的决心，而多伦多成为世界上第一个承诺将排放量减少 1998 年水平以下 20% 的城市，这样可以因能源使用效率的提高而每年节省 2.7 亿美元。

澳大利亚也采取了类似的行动，在那里，175 个城市——它们拥有该国人口的三分之二——正在参与一项"城市保护气候"（Cities for Climate Protection）的项目。这些城市中有 42 座已经实施了当地的减少排放的计划；按诺斯诺普的说法："这是世界上步伐最快的一个团体。"

在 2002 年的一份进展报告中，澳大利亚列举了 780 项行动，这包括对设备的翻新改进，提高路灯的效率，提高车辆的效率，获取沼气以及绿色采购做法等等。同时，维多利亚省提出了 60 多项措施，预计到 2020 年会将排放量减少 7.5%。

这种联邦以下的行动现在看来正扩展到全世界。（我们会在本章的末尾介绍美国的类似活动。）

很明显，变化正在发生着。布朗说："电力和氢能源可以满足一个现代社会的所有能源需要。"而色斯·顿（Seth Dunn）——他也来自世界观察研究所——在他的文章《氢能源期货》中预言一个世纪内化石燃料将几乎全部转变为氢能源,尽管我们可以辩驳说,如果我们要拯救全球气候的话,我们行动的速度应该要比这快得多。加利福尼亚州负责能源事务的前州务卿泰·卡什曼(Ty Cashman)博士指出:"要终结导致气候无常的化石燃料时代,充实知情全球公众可能是所有所需的了。"而能源公司的前执行官阿尔文·达斯金说:"限制立即转变的唯一理由是这样一个假设,即氢比石油的生产成本更高,但这个假设要成立的话,你只有忽略掉保护石油供应国和发动战争而不断造成的军事成本,以及清理石油泄漏等等所造成的环境成本。如果你把这些成本拿到加油站那里,氢早就已经便宜得多了。在任何情况下,氢的单价在几年内就会比汽油要低,不管成本是如何计算的。"

在《能源创新:通往清洁环境的繁荣之路》这样一份全面的报告中,总部位于马萨诸塞州坎布里奇、由现在已经过世的诺贝尔奖获得者亨利·肯达尔(Henry Kendall)博士创建的关注的科学家联盟(Union of Concerned Scientists)(UCS),对实现从化石燃料到能源未来转变所需要的步骤进行了彻底的分析,而在这样的能源未来中,没有现有模型中固有的种种政治、经济、环境和社会危害。除了支持已经提到的大部分替代性体系之外,UCS还列举了在薄膜技术、先进气体涡轮机以及集成绿色建筑物设计等方面所取得的进展,这些进展会进一步减少对化石燃料或者是核能源的依赖。UCS还建议实行一套高度创新的新税收战略,在避免税收和费用在总体上有任何增加的同时,重新分配成本以刺激出更高的能源效率和更低的排放量。

其他流传甚广的税收方面的建议包括对化石燃料征收的所谓二氧化碳税和对所有国际金融交易征收的托宾(Tobin)税。后一种税可被指定直接用于转变化石燃料经济。应该记住的是,在30年前,生产税扣除对启动至关重要的向太阳能和风能的新转变中起了帮助作用。但是当石油价格暴跌而且罗纳德·里根执政之后,所有这一切都改变了。现在必须将它再次恢复过来。

以上所有的讨论,都暂时撇开了即使最小程度的直接能源节约对这一转变所能做出的巨大贡献。新经济学基金会的安德鲁·西门子指出:

在危机期间，许多国家在大规模节约能源方面取得了巨大的成功。例如，在二战期间，英国的化石燃料使用减少了80%，但它仍然发动了重要的军事行动。在美国的历史上，当节约能源成为国家的优先政策时——而不像现在，额外的消费是全国性的目标——它在这些场合也取得了类似的结果。在最近几年，像德国、日本和瑞典这样的国家大幅削减了它们的能源使用，但对生活方式并没有明显的损害。实际上，这样的变化有可能给在新近稳定下来并本土化的民主制度之中生活的人们带来远为和平而健康的生活。

如果我们现在就转变为能源新来源的组合来支持所有电力和运输，我们马上就会取得以下的积极结果：

- 温室气体排放量（全球变暖）将在20年时间里至少会减少30%，而且在随后还要减少很多。
- 对昂贵的、产生环境灾难的长距离石油运输的依赖会消除。
- 腐败、不民主的政府和庞大的行业联盟的权力会受到削弱。
- 引发全球经济危机的由石油价格和供给冲击而造成的薄弱环节会减少。
- 保护石油生产国以及将这些国家与它们的顾客连接起来的供应线所用的军事开支会减少。
- 在更为劳动密集的本土化的替代性能源产地，新工作岗位会创造出来。
- 导致空气和土壤污染以及酸雨的罪魁将被消灭。
- 对世界上土著居民——他们的土地通常由于其石油储藏而成为剥削和侵略的目标——的影响会降低。
- 因事故或恐怖袭击而形成的薄弱环节会减少。（大部分专家认为，以氢燃料为动力的飞机在撞击摩天大楼时根本就不会产生爆炸。）

我们在此处所列举的这些报告，仅仅是最近出版的报告和书籍中的20多篇，而这些报告和书籍都说明了为什么从石油燃料中转变出来是实际的、可行的而且是理想的。（要了解更多，可参看本卷结束处的资料来

第七章 替代性的运作体系（1）

源。）很明显，已经不再有任何的理由让我们继续受制于这样一种能源体系，作为这种能源体系固有内涵的一部分，它带来了如此严峻的环境、政治和军事方面的挑战，而其受益者仅仅是大公司和政治上的独裁者。我们已经拥有了将现有能源形式转变成为将给环境、公共安全和民主带来永久收益的能源形式所需的技术和专有知识。

为了增强这一转变在政治上的可行性，许多非政府组织和部分政府机构正在散播有关可持续能源的国内法律的草案，以及这方面的国际条约的草案，以建立独立的国际机构，与各国政府一起并带领它们实现这些变化。其中一份较为全面而且流传得较为广泛的草案，是由总部设在纽约的"全球资源为环境行动中心"（Global Resource Action Center for the Environment）（GRACE）所准备的一部国际可持续能源基金法令。完整的草案公布于2002年8月在约翰内斯堡召开的可持续发展世界峰会上（参见 www.gracelinks.org）。这个基金将为世界上20亿穷人的可持续能源项目提供支持，并将使用因政府逐步取消对化石燃料的补贴而形成的储蓄来对他们进行融资。如果这样一个基金建立起来了，而且国际金融组织和政府出口信贷机构取消了对化石燃料的借款，想象一下影响会是多么地深远。

迈克尔·诺斯诺普认为大部分州和地方市镇中的民众要远胜过全国性的政客，这特别是在美国。"越来越多的证据显示，一场真正的减少温室气体排放的运动已经在联邦以下的水平上展开，其速度通常等于或超过了任何国际协议中所建议的。"他提供了一份完整的清单，其中美国的草根、市镇、州，甚至是公司一级的行动远远超出了联邦政府所做的任何事情。下面是这个清单中的几个例子：

- 六个新英格兰州，再加上五个加拿大东部省份，已经同意将温室气体排放量减少70%到80%，以帮助稳定全球气候。
- 世界上第五大经济体的加利福尼亚州已经将汽车所允许排放的二氧化碳大幅降低到京都标准以下很多。它还改进了建筑法规，针对家用电器采用了节能标准，提高了州政府对节能的资助，为太阳能和风能系统确立了税收扣除，以及建立了美国首个温室气体排放资料的登记处。它还创立了最大的由州政府资助的能源研究项目并建立了一个独特的项目,把清洁能源的技术出口到国外。加利福尼亚州的项目是如此有效,以至布什政府对其进行了攻击,而且试图订立新的联邦法律来推翻加州的法律。

加利福尼亚州的城市旧金山和奥克兰采取了类似的深入行动,而且在自建可再生能源体系的同时,也规定在短期内将它们能源需要的40%转到可再生体系上来。

(旧金山市环境委员会的前任总裁冉迪·海耶斯[Randy Hayes]报告说,该市还颁行了以下计划:二氧化碳排放量到2012年减少20%;到2020年实现零废弃物;到2030年电力生产100%从可再生渠道实现。旧金山市还通过了一项一亿美元的债券发行计划,所募集的资金将用于可再生能源和提高能源使用效率的工程。它建立了世界上首个"氢城市"项目,旧金山湾区的首个潮汐发电厂,以及通过了美国的首个预警性原则法令;它还禁止在市内餐馆中使用基因食物,在城市公园里使用铅,在市内种植经砷处理过的树木,以及禁止使用汞温度计。海耶斯现在正在与奥克兰市合作,以采取类似的新措施。)

- 纽约州宣布了到2020年将排放量减少到比1990年水平低10%的目标,以及到2012年该州25%的电力生产将通过可再生资源实现。纽约还采用了加利福尼亚州严格的汽车尾气排放标准以及一系列税收扣除和激励措施,在全州范围内减少排放。
- 马萨诸塞州实施了美国首部管理发电厂二氧化碳排放的法律,为提高能源使用效率而建立了可再生能源信托基金(Renewable Energy Trust Fund),为新的公用事业建立了二氧化碳抵消项目,而且正在规划一整套的措施,以实现能源节约及提高能源使用效率。
- 新泽西、康涅狄格、宾夕法尼亚、缅因、新罕布什尔、罗得艾兰和佛蒙特各州均在发展全面而长期的清洁能源项目。
- 12个州创建了清洁能源州际联盟(Clean Energy States Alliance),其目的是形成有力的国内清洁能源市场,运用联合战略加速太阳能和风能技术、氢燃料电池以及其他技术的生产。该联盟正在寻

第七章 替代性的运作体系（1）

求投资者作为合作伙伴。
- 40个州引入了新的计量规则，让家庭内由太阳能、风能、燃料电池或其他可再生体系产生的过剩能源返回到能源网中，供其他地方使用。这样做减少了投资于可再生体系的家庭的成本。
- 在市县层面上，144个市镇承诺大幅减少温室气体的排放量，以及推行完全的能源效率项目、设备更新改进项目和其他项目。以俄勒冈州的波特兰市为例。它自1990年以来增加了65%的公共交通，而能源的循环使用提高了55%。波特兰市还形成了公共部门和私人部门之间强有力的伙伴关系，提高了住宅和公共建筑物的能源使用效率。该市估计，这些增效措施自1990年以来为该市的商业和住宅节省了3亿多美元。

诺斯诺普的报告提供了比这多得多的市镇和州一级行动的例子，以及医院、宗教团体、大学和其他持同样想法的社区它们各自的联盟所推行的创新方案。诺斯诺普说，最引人注目的是这些措施非常节省成本甚至会盈利："特别是公司和市镇，看来可以从它们的能源增效项目中直接地降低成本。"

还出现了令人振奋的迹象，甚至是一些大型公司也在改变它们的政策。例如，杜邦公司在1990年到2000年之间将其温室气体排放量削减了67%，而且希望比1990年的水平总共减少75%。诺斯克加拿大公司已经比1990年的水平减少了54%的排放量，并预期到2005年比1990年的水平减少75%。瑞士再保险公司宣布它到2013年将达到"温室气体中性"。英国石油、宜家、斯道拉恩索（芬兰）、美国铝业、壳牌国际、辛辛那提能源和纽昂等公司也正在进行其他突出的努力。最有希望的是所有这些公司都报告说因为这些项目而大幅削减了成本。

2004年3月，由美国印第安人领袖和对气候保护感兴趣的150座美国城市所组成的一个新的联盟，宣布了另一项令人瞩目的项目。大平原上的23处印第安人保留地具有高达2000亿瓦风能的潜力。公用事业政策部落间委员会（Intertribal Council on Utility Policy）说它正在同构成可持续发展地方政府联盟（Local Governments for Sustainability）一部分的150

座美国城市合作,帮助它们从不可再生能源转向风能。(土著活动家威诺拉·拉·杜克［Winona La Duke］编著的一份引人注目的新报告《土著人、权力和政治:第七代人的可再生未来》,记录了美国印第安人保留地被作为能源资源殖民地的历史,以及目前为逆转这一历史推行由当地控制的可再生体系而进行的努力。)

尽管从更高的层面来看,这些草根行动的例子仍然微不足道,但它们确实显示出了公众的觉醒。而让美国采取切实的行动是至关重要的。虽然全球社会的其余部分愿意在没有美国参与的情况下采取行动,不过如果加强联邦以下削减排放运动,并使之与联邦层面的政策制订相联系得加强,会加速推进转换的过程。

运输体系

在前一部分里,我们简要叙述了全球运输基础设施扩大所涉及的一些问题。建设它的目的是为全球经济服务,但它却导致了众多消极的后果。因为出口生产是自由贸易的中心特征,所以远洋运输、高速公路运输、航空货运、铁路等等出现了巨大的增长,基础设施发展也出现了惊人的相应增长。后一方面包括新的高速公路、海港、空港、运河和运输管道,它们通常建造在原始的荒野地区,在珊瑚礁上,在土著土地上,以及在农村地区。这在某些情况下带来了相当严重的社会问题,但是环境问题也是很关键的,而气候变化的急剧加速就是其中问题最大的。

三种主要模式

让我们来简要看一下运输的三种主要模式。

远洋运输

远洋运输自 1950 年度以来增长了 10 倍以上,这主要是因为经济全球化导致商品出口活动的增加。远洋运输占商品贸易运输的 90% 以上,而该行业每年消费的燃料超过了1.4亿吨,污染了海洋,毁坏了野生生物,而且排放出二氧化碳。特别有问题的是,大部分远洋运输所使用的质量非常低的称之为"船用C级燃料油"的石油,是非常严重的污染物。许多专家预计在未来的十年里远洋运输活动将翻番。

航空运输

通过飞机运输的货物数量比海运或陆地运输要少;它到目前为止是将商品运输到市场上效率最低的方式。尽管如此,航空货运是增长最快的运输部门。波音公司预测航空货运活动到2017年将增加三倍。其结果对环境来说将是很可怕的。正如第二章中专栏框D中所提到的,航空运输中每吨货物每公里所消耗的燃料是船运的49倍。更严重的是,飞机的排放是在很高的高度进行的,而在这样的高度,排放物对温室效应的影响达到了最大。

航空里程和新空港的增加不仅是由于货物的运输,还是因为全球经济中商业和旅游飞行几何级数的增长。从1980年到1996年,跨国旅行的旅游者人数从2.6亿增加到5.9亿,而他们大部分都乘飞机旅行。这一增长反过来又增加了旅游基础设施的建设,以为更多的旅游者提供服务:在原生态的地方建造宾馆、高尔夫球道、码头;使用高速轮船和越野车;建造娱乐和餐饮综合设施,等等。在世界上的一些地方,旅游者的入侵极为不受欢迎,因为它常常将当地居民赶出了农业和渔业形式的传统可持续的生存方式。有些人失去了其生存的能力,而另一些人则转变成了为有钱的外国游客服务的女仆、服务生和侍者。文化上的影响则是毁灭性的。新的生态旅游趋势基本于事无补,尽管现在有些当地社区正尝试做出他们认为在某种程度上可由他们控制的妥协。

车辆运输

由于经济全球化,陆地上的货物运输也大幅增加了。例如,欧洲的跨国车流量增加了三倍,从1970年的4千亿吨公里增加到1997年的1.2万亿吨公里。从农业到为出口而进行的工业生产的转变,急剧增加了

"食品英里数",即食品从其产地到餐桌上所经过的距离,在全球经济中以极大的环境代价,这通常达到几千英里。(参看下一章中的"农业和食品体系"。)例如,从1986年到1991年,尽管食品运输的总量仅提高了8%,但食品所经过的距离却比先前增加了19%。

在1994年的美国,车辆在美国的州际高速公路上行驶了1820亿英里,而城市间车辆运输的总里程则约为9000亿英里。

为适应车辆行驶里程如此惊人的增长,全世界正在修建庞大的新高速公路和铁路网络。仅仅欧盟就正在建造1.2万公里的新高速公路,以在整个欧洲范围内实现进一步的市场一体化。全球都在呈现出一幅类似的图景。

世界石油使用量的60%左右直接用在了运输活动上,而这一比例每年都还在增加。

补 贴

如果没有政府在运输补贴上所花费的几千亿美元的话,运输活动的这一增长就根本不会发生。我们已经提到了世界范围内对化石燃料生产的3000亿美元直接补贴,其中包括对石油公司的税收激励。这些补贴是加油站的油价相对较低的一个重要原因。但是,如果我们把世界各地的政府在道路、铁路、空港、海港和其他运输基础设施上所投入的资金包括进来时,对石油公司的直接补贴就相形见绌了。如果这种巨额补贴体制中的资金流向了公共大众运输体系和替代性运输形式的话,我们的许多问题就得到了解决。他们没有这样做的原因,归根到底是全球公司控制政府和国际官僚机构的巨大能力。

就像全球化模式的几乎每一个方面一样,运输行业的每一个部门都以寡头垄断状态为其特征。汽车公司占全球汽车和卡车生产的65%左右;九大石油公司占有石油生产的80%左右。根据总部设在美国的政策研究所(Institute for Policy Studies)的研究,在世界上的前一百个大经济体中——这其中包括了民族国家以及巨型公司,12个是石油或汽车公司。

这些公司显示了全球规模、再加上像世界贸易组织这样的全球经济机构制订的有利规则和对自由市场准入的干预所带来的优势。

可以认为，改善地球健康状况和城市生活质量最为重要的一项行动，是减少跨国和长距离运输量。要实现这个目标，只有有意识地逆转目前偏好大规模的出口导向的全球经济的做法，而推行下放原则：强调本土经济，利用本土资源和劳动力，而且主要为本土社区服务。正如我们在前面所说的，我们并不是建议取消国际贸易，只是认为它应该成为最后一个选择而不是第一个选择。只有在地方上的需要无法在当地得到满足时才应该动用它。这一对当前做法有意识的逆转、转而推行下放原则的直接结果，将是进出口活动的迅速减少，运输活动量的下降，以及全球大气和气候及全球生态体系和居民的迅速得益。它还可能意味着地方经济的复兴，特别是现在用于全球运输基础设施的补贴，如果省下来用于服务当地需要的地方基础设施的话。反过来，这会意味着全球能源和石油公司权力的削弱，以及这种情况所导致的种种地缘政治问题的缓解。

私家车

尽管每种运输方式都有内在的问题，但私人汽车是其中影响最大的。现在应该已经很清楚：现代社会所做出的最坏的决定之一，就是在20世纪之交的时候欣然接受了私家车和内燃机的概念，然后又对其进行了美化，做出了补贴，以及围绕着它来设计所有的生活。

甚至是在欠发达的国家里，私家车也已经成为组织日常生活的支配性因素。城市环境的中心任务是适应它，找出让它移动起来而不至于引发交通堵塞的方法，为它找到停放的地方，调控它的速度，以及控制它的危险。不过它的影响并未减弱。根据世界资源研究所（World Resources Institute）的调查，1990年道路上行驶的四轮机动车辆已经有5.8亿辆；而到2010年，预计数字是8亿辆。

拥有私家车被看成社会成就的顶峰，被认为可以带来无限的喜悦，即使在备受贫穷困扰的国家里也是如此——在创造这样的广告形象方面，汽车公司特别地成功。就像在其他地方一样，美国的汽车公司在20世纪的早期和中期成功地说服政府拆毁了非常可行而且可再生的运输体系，其中特别是轻轨，而用高速公路、新的基础设施和汽车食宿设施代替了它们。这特别发生在加利福尼亚州，其中引人注目的是在洛杉矶和旧金山。将整个旧金山湾区联系在一起的极好的轻轨体系被拆毁了，只在20年后才被一个新的但非常昂贵的湾区快速运输体系（Bay Area Rapid Transit System）（BART）所代替，它没有覆盖足够多的区域，而且使用成本也高得多。在美国，城市中的乘客运输体系现在90%以上是建立在汽车的基础上的。

在后工业化革命时代，汽车已经成为重组地球上的生活并将我们带入我们现在所处的城市状态的主要技术。

汽车的问题并不始于也并不终于其所使用的燃料，或者是它工作的效率如何。确实，一个由钢铁、橡胶和几百种其他物质建成的重达2000磅的大家伙，却仅仅载着一个体重150磅的乘客，而且在这样做的时候要烧掉大量的汽油，要想出比它效率更低的技术是很困难的。但是汽车的问题还远不止这一点。

除了对石油的依赖之外，私家车在制造中比地球上任何其他产品所使用的稀缺资源都要多。现在高速公路和水泥覆盖了发达世界和大部分其他地方的几乎每一个地区。汽车噪音无处不在，甚至是在荒郊野外，好比是全社会性的耳鸣。汽车带来多种污染，包括烟雾、酸雨、铅中毒、臭氧耗竭等等。报废汽车——这通常是有毒的——的固体废物处理问题也达到了危机的程度，特别是汽车制造商继续对我们狂轰滥炸，要我们扔掉可能最近刚刚购买的汽车。

世界上由于其多样性而最令人感兴趣的一些城市，因为听命于汽车而正在迅速陷入单质化的境地。墨西哥城、伦敦、马尼拉、曼谷、罗马、巴黎、雅典、圣保罗、东京、马德里、雅加达，它们就像纽约、芝加哥和洛杉矶一样，正在因汽车的统治、堵塞、烟雾、噪音和危险而迅速地毁掉。根据洛根·帕金斯（Logan Perkins）在《宜居城市》（Livable Cities）杂志上发表的一份报告，每年仅在美国就有5万人死于汽车车祸，其中行人占了五分之一。在全世界范围内，城市生活的体验正在被统一起来，只不过是在最低的共同特征——内心不愉快和机能不正常这一新标准——之上被统一起来。所有这些都是为了少数巨型汽车公司和石油公司的利益，它们在过去的几十年里积极地游说反对而且另外还摧毁了替代性的体系。

生态城市

最近，随着市区试图支配它们的运输体系，而且解决当前的城区蔓延趋势——要求更长距离的、通常是通过私家车进行的运输而且分隔开生活的功能的住宅分布——所造成的其他生态和社会问题，一系列重要的生态城市方面的会议召开了。工作在离家一百英里之外的地方，购物完全在另外一个地方，而公共场所则大部分是空空荡荡的。

有些城市已经在重新设计运输体系的试验中走在了前列，特别引人瞩目的是巴西的阿雷格里港和库里提巴（参看专栏框 O）以及哥本哈根、斯德哥尔摩及俄勒冈州的波特兰，等等。一旦民主进程开始了，解决的方法并不复杂，而且它们具有比当前的体系成本低和更令人快乐这些好处。目标显然是减少有噪音的、危险的、消耗掉大量汽油的、占支配地位的全球运输技术的影响，而用更为有效的（就人均材料和能源消耗而言）公共运输体系来替代它们。这包括结合使用高速轨道交通（用于长距离旅行）、就市内而言的轻轨、可以在快速专用车道上行驶的公交车，及更强调在短途私人旅行中使用自行车。它们可由出租车——在长途运输中它们比使用汽车要便宜得多——或者是小公共汽车和往返汽车服务来加以补充。对私家车提供的种种便利措施最终将会终止。

此外，世界各地的城市都已经开始进行不同程度的试验，将汽车排除在城市的某些部分或整个城市之外。阿姆斯特丹在城中心的大部分地方完全禁止私家车通行，同时为自行车、轻轨、用于商业目的的很小的卡车以及运河上的驳船提供便利措施。在哥本哈根，所有行程的 32% 是通过自行车进行的。在整个西方工业化国家中，骑自行车的人都在进行骑在车轮上的游行示威——通常都在"关键性时刻"这一旗帜之下，要求建设自行车专用车道、可与他们的自行车对接的公共运输以及其他的便利设施。

世界观察研究所的勒斯特·布朗（Lester Brown）预计自行车生产近期将成为增长很快的行业之一，就像从事氢能源、太阳能和风能的行业一样。"因为自行车不污染环境，占地少，而且提供了久坐不动的社会非常需要的运动，未来对它的依赖预期将会增加，"布朗说，"迟至1965年，汽车和自行车的产量基本上是相同的，但今天每年的自行车产量是汽车产量的两倍多。在工业化国家中，荷兰和丹麦——在那里自行车占据了主导地位——所倡导的城市运输模式让人们看到了自行车将来在全世界范围内的作用。"

但是也有某些令人遗憾的异数。随着像中国这样的地方面向自由市场活动的开放，而且特别是中国现在加入了世界贸易组织，它将很快经历与我们所描述的积极步骤完全相反的一面。主要的全球汽车公司正急于把它们的生产设施转移到低工资的中国，而且在尽力争取税收减免和其他的优惠措施，把中国从一个自行车是人们所喜爱的运输工具的国家变成一个私家车的国度。这样的压力现在也施加在越南的身上。

当然，为了减少对私家车的依赖，最好在长期内完全重新设计城市环境，这样城市就不再大范围地铺开来了，就像洛杉矶、伦敦和曼谷那样。对于改变这样的安排，存在着非常多好的新想法。*最终的目的是减少人们需要旅行的距离，这正如我们在其他情况下也试图减少商品从产地到市场需要旅行的距离一样。*

其中一个新出现的想法，是复兴城市中的小城市——较大城市之中的城市。这事实上是要重新确立起规模较小的城镇的地位，它们曾存在了几个世纪，但后来融进了大都市之中。例如，伦敦合并了几十个较小的城镇，如里士满、汉普斯泰德、斯特拉福德和肯辛顿。纽约合并了布鲁克林、切尔西和布朗克斯等等。东京也同样合并了原来并不相连的城镇。现在的想法是设计出较小的迷你城市，它们完全自成一体，并提供工作、公园、公共空间、居住区、娱乐，甚至是野生生物。这要求将城市理解为三维的而不是"扁平的"，有更高的建筑物，更窄的街道，许多块的娱乐空间和市场、城市花园，以及环绕在它们周围的更大的开放空间。按照加利福尼亚州伯克利市都市生态公司总裁理查德·瑞吉斯特（Richard Register）的说法："高层建筑和紧密的市中心区域并非是像烟雾、有毒废弃物、赤贫或传染病那样断然不利的。在合适的情况下，而且是以有利于生态的方式建设的话，相对高水平的高度和密度是解决一长串问题的部分答案。例如，它们可以节省下土地用于农业和自然；鼓励节约能源、不污染或者少污染的步行、骑自行车和公共交通；让各种形式的商业、文化和各种社会服务易于得到；而且城市可以建成这样：在城市之中就能多层太阳能温室、屋顶花园，沿路种植果树，重新引水小溪和重新恢复生物多样性。"

专栏框 O

生态之城库里提巴

西蒙·雷塔拉克（Simon Retallack），生态学家

尽管让大型现代化城市完全可持续发展近乎不可能，但仍有一些取得了相当生态成就的城市的例子。德国的弗莱堡就是其中之一。另一个是巴西的库里提巴市。正如保罗·霍肯（Paul Hawken）以及阿莫瑞·洛芬斯（Amory Lovins）和汉特·洛芬斯（Hunter Lovins）夫妇在他们的《自然的资本主义：下一次工业革命》一书中所指出的那样，同休斯顿人口一样多的库里提巴市在其市长杰米·雷默尔（Jaime Lemer）的带领下实现了革命。

市中心被改建成了人行道，种上了上万朵鲜花；低收入人群的住宅被建在了离工作、购物和娱乐设施很近的地方；学校、诊所和商店建在了郊区好让行程最短；新的公交车造出来了而且公交车道建成了，它们提供了非常高效、可靠、舒适、快速而且在经济上完全自足的公

共运输体系,现在为城市中四分之三的往返人员所使用;骑自行车的人使用着一百英里设计良好、分道行驶的自行车道。其结果是,库里提巴现在没有交通问题,拥有全巴西最干净的城市空气,而且每年节省下700加仑的燃料。

16座大型的新公园建成了,十几万棵树种下了,而且制订了规则和税收激励措施,保护并增加私人花园和林地,以致城市中公共绿地空间在25年的时间里从人均5平方英尺增加到581平方英尺。城市中引进了500多家非污染型的企业,它们提供了全部工作中的五分之一。它们都被要求在它们自有的土地上处置其固体废物,以此来鼓励企业减少废弃物、再利用和循环使用。实际上,在库里提巴所有的东西都是循环使用的,这绝不仅仅是因为有一项措施现在让70%的家庭将可循环使用的垃圾挑拣出来,每周三次在人行道边收取。其结果是垃圾的填埋显著减少了,随之减少的是对地下水的威胁。各家各户可以在郊区得到菜地,种植食物自己食用并销售,——这个城市甚至提供自家种植药用植物方面的指导,而且环境教育在孩提时代的早期就开始了,并且融入了各种课程之中。所以,这样一座城市就形成了,它既极为适宜于居住,又很可能比世界上其他任何城市都在生态上更可持续发展。

但是地球上其他地方的人们无须等待一位有眼光的市长上台来改造他们的城市。人们很早就集体决定追求生态上可持续、独立于围绕在他们周围不可持续发展的世界的生活方式。最近勃兴的这样一个运动是巴西的无地工人运动(Landless Workers Movement)(MST),它是这个国家规模最大而且最有活力的社会运动。正如简·洛卡所指出的,在他们所占领的土地上,许多人进行有机农业,而且建起了合作社生产牛奶、水果、面粉以及其他产品。在圣保罗,MST的定居者正在种植成千上万的幼树,来抵消牧场主多年砍伐森林造成的水土流失。在亚马逊河流域,他们已经开始重新种植红木和像毛果芸香这样的土生物种,来抵消砍伐加焚烧式农业的影响。MST还组织了针对南方大型农庄企业非法种植转基因大豆的抗议活动,而且MST的学校培养着学生的环境意识。(要更多了解MST,参看第八章的"人民的替代性行动"部分。)

瑞吉斯特在他的《生态城市伯克利》一书中写道："不应想着去什么地方，而要以在这个地方来思考。也就是说，要以建立与你我都接近的、人人都向往的地方来思考。运输是你必须要去位置不方便的地方；所以越少越好。必要的运输越少，你的生活和你的环境就越是健康。如果多样性被设计进了城市之中，往返交通就减少到了最低的程度，而当地旅行和长途旅行就只会用于特殊的场合了。"

终结在地平线上蔓延开来的扁平城市，代之以三维的、更高的、更紧密的环境——它们强调的是人行道、自行车道、公共交通、城市花园、重新引水的小溪、普遍的循环使用，以及运用生态上适宜的建筑材料和能源体系，这是世界各地大量的社区正在讨论的话题。这样的想法是城市设计中某种形式的"权力下放"的范例，它表达了重心的转移，远离对生态和社会有破坏性的运输体系，它也表现了下放概念的升华。

勒斯特·布朗如此总结道："与地球的生态系统相协调的经济鲜明地区别于当今的污染性的、破坏性的而且最终自我毁灭的经济——以化石燃料为基础、以汽车为中心以及即用即扔的经济。"

制造体系

在过去的半个世纪里一个主要的发展是，世界上几乎每个国家的制造过程，都变得在全球生产体系中更为紧密地相互连接在一起，而全球的生产体系则越来越复杂，在地理上更加地分散，而且越来越多地控制在数量相当少的全球性公司手中。全球各地的制造商在像制衣、汽车和造船这样多种部门中雇用了上亿的人。但在任何一个给定的产品链条上，每个国家的参与都趋于成为更大的"全球装配线"上的一个齿轮而已。

极少有国家从头到尾地进行生产。以美国为例，纺织、汽车、电子、食品生产以及许多其他的行业都被构造成一个长长的过程中的一部分，在其中各不相同的部件通过船只在世界范围内来回运输，在不同的地方——通常是在不同的大陆上——进行加工或装配，然后最终在离它们的原料产地或制作它们的工厂几千英里之外的市场上销售。例如，一辆车可能包括来自多达16个国家的产品要素。一家大型的制衣公司常常向十几个国家的成百家制衣厂进行转包。正如我们已经讨论过的,这样一种体系所要求的全球船运量,自身就成为一种主要的社会、公众健康和环境威胁。

生产从传统的当地体系——其中各国得以从始至终地生产产品——中转移出来,这对国内治理体系和主权具有巨大的影响。在全球化之下,各国的法律都可能要从属于世贸组织的贸易和投资规则,而这些规则帮助全球性公司以这种新的方式有效地运作。这一转变对劳工和环境也有影响。

从许多角度来看,世界各地的工人都发现这个新的安排对他们而言是不幸的。由于全球化规则加速了公司的流动性,而制造商现在可以自由地从一个国家流动至另一个国家,而且可以自由地投资于资源和生产设施,每个国家的每个行业中的工人都丧失了此前强大的国内工会所提供的某些讨价还价的能力。在2004年的美国总统选举中,工会力量被削弱的一个方面就在相当程度上公开表现了出来。全球"外包"问题,即公司将某些以前位于国内的工作职能转移到其他国家,特别是在通讯、保险和制造等行业,作为美国在过去几年里丧失大量工作岗位的一个重要原因而被人们愤怒地提及。由于工会相对于全球性公司已遭削弱,工人们被迫与其他国家的工人展开工资上的竞争,这导致了每个地方的工资和工作条件不断下滑。在全球性的制造体系中,工会每天都面对着压力的威胁,要工会允许工人做出"后退"和工资上的让步,好让人们保住这个通常是在几千英里之外被管理着的全球装配线上的工作。事实上,一国中有强大的工会存在通常足以让全球性公司完全避开这个国家,因为还有许多对工人不那么地友好的其他国家。其净结果是造成公司和工人之间力量的不平衡比以前任何时候都更大,这使得要抵制血汗工厂般的工作条件和虐待工人的做法更加困难。不过,通过对使用了血汗工厂劳工的制衣、制鞋和其他企业的一系列公开行动,不断高涨的全球公正运动对工会和其他工人运动提供了支持。(在"关注全球南方"组织[Focus on Global South]所组织的对话中,该组织将世界各地的工会和非

第七章　替代性的运作体系（1）

政府组织的领导人组织到一起来，许多全球化国际论坛的会员正参与到对劳工和全球化问题更为深入的调查中来。）

第六章描述了将权力和经济活动下移到本土的辅从性原则。下移至少可以有助于改正生产体系之中某些不公正之处，在这个生产体系中，力量的不平衡是其运作毫无透明度和责任制可言的、大规模的、无国家的公司制造活动所固有的特征。更扎根于本土的公司，如第九章所描述的那样，需要面对这样一个事实，即工人也是顾客和邻居——这是远不同于全球性安排的另一种安排。

但如果说民主和工人的权利直接受到当前的全球制造体系的影响的话，还有一个甚至更大的背景需要加以考虑。当前的全球制造过程对于地球上的所有生命，以及对于可持续发展，也是一个直接的威胁。本节剩下来的部分将集中讨论这些问题。

勒斯特·布朗在1981年将可持续发展的社会定义为这样一个社会，它可以满足它的需要，但不会减少将来的人们的机会。同样的定义也为世界环境与发展委员会（World Commission on Environment and Development）所采用（在布伦特兰［Brundlandt］的报告中）。根据这个定义，当前的制造过程正把社会带向与它应该前行的方向完全相反的方向。

在当前，全球的制造和生产过程每年要消耗超过2200亿吨的资源，这些资源全部取自地球的"自然资本"——海洋、森林、植物、平原、土壤、矿山，以及生物多样性的所有其他方面。

今天的生产中的标准做法，是让资源从它们在地球上的不论什么地方采集起来，然后进行加工，形成可以使用的产品，然后在整个地球上来回地运输。在这个循环中的开采和制造中，以及在运输中，还有在最终产品被抛弃时，材料中的很大一部分被浪费掉了。我们称这整个的过程是一个"开采—制造—废弃物"的循环。

在他最近的一本名为《隐蔽的联系：可持续生活的科学》的书中，物理学家弗里特约夫·卡普拉（Fritjof Capra）对为什么没有必要是这样的做出了全面的说明。他断言：在一种不会耗尽地球的连续有益的循环中，系统性做法的新概念潜在地可以把当前所产生的几乎全部废弃物都转化成原材料，用于进一步的经济活动。这种新观点认为：所有的废弃物都是进一步的技术活动的"食物"，或者，如果是有机物而且处理得当的话，都是再循环回自然自身的过程的"食物"。

卡普拉和其他人所提出的许多观点，与应用于制造过程的辅从性的极度重要性是完全吻合的。一个远为本地化的、民主的、社区取向的体系，会避免全球化体系中现在所固有的社会和环境方面的陷阱。

下面简要列举为可持续的制造过程提出来的一些原则。

全成本记账

森林和表层土壤的耗竭，对海洋的过度捕捞，以及有毒废弃物向土壤、河流和海洋的渗透，目前对它们的记账是以两种错误的方式进行的。首先，资源的耗竭和开采被衡量为对于国民生产总值（GNP）和国内生产总值（GDP）是有益的，因为它们显示了经济活动的增加。但实际上，它们应被视为是负面的因素，因为它们降低了社会维持它们自身的长期能力。（参看本章最后一个部分"衡量的标准"对此问题的进一步讨论。）其次，这些耗竭和有毒废弃物的排放带来了相当的清理或更新成本，而这些成本无一例外地被外部化。也就是说，造成这些成本的公司不支付这些成本，但纳税人通过政府的清理项目支付了它们。这等于政府对公司的浪费做法给予了补贴。所以毫不奇怪的是自然资源公司获得了几十亿的利润：它们的资源基本上是免费的。

公司也不需要支付它们的活动所产生的外部社会成本——有毒的工艺和污染物所产生的医疗保健成本，人们被从耕地或森林中驱赶出去的福利成本。把这些外部化的成本带回到应该负担这些成本的公司，带入公司的运营成本和资产负债表，进入它们生产的产品的价格之中，这比其他任何一个变化都更多地能真实地衡量它们对地球、民众和社区的影响和造成的成本。

但乔治·W. 布什总统宣布，美国政府将不再要求公司支付美国花费巨大的清理有毒地区的成本中它们应负担的份额——这等于几十亿美元。

或者是由纳税人来支付,或者就是对环境根本不做清理。令人悲哀的是,这样的态度在美国以及大部分的其他国家里都是很典型的。

转入全成本记账是社会或生态上可持续的社会的一个关键组成部分。

封闭回路设计:零废弃物

新型的工业模式正在被开发出来,它试图效仿自然界的基本原则——不再是"开采—制造—废弃物"的循环,而是将生产看做一个完整的体系,根本就不产生废弃物。这有时称为"封闭回路设计"。弗里特约夫·卡普拉这样说道:"'废弃物等于食物'的原则意味着工业中所制造出来的所有产品和材料,以及制造过程中产生的废弃物,最终都必须为新的东西提供养分。一个可持续的商业组织要根植于'组织生态'之中,其中任何一个组织的废弃物都是另一个组织的资源。在这样一种可持续的工业体系中,每个组织的全部产出物——其产品和废弃物——都会被视为在体系中循环的资源而且被如此对待。"

卡普拉说:"要理解这种方法是如何地激进,我们需要认识到我们现在的企业将它们取自大自然的资源中的绝大部分都扔掉了。例如,在我们从木材中提取纤维素造纸时,我们砍伐了森林,但只利用了20%到25%的树木,把其余的75%到80%都当做废物扔掉了。啤酒酿造商仅从大麦或稻米中提取8%的营养物用于发酵;棕榈油仅是棕榈树生物体的4%;而咖啡豆则是咖啡树生物体的3.7%。"

卡普拉说,新型的行业"生态"集群已经在世界上的许多地方涌现出来,而且为像"零排放研究与启动项目(Zero Emission Research and Initiatives)"(ZERI)这样的组织所积极推动,这个组织是1990年由甘特尔·泡利(Gunter Pauli)在欧洲成立的。卡普拉说道:"视自然为它的榜样,ZERI试图消除废弃物这个概念本身。"也就是说,它试图实现零净原料消耗,这样就几乎不会造成污染或资源耗竭。这样做还会因显著减少废物焚烧和倾倒所致的健康问题。

阿莫瑞和汉特·洛芬斯(Hunter Lovins)夫妇以及保罗·霍肯(Paul

Hawken）废弃物区分生物的和技术的两种。生物养分必须总是要放回到自然中，由微生物所吸收并自然地肥沃土壤。许多的产生要素，主要是包装，它现在占地球上固体废弃物处置的一半左右，都可以转而使用在生物上可降解的材料。同时，技术养分必须设计成可回收的，放回到技术循环之中。洛芬斯夫妇和霍肯说："制造过程中的所有产出物都必须或者降解成自然养分，或者改制成'技术养分'。"——换言之，或者输送回自然之中，或者输送变成下一个制造循环的原材料（"食物"）。因为作为这个体系的基本设计的一部分，所有的废弃物都必须融合进新的资源之中，所以就决没有处理工业废弃物的必要了。如果使用封闭回路模式，就不会有扔掉的材料，不会有有毒物质的倾倒，也不会有导致下游污染的烟囱或排污管道了。这听起来可能会成本不菲或者很难做到，但它是全体系工程设计的一种形式，在世界上的许多地方已经在被有效地应用而且正在成为一个大产业了。

在1996年的美国所谓的再造行业产生了530亿美元的收入，这远比许多的耐用品部门所获得的收入要多。有不少其他国家也提供了激励措施，让工业部门沿着这样的方向思考；德国和日本都要求其制造商永远地对它们的产品和工艺负责——这个政策完全与此处提到的布什总统的政策相反。而且至少有一项国际协议——《巴塞尔公约》——已禁止危险的废弃材料的跨国界运输。（美国拒绝签署该协议。）无论如何，应该通过鼓励像将废弃物重新整合系统一类的系统设计，将这一禁令扩展：禁止所有的废弃物出口。

ZERI组织已经启动了超过50个的项目，这些项目分布在五个大陆上，所处的环境差别也很大。它在哥伦比亚咖啡种植农中的工作有助于说明这一方法。

由于价格下降得非常厉害，全球市场最近让咖啡种植农深深地陷入了困境。但因为咖啡种植农直到目前仅仅利用了咖啡树的约3.7%，而剩下的大部分都被浪费掉了减为废水和受到咖啡因污染的混合物，所以存在着废物利用的可能性。咖啡的生物量可以有利可图地用于培育热带蘑菇，喂养牲口，为有机肥料堆肥，还可以生产能源。

第七章　替代性的运作体系（1）

卡普拉的解释如下："在收获了咖啡豆之后，咖啡树的剩余部分可用于种植花菇（一种价格很高的美食）；蘑菇的剩余部分（富含蛋白质）喂养蚯蚓、牲口和猪；蚯蚓可喂鸡；牲口和猪粪产生沼气和沼泥；沼泥为咖啡树和周围的蔬菜园提供肥料；而沼气所产生的能源用于蘑菇种植过程中。"

所以，当地的种植农不是专注于全球咖啡市场，而是在种植用于当地的农产品和饲养用于当地的牲畜之外，另外形成几个收入来源，同时还在社区内创造了新的工作。只有花菇是为出口而种植的。其净结果对环境和当地的社区都是有利的；没有高额的投资，也不需要让农民因为出口市场的价格波动而放弃他们的生计。

卡普拉评论道："典型的 ZERI 集群中的技术都是小规模而且是本地化的，而产生地接近于消费地，这样就大幅降低了运输成本。"

保罗·霍肯也提供了一个颇为有趣的例子，就是纳米比亚的图温尼（Tunweni）酿酒厂在制造设计中的系统方法。

这是一种利用当地的高粱酿造的啤酒——世界上唯一一种这样的啤酒。污水每天分三次排放出来，然后用于冲洗附近的猪圈，使其成为"生物蒸煮器"，这样就消除了苍蝇的任何孳生，而且还为猪创造了清洁的人性化环境。冲洗过程中的碱性苏打水中和了酸性的猪粪。同时，固体废物和用过的谷物用于种植蘑菇。这不仅有助于形成新的价高的农作物，而且种植过程还把木质纤维素转变成了碳水化合物，增加了用过的谷物的经济价值。剩余物中的一部分又拿来喂猪，部分则留做喂养蚯蚓，它们是猪的蛋白质的最终来源。同时，生物蒸煮器形成了沼气，这有助于减少酿造中的燃料成本，而从生物蒸煮器中释放出来的已经部分矿物化了的水用于藻类的种植，它们也可喂养牲口。水从藻池中进入鱼塘里。由于这些富含矿物质的水中有很高的养分，所以就不再有购买鱼食的必要了。随后，这些鱼塘中的水可以用于灌溉庄稼。

除了在生产循环中百分之一百地消除了废弃物之外，这个例子中同样重要的是，在这个过程中的每一步，对废物的利用都减少了成本，为新的生产过程和产品提供了"食物"，而且增加了就业。它还在当地社区中鼓励了在小规模经济活动中实现完整的循环并得到收益。

对自然资本的再投资

在整个社会推行了全面的封闭回路设计之前，制造商们必须面对这样一个事实，即全球资源的耗竭正威胁到它们自身的持续经营。具有讽刺意味的是，制造政策转向对资源的积极补给，实际上证明对这样做的公司是有利可图的，因为这样做以比依赖于长距离供应线低得多的成本确保了长期的供应和企业的生存。

近期的例子之一是一家发电公司种植了树木以抵消其发电厂的碳释放。新墨西哥州的一家牧场公司采用了新西兰所谓的管理密集的轮休放牧；这要求效仿工业化之前平原上牧群的自然行为：要让牲口不断迁移，这样就不会导致任何一个地方过度放牧。在加利福尼亚州，稻米种植农在收获之后用水淹他们的稻田，形成季节性的湿地，为成百万的野生鸟类提供栖息地，补充地下水，并改善土壤的肥力。此外，农民们可以将稻草打包出售，而不是烧掉了事，因为稻草的高含硅量使它成为有用的建筑材料。

这些公司，还有其他几十家公司，发现因采用了恢复性的方法，利润通常是增加了，尽管目前太少的公司采用这些做法，而政府并未为这种方法提供足够的激励措施。可能随着更多的经济活动变得本土化——在本土企业的影响更容易看见并被体会到，而且在本土方公物是社区的经济基础——这样的话这些在生态上和经济上可行的方法会更为普及。

制造规模的变化

能源、运输和农业体系的变化将使这些体系更和本土经济相亲和，而且消除伴随着长距离供应线、营销和旅行的资源使用中的浪费。让生产和制造本土化还会满足生态和民主方面的目标。

保罗·霍肯描述了意大利的艾米利亚—罗马涅地区最近所发生的变

化:"在那里,大规模生产性工作(配合着出口导向的经济)自1970年以来的急剧减少,已经为小企业的显著增长所抵消。"这个地区有400万人口,而登记注册的企业则有32.5万家。小型手工企业、当地工会、当地政府和商会结合在一起,合作共同采购材料,分享各种服务和市场评估,同时也设立共同的标准和质量担保。

这一行为是小型制造企业"集群"成"水平网络"以分享资源的努力的进一步表达。原本可能是相互竞争的企业为了共同的利益走到一起来,有效地击败企图入侵当地市场的大得多的外部公司的规模和体积。

技术规模的变化

超大规模的技术要求有超大规模的投资和超大规模的管理。它们的所有制结构和管理无一例外地偏向于不在场的、通常是全球性的按照敌视社区和民主治理的可诅咒的原则运作。如果制造业要更多地以社区为基础,要设计得更小,则所有的技术体系和基础实施也需要加以适当地设计并减小规模。建设用于材料的再利用、循环使用和恢复使用的地方性基础设施是强制性的,对当地能源体系的充分强调也是如此,后者包括太阳能,小规模发电,风能和本地的水能,其运作的规模应适应小型而灵活的制造过程的需要。

在经济活动的每个层面,技术的类型和规模都需要转变。本质问题应该总是关于技术是适合超大规模的经营,还是更适合当地的应用,家庭里的使用以及是否和以社区为基础的体系配套。以这样的衡量标准,像核能和长距离运送石油作为能源这样的技术应该位于能源体系清单的底部,其上是像前面所提及的那些地方性体系。运输和农业技术也是如此。

技术规模的转变还必须伴随着这样一个原则,即污染者必须为他们所造成的损害付出代价——不再可以通过外部性而转嫁出去了。而第四章中所描述的预警原则应该适用于每一次的技术干预。所有的技术在证明其清白之前,应该假设其对损害负有潜在的责任,这是对当前标准的逆转。

保险义务的承保范围是预防性标准的一个关键指针：如果保险行业拒绝承保，这就是存在危险和不可持续发展的一个清晰的信号。举例而言，目前，核电站、基因工程和大规模化工生产中所特有的风险都被外部化了，因为保险公司拒绝承保超过一定数量的损失，所以政府和纳税人为之承担了所有的风险。核工业和基因工程行业明确受到了法律的保护，逃避了它们的发明的全部风险。现在保险行业自身也在寻求政府的支持，要求弥补"再保险"行业（为保险公司提供保险的行业）超过一定数额的损失。

要求政府承担起灾难性事件的风险的论点的论证是，损失可能会大到没有一家公司或保险商能够承担得起的地步。例如，核灾难的成本可能是几千亿美元。但是，改良的、分散化的、本土性的经济体系中心逻辑的一部分是，如果一个工业过程有灾难性风险的可能性的话，那么预警原则就应该适用。如果风险超过了风险制造者的应对能力的话，那么它就不应该被允许。

绿色政府采购

其他有益的变化是，积极促进地方政府在经济活动的每一个层面实施绿色采购和所谓的对生态有利的购买项目。这站在了与世贸组织、世界银行和国际货币基金组织的规则完全相反的一面，而它们都阻挠地方性的偏好以及对某些生产过程的偏好，甚至例如给可持续性或采伐的林产品贴上生态标签一类的用生态可持续性的名义所做的选择。

最后，值得指出的是，此处所提到的许多原则——再循环、零污染、小规模、本土控制——已经是欠发达世界的标准经济做法了，通常都在当地带来了相当的成功。这些体系所出现的主要问题，很大程度是由于全球性官僚机构试图颠覆传统的本土性生产体系，从而照顾全球性的公司，也是由于全球化工业生产固有的不可持续性所造成的。

衡量的标准

本章到目前为止,我们讨论了我们社会中关键性的经济体系中的三个——能源、运输和制造——以帮助我们所有人进行思考,并得出我们的社会需要什么样的转变,才能打破公司全球化对我们选择权的控制的结论。我们讨论了一些变化,这些变化会有助于我们朝着更民主、更平等、在环境上更可持续的方向前进。在本章的这最后一部分,我们讨论一个相关的问题:即社会如何衡量这些体系成功与否以及社会的整体经济表现。

不奇怪的是,目前衡量我们成功与否的基本单位——国内生产总值GDP是因为它有利于公司所推动的全球化的相关诸多目标的实现,而同时边缘化把我们作为一个社会来判断我们所取得的进展的所有其他判断方式。这给了公司全球化一个强大的工具,在实际情况并不如此时,让我们相信我们现在所走的路是条好路。按照其他的标准,我们现在做得很差。

国民生产总值(GNP)和国内生产总值(GDP)

GDP 在 20 世纪 80 年代中期开始采用,这时它取代了此前使用的 GNP。我们稍后在本节里回头讨论这一重要区别。

这两个衡量指针都根植于第二次世界大战期间,当时美国的经济学家们试图找到一种方式来衡量这个国家的生产能力以什么样的速度增长,以满足战时生产的需要。在当时出于那样的目的它是一个有用的衡量指针,但继续采用它却导致了扭曲的分析和结论,从而加剧了本章前几部分中描述的问题。

GDP 衡量社会表现依据的是单一的经济标准,所有经济生产的总和的市场价值——也就是说,资源转化为商品并售出的速度,进入这个过程的活动,以及正式的经济中所有其他的我们为之付款的服务和活动。

其假设是：随着GDP的增加，社会会更为富裕；GDP的增长会带来进步和国家富强。竞选公职的政治家承诺增加GDP，而大部分的国内和国际机构用它来作为它们衡量成功与否的标准。

但是，很悲哀的是，这个体系是有缺陷的，因为它衡量的是错误的东西，而没有衡量它应该衡量的。对森林的彻底砍伐、对山顶的掠夺式开采、建设有毒的倾倒场所：所有这些都在GDP中表现为正面的指针。而军事设施和军事活动的扩张、监狱的建造、战争、犯罪（以及为防止犯罪所动用的资源）以及自然灾难后的重建也是如此。

商品在海洋上长距离的运输被视为是一件好事，因为它增加了许多层的经济活动，从生产到港口，从装船到发货。本土生产用于本土消费，由于涉及到的运输较少（以及较少的环境影响），被看做创造了较少的价值，因为它对GDP的贡献不是那么大。

无人为之付款的家庭劳动，对病人和老年人的照顾，社区内用于自给自足的粮食种植——通常都是由妇女所从事的活动——对GDP没有贡献，因为极少有货币换手，所以就不把它们统计在内了。同样，当任何人决定把土地、森林或其他原始地区作为生物多样性保护区时，情况也是如此。它并不作为一项积极的行动显示出来。夷平森林或在那片土地上开采铜矿或把它转变为机械化农业或住宅开发，这会增加GDP。

就像大卫·科顿喜欢指出的那样，用GDP做经济或社会健康程度的标准，"不比把一个人腰围的快速增加作为个人健康改善的指针更有道理。对社会的经济活动的优先次序应用这样一个标准，已经造成了经济活动的优先次序和资源配置的巨大扭曲，这把这个世界带向了社会和环境的崩溃。"

在《需要有衡量进步的新标准》一文中（这篇文章收入了杰里·曼德尔和爱德华·葛德史密斯主编的《反对全球经济的事实》一书中），两位作者克利弗德·科布（Clifford Cobb）和泰德·哈尔斯蒂德（Ted Halstead）（当时是"重新定义进步"组织的成员，该组织是使用GDP作为衡量标准的一个主要批评者）指出："GDP是常规经济学的世界观在统计上的沉淀。基本上，它假设生产出来的每一样东西依照定义都是好的。

它是一张没有成本栏的资产负债表；它不区分成本和收益、建设性和破坏性的活动，也不区分可持续和不可持续的活动。它是只做加法不做减法的计算器。它把市场上发生的每一件事都当成是对人性的增进，同时却对发生在货币化交换领域之外任何事情都视而不见，无论这件事对人类福祉是多么的重要。"两位作者总结说："如果说不这样做，经济学家一般都说，就是做'价值判断'。但拒绝做出这样的判断，这本身也是一种判断。"

把消极面考虑进来的重要性

GDP 不仅排除了有益的非货币化的经济活动，而且能方便地（对公司而言）在增长中省去了某些当下和未来的活动对社会造成的实际成本。最令人震惊的是 GDP 没有统计自然资本——表层土壤、矿物、森林、河流、海洋中的生命以及大气——的消耗，而这些自然资本的减少会耗尽任何社会的未来。前世界银行的一位官员、马里兰大学的霍尔曼·达利（Herman Daly）曾哀叹 GDP 的这一疏忽，并指出自然资本是世界上所有真实财富的基础。

科布和哈尔斯蒂德对此表示同意："当一家木材公司砍伐一片古老的红杉林时，GDP 增加了林木的市值那么多。但它没有考虑进去损失树林所涉及的经济、环境和社会成本。"GDP 实际上把资源的过度利用当做收入而不是消耗，这样就造成了在判断任何经济体长期的健康状况时令人瞠目结舌的扭曲。

类似的，粮食种植从小规模、本地化、使用有机肥的体系转变为产业化的农业，增加了杀虫剂和化石燃料的使用以及对长距离运输的需要。所有这些都是 GDP 的正面指针。但它们都有严重的健康影响，会造成各种各样的疾病。但令人诧异的是，对健康的这些影响也作为正面因素出现在 GDP 中，因为它们增加了医生的收费、医院的服务、救护车、医疗器械、药品等等。（杀虫剂和石油的使用所造成的脏乱要求昂贵的清洗作业，但这些对 GDP 也是有利的。）所以，从 GDP 的观点来看，公众健康问题是件好事而不是坏事。

特别是在高收入的国家中，经济增长（GDP 的增加）的相当一部分源于销售诸如瓶装水之类的东西，它实际上是对水供应的纯净度和安全的下降所做出的响应。另一个例子是对保安系统的需要的增加，这也是为了补偿社会中另一个负面的趋势。

在 GDP 会计学这个荒谬的世界里，甚至是坚实而稳固的家庭生活对经济也一无贡献，反而是离婚会产生律师费，而且可能意味着至少会增加一个需要购买家具和配备各种商品的新家庭——这对 GDP 是个正项。生下自己的孩子的女人对 GDP 没有贡献，但如果她雇用一个替身为她生孩子，这笔费用计入 GDP——同样还有向律师、医生和其他中间人支付的佣金和费用。留在家里照顾他或她自己的孩子的父母对 GDP 没有贡献。出去工作支付日托的父母增加了 GDP。太过平常的是，GDP 的增长实际上衡量的是社会或环境的恶化而不是进步。

还有无数的例子，其中采矿公司从土著居民的土地上开采黄金和其他矿藏，所使用的方法毁坏了表层土壤，毒害了当地的水源，向河床倾倒了大堆大堆的固体废物。人力和自然方面的损失可能是非常巨大的，而当地人的生计来源可能毁坏得需要几代人的时间才能恢复过来，但 GDP 账户仅仅记录下了矿石销售的收入和开采矿石的成本。

军事活动提供了最好的例子。军事设施、人员工资和大学里对武器系统的研究的所有增加都加进了 GDP 之中，尽管可以肯定它们还增加了社会的不稳定性和不安全感。一旦这些设施实际用于战争中，巨大的破坏就会出现，这需要随后的重新发展和重建——又是 GDP 的另一个正项，虽然这些行为的整个循环自始至终都是负面的。对因这些行为而致的死亡、破坏和污染根本就不加衡量。这样，一个进入备战状态的国家由此可能看起来在经济上更为健康，接受到更多的投资和其他经济利益。

GDP 反第三世界和穷人

编制 GDP 指数的目的，是为了有助于衡量不同年份的经济增长，而大部分经济学家都认为增长是改善世界上最穷的国家和民众的生活的关键。我们认为这个假设是错误的,是引人入歧途的。GDP 视之为正项的生态退化对穷人影响是毁灭性的,因为它减少了穷人赖以生存的资源——森林、土地、水源和生态多样性,降低了他们自足生活的能力,而且增加了他们的贫困。不管怎么说,GDP 对从增长中谁会获益不置一词,而这是一个核心的问题。

对于实际上会帮助穷人的商品和服务的生产——基本的食品、医疗服务、水、住宅、教育、工作培训等等,以及为富人而生产更多的奢侈品——高档的食品、宾馆、高尔夫球道,GDP 不做区别。这是 GDP 作为社会业绩的一个指针毫无用处的另一个表现。在经济快速扩展时期,太过常见的是通过掠夺穷人 GDP 实际上增加了,因为这样的增长常常源自生产性资源从社会的弱势群体系统地转移到有钱有势的人那里。这是低收入国家今天普遍的体验,在这些国家里,许多的开发项目——通常都由世界银行和其地区性姊妹开发银行的贷款所融资——都涉及到征用穷人赖以维持生计的土地,并将其转而用于水坝、旅游景点、产业化农业和林业地产、住宅开发等等,它们的目的是让那些已经比被迁置者更富裕的人获益。通过这样一个过程,对生产性资产的控制整合到有产阶级的手中,而工资则被压低了,因为在被迁置者中工薪者的人数增加了。按照经济增长和 GDP 指数的逻辑,所有这一切都要算作是进步。

数字清楚地证明了这一点。在全球化国际论坛近期的一份题为《全球化帮助了穷人吗?》的报告中,引自经济学家、研究人员、学者和记者的一百多条引文显示,在世界上经济增长最为加速发展的 30 年时间里(从 1960 年到 1990 年),一国之内和各国之间穷人和富人的差距极大的增加了(参看第三章中的专栏框 G。)许多这些资料实际上来源于通过全球化推动快速经济增长的机构,包括世界银行、国际货币基金组织、联合国,甚至是中央情报局。

GDP 的衡量指针对于世界的南方还有另外一个直接的负面影响。那里的大量生产活动都是出现在非正规部门——社区和家庭之间的合作和交换——以及生存性农业中。这些都不出现在国民账户上。这些活动隐匿不见的净效果是为开发机构打开了方便之门，它们可以要求采取更为"生产性"的经济方式，如对资本密集的基础设施、产业化农业、高技术装配业务等等增加外国投资。所有这些都可以形成 GDP 意义上更好的数字，而且增加进步的幻象，但它们直接破坏了传统的经济、文化和自力更生的体系。对地方活动的某种小规模的经济支持不会让世界银行的发展数字显得那么地光彩夺目，但是却对当地民众要有利得多。

最后，我们要提到甚至更为隐蔽但却是阴险的对衡量标准的操纵，这发生在 20 世纪 80 年代的中期，那时官方的衡量体系从国民生产总值（GNP）转成了 GDP。按克利弗德·科布和泰德·哈尔斯蒂德的说法，这一转变造成了"一个根本性的变化，它夸大了跨国公司的贡献。在老的 GNP 之下，跨国公司的利润归属于公司所在的国家。如果固特异在印度尼西亚拥有一家工厂，那里产生的利润会包括在美国的 GNP 数字中。但现在，在 GDP 下面，利润包括在了印尼的数字之中，尽管利润要回到美国来"。

这一战略上的转变使得南方国家的财富看起来在增长，而实际上跨国公司为它们北方国家投资者的利益而带走了这些利润。南方国家一无所获。依科布和哈尔斯蒂德的说法："突然，跨国公司成了没由头的恩赐……它在更大程度上掩盖了全球化的社会和生态成本。"

衡量什么是重要的

最近，有使用像道琼斯工业平均指数和东京证券交易所指数这样的指数的趋势；在有些地方，它们正在替代 GDP 成为最受关注的经济指针。有些国家的电视台和电台每小时发布市场波动报告，伴随着大量的评论。但是，股票价格是比 GDP 更没有意义的人类富裕程度的指针。世界人口中只有极小一部分拥有股票（尽管在美国大约有一半人这样），而且由于 20 世纪 90 年代后期股市泡沫随着公司丑闻不断地被揭露出来而破裂，股票价格和实质价值几乎没有了联系。股价的提高，增加了那些持有股票的人相对于那些不持有股票的人的金融力量,但如果没有生产能力的相应增加的话,这对社会主要是负面的——这是不断增加的不公正的源泉之一。

但我们也看到了非常有希望的新努力的迸现,开发出新的更好的指针体系,去更为准确地衡量那些重要的事情。通过联系加拿大可持续发展国际研究所、环境加拿大、联合国开发计划署或者重新定义发展(美国)这样一些机构,读者可以了解其中一些的更多细节。这些机构与世界银行和联合国可持续发展部门一道,提供了部分这些指针建议的详细清单。(参看 http：//iisdl. iisd. ca/measure/compindex – asp。)我们在此对它们的建议做一概览。

真正进步指针(**GPI**)

这是比较有名的 GDP(genuine proyress lndicator)替代指针,由位于加利福尼亚州伯克利的重新定义进步组织所开发。GPI 中包括了 GDP 中现在所没有的许多因素:资源损耗、污染、长期环境损害、家务劳动和非市场化交易、对增加闲暇时间的正调整、对失业和非充分就业的负调整、收入分配(对体系中更大公平的正调整,更大不公的负调整)、对耐用品和基础设施更长使用寿命的正调整、对防卫性开支(那些试图维持现有水平的服务而不增加任何东西,如污染控制设施和汽车事故的医疗和材料成本)的负调整,以及对可持续投资(它鼓励国内而不是外国投资以及利用储蓄而不是借款投资)的正调整。

GPI 指数与 GDP 指数比较的结果对各个国家各不相同,但总体显示 GPI 的增长直到约 1980 年与 GDP 或多或少是同步的。随后它即大幅下降了。GPI 相对常规的 GDP 统计是一个很大的改进,因为它开始让不计成本和损耗地追求增长的负面效应显现出来了。

社区会计体系

在菲律宾经济学家斯克斯托·诺克萨斯（Sixto Roxas）工作的基础上，他的国家成为为建成真正的社区会计体系而努力的重要中心，这样的体系将家庭而不是企业作为基本的会计单位。差别是本质上的，因为在许多情况下，单个公司的利益是和家庭和社区的利益相左的。例如，企业因以尽可能低的工资雇用尽可能少的工人而在经济上获益。形成对照的是，家庭会由于其成员以尽可能高的工资充分就业而在经济上得益。企业以高价格出售其产品而获益，而家庭则是以低价格购买而得益。

许多投资项目对企业和个人来说利润很高，但对社区却代价高昂——例如，砍伐整片森林以出口，或是所谓的出口加工区。后一种情况征用了土地，主宰了当地政府的决策，享有税收优惠，要求有完全成形的基础设施（而这必须由当地纳税人支付）对当地的水供应和发电有优先权，除了以低工资雇用劳力外与地方经济少有联系，而且因它们的有毒废弃物而污染了当地的土壤和水供应。位于出口加工区内的企业产生了可观的利润，这些利润被立即弄到国外，但对于它所引发的社区成本却没有给予补偿。

相反，社区会计体系将家庭和社区作为基本的会计单位，而且从社区的角度评价经济活动的成本和收益。在所有层面上，以社区为基础的会计体系所规定的经济是与其居民不可分割的，而且与负责管理经济和它的自然资源基础的当地政府对应。

社区的资产负债表将当地的自然资源存量显示为资产。生产过程如农业、林业、矿业、渔业、贸易和服务业中的生产，形成资产在存量、企业和家庭之间的流量，揭示资源消耗和收益分配方面的后果。对整片森林的砍伐立即在相关社区资产账户上资产的缩减中反映出来。未能满足的家庭需求被分辨出来，流入流出社区的资源揭示出来了，社区的富裕程度与其当地的生态系统之间的联系也得到了强调。这导致看投资决策的角度显著不同于由项目评估的常规方法所提供的视角。通过社区的资产负债表，社区可以更为准确地评估所建议投资的影响，并相应地同外来投资者和贸易者进行谈判。

基于社区的会计体系还是推行辅从性原则的一个重要工具，因为它们让当地的管辖部门可以更清楚地了解，什么时候贸易相对于当地生产可以为社区提供真正的利益——而什么时候不是这样。这就鼓励了相当程度的自立，但社区对有益的贸易和外来投资依然是开放的。

本土指针倡议

世界各地的许多社区已经采取了它们本土的行动，编制社区的社会和环境健康指数。重新定义进步组织仅在美国就发现了超过两百个这方面努力的例子。这些努力由市民所主导，它们主要集中在人们想生活的那些类社区中。认识到所涉及的人类和自然体系的复杂性，这些行动并不试图达成一个单一的指针。所选中的指针中，许多都反映了对自然和人类体系之间相互作用的高度精致的理解。它们极少将经济增长包括进去。

例如，"可持续发展的西雅图"所选择的社会和环境健康方面的主要指针，是野生鲑鱼季节性产卵洄游量。这几乎是一个本能的认识，即野生鲑鱼的状况衡量了这个地区所有生命赖以生存的水域的健康程度。有毒化学物质的排放、森林植被的丧失、河水流动的遭破坏以及城市的蔓延，这些都会导致鲑鱼洄游的减少。

"可持续发展的西雅图"对河流质量的衡量也同样地精细。它使用的不是对污染物存在与否的常规检测，而是被称为生物完整性深水指数这样一个标准，这是对生活在水域底部（深水）无脊椎动物的多样性和密度的衡量。这是鱼类、鸟类、两栖类动物和其他生物赖以作为其食物的蜉蝣类生物、石蝇、蠕虫、蚌类以及其他种类的昆虫和无脊椎动物。水质越清，它们也就越是繁盛。

诸如对行人和自行车友好的街道的数量、靠近都市村庄的开放空间数、燃料消耗和车辆行驶里程的减少量、从事园艺活动的增加量以及图书馆和社区中心的使用量等指针，都反映了对城市生活的生理和社会质量的关注。

诸如当地农田产量、就业密集度和社区再投资量等指针则揭示了对经济多样化和本土所有权的作用的重视。而决定将诸如失业率、个人收入分配、满足基本需要所需工作的小时数，以及低出生体重婴儿的比重、生活于贫困之中的儿童比例、成人识字率和司法中种族平等状况（例如不同种族批捕率上的差异）包括进来，则揭示了强烈的平等诉求。

其他有用的指数和报告包括这些：

- 环境可持续性指数（包括环境可持续发展的 20 个指针）
- 我们所生活的星球指数（动物物种和生态系统变化方面的指数）
- 生态脚印（对自然资源消耗的估算）
- 可持续发展指针（提供一个可持续发展指数）
- 可持续发展仪表板（提供一个政策绩效指数）
- 安康状况评估/可持续发展温度计（综合衡量人类和生态系统的安康状况）

（以上名单取自詹姆斯·古斯塔法·斯贝斯［James Gustave Speth］的《清晨的红色天空：美国和全球环境危机》一书。本章所提到的所有组织的网址，可在本书最后所包括的数据库部分找到。）

此处所描述的所有这些新的指针，还有其他一些指针，都否定了社会的富裕程度主要取决于经济增长的观点。经济扩展只是符合了经济学家、金融家、公司首脑以及其他像他们这样的人的利益。但穷人为他们自己说话时，他们说出的是他们需要切实的权利，保证他们赖以为生的土地和水源、支付能生存的工资的体面工作以及他们孩子的医疗保健和教育。有人说他们需要钱，但他们如果说过的话也只是极少说"我们需要经济增长和股价上涨"。

衡量任何社会健康程度的最好方法之一，可能是运用这样一些指针，它们显示我们中间最容易受到伤害的人——儿童、穷人和老人——的状况。如果婴儿死亡率低、每个人都识字、穷人和老人都得到赡养、犯罪率低、选民投票率高而社区事务得到很好的管理，那么我们看到的很可能是一个健康的社会——无须管他什么 GDP、GNP 或道琼斯平均指数。

第八章　替代性的运作体系（2）

在前一章中，我们讨论了当代社会的三个中心性的相互关联的运作体系——能源、运输和制造——以及第四个体系对另外三个体系成功还是失败的衡量方法。对所有四个体系，我们都指明了新的道路。本章将讨论另外两个关键的运作体系——农业和传媒。尽管这两个体系不像前一组体系联系得那么紧密，但它们对地球上任何的地方都有关键的影响和作用，而且它们都处于一个重要的危机点。我们致力于纠正这两者目前的方向，这是十分必要的。

然后，我们会在最后提出一系列的例子，这些例子中的团体已经决定走自己的路，在地方和地区层面上践行他们对替代性经济和社会活动的真知灼见。如果有更多的篇幅介绍更多的这样的事例就好了，因为它们是我们所有人的榜样和激励力量。

农业和食品体系

如果说能源体系是世界环境和地缘政治危机的主要原因，那么对小规模的、多样化的、自给自足的、以社区为基础的农业体系的破坏，以及用公司化的、出口导向的单一种植业来代替它们，则是导致农村居民失地、饥饿和粮食不安全的主要原因。此外，随着农业公司每年花费几十亿美元进行游说、广告宣传和公关努力，推销加速其发展的贸易政策，农业上的这一转变的步伐正在加快。这些公司争辩说产业化农业比传统农业种植方式更有效率，更有可能养活饥饿的世界。但所有的证据都系统地显示了与其相反的一面；产业化耕种的所谓的效率，只是靠大量的政府补贴才得以维持，而且它造成的饥饿比它解决的还要多。

我们在第二章中简要描述了这个问题，但为了说明这个问题的规模和严重性，我们将在此处做更为仔细的分析。世界人口中约一半左右仍然直接靠土地生活，种植他们自己的主食，以养活他们的家庭和社区，他们利用当地几个世纪以来形成的种子类别，他们使他们自己的肥料，轮作制度和病虫害管理体系极为完善。在传统上他们的社区共享了当地所有的公有财产，这包括水源、劳动力和种子。他们在保存社区生存所必需的生物多样性方面堪称楷模。正如联合国环境环境计划署（UNEP）一份报告所指出的："在印度，农民在耕种了两千多年产量都没有下降的田地里种植了超过40种不同的作物，却仍然没有出现害虫。"（引自达瑞尔·波斯［Darrell Posey］的《生物多样性的文化和精神价值》一书）

这同一份 UNEP 报告提到了许多当地民众几千年以来所采用的"生态农业"的方法。他们的工序是"建立在生态知识和理解的基础上的"，而且"高度地有效、多产，并且内在地是可持续的。他们采用了创新性的灌溉、排水、土壤施肥、霜冻控制和疾病管理技术，成功地适应了困难的自然环境"。例如，在中美洲，独具匠心的高位河床系统，有着各种各样的称呼如恰尔姆帕斯（chiampas）、瓦努·瓦努（waru waru）或塔布洛尼斯（tablones），它们克服了非常恶劣的环境条件，成功地养育了人口而没有造成生态破坏。类似的适合当地情况的系统也可以在非洲、安第斯地区、南亚和许多其他地方找到。

本土的和农民的系统还保存下来了仍为世界上绝大部分人所使用的传统药用植物，尽管这些药用植物现在正在被全球性公司所凶猛地猎取并注册专利。

UNEP 的这份报告总结道："现代农业"已经成为"本土和当地社区以及生物多样性、健康的生态系统和粮食安全的主要威胁之一"。但无论小规模的社区农业是多么地成功，它依然是全球性公司和贸易官僚机构所欲除之而后快的事物。

第八章　替代性的运作体系（2）

正如前面所解释的，地方体系、小企业所有者、本土系统以及家庭种植与全球性公司的运作不相容，所以我们面对着非常有攻击性的国际运动，它颠覆了小户农民生产生活方式，把他们从他们传统的土地赶出去，为产业化农业体系、不在场的所有者以及面对出口市场引进奢侈的单一种植开辟道路。其结果是，一度是可行的、自足的社区，正在越来越变得无地、无家、无现金而且忍饥挨饿；在强调机器和杀虫剂密集型生产或生物技术的工业模式中，可以提供的工作机会极少。同时，曾经是社区生活的经济、社会和精神中心的粮食作物种植活动遭受到毁灭性打击，同时遭受损失的还有社区的文化核心结构。这对美国来说是如此，对世界上其他任何地方来说也是如此。故此，曾经自给自足的农民，其生存变得依赖于福利制度，或者他们逃往已经拥挤不堪的城市，与所有其他的新来者一起竞争工厂工作机会。

专栏框 P

世贸组织对小户农民的不公对待

戴比·巴克尔（Debi Barker），全球化国际论坛组织

2003年9月世贸组织坎昆部长级会谈破裂，主要原因是世贸组织的农业协定（AOA）规则明显不公正。世贸组织的规则，以及国际货币基金组织和世界银行所设置的贷款条件，增加了饥饿、贫困、农耕和农村生计的丧失，而且破坏了全世界的生态系统。在坎昆，一群发展中国家，当时称之为"21国集团"，坚持认为在不公正的农业规则得到解决之前——这是自西雅图会议以来一直承诺的事情，它们对任何新问题（也即进一步贸易自由化的政策）不予谈判。

第三世界农业所处的悲惨境地与不公正的全球规则直接相联，这些规则允许富国保护并补贴它们的大农场和食品公司，而与此同时向发展中国家施压，要它们向廉价的粮食进口开放市场。因为富国有能力提供出口补贴，所以粮食以低于成本的价格（所谓倾销）卖到了穷国。穷国没有能力为出口提供补贴，所以它们处于极端不利的地位。

出口倾销是发展中国家所面临的最为常见的问题之一。工业化国家每年倾销几百万吨提供了大量补贴的故而其廉价是虚假的粮食商品至发展中国家，从而摧毁了大量自足的粮食经济体以及成百上千万计的农民的生计。例如，墨西哥的农民不再能同美国的产品（主要是得到了补贴的玉米和棉花）竞争；海地和洪都拉斯的稻米种植农在他们依照世贸组织和国际货币基金组织的规则降低了关税后，失去了他们的耕种收入，而且突然面临着得到补贴的美国稻米的涌入；而牙买加的奶农无法与廉价的、得到了补贴的欧洲奶粉竞争。得到了补贴的美国棉花席卷了许多非洲国家的棉花市场，特别是马里、贝宁和布基纳法索，它们因棉花价格下跌所失去的收入是它们接受的美国外援的两倍。

这些事例源于以下三者的结合：（1）国际货币基金组织和世界银行设置的贷款条件以及世贸组织要求发展中国家必须降低或消除关税并开放它们的市场给更便宜的、得到了补贴的外国粮食商品；（2）世贸组织的规则要求进一步减少穷国设置进口关税和配额、保护当地农民的权利；以及（3）世贸组织的规则禁止补贴，但允许某些富国为了能廉价出口进行补贴。

总而言之，发展中国家被剥夺了保卫它们的粮食基础和农村生计的机制，而富国和公司则实际上被允许对出口商品提供补贴，这些商品则倾销到穷国那里。

在世贸组织的贸易体系之下，富裕的北方国家实际上自世贸组织成立以来就被允许增加其补贴。从1995年至2001年，四类主要的美国商品的倾销增加了——小麦从23%增加到44%，大豆从9%增加到29%，玉米从11%增加到33%，而棉花从17%增加到57%。对欧盟（EU）农民的直接补贴支付也增加了，助长了北方对南方的商品倾销。其净结果是穷国种植社区的浩劫，这导致了在坎昆向北方叫板的发展中国家联盟的形成。

在坎昆的世贸组织会谈破裂后，美国的贸易谈判代表很快防卫性地指出，所有国家都应削减补贴并降低关税税率。虽然世贸组织设定了发达国家必须削减补贴并降低关税的时间表和指导原则,但是,对出口商——大型产业化农庄和巨型农业综合企业最有利的补贴却并不在削减之列,而且某些关键性的北方商品也免于降低关税。(它们根据一项称为"蓝黄绿盒子"的复杂的方案而受到保护。这里可以清楚看到产业化农业公司的影响;许多这样的公司是世贸组织协定的关键顾问。)

当发展中国家中数以百万计的农民被贸易协定和国际机构的政策所摧毁时,北方国家农民中的大部分日子也不好过。2001年美国农民的净收入比1989年下降了36%。来自欧盟的数位是类似的。最近对英国种植地区的一项调查显示,农民每小时的平均收入仅有3.6英镑,低于英国的最低工资。美国和英国都丧失了创记录数量的小农场主,因为他们无法同大型产业化农庄相竞争。

这主要是因为世贸组织所奉行的补贴体系照顾了巨型农业综合企业的利益而牺牲了较小的种植农,而北方国家的国内种植政策,如美国自由耕种法案和欧盟的共同农业政策(CAP)亦然。美国的种植补贴剧增到每年超过200亿美元,而20世纪90年代早期(前世贸组织时期)平均每年只有90亿美元。但不到20%的美国农民得到了美国补贴的全部美元中的86%。三分之二的农场(小规模的那种)根本就没有得到补贴。2002年欧盟的CAP约有500亿美元,几乎占欧盟预算的一半。像在美国一样,仅有20%的欧盟农民得到了补贴。

随着欧盟增加了更多的"新加入国",许多国家对他们的农业基础表示出了担忧。以波兰为例,它拥有250万的小户农民。按照欧盟现行的照顾大型农场的政策,许多人可能会被迫离开他们的土地,为更大的、更"可行的"农业单元让路。

如果说补贴是一个主要的问题,那么另一个就是农民所拿到的低商品价格,这在北方国家和南方国家都给数以百万计的农民带来了财务破产。这个问题也源于全球规则对巨型农业综合公司的偏袒。这些公司得以形成对世界上许多农产品的支配地位,并控制了它们的全球价格和供应。现在，几家公司交易着几乎全世界的玉米、棉花、小麦和大豆，而咖啡、糖和其他热带农特产的交易也高度集中。在农业原料供应（种子和化学品）和食品加工、销售两个方面，都存在着近乎垄断的局面。这让穷国的小户农民受制于公司、商品经纪人和市场的反复无常，而且其产品一般也无法得到公允的价格。以前小户农民可以种植粮食自己食用并在当地市场出售，现在对他们生计的最终控制权则掌握在远方的力量的手中。

整个过程的净结果是南方国家和北方国家的农民更加贫困、更加没有土地，由于产业化农业的做法而造成的环境浩劫，以及食品安全和营养的降低。

全球性机构和贸易协定的作用应该是确保国际贸易的公平。需要有多边规则保护弱者不受权势者的剥削。迫切需要的是新的公平贸易规则，以及偏向本土而不是偏向不负责任、不民主的国际制度的国内和国际政策。

那些仍能继续种植的人发现他们被挤到了最不肥沃的土地上，或者必须顺从于由出口导向的大土地所有者主导的封建制安排，这些人控制了农业原料的供应、生产的方法和产品的价格，而且为了压低成本提高利润试图尽可能地压榨小生产者。最为重要的，这些不在场的所有者并不种植多样化的粮食作物供当地的家庭和社区食用，而是强调奢侈的单一种植，像观赏鲜花、盆栽花木、棉花、咖啡豆、虾、牛肉、奢侈类蔬菜、大豆等等，其目的是直接运送到大部分人都已经吃得过饱的国家去。曾经养活了数以百万计的穷人家庭的土地现在喂养着这些吃得过饱的人。

这样一种基于出口的体系，是否能够像孟山都和阿彻·丹尼尔斯·米德兰（ADM）公司通过几十亿美元做广告所宣称的那样有助于养活整个世界，这是很值得怀疑的。这种自由市场宣传的受害者在全世界都可以找到。就像粮食和发展政策研究所（粮食第一组织）所报告的那样，即使是在全球粮食贸易最为加速发展的时期，即过去的30年里，全世界饥饿人口增加的速度甚至比人口增长的速度还要高。现在世界范围内有近8000万的饥饿人口。

确实,就在许多国家经历着农业出口的有力增长的同时,它们所报告的贫困和饥饿也在不断增加。例如,在泰国,1985年至1995年间的农业出口增长了65%,但处于贫困线以下的人口的比重在同一时期增加了43%。在玻利维亚,1985年到1990年之间出口出现了可观的增长,但农村人口的95%每天所得仍然不足一个美元。在菲律宾,种植观赏鲜花以供出口的土地面积有巨大的增长,而用于种植如稻米和玉米这样的主要粮食作物的土地面积则相应地下降了。这一转变毁掉了约35万农村人口的生计。菲律宾以前在稻米上长期以来都是自给自足的,在20世纪90年代后期发现稻米进口增加了10倍,这增加了依赖和饥饿。

在20世纪70年代的巴西,当时大豆出口显著增加了——运送到日本和欧洲用做动物饲料,饥饿的比例也从人口的三分之一增加到了三分之二。在20世纪90年代,巴西实际上成为世界上第三大农产品出口国,投入产业化大豆种植的土地面积从1980年到1995年之间增加了37%,在这个过程中转移了数以百万计的小户农民。而与此同时,稻米主食的人均产量则下降了18%,增加了饥饿和贫困。

在安大略省金斯敦召开的2002年人民与地球会议上,万达那·谢娃(Vandana Shiva)对此情况进行了总结,指出饥饿和贫困的根源至此已经很明显了:"就是丧失土地和丧失对本地资源如水源、种子和生物多样性的控制的结合。所有这些对于种植类社区都是基本的,但它们现在掌握在全球性公司的手中。"她接着讽刺说:"美国和其他富裕的粮食进口国的粮食安全很大程度上取决于对其他人安全的破坏。"

对业已确立的社会安排和文化的粉碎性打击,也导致了部族之间和种族之间的敌对状态,因为人们被抛入了对稀缺的土地和资源的竞争。例如,在印度的旁遮普邦,印度教徒和穆斯林教徒在传统上是相互合作、和平相处的。但部分地由于所谓的绿色革命——20世纪60年代和70年代由世界银行支援、由公司所推动的向化肥和机械密集型生产的转变,他们彼此武力相向。这种生产方式要求大量增加淡水的使用,而这已经就很稀缺，故而造成了对淡水供应的竞争。非洲也发生了类似的因资源稀缺而引发的冲突，这是由于世界银行所鼓动的为出口而进行产业化单一种植生产要使用大量的水用于灌溉，而这加剧了资源的稀缺。

产业化农业是世界上对地球上稀缺淡水的最大消耗者之一。商业性的杂交小麦种子比印度所开发和种植的传统小麦品种要多消耗20倍的水。将水引入产业化农庄所需的大规模基础设施对环境也有毁灭性的影响，而化学肥料和杀虫剂造成了水源和土壤的退化，导致了物种灭绝、空气污染，还有其他一些可怕的后果。按照史蒂芬·戈雷里克（Steven Gorelick）——他为总部位于英国的生态和文化国际协会（ISEC）撰写文章——的说法，政府为产业化农业中所使用的水提供了补贴，或者是直接的，或者是通过为大规模灌溉工程买单而进行。举例来说，这鼓励了水密集的单一种植在诸如加利福尼亚州的圣加金谷（San Joaquin Valley）这样以前是沙漠地区的增长，而在这样的地方，没有水补贴产业化种植就不可能存在。

至于说效率，只有在忽略不计产业社会提供给农业综合企业的一长串隐性的、公然的补贴的情况下，全球性产业化农业才可以称为是有效率的。在ISEC的报告《认识粮食经济》中，其作者海林娜·洛伯格-霍基（Helena Norberg-Hodge）、史蒂芬·戈雷里克和托德·麦瑞菲尔德（Todd Merrifield）列出了工业化大国中的一长串补贴，包括促进出口的支援措施，以及对生物技术及化肥和能源密集的单一种植的研究、教育和应用的巨额资助。根据这份报告，许多国家的政府"直接补贴了杀虫剂和化学肥料，以此鼓励大规模的出口农业"。这些国家中的大部分之所以这样做，是受到了世界银行和国际货币基金组织政策的怂恿，也是因为来自全球性公司的压力。例如，在20世纪80年代，中国每年对杀虫剂的补贴平均约为2.85亿美元，埃及为2.07亿美元，而哥伦比亚为6900万美元。巴基斯坦全部农业预算的75%左右投入了对化学肥料的补贴中。但对于小规模有机耕作方法却很少有支援。

产业化农业还依赖于大量注入得到高度补贴的能源，以操作种植机械和生产杀虫剂及化肥。目前的估计是，产业化农业模式中生产粮食所使用的能源比消费粮食所获得的能源要多3倍。在加拿大，种植中的能

第八章 替代性的运作体系（2）

源使用在 1990 年至 1996 年间增加了 9.3%。在发展中国家里，当处于绿色革命的鼎盛时期时——即 1972 年至 1982 年，农业生产中全部的能源使用增加了 30%，这还不算农产品运输、销售和包装中的能源消耗。

需要昂贵的杂交种子、生物技术种子、肥料、化学品和杀虫剂、拖拉机，以及其他高能耗系统的种植业的机械化的、现代的工具是由世界银行、国际货币基金组织和世贸组织所推动的，但却是全世界小户种植农处于悲惨境地的主要原因，它们导致了债台高筑、饥饿增加、小型农庄遭弃，以及农场中自杀现象的蔓延。

此外，产业化农业过程所造成的清理成本，其"外部化"过程中还有巨额的隐性补贴：遭到毒害的土壤、河流、港湾、野生动植物栖息地等等。产业化农业还是大气变化的罪魁之一，因为它依赖于长距离的运输到达远方的市场。进口粮食的西方工业化国家所吃的平均每盘食物，有可能从其来源地旅行了 1500 英里。其中的每一英里都加剧了我们这个时代的环境和社会危机。缩短制造者和消费者之间的距离，是任何改变产业化农业的改革的关键目标之一。

ISEC 的这份报告说："如果这些对大型全球化制造商的补贴转而投入适当的小规模、更为本地化的制造者，就会对转向更为生态化的和平等的粮食经济起到重要的推动作用。"

全球化导致这一情形无限地恶化了，因为全球贸易和投资规则强烈地偏向于全球性的农业综合企业。世贸组织的规则也允许对出口商和商品贸易商进行补贴，但却不允许对作为南方国家特征的小规模生产这样做。天平的指标极大地偏向规模最大的公司这一边。在国家和国际官僚机构层面上的这些情况和政策，带来了农业中公司合并和集中的程度不亚于任何一个行业，包括石油业。例如，根据 ETC 团体，到 2000 年，五家谷物交易公司控制了世界谷类商品市场（以及其价格）的 75%。在美国，四家家畜加工商控制了美国市场的 80%（是它们在 1980 年的份额的两倍），而五家食品零售商则控制了零售食品销售的近 50%。

所有这些都让小规模制造者和小户农民陷入了可怕的困境，因为他们在农业生产的投入和他们的流通渠道这两方面都被数量不断减少的巨型公司所控制,而这些公司还控制了商品价格市场。有意地把养活其家庭和当地社区的农民从他们的土地上分离出来,用生态上不可持续的、由不在场的土地所有者控制的出口生产来替代他们,任何这样的体系一望即知是荒谬的。在"进步"的名义下,家庭农田和农村社区被赶到了绝境。数以百万计的人在被逐出了土地,赶入了不断膨胀的城市。这个过程必须要逆转,而且它可以被逆转。(参看专栏框 Q。)

针对替代性方案的行动和政策

全世界数以百万计的人们正在动员起来,改变产业化农业全球化带来的问题。仅在印度一地,就有几百万农民抗议大型公司对当地生物多样性和种子的生物侵权以及对当地品种最终的商业化专利注册。(对生物侵权的更多介绍,参看第五章。)

这一运动还包括日本、菲律宾、玻利维亚和德国数以万计的农民,而最引人瞩目的,是整个第三世界中无地农民的不断加强的国际性运动,这些农民要求推行有意义的土地改革过程。例如,在巴西,无地农民运动(简称 MST)已经赢得了可养活 25 万家庭的超过 1500 万英亩农田的所有权。巴西政府已经认识到,承认 MST 占领的土地的合法地位——特别是在这些土地此前是闲置的情况下,相比较让几百万人活在赤贫中,没有食物、没有工作,濒于暴力、恐怖主义和公共健康灾难,更进一步塞满已经过分拥挤的城市,其成本(即使包括对以前的土地所有人的补偿支付在内)要低得多。(也可参看本章后面一部分——"人民的替代性行动"。)

专栏框 Q

回归保护大气的农业

爱德华·葛德史密斯(Edward Goldsmith),生态学家

产业化农业造成了世界二氧化碳排放量中的 25%,甲烷气体排放量中的 60%,以及一氧化二氮排放的 80%——都是导致大气变化的主

第八章 替代性的运作体系（2）

要气体。(也可参看第二章中的专栏框 F。) 如果放弃当前的产业化农业模式，坚持几个世纪以来提供了充足的粮食且维护了生态系统的传统的、可持续的农业体系，这些气体的排放就可以得到有效的遏制。下面是我们可以采取的一些步骤：

一氧化二氮

在过去的几十年里，热带雨林以令人震惊的速度遭到砍伐，主要是为了转成产业化农业，以种植出口作物或者为了放牧牲口。其结果是数百万吨的一氧化二氮气体的排放。氮肥，产业化农业的一个标志，是一氧化二氮排放的另一个主要来源，高达每年全部排放量的 10%。有几个世纪历史的替代性选择有：有机覆盖肥、粪肥，以及其他低技术、"就地取材"的肥料，它们促成了健康的土壤和丰盛的作物。

甲烷和二氧化碳

甲烷排放量急剧增加是因为用洪水灌溉和用氮肥浸润稻田，以及显著增加用产业化方式喂养家畜——特别是牛。用高蛋白谷类食物喂养的牛比用青草喂养的牛排放出的甲烷气体要多得多。而用有机雨水浇灌的稻田排放出的甲烷气体要明显少得多。

二氧化碳排放主要是由于土壤中的碳流失到空气中所造成的。现代化产业化农业由于如下这样一些做法而促成了这一问题：森林砍伐和排干湿地，导致土壤暴露于自然环境的深耕，影响到土壤的重型机械的使用，破坏土壤结构的化肥和杀虫剂的使用，过度放牧导致的沙漠化，以及大规模种植单一作物的做法。

使用粪肥、混合肥、有机覆盖肥以及如森林树皮、稻草或其他反哺回土壤的有机材料，不仅会减少一氧化二氮的排放，而且可有效防止土壤中氮的流失。这些肥料还会减少由土壤传染的疾病并提高作物的产量。根据联合国粮农组织（FAO）的说法，农林——在作物中或附近种植树木——体系是让土壤最大程度地吸收碳的好方法。

产业化农业的高能源密集度进一步导致了二氧化碳排放量的增加。最近在英国进行的一项研究得出结论，英国和德国的非机械化的、或者说传统的农业体系比产业化农业少使用 7 倍的化石燃料。

现代化的灌溉是能源特别密集的。当水从超过 30 米深的地下抽取上来并导入灌溉系统时，玉米生产中抽水灌溉所需的化石燃料能源是用雨水耕作所需的化石燃料能源的 3 倍。我们对常年灌溉的依赖，很大程度上是由于商业性的杂交种子品种，以及转基因的种子，它们要求多得多的水，就像它们要求更多的化肥一样。农民们所保存的种子——它们经过几千年的发展和挑选来适应当地特定的气候和生态条件——有更长的根，可以深入到土壤中寻找水份的来源，而这是商业性的种子所做不到的。

用于灌溉的水目前占了全世界全部水消耗量的近 70%，而这一数位预计在未来 20 年里会翻番。由此所致的水稀缺导致出现了要求水私有化的压力。（在印度的奥里萨邦，由于私有化，水价上涨了 10 倍，小户农民再也负担不起。）

在农业产业化之前，许多地区都已形成了有效而非密集的水体系。有些粮食生产者仍在使用这些体系——雨水收集池、低流量灌溉以及其他这样的方法，这是些低成本、低技术的方法，促成了高粮食产量并维护了水域。

大部分产业化农业生产都是为了出口市场——这造成了运输、包装和长距离储存中化石燃料使用量的巨大增加。世界石油消耗量中的八分之一用于运输，而粮食产品占据了其中的相当比例。

粮食的这种旅行和贸易是完全没有必要的。这被称做"巨大的粮食交换"——货船在夜间穿梭往来，一艘装满谷物从美国前往印度，另一艘则搭载着谷物从印度驶向美国。这个体系有利于一小撮谷物贸易公司，但在全世界造成了粮食巨大的不稳定。本土化的粮食生产和流通是减少化石燃料运输的一个途径。

如果传统的农业体系许多世纪以来成功地为数以百万计的人提供了粮食和天然纤维的话，我们为什么要对粮食生产做出如此剧烈的变革，构成对地球的大气层本身的威胁呢？

世界银行的一份报告指出："小户农民是他们自己的资源——他们

的土地和资本、肥料和水源——的杰出管理人。"但这份报告继而哀叹道:"农民需要被诱导去为市场而生产、采用新的作物而且承受新的风险……直到数量足够多的处于生存状态的农民因新的消费欲望的增长而改变他们的生活方式,这种生活方式所形成的劳动力供应上的局限使引进新(出口型)作物很困难。"

换言之,我们摧毁成功的本土农业体系,是为了给造成浪费的产业化农业公司带来利润,而这威胁到地球的健康。立即从依赖于密集使用化肥、水和化石燃料的产业化农业体系,转向基于传统的、生态上可持续的做法的本土化模式,这是势在必行的。这不仅有利于遏制大气变化,而且还是确保粮食供应的稳定和安全、保护野生动植物和其他物种、维护生态多样性以及保护我们的土壤、水源和空气的最佳方法。

针对全球化的产业化农业的运动也并不局限于最穷的那些国家。西方工业化国家也在看到,片面支持大型的、单一种植的产业化生产商而抑制小户农民的生产,正越来越牺牲小户农民和工匠。例如,法国农民何塞·波伏(Jose Bove)已成为抗议西方国家中这些规则的国际领袖。他同南方国家的运动领导人一起,并在全世界的公共健康官员和环保主义者的参与下,推进一项共同的事业——寻求新的政策,支持小规模多样化的耕种和更为健康的食物。

实现有意义的变革的运动必须在国际、国内和地方层面上同时推进。我们围绕着六个中心信念展开讨论:

- 获取土地从事自足的粮食种植是一项基本的人权;不可因全球贸易制度或因国际贸易过程的利益而否认社区和国家的这项权利。
- 小户农民丧失耕地、土地并转入高度集中的大公司手中,是世界上贫困和饥饿以及环境遭浩劫的一个重要原因。
- 在所有人们仍居住并耕作于他们传统的土地上的地方,激励措施和政策应帮助他们留在原地,为他们的家庭和社区而不是全球市场耕作。在剥夺了社区土地的地方,分配性的土地改革则是关键的。

- 必须逆转诸如世界银行、国际货币基金组织和世贸组织这样的国际官僚机构对大规模、出口导向的单一种植的生产模式的偏爱。对小户农场、保护当地生物多样性的本土农业实践以及为当地人口的可持续使用而进行的创新，必须鼓励激发它们的活力。
- 解决方案必须达到缩短生产者和消费者之间距离的目的。
- 最终的可持续的农业解决方案，是转变为几千年来为人们成功实践的非公司的、小规模的有机种植。

八项关键的变革

那么，此处列出了有助于形成所需变革的政策和行动的部分清单。

1. 关税和进口配额支持辅从性

现在的大部分国际贸易规则都片面支持出口生产和支配出口生产的全球性公司，这些规则必须由强调支援本土生产、地方自足和真正的粮食安全的规则所替代。这意味着运用辅从性原则：只要当地农民可以使用当地资源为当地消费而实现有效生产，故而缩短生产和消费之间的距离，所有的规则和利益都应该优先支持这个选择。我们不是建议农产品根本就不应有贸易，只不过贸易应局限于那些不能在当地层面供应的商品，而不是出口贸易成为生产和分配的主要推动者。

新的规则必须允许明智运用选择性贸易关税和进口配额，管制可当地生产的粮食的进口，并有助于防止来自富国补贴商品低于实际价格的倾销。例如，像韩国，它在主食稻米上很容易实现自足供应，因此不应被迫向得到补贴的美国稻米开放其市场，以防韩国农民及其社区的生计遭毁，而且同时使美国农民受到全球价格波动的影响。在韩国和美国这两个国家，政策优先支持的都应是针对当地消费的当地生产以及减少长距离粮食运输。

2. 逆转当前的知识产权和专利注册规则

世贸组织试图在世界上的所有国家里都设置起美国的知识产权保护模式。这一模式强烈片面有利于全球性公司就药用植物、农业种子以及生物多样性的其他方面申请专利，即使这些生物材料几千年来已为当地民众或社区所栽培和开发也是如此。这些社区中的大部分已经视这些植物和种子为社区公有财产的一部分，不受外部公司所施加的所有权和收费结构所制约。（这方面的更多介绍，参看第五章"重新壮大公有财产"。）

这些新型全球专利制度已经在诸如印度这样的国家里成为重要的问题，因为印度的专利制度一直是基于自成一格的所有权——即社区在社区之内为生物多样性注册专利。其他国家有类似的保护当地公有财产免受外来侵占的体系。在印度的带领下，许多国家正在为保留它们国内的体系，而同世贸组织和全球性公司的巨大压力进行斗争。在墨西哥，成千的个体农民抗议一家美国公司对当地农民长期以来种植的一种本地豆类品种注册了专利；这个社区现在被要求只有向专利持有人每年支付 6900 万美元，才能种植这种传统的当地豆类作物！

当诸如南非、泰国和巴西这样的穷国试图绕过世贸组织在知识产权方面的规则、制造价格低廉的基因类的艾滋病治疗药物时，这个问题的某些方面达到了爆发点；这些国家都处于医疗危机之中，而危机又因大部分受害人都极度贫穷而加重。数以百万计的人走上街头抗议这些不公正的规则。他们通过谈判最终成功地赢得付给全球性公司较低费用，而后者已经从这个疾病中获得了暴利。世贸组织也采用了一个临时性的协定，让各国政府在有必要保护公众健康时可以绕过专利壁垒。但在目前，世贸组织仍然保留了知识产权保护规则（TRIP）。这些规则应予以放弃，以便允许重新确立起这样的规则：它偏向支持本土性及国内社区的需要和对几个世纪以来所形成的本土生物多样性方面的创新和知识的保护；还应放弃这些规则以对付公众健康方面的危机。把全球新公司的利润置于地方粮食可持续性和公众健康之上，这既违反逻辑，又缺乏公正。

3. 使食品的监管和标准本土化

许多国际性的规则，如世贸组织的《实施卫生与植物卫生措施协定》（SPS）和国际食品法典委员会，以食品安全的名义推行一种粮食加工方式，这种规定偏向于全球粮食巨头，而不利于本土的手工艺式的粮食生产者。除其他规定以外，这些规则要求对某些产品进行辐射杀菌、加热杀菌以及对地方生产的奶酪产品做出标准化的收缩包装等等。

像这样的规则极大地增加了小生产者的成本，而且对口味和质量造成了不利的影响。实际上，对食品安全和公众健康的最大威胁不是来自于粮食的小生产者，而是来自于产业化的农场和经销商，其做法加速了沙门氏菌和大肠杆菌感染、李斯特氏杆菌和食品中的其他细菌出现的频率，以及疯牛病、口蹄疫和其他疾病传播的可能性。产业化过程使得粮食生产者不可能仔细观测粮食的质量，而小型的和手工艺式的粮食生产者则可以更容易阻止疾病的爆发。颇具讽刺意味的是，虽然自称其目的是为了粮食安全，但 SPS 协定和国际食品法典委员会允许粮食中有更高比例的农药残留（包括滴滴涕），而且它们将每个成员国的健康、安全和环境标准当成不公平的贸易壁垒而使它们受到挑战。世贸组织的其他方面也有效地防止了各国政府制订对转基因食品加贴标签的立法。这些均质化的全球性标准，极好地迎合了让全球性公司生产者受益的主要目标。粮食生产标准应该本土化，而每个国家都应该被允许根据本地情况设立粮食安全标准。

4. 允许农民组织销售/供应管理委员会

目前不为世贸组织和北美自由贸易协定所允许，这些价格和供应规定让农民同国内外买家通过谈判确定集体的价格，保证当地农民们的商品得到体面价格。在北美自由贸易协定生效后不到两年内，由于廉价的美国玉米涌入墨西哥，导致墨西哥本地生产的玉米价格下跌了48%。遭北美自由贸易协定解散的墨西哥政府价格管理机构，原可以为其国内玉米种植者取得稳定的价格。由于没有这些机构，成千上万的农民被迫卖掉他们的土地。

5. 取消直接出口补贴和倾销

尽管世界银行和国际货币基金组织对大部分穷国施加压力，迫使它们取消对小户农民生产产品的直接补贴，但富国仍继续对农业综合企业提供大量的出口补贴。例如，美国海外私人公司在美国纳税人的支援下，对美国公司投资海外提供了至关重要的补贴。甚至是国际货币基金组织对第三世界的贷款都被引向补贴美国农业综合企业的出口。这些补贴帮助跨国公司在国内和国外都控制了较小的当地企业。对这一政策的不同意见成为坎昆会谈破裂的一个主要原因。补贴还导致了发达国家农业企业的出口倾销，这是穷国认为不公平的一个主要方面。这些出口补贴政策应予以取消。任何国家都应该没有权利倾销受到补贴的商品。最后，应该准许这样一些专案，这些专案允许并鼓励给予小户农民低息贷款、建立国内种子银行和设立紧急粮食供应体系。

6. 认识到世贸组织市场准入规则的失败

许多南方国家原来之所以被说服加入世贸组织并开放其市场，是因为得到承诺，作为公平的交换，北方国家也会这样做。但在南方国家已经开放了市场时，大部分北方国家仍维持了对发展中国家出口商关键产品的保护壁垒。这一点，再加上北方国家农业生产商已经享有的技术优势及更多的财政补贴，导致这个体系内甚至更大的不平衡。得到补贴的北方国家的商品摧毁了整个南方农村社区自足的生产活动，许多人现在都在为贫困工资工作，美国著名体育用品公司耐克的转包人都是自足种植地区的失业难民。南方国家的许多人对事态如此发展都极为愤怒。

有些积极分子强烈表示，发展中国家必须像承诺的那样取得对发达国家的市场准入，这样竞争才会公平。但另有一些积极分子认为这整个的出口模式都注定要失败，因为它对基本的自足型传统种植是破坏性的。这些观点上的分歧导致了在积极分子之间出现了部分的失和，这取决于他们之间是否觉得现在的情况已令人如此绝望，而市场准入则是快速解决问题的唯一出路；还是他对社区自足范式持有更长远的考虑。尽管如此，大部分提倡农业自足的积极分子都承认，在短期内，许多南方国家仍然依赖北方国家的农业出口。故此，他们认识到需要有变革战略，帮助那些常常觉得陷入了殖民式贸易模式的国家，让它们转而实现更大的粮食安全和自足。

全球化国际论坛主办了几次对这个问题的讨论，我们还会继续这样做，尽管在我们的成员中，大部分都觉得世贸组织是一个不可持续的机构（参看第十章），而这些问题最好由一个不那么偏向于公司的机构——一个信奉可持续发展社会十原则的机构——来处理。

7. 促成重新分配土地的改革

历史显示：把土地重新分配给无地和少地的农村家庭，是提高农村福利的一个有效方法。二战以后进行了十多次成功的土地改革。根据粮食第一组织的一份报告，"当相当部分的高质量土地分配给农村穷人中的大部分时，加上有利于实现家庭耕种的政策，而且当农村中精英的权力被打破时，就会出现可观的减贫和人类福利的改善。日本、韩国、中国以及中国的台湾地区的经济成功就部分源于这样的改革。"

米格尔·阿尔特里和粮食第一组织前两主任之一的彼得·罗瑟特（Peter Rosset）所撰写的一份报告说："我们的报告显示：较诸规模更大的公司型种植者，小户农民更为多产、更有效率，而且对广泛意义上的地区发展贡献更大。如果土地使用期能得到保证，小户农民还可以更好得多地保护自然资源，维护其土壤的长期地力并保护功能上的生物多样性。"

严肃的土地改革是如此富有成效，以至甚至是世界银行也颇为勉强地接受了这一原则，即严肃的土地改革，是有助于抵消许多国家中存在的再生性资源所有权分配严重不公的一项基本要求；而土地的这种不公分配则造成了对有意义的经济发展的负面影响。在处理与第三世界有关的事务时，该银行现在已将土地改革包括进某些政策的要求中来。但不幸的是，正如罗瑟特所写道的："该银行所号召的，在本质上是私有化和'市场引导'的再分配机制。这同农民道路（Via Campesina）、粮食第一和其他组织所要求的差距甚大。但该银行至少使呼吁土地改革和为土地改革的定义斗争这两项再次获得合法性了。"

在对公有土地实施私有化时,就像墨西哥的公有土地(ejidos)上所发生的以及当前的世界银行政策所鼓吹的那样,个人土地赋权登记制度和土地市场体制会导致小土地持有者大规模出售其地块。这会增加无地化,土地所有权的集中,并导致农村居民向城市地区的迁徙。即使土地并未在这些体制下售出,对小规模持有土地的私有化,也对社区管理的意识和建设像梯田耕作和小规模灌溉这样的社区风格的农业系统构成了不利的影响。常见的社区取向让位于新的个人牟利动机,这损害了集体的行动和社区的福利。

至于"市场引导的再分配"——世界银行当红学者罗瑟特说它充满了风险。他指出:"土地所有者通常选择以过高的价格售出最为贫瘠的土地(陡坡、稠密的热带雨林、沙漠的边缘等等)。"试图耕种这类土地常常会导致生态上不可持续的做法,以竭力维持一定的产量。另外,世界银行融资体制下为购买土地提供的贷款,可能会给贫瘠土地上耕作的贫穷农户带来高额债务,由此导致更深的贫困和土地的退化,就像早前几十年里失败的改革那样。还有,世界银行的贷款通常都要求借款人承诺购买杀虫剂和化肥,并且种植非传统的出口作物。

所有这些政策都是为了失败而开出的药方,就像巴西的市场引导的改革那样,而世界银行仍然试图在菲律宾和其他国家复制这种改革。

粮食第一组织和其他的行动团体反对这种土地改革,而且正在为真正重新分配土地的改革而斗争,这样的土地改革在得到政府政策全力支持的地方是成功的。粮食第一组织列出了如果土地改革要成功则必须满足的几个关键要素:

- 政府授予的土地必须是无需承担债务的。
- 妇女必须拥有完整的土地所有权和使用权。
- 只有质量好的土地才应该被使用(过去的失败通常是因为土地的质量不好)。
- 必须要有高度支持性的政策环境——合理的贷款期限、为有效的地方环境技术而建立的良好的基础设施。

- 必须可以很容易地进入当地市场。
- 农村精英阶层的权力垄断必须要打破，这样他们不再可以为自己的利益而阻碍并扭曲各项政策、补贴和利润分配。
- 改革必须面向农村穷人中的大部分，这样他们才在人数上有优势，从而在政治上有足够的力量产生效果。
- 最为重要的是，新型的种植经济应成为一国整个经济发展模式的中心环节。如果土地改革仅被视为是解决农村贫困的一项福利措施，失败则不可避免。

8. 草根变革

本土社区也有许多机会协助实现从全球化农业的转型。生态与文化国际协会列出了若干这样的机会，它们在有些地方早已经为人们所采用：

- 购买当地产品运动。这些运动帮助当地粮食企业茁壮成长，而且防止资金从当地经济中"漏出"。对本土的这种保护，也体现在数以百计的反对如麦当劳和沃尔玛这样的全球授权经营企业进入的地区运动中。
- 农民集市。农民集市在世界上的许多地方都很兴盛，它们现在也在整个工业化国家中为人们所重新发现并得到支持。这些集市是直接将消费者和当地的生产者连接起来的方式，而后者通常都是有机作物的种植者，他们可以通过避免流通成本而使价格降下来。

专栏框 R

古巴的有机农业

海琳娜·诺伯格－霍基（Helena Norberg – Hodge）、
托德·麦瑞菲尔德（Todd Merrifield）和
史蒂芬·戈雷里克（Steven Gorelick），生态和文化国际协会

在过去的几十年里，古巴的农业发生了一个重要的转变——从以出口为目的的化肥密集的单一种植转到了为本土消费而进行的多样化、有机食物的生产。

直到1990年之前，古巴农业土地中的绝大部分都投入了为世界市场（在1959年的古巴革命之后则是前苏联集团国家）而进行的规模庞大的单一甘蔗种植。用蔗糖出口的收入，古巴进口了支持其农业生产所需的化肥和石油，以及其粮食供应的大部分；在1990年之前，估计该国进口了其卡路里摄入量的57%。随着前苏联市场的崩溃和美国贸易制裁的加紧，古巴的杀虫剂和化肥进口下降了80%，粮食进口则减少了50%。引人瞩目的是，古巴政府对此采取了一系列创新性战略，分散生产、降低化肥投入和化石燃料的依赖、鼓励民众普遍参与粮食种植，以及强化国家的粮食安全。

这些战略包括将国家所控制的巨型农场打碎，建立由工人所拥有并管理的集体农庄，以及将农业重新定位于为基本的粮食需要而生产的基点上。古巴鼓励作物上的多样化、轮耕制度、间植制度、施用农家有机粪肥以及土壤保持。该国的农业研究部门也将自己重新定位为对低投入的生态方法的研究，由此产生了生物化肥和生物虫害控制方法。饲养了牛以替代由于缺少燃料而不可用的拖拉机。为满足对农业劳动力的新需求，政府改善了农村的服务体系，并增加激励措施让人们留在土地上。国家还放松了价格管制和对农产品直接出售的限制，这导致全国各地都出现了新的农民集市。

城市菜园也起到了重要的作用。城市农业局管理着这方面的活动，到1998年，哈瓦那就有超过8000个这种城市家庭菜园，它们由3000多人所种植。农业部用一个种植了莴苣、香蕉、豆类作物的菜园替代其在哈瓦那的前门草坪，而这个部的许多雇员都在菜园中耕作。这些城市菜园减少了农村地区的负担，导致了国家粮食运输和储存的减少，同时还提高了城市中农产品的质量并增加了其品种。

尽管古巴是在被迫的情况下做出这些改变的，而且当这个国家不是如此孤立时，可能会放弃其中的某些做法，但其经验仍然令人鼓舞。它说明在一国范围内建立起对生态和社会更为敏感的农业是有可能的，而且它显示，只要有政治上的决心，政府可以实现从专注于全球食物生产到关注当地食物生产的转变，而且可以实施对人民、社区和环境有好处的支持政策。

资料来源：改编自海琳娜·诺伯格－霍基、托德·麦瑞菲尔德和史蒂芬·戈雷里克所著《转变方向有可能吗？古巴的经验》一文。该文收入海琳娜·诺伯格－霍基、托德·麦瑞菲尔德和史蒂芬·戈雷里克所编辑的《对粮食经济追根溯源》一书。该书由康涅狄格州西哈特福德的库马瑞安（Kumarian）出版社和伦敦的Zed出版社于2002年出版。

- 地方粮食合作社。这是些小型的零售店铺，类似于农民集市，但是这里经济收益为生产者和消费者所分享。
- 社区银行和贷款基金。这些机构由社区委员会所管理，它们增加了当地居民和企业的资本，让人们可以投资于其临近地区而非是遥远的公司中。这样的银行偏向于支持小规模的当地经营活动而不是全球性公司的经营。
- 地方货币。这些仅用于社区之内的替代性临时通货越来越受欢迎，它们让人们可以避开处于支配地位的货币，而且让资金留在当地社区之内。地方货币制度就意图来说类似于地方交货贸易体系（LETS），它是地方社区内的大规模易货贸易体系，通常由一个中心性的信贷和借记账户系统所推动。成功的LETS专案中，首屈一指的例子之一是伯克利地区交换和发展专案（BREAD）。（关于这一运动更多的资讯，参看网站www.breadhours.org。）
- 城市菜园。城市菜园在城市居民中是最为新颖而具有活力的运动之一，特别是在北方国家中，在那里获得自然的种植产地可能是困难的。城市菜园利用了空地、小块私人地产以及公共地块，它使得城市居民可以种植他们自己的有机食物。这样的专案有助于教育城市中的儿童粮食从何而来。许多学校在它们自己的地产上开辟了这样的菜园，传授可以带来自信、自足和快乐的生存技巧。

全球性的媒体

正如我们在第一部分所述，经济全球化的一个核心目标：就是使全球每个地方都表现出一定程度的相似性。无论是美国还是欧洲，抑或是亚洲或南美的偏远地区，所有国家都要形成相同的偏好、价值观和生活方式，以满足跨国公司的营销需求。跨国公司致力于向不断增长的世界各地消费者营销完全相同的产品，因此无论是文化和政治方面的多样化，还是生物学意义上的多样化，都与跨国公司的效率目标格格不入。

一些自由贸易协定，例如世贸组织、北美自由贸易区，以及已经提出建议的美洲自由贸易区，都特别要求制定和执行有关的规则，来加速全球同质化的进程。这些贸易协定要求所有国家都按照同一套标准运作，而这套标准实际上是按照跨国公司的意志拟定出来的，从而防止其他国家出于保护本国本地资源、本地生计或文化、本地劳动者权利或健康标准的需要，而对公司活动进行监管。但这只是同质化的外部过程。

对任何真正有效的中心化图谋来说，还需要完成内部景观的改造，即完成对人本身的重新塑造，包括人的思维、想法、价值观、行为趋向和愿望，从而创造出一种与精心设计的"外部景观"相配套的单一文化。其核心思想在于使人们的思维和价值观与商业化的公司系统完全一致，就如同许多相容的电脑。

这一内部"克隆"任务由全球性的大众传媒来承担，尤其是电视和广告，当然电影、广播和音乐行业（以及教育）也发挥了一定作用。这些大众传媒工具直接对全球各地的人进行宣传，将思维模式、形象和意识模式以及生活方式模式灌输给人们。

我们进入了一个几乎为媒体所包围的时代。已故大众传媒批评家内尔·波斯特曼（Neil Postman）曾指出："媒体的巨大权力是一件关系重大的事情，但是我们对此却什么也没有做。"人们很难了解媒体权力的深度与广度，其原因也许在于，媒体总是以善意友好的形象自我呈现：使人欢娱，丰富多彩，甚至有一定的知识性；另外，媒体已经成为我们日常生活的一部分，所以人们也很容易见惯不怪了。

更为重要的是，媒体使人们产生了透明度幻觉。媒体看起来更像是不偏不倚反映现实的窗口，而不是为一部分别有用心的人所掌控的一系列技术，而正是背后在实质上控制媒体的人的选择、创造，并且界定了我们所经历的现实，然后将加工过的现实直接"输入"全球各地人们的大脑中。

媒体远不是一个客观的窗口，它对政治、文化、经济、社会和环境问题有着重要影响。媒体还决定了人们和社会能否充分了解所面临的真实情况并采取相应行动。因此，媒体是否能正确运作是民主社会的根本性问题。

本节将讨论媒体现状的三个重要方面：首先是媒体所有权的全球高度集中。我们将揭示，实际上只是一小撮人通过强有力的媒体工具向全世界发言。其次，我们将讨论最重要的媒体——电视及其伴侣——广告——的政治和社会影响力。电视和广告是塑造全球意识的主要工具，而它们的影响力范围往往为人们所低估。最后，我们谈谈替代性的媒体。我们将讨论蓬勃发展的抵制运动，包括最近针对美国联邦通信委员会（FCC）的大型运动；互联网的广泛有效使用；其他媒体体系，以及一系列新观点。

谁拥有媒体？

关于今日全球性媒体的一个简单而令人吃惊的事实是：媒体仅由一小撮公司拥有并经营着。全球性媒体所有权的集中程度与石油行业集中程度不相上下。两个行业的不同点在于，石油行业提供有形产品，而媒体则提供无形的意识。因此，媒体有可能决定了社会的演化形式，以及民主是否能够存在下去。

伊利诺伊大学的权威媒体专家罗伯特·迈克切斯尼（Robert McChesney）在其开创性的著作《富强的媒体，贫弱的民主》一书中，提供了关于全球性媒体和美国国内媒体集中度的重要统计资料和分析。这些

第八章 替代性的运作体系（2）

资料和分析预示未来民主的运作将困难重重。

迈克切斯尼指出，至1999年，八家巨型跨国公司拥有超过70%的全球性媒体，所有这些都是全球性媒体，而且不仅仅局限于电视，还包括报纸、杂志、广播、卫星系统、有线系统、书籍出版、电影制作和发行、连锁影院、主要的互联网应用、广告牌，以及主题公园。1999年以后，WTO规则和各国的国内政策都使媒体朝着集中度更高的方向发展。

这八家公司已经有能力每天甚至每小时向全球数亿人进行宣传，而且它们也开始这样做了。这八家最大的全球媒体巨头为：时代华纳、迪斯尼、福克斯新闻、维亚康姆（Viacom）、西格拉姆（Seagram）、通用电气、索尼以及贝塔斯曼（Bertelsmann）。其中，前三家公司所占份额超过了全部八家公司总和的50%。此外，除了贝塔斯曼，其他七家公司在美国国内媒体市场上也居于领导地位。

处于第二梯队的媒体公司还有近百家，它们的规模虽然不及这八大公司，但是在区域性市场和细分市场中其集中度也在不断提高。在北美地区，这样的媒体公司包括：道琼斯、哥伦比亚广播公司、纽豪斯（Newhouse）、康卡斯特（Comcast）、清晰频道（Clear Channel）、奈特瑞德报业集团（Knight Ridder）、纽约时报等；在欧洲，第二梯队的公司包括基尔希集团（Kirch）、哈瓦斯集团（Havas）、媒体广播集团（Mediaset）、阿歇特出版集团（Hachette）、普里扎集团（Prisa）、更多内容电视集团（Canal Plus）、路透社、克鲁瓦（Kluwer）、阿克塞尔·施普林格（Axel Springer）等。

全球媒体市场的寡头垄断现象也出现在许多国家国内市场和单个种类媒体行业中。迈克切斯尼指出："全球音乐行业为五大公司所控制，其中除了EMI公司，其他均为大型跨国媒体公司的子公司。这五大音乐巨头70%的收入来自美国以外的地区。"类似的，主要的美国电影电视制作企业有50%至60%的收入来自国外。

媒体的高集中度并不是能够很明显地观察到的，这是因为跨国公司的本地附属公司甚至国际附属公司往往打着别的旗号。例如，CNN实际上为时代华纳所有，而时代华纳还拥有HBO、Court TV、华纳兄弟和Cinemax 电影公司、《时代》和《财富》杂志以及其他数百个附属公司。迪斯尼公司拥有 ABC 电视广播网以及著名全球有线电视频道，例如 ESPN、Lifetime、A&E、历史频道和 E! 娱乐频道，另外还拥有数百家电视广播台和网络公司以及全球其他媒体企业。福克斯新闻拥有 22 家美国电视台、全球 130 多份日报、23 份杂志、英国天空电视台、亚洲星空卫视、拉丁空中广播公司（Latin Sky Broadcasting）以及其他数百家控股子公司。

上述数字的重要性显而易见，从中我们可以明显看出这少数几家公司在全球范围内对政府官员和公共政策的影响力。基于这种状况，你可能会问，是否还会存在足够的自由资讯流动，使得民主得以延续。这少数几家强势公司对民意的影响也是非常大的，无论是对于环境问题、社会政策还是全民选举。

在美国，2004 年初，即在美国入侵伊拉克九个月以后，媒体影响力这一问题变得非常突出，这正好提供了一个令人吃惊的明证。一项全国性的调查发现，从福克斯新闻了解到相关新闻和资讯的人（占总人口的 40%）与那些通过阅读报纸或观看其他电视网络节目了解新闻的人相比较，他们对导致战争的境况持有完全不同的看法。福克斯新闻在其报道中始终带有强硬的右翼好战倾向，民意调查显示，80% 的福克斯新闻节目观众至少相信以下事件中的一件：萨达姆·侯赛因和基地恐怖主义分子阴谋勾结；在伊拉克境内发现了大规模杀伤性武器；世界上大多数人支援美国对伊拉克的行动。而实际上，更有 45% 的福克斯新闻观众相信以上三个陈述都是真实的，即使所有其他媒体和政府早已承认：伊拉克没有恐怖主义者、没有大规模杀伤性武器，美国的行动几乎没有国际支援。

实际上，我们可以举出数千个例子来说明，公众所了解的信息在很大程度上直接取决于媒体的倾向。对于我们上面所举的例子，媒体在很长一段时期毫不怀疑地支持战争政策之后，其内部开始出现了一些不同的声音。但是在许多情况下，这种不同的声音是不存在的。如果连相对立的观点都没有，民众除了相信媒体告知的内容，他们还可能相信其他的吗？大部分媒体所报道的事件与一般大众的距离甚远，民众很难培养客观独立的视角。在现代社会,媒体是大众信息的主要来源。在今天众多的媒体中,全球绝大多数人是通过电视获取资讯的。如我们在第五章《重新壮大公共财产》所述,在大多数国家公共电视都不复存在了,或大幅度减少,以让位于商业电视,风格则向娱乐化方向发展,而新闻内容则日渐琐碎。

正如一句格言所述:"谁控制了媒体,谁就控制了世界。"

媒体高度集中的另一后果为:媒体有能力影响当地政府和全球性组织的政策,例如 WTO 就不遗余力地加速媒体的所有权集中。世贸组织的规则已经有利于最大的几家公司,随着近期在服务贸易总协定(GATS)方面谈判的结束,新的投资规则可能会使签约国政府无法阻止跨国媒体集团控制本地国内媒体公司,后果则是本土文化和本地价值观几乎没有宣传阵地,进一步加深了我们前面提到的同质化问题。

目前,我们正目睹猛烈的新一轮全球并购,第一梯队和第二梯队的媒体公司彼此之间的买断活动正进行得如火如荼,全球性的媒体巨头变得越来越少,也越来越大了。所有这些巨头都有着共同的商业价值观和世界观。可以说,我们面临历史上最强大最具渗透力的通信系统,而这一系统为一小撮人所把持,他们自以为了解人们应该具有的生活方式和思考方式。

电视与广告的影响深度与力度

为了真正了解全球媒体公司集中程度的重要影响,有必要描述一下主要媒体工具——电视和广告——的影响力大小和范围。

首先,我们将给出一些令人震惊的统计数字。可能有人以前读到过这些数字,但是在此还是有必要重复一下,有利于全面理解其影响。先以美国为例。

根据 A. C. 尼尔森公司(A. C. Nielsen Company)于 2002 年发表在《广告时代》杂志上的报告,99.5%的美国家庭拥有电视机,而且 95%的人每天至少要看一会电视,这表明存在忠实观众或有瘾观众。拥有电视机的家庭平均每天会播放八个小时以上，即使没人观看也可能在播放。成年观众平均每天看大约四个半小时的电视。年龄在八到十三岁的儿童每天大约看四个小时。二到四岁的孩童每天约看三个小时，这还不包括他们在学校可能看的电视（许多广告就是针对这一年龄段的儿童）。恺撒（Kaiser）家庭基金会的一份近期调查报告显示，即使婴儿也没有离开电视，约有20%的美国父母在婴儿床的旁边开着电视，因为他们发现电视有一定的催眠效果，使孩子更加安静。（许多研究人员证实，这一催眠效果在某种程度上在各个年龄阶段的常看电视的人中都存在。还有一些研究表明，儿童并没有因为电视而变得安静，他们只在观看电视时会安静一会，然后就会由于大量观看电视而变得过于兴奋。）

　　思考一下上面给出的数字吧，这意味着将近一半的美国人每天看电视时间超过四个小时。怎么可能呢？每天晚上和整个周末都在拼命看电视中渡过。在美国，除了睡觉、工作和上学，人们现在观看电视的时间超过了做其他任何事情的时间（电脑和互联网的出现并未改变这些数字，只是增加了人们使用提供信息的机器的时间）。在美国，看电视成为人们打发时光的主要方式，看电视已经取代了社区生活、家庭生活和文化生活，取代了人们的生活环境。实际上，电视成为人们每日交流的环境，虽然这一环境比绿树等自然环境更具侵略性。它也变成了文化，这里我并不是指所谓的流行文化，因为流行文化多多少少还有点民主意味。电视并不具民主性。观众在家并不参与电视节目制作，他们只是接受者。八大公司不是人们选出来的，其本地附属公司同样也不是。这些公司之所以能占据显要的位置，一方面是因为公司的财富实力，另一方面是由于一度被认为是公共财产的广播电视频道几乎已经完全私有化了（也可参见第五章）。电视只传播公司文化，而不是流行大众文化。

　　根据以上统计数字，可以说我们是历史上第一代完全生活在媒体中的人，没有了人与人之间、人与社区之间、人与自然之间的直接接触，取而代之的是模拟的、经编辑加工再现的事件，包括新闻事件，我们根本无法判断其真实性。电视就是个地道的"虚拟现实"。

　　目前的情形与科幻小说中描述的奇异事物并无二致。如果一位来自

第八章　替代性的运作体系（2）

仙女星座的人类学家开始研究地球人，他来到美国的上空，那么他回到仙女座提交的研究报告很可能是这样的："他们没日没夜地坐在黑屋子里，只盯着一处微光，目不转睛。他们也不思考，大脑处于被动接受状态（观看了大量电视的人的状态变数记为'阿尔法'）。图像不间断地输入他们的大脑，这些图像都来自千里之外的地方，由极少数人进行发送，图像内容则包括牙膏、汽车、枪支、鲜血以及穿着泳衣到处跑的人。整个活动看来好像是某种思维控制实验。"现实可能也就是这样。

从全球角度来看，情形与美国也没有什么不同。大约有80%的全球人口能看到电视，发达国家人们的观看电视习惯与美国差不多。在加拿大、英国、法国、德国、意大利、俄罗斯、希腊、波兰，以及许多其他欧洲和南美国家，人们平均每天看三至四个小时电视。日本人和墨西哥人看电视的时间则比美国人还多。在全球许多地区，电视节目都来自于美国和其他西方国家，本地的电视节目则很少。

即使在没有路的地方——热带小岛、北部冻原或小木屋——数以百万计的人每夜都坐在那里观看美国达拉斯的白人驾着豪华汽车，或站在游泳池边，或一边喝着马提尼酒一边算计别人。他们还可以观看世界上最受欢迎的节目"海湾瞭望"（"Baywatch"）。在电视节目中，美国的德克萨斯、加利福尼亚和纽约的生活代表了最高成就，而当地文化，即使非常生动活泼（许多当地文化确实如此），也会显得落后、不足取、不够好。

观看电视迅速取代了其他生活方式和价值系统。各地的人开始形成完全相同的形象意识，渴求相同的商品，包括汽车、头发定型剂、芭比娃娃和掌上电脑。电视使每个人都变成了另外一个人。电视克隆各种文化来达到相似性。阿尔都斯·赫胥黎（Aldous Huxley）在其经典小说《勇敢新世界》中想象，通过药物和基因工程来实现这一全球克隆过程。我们也拥有药物和基因工程，但是电视由于其传播范围之广和影响力度之大，完全能够起到相同作用。

另一个潜在的媒体力量则与广告的作用和范围有关。当然，我们每个人都意识到广告的存在,因为我们每天都能看到它,但是大部分人都会低估其影响力。一个人的受教育水平越高,就越容易对广告不屑一顾,认为广告不会真的影响自己,自己的学识完全可以防止自己受广告的影响。若果真如此的话,那么各个公司就愚蠢地在广告上投入了大量的财力,因为它们相信广告能决定人们的选择,而不论观众是否上过大学。

*在美国,平均每个电视观众每年收看大约两万八千个商业广告。*这一数字意味着,这些极具侵略性的广告对电视观众进行了两万八千次冲击,说的几乎是完全相同的内容。有牙膏广告、汽车广告、化妆品广告,还有药品广告。但是每一商业广告的意图都是一致的:劝说人们将生活视为不断满足自己商品需求的过程,这种广告宣传在全球范围内累积的广告效应是非常巨大的。

当然,并不是每个观看了广告的观众都会直接到商店去购买该商品,做广告的企业也深知这一点。这些企业只是在玩一个数字游戏。观众观看广告的次数越多——广告的重复是保证其有效的主要方式——广告的形象也就更加深入人心。广告形象印入大脑的程度类似于苍蝇被捕蝇纸粘附的程度。

20世纪60年代的著名广告经理和媒体"牛虻"霍毕德·戈塞基(Howard Gossage)经常向观众诉说"广告从业人员的肮脏伎俩,他们使明显肤浅、愚蠢的广告形象,成为给观众洗脑的有效工具,即使观众再聪明也无济于事"。换句话说,只要你收看电视,你就会看到广告形象,并将其印入脑海。更糟糕的是,一旦形象深入到你的大脑,你将终生难忘。"如果你不相信,"戈塞基说道,"那么每当我提到'快乐的绿巨人'时,为什么大多数人的脑海中会立即浮现一个穿着绿色紧身连衣裤、销售豌豆罐头的绿色巨人形象?或者当我说'美好生活,化工缔造'时,你会想到杜邦公司吗?显然你会的。"

戈塞基说上述话时还是20世纪60年代。近期的例子则可能包括塔可钟(Taco Bell)连锁店吉娃娃犬——你还记得它可爱的样子吧?还有给百事可乐做广告的小甜甜布兰妮,雪佛莱皮卡车的广告短歌"像块岩石"("like a rock"),以及那个长着大脑袋、染着白头发的怪家伙"在箱子中的杰克"（Jack in the Box）。你知不知道，这些形象已经深深地植根于你的大脑中？举出这些例子就是为了说明你的学识并不能帮助你抵挡广告的进攻。广告形象进入你的大脑后就很难清除，它变成了一个位于大脑内部的广告显示牌，遇到合适的时候就会浮现出来，这就是为什么那么多的资金被用在广告上，其中大部分都投在了电视广告上。与静止画面的印刷媒体不同，电视可以提供连续的移动图像，这样的动态图像直接进入数百万人的大脑中，就如同汽车行驶在高速公路上。观众的识别力和智力水平对此毫无影响。所有的广告商都深知广告的潜在威力，而大多数一般民众却并不了解其中的奥秘。

按照罗伯特·麦克切斯尼的说法，1999年美国企业在广告上的支出为2140亿美元，占美国当年GDP的2.1%强。其中约一半的广告支出为电视广告，另一半的广告则发布在包括报纸、杂志、广告牌、广播等其他媒体上。在前20名发布广告的公司中，有11家公司属于两大行业：汽车行业和药品行业。其他的一些行业主要包括：化妆品、通信、速食零售、金融服务、化妆用具、航空等等。

（还有一类鲜有人注意的广告开支是针对八岁以下儿童的。《心理学与消费文化》一书的作者心理学家提姆·卡瑟尔［Tim Kasser］和艾伦·D. 卡内尔［Allen D. Kanner］指出，美国每年针对幼童的的广告开支为120亿美元，其中9500万美元的广告是用于汉堡王快餐厅［Burger King］和桂格燕麦［Quaker］的嘎吱上尉［Captain Crunch］牌麦片。另外，数千万美元被用于研究如何使孩子决定父母的购买决策，这类心理学研究对以儿童为物件的广告提供了巨大帮助。）

美国的广告支出几乎占了全球总和的一半，尽管欧洲的广告支出以每年超过10%的速度在增长。中国作为潜在的巨大市场，在过去的十年内，广告支出每年增长40%到50%。

广告公司的集中度情况与整个媒体的情形差不多，部分原因在于产品市场的全球化，由此由跨国广告公司来承担全球广告讯息、广告制作和广告的播放安排等工作会更具效率。全球最大的广告公司为奥姆尼康公司（Omnicom）（2003年公司收入为86亿美元），它拥有14家其他主要广告公司,其中包括天高环球公司(BBDO Worldwide)和恒美环球公司(DDB Needham Worldwide)。另外两大全球性广告巨头为 WPP 集团(73 亿美元)和 Interpublic 集团(59 亿美元)。这最大三家广告公司的收入总和比紧随其后的 10 家公司的总和还大。

广告公司的集中趋势越来越明显,这是因为跨国公司出于提高效率的考虑,大多希望在全球范围内与一家广告公司合作。因此,一小撮巨型公司与一小撮广告巨头合作,投入数百亿美元,将相同的广告形象带给各个国家、各个民族的观众,意在告诉这些观众,公司产品可以令他们的生活更加美好。

电视与广告的梦幻组合还具有直接的政治影响。对于那些怀疑这一组合是否能够改变人们的思考和信念的人,我们提供了下面几个例子。

2004 年,新任加州州长、著名动作明星阿诺德·施瓦辛格试图让人们投票赞成 150 亿美元的债券发行,当提案刚刚提出时,70% 的民众都表示反对,但是施瓦辛格设法筹集了 800 万美元,用于电视广告,在投票前的两周内集中播放。他自己在广告中扮演主角,从而带来了明星效应。债券发行的反对派则无法筹集到足够的资金,因此施瓦辛格在没有反对观点的情况下,两周之内就使民意发生了 180 度大转弯。最终的投票结果是 70% 的人都支持债券发行。如果当时反对派能筹到足够资金,那么他们则有可能指出,由于债券发行,加州会让未来几代人承担巨额债务。

同年的美国总统选举可以提供另一个例子。乔治·布什的竞选班子深谙广告的威力,特别是在没有反对观点出现的情况下,可以说什么是什么。这个班子筹集了 2 亿美元用于广告,对于总统候选人来说,这是史无前例的巨额资金,并且几乎所有的钱都投在了电视广告上。按照布什竞选广告负责人的说法,大部分的资金都被用于描述民主党候选人约翰·克里,"因为一般大众对他还不怎么了解"。说是描述,他们实际上在使用半真半假甚至是完全虚构的言论攻击克里 30 年的从政经历,与此同时,则把布什塑造为一位战争时期的勇敢坚强的国家领袖。这就是媒体的威力:广告播出几天后,因为克里尚未回击,民意调查显示克里的支持率直线下降。《今日美国报》采访了一般民众,得到的回答完全使用

第八章　替代性的运作体系（2）

了广告宣传中的语言："克里是个空话连篇的人"或者"克里会向我们征更重的税"等等。还会有别的回答吗？除非有人对广告信息进行了力量相当的反驳，否则一个平常人如何能知道事实真相呢？在没有其他观点的情况下，公众只能接受自己所见所闻的广告宣传。

克里阵营也意识到对指责不加回应是相当危险的，于是，他们倾尽全力筹集了1亿美元，至少能部分抵销布什的广告支出。在本书即将付印时，我们还不清楚这场规模壮阔的媒体和金钱之战的最终结果。但是有一点是明白无误的：美国政治竞选活动的重点并不是当前社会的重大问题，竞选活动退化为电视与广告形象之争，成为广告公司之间使用经剪辑的图像甚至是虚假信息来博取观众信任的战争。在这样的"虚拟"竞选中，编造的信息具有真实的威力。

我们将置身何处？数十亿人将为全球性的媒体系统所包围，没日没夜地长时间坐在黑屋子里，目光盯着电视荧幕，人则处于半清醒状态。电视图像由远在千里之外的陌生人传送过来，节目内容既包括毫无意义的平凡琐事，更包括那些目的明确的节目，这样的节目意在使观众相信，追求物质享受是美好生活的真谛。这种情形在全球范围内变得越来越普遍。

今天，一小撮公司所有者统治着历史上最强大最具渗透力的传媒系统，由他们来告诉人们应该如何去生活。这是一种好现象吗？由少数人控制着向数十亿人发送的威力强大的图像和信息，并告诉人们，他们自己本地的文化和价值观（包括人们的生活方式和自我认同）是落后的，他们应走物质追求之路，应当相信国际大型公司，热情拥抱西方的价值观。所有这些都是毫无问题的吗？这会有助于形成一个可持续的公平社会吗？许多人都会给出否定的答案。下一节我们就来讨论讨论人们提出的变革建议。

改革和替代

令人吃惊的是，对于媒体滥用权力，居然没有产生公愤。媒体居于领导控制地位，将超级商业主义高高地置于社会大众公共利益之上，这一问题竟然没有被列入改良主义者的议程。尽管有数以百万的人反对全球化，但是在迪斯尼、福克斯或维旺迪（Vivendi）和时代华纳的家门口却听不到响亮的抗议声。然而所有这些公司都在极力兜售全球化概念。它们实际上可被称为"意识胶水"，将西方生活和价值模式张贴到世界各地，而它们自己也是全球化的主要受益者。

媒体权力问题方面之所以缺乏有组织的行动，原因可能有以下几点：首先，问题的规模大得惊人，媒体无所不在，无所不包，完全居于统治地位，却被看成一个客观公正的旁观者。对此问题，一般人根本无从下手。其次，全球性的媒体公司也好，国内媒体也好，都不愿报道与自身权力或独裁式的所有权集中度有关的问题讨论（除了在商业文件中），所以公众一般不了解这一问题。第三，一些活动分子和组织者寄希望于依靠主流媒体获取有关重要信息。他们实际上将大众传媒视为机遇提供者，而不是问题制造者。他们的这种努力偶尔也取得了成功，但那实际上只是规则得到执行的特例而已。

令人欣慰的是，现在已经出现了一些转机。例如，2003年11月，美国第一届全国媒体改革大会在威斯康星州麦迪逊市举行，会议赞助者为自由出版组织（Free Press），与会者超过2000人。它宣告了一场新的运动终于开始了。与会者讨论了一系列议题，其中包括媒体所有权和集中度问题、公共介入和公共广播政策、国外媒体运动的成功经验、WTO和联邦通信委员会的负面影响，商业媒体的劣质新闻工作，等等。最重要的是，会议做出了一项有力的决议，即所有活动分子组织，无论其主要从事哪一方面工作，都必须关注当今的媒体问题，否则它们原来从事的工作都会不断受到妨碍。媒体改革是每个追求民主和自由信息流动的组织面临的头等大事。

麦迪逊会议提出了一些国外非主流媒体活动分子的成功案例，尤其是在南美地区，反对新自由主义的呼声日渐高涨。位于厄瓜多尔的拉美资讯局（Latin America Information Agency）的代表萨利·伯奇（Sally Birch）女士发言指出，我们不能再认为非主流媒体总是"边缘性的"，随后她举了三个由南美媒体活动分子发起的运动。

第一个例子是关于驱逐委内瑞拉民选总统查韦斯的企图。这次政变主要由与美国有密切关系的商业利益集团领导，他们的主张由委内瑞拉国内的媒体集团大肆宣传。伯奇认为，委内瑞拉国内大范围的非主流媒体系统联合发出的声音唤起了民众，从而阻止查韦斯被赶下台。

第二个例子发生在玻利维亚，其国内的主流媒体支援世界银行的私有化运动，包括自来水公司的私有化，而对民众的强烈反对置之不理。玻利维亚的非主流媒体促进了信息的传递，使反对力量团结起来。在哥伦比亚，总统乌里韦领导的右翼政府输掉了一次重要的全民公投，每个人都会感到很吃惊，但是小型媒体和非主流新闻机构却不会吃惊，因为正是它们领导该国的"地下"运动。

与此同时，美国在2003年早些时候发生了一次重要转变：美国联邦通信委员会提出的迎合公司利益的新规则触怒了民众，引起了一片声讨。

联邦通信委员会提出了令人吃惊的解除规制新措施，其中包括：允许报纸和电台公司交叉持股，互相兼并；取消了对一家公司在本地区和全国范围内可拥有电台数目方面的诸多限制性规定（根据目前的规定，一家公司在一个市场上只能拥有一家电视台）。如此一来，在一个城市中，一家媒体巨头可以同时拥有几份大报和数个广播台、电视台，这对于实现完全由媒体控制公共政策，倒真不失为一个好办法。

如果新规则实施的话，全球性媒体公司在美国全国范围内可以拥有足够多的广播台和电视台，向全美45%的人口播放节目，在历史上还没有哪一家公司能有如此大的覆盖范围。

联邦通信委员会的主席迈克尔·鲍威尔（Michael Powell）是一位由布什任命的右翼人士，其父为国务卿柯林·鲍威尔。他专横地表示，不会出席在全国范围内关于新规则的各个公共听证会。实际上，他已经使出浑身解数，来阻止该事件成为公共讨论的话题。因为新规则不会带来公共利益，甚至可能会对民主过程产生巨大破坏作用。所以公共讨论只会使该提案更难通过。让媒体保持沉默实为明智之举。

尽管有两位民主党部长做出了努力，但是由于福克斯新闻、Clear 频道、迪斯尼、维亚康姆等公司施加了巨大压力，提案在共和党内以三比二通过。但是不久一些地区的民众就开始了强烈声讨。许多保守的共和党人加入了媒体活动分子组织，强力反对新规则，其理由为：新规则对民主构成了威胁，并使所有权高度集中现象从地方向全国扩散。反对力量包括类似美国全国步枪协会的组织，许多保守的国会议员，以及保守的《纽约时报》专栏作家威廉·瑟怀尔（William Safire）。他总是支持进步组织的言论，这些组织包括消费者联合会、自由出版组织、共同原因（Common Cause）、前进组织（MoveOn［www.MoveOn.org］）以及一些工会组织。反对力量联合起来，向联邦通信委员会和国会提交了超过75万名反对者签名，这是史无前例的，成功地使这一问题成为选举年的政治焦点问题。在笔者写作本书期间，尽管媒体公司在国会（对FCC有监督管理权）内进行大量游说，仍然没有一条新规则被批准通过。整个提案被搁置一边了，可能以后会再讨论，也可能就此终结了。无论最终结果如何，民众已经实现了历史性的转折：被动的民众看到自己的民主权利受到媒体帝国的威胁，进而认识到自己也可以采取一些行动来维护自己的权利。

互联网的作用

在像在南美和联邦通信委员会案例中发生的大型抵制活动，其成功的部分原因在于互联网的创造性使用。在美国，自由组织和保守组织都在网上散布反对言论，并要求别人给予回应。2003年，民主党总统候选人霍华德·迪恩通过互联网获得了大量的民众支持，甚至筹到了4000万美元的竞选经费，这进一步证明互联网对政治活动的重要影响。而且还出现了一个完全基于网络的活动分子组织——前进组织，该组织拥有超过200万的会员，对一些主流政治活动都有着重要影响，同时它还作为一个创造性的独立广告公司开展反对布什的工作。

许多进步组织都视互联网为捍卫民主和个人权利与公司做斗争的终极武器。互联网也确实有能力担当此任。但是，我们在认识到互联网的巨大潜力的同时，还需要注意一些问题，互联网最终可能也会沦为那些有权势的公司的商业化干涉,就像其他的大众媒体一样。另外,互联网并不一定只为进步组织服务。

《国家》杂志的媒体批评家约翰·尼科尔斯(John Nichols)与罗伯特·迈克切斯尼合作撰写了著名的《这就是媒体,傻瓜》一书,在该书中,他们使用了具体资料来说明互联网对媒体改革的潜在重要性。两位作者关于互联网对民主潜在影响的主要论述可以简单描述为:"因为每个人都能以低廉的费用开个网站,而且每个人都可以浏览任何一个网站,所以媒体巨头看起来就像是史前的恐龙,其对这个星球的垄断控制也一定会消亡。"

尽管人人能够开一个网站体现了民主,而且数以百万的人也确实这么做了,但是极少有网站能够得到足够的宣传和有效的管理,所以也难以对公共政策产生重要影响。

尼科尔斯和迈克切斯尼指出,数字革命的直接后果可能是"高度集中。以 AT&T 为代表的电话公司和以微软为代表的电脑公司在数字媒体、通信和电脑产业中都很活跃"。AT&T 公司已经成为全国最大的电缆公司,而微软也已在全球购买了数十家媒体、电缆和通信公司,这些对"自由"网络来说,都是不祥之兆。

在评价互联网的政治影响时,还有一点需要提请注意:虽然互联网能够帮助进步力量更好地组织、交流和促进民众积极回应,但它也能使世界上最强大的公司得到相应的利益,这些公司分属银行、自然资源、制造和通信等产业。如果不是互联网这个全球通信网络的存在,跨国公司不可能有现在这么大的规模,也不可能取得卓越的运营速度和效果。互联网使得跨国公司的数千个全球分支机构实现一周 7 天、一天 24 小时、全年 365 天的不间断顺畅联系。跨国公司不仅使用网络来交流,而且敲一下键盘就可以在全球范围内转移大量资源。比如说,数十亿美元可以瞬间从伦敦银行转移到马来西亚的沙捞越州,然后该州的森林遭到砍伐,或者当地的货币被买进卖出,造成金融危机,政府动荡。所以我们最后能得出的结论可能是:所谓的通信革命虽然有利于与集权的公司势力做斗争,但是最终还是更有利于这些公司。

因此，我们在继续使用网络技术时，需要提醒自己，网络并不像某些人想象的乌托邦式的解决方案，其他领域的有组织活动也是非常重要的。

通向更加民主的媒体之路

任何严肃的媒体改革运动都应当同时具有以下几个目标：首先，在国内和全球范围内大幅降低全球性商业媒体的权力和集中度。这意味着要挑战一些国际国内组织，例如 WTO 和美国联邦通信委员会的某些规则。其次，极大地提高非赢利、非商业媒体的力量，特别是在电视广播系统方面。最后，在本地区、全国和国际范围内，尽全力创造、支援、发展和促进新的非主流的声音。

这些都是令人生畏的艰巨任务，但是当你认识到所有的人和团体都可以通过在本地区的实际努力而不断迈向更高目标时，这些目标也就不是那么高不可攀了。开始时，个人和团体的努力只对本地事务有直接影响，但是逐渐就会建立与全国甚至全球的联系，从而抓住机遇，实现更高目标。对于活动分子等组织来说，将媒体改革问题作为重中之重是关键的第一步，同时还要认识到，如果商业媒体继续代表着庸俗化、超级商业主义和极端自利，统治着公共意志，那么所有的事业都会功亏一篑，无论是环境问题、健康问题还是政治问题。

下面，我们将列出一些机会、观点和活动，我们在全球范围的运动中将这些机会、观点和活动综合在一起使用，就可以形成一个民主的媒体。当然，下面列举的几项并不能代表全部，随着我们在这场新的媒体改革运动中的经验的增长，下面的列表也一定会不断扩展。

1. 向国际规则制定者施压

我们已经提到过 WTO 的服务贸易总协定发挥着重要影响。在此，我们再一次简要强调一下，如果服务贸易总协定的谈判成功了，那么全球媒体巨头将会占领更多的各国国内市场，而且可以更容易地收购本地企业，这些跨国巨头将以与本地媒体相同的条件自由进入各国国内的印刷出版行业和影视行业，新的服务贸易规定可能会将对公共的非商业广播电视台的补贴视为限制自由贸易的非法形式而加以禁止。这可能导致许多国家公共广播电视台的消失。

服务贸易总协定将阻止各国政府保护本地传统文化、本地节目安排、信息传播的本地所有权，或试图帮助非商业媒体，这实际上导致本地媒体为国际媒体集团所拥有的电影、电视和报纸所垄断。到目前为止，加拿大和法国是反对服务贸易总协定的主要力量，还有其他一些担心本地传统文化和价值观保护问题的国家也加入了反对者的行列。我们必须努力坚持的一项基本原则为：国际组织无权要求一国政府或地区政府同意外国资本在本地媒体和文化产业的投资和所有权不受限制。这些问题的最终决定权应为地方政府所有。（关于本问题的更多信息，请参阅列在本书末文献资源中的以下网站：公共公民［Public Citizen］，加拿大人理事会［Council of Canadians］，以及政策研究研究所［Institute for Policy Studies］）

2. 向国内规则制定者施压

除了 WTO 强行要求本地和本国政府解除规制的规定以外，关于所有权和节目安排的规定都由与美国联邦通信委员会相对应的部门以及由监督这些委员会的本国立法机关来制定。前面我们讨论过，大量的公共呼声可以对立法机关形成巨大压力。在联邦通信委员会新规则一例中，美国民众被充分激发和组织起来，并取得了最后的成功，遗憾的是，像这样的例子是非常罕见的。

在其他一些国家，还有一些发展程度更高的运动。尼科尔斯和迈克切斯尼指出，瑞典的行动主义者左翼政党使所有的国内媒体改革的问题都成为公共辩论的热点问题。在其党纲中，写有这样一段话："言论自由和新闻自由是民主的前提条件。活跃的民主生活需要广泛独立的媒体选择。每个人都应当能够以某种形式表达自己的观点。所有的观点都应当能够为大众所了解。"该左翼政党的改革方案甚至包括：取消所有的广播电视广告；大量补贴各种各样的出版业媒体，即使这些媒体表达激进的、不太为公众所接受的观点。

新西兰于1991年兴起了类似运动。绿党、毛利人和工人运动相结合产生了联盟党。他们的运动将大众传媒的垄断控制视为"人权问题";要求更多的非商业节目播出;保护新西兰的国家公共广播公司(NPR)和公共广播服务公司(PBS);在所有的节目中,"本地内容"至少占30%;建立一个新的年轻人网络;建立为少数民族服务的广播电视台;以及禁止所有针对儿童观众的广告,等等。

其他出现关于媒体问题的公共运动的国家包括澳大利亚。主流的民主党是公共广播电视台私有化的主要反对者,并使该私有化问题成为整个国家的问题,这一反对的成功的可能性很高。在南非,南非工会大会(COSATU)在影响政府政策方面取得了极大成功,南非的媒体系统变得更加开放和多样化。在巴西,媒体行动主义者在卢拉总统的工人党中是主要影响力量。在跨国媒体集团的办公室外已经发生过多起示威游行,要求媒体在新闻中努力体现各种不同观点。类似的卓有成效的全国性运动还在英国、印度、加拿大等国家进行着。(更多信息,参见文献资源部分的"自由出版"[Free Press]网站。)

美国的活动分子也没有理由不对这些跨国媒体提出类似的要求,开展类似的运动。比较好的建议有:在执照发放方面,坚持更严格的公共服务要求和标准;重新强调公平观念,要求针对有争议的问题,向民众提供各方面信息;任一所有者在一个市场上只能拥有一家电视台。

3. 因商业广播电视公司使用了公共频道而向其收费

在美国,商业广播电视公司免费使用了美国法律规定的公共财产,在其他许多国家也有类似的法律规定。如我们在第五章所指出的,这些频道是公共财产的一部分,法律保护这些频道以提供公共使用、公共参与和公共福利,法律的规定应当得到执行。而事实却是,商业广播电视公司利用频道这一极具价值的公共财产赚取了巨额财富,而且还不用为公共利益服务,也无须支付任何频道使用费,这一做法已经延续了75年。这种模式没有任何理由再持续下去了,特别是由于公共广播电视本身以及其他许多非赢利媒体都急需资金,而这笔使用费是它们本来就该得到的。

对商业广播电视的公共补贴必须停止或者大幅减少。如果商业广播电视公司被要求支付频道使用费，或者向公共媒体基金交纳一定比例的广告收入，那么整个广播电视系统和新闻工作的状况就会得到改观，商业媒体系统的支配权力将被削弱，而且我们有可能听到更多的不同的声音。

除了支持公共广播电视系统的发展，过去用于补贴富裕公司的钱还可以用于支持本地和社区广播电视台、低功率微型广播专案以及印刷出版媒体，从而创造出信息的平衡，新的媒体接入机会，以及面向低收入者、老年人和少数民族社区的特殊媒体。这些资金还可以用来支持一些社区文化艺术活动，以及刚成立的出版和合作企业，使信息交流过程中的民主参与重现生机。

4. 增加对公共广播电视的补贴

即使稍微减少一点当前对商业广播电视的补贴，每年也可以产生数千万美元的资金，可以用于真正的公共广播电视。前面曾经提到过，目前对非商业广播电视的公共补贴已经减少至公共广播电视台年运作预算额的10%，这直接威胁到现有非商业广播电视台的生存（一些右翼组织认为，公共广播电视是否应该存在还值得疑问，理由为公共广播电视的存在与自由市场理念相悖——好像对商业广播电视公司的公共补贴就与自由市场一致似的）。通过减少对商业媒体的补贴而得到的资金应直接用于满足公共广播电视的当前资金需要，这样，它们就不用依赖商业公司了。另外，这笔资金还可直接用于增加公共广播电视台和印刷出版媒体的数目，从而实现民主的信息平衡。商业广播电视台自然会强烈反对上述做法，因为它们已经从免费使用的频道得到了数十亿美元的利润，另外它们也不想增加与非商业媒体之间的频道竞争，这种竞争会使部分听众或观众流失，降低自己的评级，并影响广告收入。

5. 对广告设置新的限制

许多国家都对广告的数量、种类和目标观众加以限制。这是由于这些国家意识到媒体具有巨大的威力，能够影响公共意识，将商业价值观在整个社会范围内推广。有些国家禁止所有针对儿童观众的广告；所有政治竞选的广告宣传都是付费的，在临近选举前的一段时间内，不再为候选人提供免费的播放时间来陈述自己的政治观点；所有的广告都必须在公共广播电视频道播出，另外还有其他许多对广告内容的限制。还有许多国家对每小时广告播出的时间作出了严格规定。美国则不存在上述限制性规定，实际上，目前对商业广告的唯一限制是不允许在电视上做香烟广告。

在美国，对广告进行规制，走的是一条崎岖不平的道路。这是因为法庭宣布，与对个人的言论保护相同，广告也是受美国宪法第一修正案保护的言论形式。这其实是非常荒谬的。商业广告言论是只有富人才有能力使用的媒体形式，从法律角度看，居然与个人言论是相同的。

然而，在宪法制定的时期，广告几乎不存在。公司也不是现在的样子，媒体本身也仅仅包括只有一张纸的小报、传单和街头演说。宪法的起草者当然无意去保护一种在当时并不存在、与个人言论几乎没有共同点的言论形式。个人言论是需要保护的，以确保民主社会的信息平衡。而且，广告言论由于数量庞大，威力巨大，现在已经完全淹没了所有的个人言论和自由新闻的声音，从而导致了宪法制定者想尽力避免的资讯不平衡现象的出现。

上次美国对广告进行正式规制的时间是在20世纪70年代。联邦贸易委员会（在吉米·卡特的领道下）举行听证会，讨论针对八岁以下儿童的甜麦片广告是否"公平"，因为按照法律规定，买主和卖主的心智水平应大体相当。联邦贸易委员会认为，高薪聘请大量心理学家、焦点小组研究人员、广告撰稿人和艺术家，让他们彼此协作，然后又在针对易受影响的幼童观众的广告上投入数千万美元，向这些儿童推销有害的产品，这可能会使交易中的信息不平衡表现出固有的不平等性。

媒体对联邦贸易委员会的质询表现出极大的愤慨。不仅主要的广播电视网路和右翼媒体表示义愤，《纽约时报》和《华盛顿邮报》也发表了措词强硬的社论，谴责这次对"言论自由"的无端挑衅。最后，卡特总统不得不让联邦贸易委员会主席迈克尔·佩兹恰克（Michael Petschuk）离职，并且取消了听证会。此后极少有政府部门再进行类似的意在规制广告的冒险行动。（唉，最近在美国，凯瑟尔［Kaiser］家庭基金会对儿童肥胖病进行了研究，结果发现，直接针对儿童观众的大量甜麦片电视广告和含脂肪食品电视广告是罪魁祸首。儿童看了广告后，总会缠着要父母买这些广告食品。）

虽然如此，还是有一些组织再次就这一问题开展了运动，这些组织包括"为儿童电视而行动"（Action for Children's Television）、"为新美国梦战斗"（Campaign for a New American Dream）、"电视解放美国"（TV Free America）、"自由出版"（Free Press）和广告克星媒体基金会（Adbusters' Media Foundation）（参见书末文献资料部分）。而且，现在有可能对那些受保护的针对儿童的商业广告言论提出新的司法诉讼或者是政治运动。大量强烈的民众反馈可能会产生决定性的影响。如果有数千封控诉信件被投向国会、做广告的企业、联邦贸易委员会、联邦通信委员会、地方代表和地方媒体，则可能产生明显的影响。

6. 支持非主流媒体并提升其力量

前面提到的美国媒体改革全国大会吸引了两千多位行动主义者，其中有许多人直接从事新媒体的构建工作，期望有一天这些非主流媒体能够取代，或者至少减弱目前主流媒体的垄断控制。目前，我们无法统计出这些非主流媒体的具体数目，但是媒体频道（MediaChannel）（www.MediaChannel.org）仅对美国地区就列出了1103个非主流媒体机构。同时，非主流新闻媒体指数显示，约有500个组织通过非主流渠道提供信息。

媒体接入计划列出的组织不少于3400个，这些组织向联邦通信委员会提出申请，希望能够得到批准，进行低功率FM无线电信号的传输，这些都是面向社区的广播计划，信号发射半径范围在3至5英里。这些计划要得到联邦通信委员会的批准还真不是一件容易的事情，这是因为不仅仅商业广播台反对，而且国家公共广播由于自己的短视也表示反对。低功率无线电信号传输对服务本地社区有着重要潜在影响，特别是那些接触不到其他媒体的社区。

在反全球化的前线，有一个组织由于成绩突出而崭露头角，它就是独立媒体（Indymedia）。该组织的专案计划始于1999年针对西雅图世贸组织部长级会议的示威游行期间。大部分主流媒体并不清楚抗议的原因，就积极地对抗议活动加以歪曲报道，夸大了示威游行的暴力程度（而实际上没有什么暴力），而对抗议活动的影响却轻描淡写（实际上影响很大）。由电影摄制者、电视录影制作人、新闻记者、网页设计师和其他人员组成的团队独立媒体决定自己来对事件进行报道，于是他们很快开始制作出自己的抗议事件版本并向西雅图当地媒体和世界各地发送，取得了巨大的影响，使得民众对整个事件有了全方位的深入了解（参见书末的文献资料部分）。

自从在西雅图反抗运动诞生之后，独立媒体建立了自己的草根网络，在全球 51 个国家的 130 个地点建立了自己的据点，并有稳定的工作人员来报道与全球化和社会公正运动有关的重大新闻。我们社会需要更多这样的组织和活动。由于独立媒体的积极活动，主流媒体再也不能像从前那样即使随意进行新闻报道也不会受到任何惩罚。

7. 支持本地组织

约翰·尼科尔斯和罗伯特·迈克切斯尼写道："本地媒体积极行动是媒体改革运动的基础，而且在本地确实有许多事情可以做。基督教联盟在十年前就认识到，对有效的全国性运动来说，应当像关注全国性的总统提名一样，关注地方性的学校董事会选举。对媒体改革来说，更是如此。"反击本地媒体报道，反对提出的媒体合并，反对国际公司收购本地媒体，反对无礼的攻击性广告，这些抵制活动如果得到很好的组织都会取得满意效果。所有媒体生来就会对公共投诉做出反应，特别是当参与投诉的人数众多时。

尼科尔斯和迈克切斯尼援引了美国丹佛市"洛基山脉媒体观察"组织（Rocky Mountain Media Watch），它向人们提供有效战斗的工具，使其对本地媒体产生影响。"公正和准确报导"组织（Fairness and Accuracy in Reporting［FAIR］）也已经采用有效的组织方式来刺激本地的团体讨论、大众运动、书信写作，以及在互联网上的回应。这些有组织的活动将会带来反对的呼声，这些反对意见主要针对媒体兼并、报纸销售、报道对本地社区有重要影响的事件。我们已经提到过独立媒体在全球范围内的作用。

这类活动的另一武器为发展"媒体公正运动",重点关注与种族、阶级、性别方面内容和结构有关的问题。本土活动分子的全国性运动的两大代表分别为旧金山的媒体联盟(Media Alliance)和费城的媒体坦克(Media Tank)。两个组织都试图建立新的本地制作和发行机构,同时积极推进规制和政策改革。要撼动今天居于支配地位的主流媒体肯定不是容易的事情,但是这是至关紧要的事情。第一步是最为重要的——首先要认识到媒体必须成为所有关心民主行动的组织共同事业活动的一个重要组成部分——无论事业活动的中心是劳工问题、儿童问题、环境问题、公共健康问题、安全食品问题还是其他问题。

如果令人压抑的主流媒体声音仍然一手遮天,没有丝毫削弱,公共广播电视机构和非主流媒体的声音仍然微弱不堪,没有丝毫增强,上述这些问题都不可能取得圆满成功解决。

人民的替代性行动

本章和第七章详细讨论了社会运作体系的诸多问题,重点强调了主要的社会运作体系正在朝着公司控制和全球化方向发展。我们还在坚持第四章提出的可持续发展社会十大核心原则的基础上,提出了一些设想,可以极大地改变这种社会发展模式。其中许多设想仍处于讨论阶段,另一些想法则由各种运动来推动施行,还有一些则已经在全球范围内得到成功应用。在这些改革设想四处传播的同时,实际行动也在不断向前发展。世界各地的社会生活方式真是丰富多彩,下面我们将提供一个掠影,反映全球各个社会正在创造的有别于全球化的多样化社会体系。从肯塔基到肯尼亚,从孟加拉国到玻利维亚,从印度尼西亚到意大利,在此列出的各个社会只是全球所有社会的缩影,它们直接挑战经济全球化"是不可避免的趋势"这种说法,要求归还属于自己的权利,包括土地、健康食品、水资源、人格尊严、生物多样性、政治自治权以及可持续的安全环境等等方面,甚至只是要求睦邻友好的权利。每个社会都体现出了一定的特色,这表明建设更加美好的世界不仅是可能的,而且已经成为了现实。

阿根廷"横向水平主义"

在第三章中，我们已经说明，阿根廷是国际货币基金组织数十年来宣传的典型，该国腐败的政府官员满怀激情地实施了国际货币基金组织（IMF）提出的灾难性的政策建议。随着阿根廷经济的崩溃，2001年12月开始出现了大规模的暴动，提出了"他们统统滚蛋"的口号，导致了连续几届政府的倒台和对国际贸币基金组织（IMF）及新自由主义模式的抛弃。当阿根廷经济在2002年初彻底崩溃时，很少有人感到吃惊。在无政府也无经济体系的状态下，阿根廷人民自己组织起来。这种新出现的社会模式常常被称之为"横向水平主义"（Horizontalism）。它所着重的不是国家的权力，而是运动中集体的团结。"横向水平主义"不是被描述为一种意识形态，而是一种关系——以直接民主的方式相互联系的一种方式，而与此同时通过发现的过程不断创造。

其结果是运动联合体的联合，其中每项运动的工作都是为了提供基本的服务、组织社区、集体思想以及设想未来。利用直接民主和集体决策，它们的范围包括数以百计的忙碌着生产产品的工厂、几十个邻里装配线，失业工人运动的网络，再到几百个自治的邻里厨房和国民教育中心。"水平运动"摆脱了垂直的组织形式，而且像恰帕斯——从它那里它们得到了很多的启发——一样，它强调尊严、自治和集体组织。

智利的孔斯蒂图西翁镇的卡雷塔海滩

孔斯蒂图西翁镇的卡雷塔海滩成立于1997年的智利，它是由当地渔民所组建的一个替代性的可持续渔业社区。卡雷塔海滩（Caleta Constitución）是由希望践行他们对可持续的当地渔业经济的洞见的人们所形成的。这些人把他们的计划拿到了地区政府（它提供了资金方面的帮助）和联合国发展专案（它提供了规划方面的帮助）那里。今天，卡雷塔海滩的 76 户家庭使用着现代化但与其规模相适应的运输、能源、水源和通讯方面的基础设施。太阳能为他们的家庭和企业提供了动力。渔业资源以当地公有财产的方式进行着管理。当地渔民的工会制订了一项管理计划，而社区自我管理，在任何时候仅使用有限的捕鱼区域。他们仅使用通过社区决策过程所同意的捕捞设备和技术。小船早晨从特别设计、且其位置可以尽量减少对海洋生物栖栖地影响的码头起航，下午返航将他们的捕捞物送到市场上。经济上的稳定性来自服务于附近安托法格斯塔（Antofagasta）市规模可观的市场。社区成员还希望开始将他们的生鱼加工成有附加值的产品，以此来保有他们资源的最大价值。

孟加拉国"新农业运动"

孟加拉国的这一农民运动，通过节省、存储并分享作为家庭粮食安全基础的种子，正在复兴传统的作物。为应对产业化农业有害的效果，农民们聚在一起实施替代性的种植方法，而这些方法是以社区为基础而且是有机的。这些方法混合了传统的知识与智慧和适合于农民与环境的较新的观念与技术创新。整个孟加拉国有大约6.5万户家庭遵循一套十条简单的原则进行新农业种植，他们所有人都专注于使用在当地就可以得到的资源，提高土地、水源、生物多样性和能源的效率，以及加强对种植社区中种子的控制。

除了采用不使用化肥的农业耕作外，生物多样性的生产被纳入了粮食生产的新农业方法之中。作为一项基本的原则，"新农业运动"（Nayakrishi Andolon）农民抵制了单作物种植，而将他们的做法建立在作物混种和轮耕的基础上。在新农业村庄中，农民们得到了品种更多的鱼类以及范围广泛的非栽培作物，它们或者是由于田地里的混种而附带产生的，或者是由于不使用除草剂而在公有土地上生长出来的。家禽家畜长得也更快，由此提高了民众的粮食安全。类似的，种植当地多种树木是新农业村庄中做法的有机组成部分，这反过来又吸引来了鸟类、蝴蝶以及其他的昆虫和食肉动物。

墨西哥公有土地和社区的咖啡种植者工会

在1983年，墨西哥恰帕斯高原的圣克里斯托弗市（San Cristobal de las Casas）地区的小咖啡种植者（他们大部分是索西[Tzotzil]和策尔塔[Tzeltal]这两个地方的本地人），组织起了公有土地和社区的咖啡种植者工会（Beneficio Majomut Coffee Growers' Union of Ejidos and Communities）。Majomut工会是一个由25个社区内的1450个成员组成的草根社会组织，其建立的目的是在农民的咖啡加工和销售中将他们团结起来。成员们平均拥有两公顷土地，种植玉米、豆类和咖啡。在咖啡售出时，它构成了家庭收入的主要来源。工作的范围逐渐扩大，逐渐包括了整个生产过程，成为组织、管理、执行社区整体发展规划的主要工具。

该组织于1992年转向有机农业领域，并于1995年获得第一份有机证书。该组织通过对农村社区推广人员进行培训来传授有机耕作技术，由这些推广人员在每个社区建立有机试验田，作为学习研究的基地。开展一系列活动，促进农户之间的经验交流，这些活动包括农业生态实践的发展与评估，通过农户的试验进行的参与式研究，对社区有机耕作推广人员进行培训，以及社区参与。

印度"九种基金会"

为了应对经济全球化对传统农民的威胁，万达那·谢娃儿（Vandana Shiva）的科学技术和生态研究基金会在印度发起了"九种基金会"（Navdanya）运动。Navdanya或称之为"九类种子"，代表着多样化的生态平衡。九种基金会运动促进了本地团体和社区对印度传统各类种子的保存和交易，建立了遍布全国的社区种子银行网路，以及各项农场种子保存计划。九种基金会率先实施了社区生物多样性登记制度，记录了本地、一个地区甚至全国的资源资讯。这些登记资料有助于恢复农业的生态基础，同时确立了农民的知识创新地位，对知识产权垄断力量进行了遏制。

1996年下半年九种基金会食品专案开始启动，旨在向印度城市消费者提供可持续种植的多种多样的有机食品，这些有机食品是不使用化学肥料和杀虫剂的健康营养食品。九种基金会食品专案专业从事濒临灭绝的本地土生土长的谷物生产。该专案在希望继续从事可持续生态农业的小规模农户和希望购买安全营养食品的城市居民之间架起一座桥梁。

目前，九种基金会正在进行一项全国性的运动，称之为拜雅·雅托拉（Biya Yatra），该运动旨在引起民众对以下方面问题的关注和讨论：基因多样化程度的削弱；绿色革命的破坏性后果；WTO知识产权框架带来的威胁；在印度导致食品安全水平下降的因素。拜雅·雅托拉运动保护农民使用和保存自己种子的权力，加强了本地社区的力量，真正创造了一种公司全球化的替代形式。

墨西哥恰帕斯州的自治政府

由于面临政治、经济和文化生活的分崩离析，在墨西哥最贫穷的州——恰帕斯出现了萨帕塔民族解放军（EZLN），这支军队中原住民所占比例极大。经过十年的秘密组织，1994年1月，萨帕塔人于恰帕斯州的奥卡森戈市、圣克里斯托弗市（San Cristobal）和另外五个城市领导了一次起义。这次起义发生的时间与北美自由贸易协定的签署是同一时期，表明萨帕塔人对该协定的坚决反对，他们将该协定称之为"墨西哥民族的死亡证明"。

萨帕塔人建立了一种新的社会组织模式，其基础是地区性的、公民性的原住民自治和集体建设社区。由水平的社会组织结构来尽量达成共识，从而形成决策。他们创建了五个地区性的公民自治中心，称之为caracols（海螺壳），以及地区性自治管理结构，称之为juntas de buen gobierno（良好的政府委员会）。委员会的成员由该地区每个自治县的代表组成。各个自治县民主选举产生自己的县自治会，来执行本地政府的各项基本职能：出生登记、婚姻登记和死亡登记；制定发展规划；建设学校和诊所；等等。

在没有墨西哥政府部门支持的情况下，萨帕塔使用自己的微型诊所网络提高了医疗服务水平，大幅减少婴儿死亡率，并在那些以前根本没有提供受教育机会的地区建立了合作式的、面向社区的学校教育系统。他们还建立了一套自治司法系统，作为公正中立的协调人来解决争端，即使互相反对的社区也需要这样的法律机构。最后，他们还建立了本地经济体系，这个经济体系植根于农民的传统，例如，认为农村社区和集体工作是最重要的。

斯里兰卡"通过共同出力来实现全民觉醒"运动

"通过共同出力来实现全民觉醒"（Sarvodaya Shramadana）运动是一个各民族参与的民主运动，运动范围覆盖了斯里兰卡境内的1万个村庄，约400万人。该运动组织建立于1958年，Sarvodaya的意思为"全民觉醒"，Shramadana的意思为"共同出力"，整个意思则为"通过共同出力来实现全民觉醒"。作为一个组织，它是自发性的、非政府的、非赢利的、无宗派的和非政治性的。该组织致力于满足人的基本需要，例如清洁健康的环境、水、衣物、食物、医疗、住房、能源、教育，以及精神文化需要。Sarvodaya又被分成许多法律上独立的下级单位，每个单位负责一些方面的活动。这些单位包括：农村发展计划；Sarvodaya法律服务运动；人权、冲突解决、法律教育；和平教育和和平工作；Sarvodaya妇女运动；Sarvodaya经济企业发展服务银行（SEEDS）。

巴西无地农民运动

1979年到1983年间的巴西独裁统治造成土地征用和对农民的驱逐，无地工人运动（MST）因此发展起来。MTS由多个无土地农民组织组成，要求在未使用的土地上生活和种植粮食的权利。MST通过"占领"闲置土地，已经在1500万英亩的土地上安置了超过100万人，同时使农业改革成为国家政治议程的首要问题。巴西政府已经正式承认MST拥有耕种这些土地的权利。MST 的 500 个独立的生产合作社加工和销售农产品，并积极推广有机耕种方法。三个信用合作社已经有成千上万的成员。

通常一个 MST 农村社区有 1000 到 3000 户家庭，他们将闲置土地变为农场。他们的农产品在本地城镇上的市场销售，所需的农用物资则从本地商人那里购买。毫无疑问，那些靠近 MST 农村社区的城镇比其他城镇经济发展得更好，因此许多镇长现在都积极请求 MST 将农村社区建在自己城镇的旁边。MST 在自己农村社区内有效地解决了营养不良、失业和贫困问题，而且还提高了农民的识字率。MST 在巴西的成功在其他国家也引发了许多类似的运动。

肯尼亚绿化带运动

1977 年，在肯尼亚全国妇女委员会的支援下，绿化带运动（GBM）开展了起来，主要是为了应对肯尼亚的沙漠化问题，关注环境保护、社区发展和能力的提升。目前，该运动组织已发展了数千会员，这些会员已经在农场、公地和森林里种植了超过 2500 万棵树木。除了植树这项主要活动以外，GBM 的活动计划还包括：本地树木种植、公民教育、宣传倡议、食品安全、绿化带生态旅游以及"妇女与变革"。例如，所有的组织成员都接受过有机农业耕作方法、集约化土地管理、本地土产农作物能够提高健康水平等方面的培训。

GBM 的宣传倡议活动始于 20 世纪 80 年代末，那时政府放任对土地的不良管理和对环境的破坏。因此，GBM 的宣传主要针对防止森林破坏、结束错误土地管理方法、以及彻底改变恶劣的人权状况和腐败（特别是公用土地的非法分配）。绿化带运动的重要贡献不仅在于重建了自然环境，而且在于通过许多公民教育和环境教育的研讨座谈会提高了人们的环境保护意识，迄今为止，接受过相关培训教育的人已接近 1 万。绿化带运动直接保护了独立（Uhuru）公园、迦楼逻（Karura）森林和治瓦治（Jivanjee）公园（这三个主要绿地都位于奈洛比市），使其免受非法土地分配的威胁。

全球公平贸易运动

公平贸易运动（参见第二章的讨论）试图打破全球自由贸易规则的限制，将贸易用做一种"草根"工具，来解决全球不平等、经济动荡、营养不良、饥饿和社会政治不公正等问题。贸易本身并不是目的，而是实现上述基本目标的工具。公平贸易规则要求生产者得到相应的生活收入，同时保证环境可持续发展。公平贸易鼓励生产合作社、细耕和有机农业实践。美国的公平贸易运动使得在咖啡、巧克力、本地手工产品和其他商品方面的贸易树立了贸易公平和可持续生产的典型。被贴上公平贸易"标签"的产品能够让消费者确信，他们所购买的产品支援了生产者的生计，同时还保护了自然环境。

玻利维亚"艾尔赛博"组织

1997 年，玻利维亚奥尔托·贝尼（Alto Beni）地区的四个农村社区建立了"艾尔赛博"组织，作为独立销售可可的保护伞。"艾尔赛博"（El Ceibo）支持面向农民的农业实践和有机生产，以保证当地农业的可持续发展和对雨林的保护。"艾尔赛博"提高了其成员的生活水平，同时增加了农作物品种和产量。从 1999 年以来，"艾尔赛博"已经发展了 810 名会员，大部分为本地的小型农户。

"艾尔赛博"在玻利维亚是第一个转向有机生产、获得有机证书并加工自己的可可的可可合作社组织。它还获得了公平贸易证书，农民可以出口自己生产的可可油和可可酒，也可以在国内市场销售巧克力产品。"艾尔赛博"使用公平贸易补贴来支持农业进步和社区发展。例如，该合作社鼓励有机生产，拥有一个社区专案和活动基金，以及一个应对紧急医疗需要的安全基金。

美国社区支援的农业

社区支援的农业（CSA）在美国广泛传播，它将小型农业生产者与消费者直接联系起来。作为典型的 CSA 农场模式，本地社区成员在每一种植季节开始时购买本地农场生产成果的一定份额，然后每周都可以直接从种植农户那里得到一篮子营养新鲜的农产品。在这样的制度安排下，社区成员同意支付农户生产成本，而无论最终实际产量如何。这使得农民和消费者共同分担了许多往往由农民一人承担的财务负担，并且使双方规避了传统的工业化农产品营销和零售体系。CSA 既包括 5 到 20 人的小型种植园，也包括服务将近 1000 个家庭的大型农场。CSA 与农民和农作物生产的土地建立了直接的个人联系，提供了一个良好的替代形式，而一般消费者只能从超市货架上购买已经存放数天或数周的农产品。CSA 还向农民提供了可行的替代经济形式，使他们能够得到更大比例的食品美元（food dollar，接近或达到 100% 的水平）和稳定的收入流。

意大利慢食品运动

慢食品运动（Slow Food Movement）组织于 1996 年在意大利成立，旨在应对同质化的、不健康的且对社会和环境造成破坏的工业化农业，该运动已经使人们重新认识到本地农产品特产的价值，并使受到威胁的农产品品种更加丰富。1996 年，慢食品运动组织发起了"风味方舟"计划，对于濒临灭绝的小型优质农产品品种进行记录和保护。受保护的范围包括植物物种、生物多样性和生态型，以及特定地区的适应性强的动物种群。

本地生产者通过普里斯德亚（presidia）来促销自己的产品、保护退化土地和创造就业。普里斯德亚在考虑产品的文化历史特性、生物多样性、环境问题和小规模经济需要的基础上制定生产方面的制度规定。农业生产和家畜养殖实践不应破坏自然环境。在有些情况下，生产制度规定完全支援有机生产，禁止使用合成肥料和杀虫剂。这方面的例子包括意大利瓦尔泰利纳（Valtellina）的谷物和普拉托玛诺（Pratomagno）的佐尔芬诺（Zolfino）豆。慢食品运动于1998年进入巴黎，从而迈出了国际化的步伐，目前该运动已经进入了全球45个国家，拥有8万成员。

美国白土地土地恢复计划

美国白土地部落成员威诺拉·拉·杜克（Winona La Duke）于1989年建立了美国白土地土地恢复计划组织（WELRP）。2004年，WELRP获得了在意大利那不勒斯举办的第四届国际慢食大会颁发的"国际慢食奖"。该计划组织由于在保护威斯康星州东部白土地印第安人保留地上的野生大米和生物多样性，以及保存本地食物体系方面的突出工作而受到世人的认可。WELRP的工作主要是促进白土地印第安人保留地原始土地资源的恢复，保持传统的正确的土地管理实践、流利的本地语言、社区发展和壮大本地精神文化遗产。

美国白土地保留地是阿尼什那贝格（Anishinaabeg）人的家园，也是一种最古老的野生大米花粉的家园——它甚至比阿尼什那贝格人的历史还要早一千年。根据阿尼什那贝格人口头相传的历史，曼努敏（manoomin）即野生大米，是上苍赐予他们的礼物，而且是部落主要的食物和营养来源。WELRP致力于反对在美国白土地以及全球范围内的基因改良和对野生大米授予专利，它与本地社区及其他民族运动组织通力合作，以保证子孙后代拥有本地人的权利、自然收获和食品安全。

墨西哥玛雅黎明区公有森林生产者组织

墨西哥的OEPFZM创建了自己的经济林生产模式，使得玛雅人社区能保持他们赖以生存的本土文化和自然环境。OEPFZM拥有5000个家庭，生活在舍塔纳罗奥州（Quintana Roo）的东南部的100多万英亩公有热带森林地区。这些玛雅人社区采取了一些措施来提升自己在本地森林如何使用和谁受益方面的发言权。他们将土地分为 100 块，在未来的一个世纪里，每年仅选择在其中一块土地上进行砍伐。OEPFZM 的生产活动得到了森林管理委员会的批准，这个委员会是一个独立的生态标签组织，可以让消费者明确木材产品是如何被砍伐加工的。

中美洲农业工人和原住森林社区协会

ACICFOC 联合了危地马拉、伯利兹、萨尔瓦多、尼加拉瓜、洪都拉斯、哥斯达黎加和巴拿马等国家和地区的小规模生产木材和不生产木材的森林社区。它为社区领导人提供了一个互联的空间，让大家明确共同面临的挑战，寻求木材生产、小规模渔业、农业生产和生态旅游等方面问题的解决办法。ACICFOC 成员共同合作，来解决诸如社区森林特许权管理等问题。他们发展了本地的金融扶持体系，保证森林社区得到环境保护服务方面所需资金，例如碳截存（Carbon Sequastration）、水净化以及生物多样性保持。他们还推广一些专案活动，在提升产量的同时，保护森林社区赖以生存的自然生态系统。

美国弗莱斯贸易组织

作为美国最大的有机物种进口商，弗莱斯贸易组织帮助危地马拉、马达加斯加、格林纳达和整个亚洲地区进入了全球公平贸易市场。该公司帮助农民转向有机生产方法并增加作物品种。这些成就都源于一个合作网络的建立，该合作网络支持了小农场的可持续发展、自然资源的保护和生物多样性。弗莱斯贸易组织支持与它合作的农业社区的社会经济发展。

美国雅克玛部落

华盛顿州的雅克玛（Yakama）部落支持其 9000 名成员使用有利于环

境保护的可持续森林砍伐方法,每年生产的木材价值达4000多万美元。该部落使用传统的技术方法,有效地保持了森林物种、年龄结构和生态系统的多样性。生产过程由整个部落的委员会进行管理。他们的木材贸易支持了城镇发展,为教育、建筑和医疗卫生提供了资金。

非洲统一组织

非洲统一组织建立了典型的国家立法模式,以应对生物掠夺(biopiracy)行为、传统民族培育了数千年的基因资源私有化等问题的威胁。立法保护了本土社区、农民和养殖者免受生物行为的侵害,并对基因资源的获取加以管制。随后,非洲各国贸易部长组成了一个物种丰富国家的有力政治联盟团体,要求重新拟定WTO知识产权协定(TRIPs),使其明确规定"排除对生物物种授予专利"。除了贸易部长们的行动以外,各个农村社区公开反对WTO对所谓的"生命科学"产业的专利权保护,要求归还本地对各种生物物种的控制权。这股乡村权利要求的热潮,与"反对生物专利"的国际运动一起,推动尊重和保护全球共有基因资源政策的制定。

印度尼西亚稻谷发展和研究中心

为了挽救许多濒临灭绝的本地大米品种,生物多样性组织稻谷发展和研究中心发起了一个意在恢复本土大米种类的行动计划(Pusspaindo)。目标是通过使用本土品种,本土的方法和传统生产系统促进农民的独立性。农民每人拿出1千克某种当地大米种子,然后种子经种植、繁殖后再传给其他农民。稻谷发展和研究中心提倡使用有机病虫害防治办法来进行大米生产,实践证明,本地的大米品种比新引进的品种能获得更高产量,实现了每公顷10吨~14吨的产量。本地大米品种还具有更优特性:口味更佳、更富营养、可常年种植、易于种植、更加经济,特别是使用有机方法种植时。此外,有些本地品种对于一般疾病还有一定的治疗作用。

古巴太阳能组织

随着苏联的解体，古巴失去了苏联的石油来源。但是古巴并没有去寻找其他石油来源，而是转向了可再生能源。古巴政府成立了一个新的专案，称之为古巴太阳能组织（Cubasolar），在全国推广可再生能源资源。专案的重点在于培养新一代专家、工人和民众，使他们不同程度地掌握可再生能源系统的设计、建造、操作和维护。古巴太阳能组织发起和支持可再生能源和环保方面的演示宣传活动。它还为那些发展和实施可再生能源计划的本土社区提供融资。古巴太阳能组织专案授予超过700个本土组织直接实施该专案的合法地位。

玻利维亚"保卫水和生命联盟"

在世界银行要求科恰班巴市将自来水供应系统私有化之后，私有的贝克特尔公司大幅度提升了自来水价格，于是玻利维亚科恰班巴市的人民组织起来，要求归还他们对自来水的控制权。他们组织了一个由工人、农民、本地社区、环境保护主义者、人权和社会活动家所组成的联盟，称之为"保卫水和生命联盟"（La Coordinadora de Defensa del Agua y de la Vida），来协调斗争。在成功迫使贝克特尔公司放弃合同（参见第五章）之后，该联盟、自来水公司的工人、其他市民与当地政府一起建立了一个由社区控制和运营的供水系统，从2000年4月开始，这个供水系统的运作一直非常成功。

由一个公共民主选举产生的轮值委员会来监督自来水公司。该委员会的成员包括两名工人、两名社区成员和两名当地政府官员（尽管委员会的组成并不是一成不变的）。此外，还在不同的街区定期举行会议，来评定该供水系统的需求、定价和总体运作情况。富裕的市民通过如下方式对低收入人群提供补贴：自来水公司保持稳定价位，同时成功地将供水服务提供给以前从未供过水的城市最贫困街区。融资方案被设计出来以吸引投资，从而保证公司的能清偿债务。尽管存在诸如融资等等问题，比起以前来，自来水公司还是实现了更加公平可靠、范围也更大的持续供水。

乌拉圭合作主义中心

乌拉圭合作主义中心已经工作了 30 多年，致力于实施新方法来解决持续存在的住房短缺问题。工作的重点是低收入人群，因为他们是受住房短缺冲击最大的。中心将低成本政府贷款直接发放到社区，帮助社区居民通过合作社这种集体自我组织的形式来解决他们的住房问题。

巴西贝洛奥里藏特

1993 年，新当选的巴西贝洛奥里藏特市政府发起了一系列的专案计划，来提高城市的食品安全。首先，食品获得直接进入城市的权利。为了保障这一权利，该市为当地农民提供地块，允许他们使用有机方法种植自己的农产品。于是，农民可以为自己提供食物，同时城市其他居民由于直接从本地购买食品，价格保持在较低水平。学校的午餐也是使用这样的农产品，整个城市都被鼓励购买这些质优价廉的健康产品。

孟加拉国葛莱敏银行

葛莱敏银行于 20 年前成立于孟加拉国，这是一个农村信用合作体系，其运营的基础不是财产抵押，而是小群体的互助责任。葛莱敏的小额贷款专案支援了 250 万低收入农户，其中大部分是妇女，这一专案被超过 58 个国家采用。

西班牙巴斯克地区蒙德拉贡合作公司

西班牙的巴斯克地区拥有最发达的非常规企业网络,这些企业由工人所有的合作银行提供融资。1955年,工人所有的合作企业决定,为了能够在保持控制权的前提下扩展企业,有必要创建属于自己的信用体系并加以控制。通过集资的形式,这些工人创立了人民劳动银行(Caja Laboral Popular)信用合作社。该合作银行成为促进蒙德拉贡合作公司(MCC)发展的主要力量。今天,在经历了50年的发展之后,以销售额和员工人数来衡量,蒙德拉贡合作公司成为巴斯克地区最大的商业企业,也是西班牙第七大公司。

这里所举的20多个例子,只不过是替代性体系这条奔流的大河中一朵朵浪花。在全球范围内,各种各样的社会体系正在酝酿、实行和不断成长。其中的每一个例子都可以自成一书。每个例子都代表了本书一再强调的核心观点:经济全球化并不是必经之路。它只是许多并行的社会发展模式之一,而且其优越性还远远弱于其他的模式。本书所提供的各种模式可以被视为工具、评论和学习的基础,尤其是,这些模式激发了人们的无穷创造力。我们相信,百花齐放的局面一定会出现。

第三部分　全球治理结构

全球体系现在被两大权力中心控制着：数量很少的少部分庞大的全球性公司和布雷顿森林机构的非神圣的"三位一体"——世界银行、国际货币基金组织和世界贸易组织。它们结合在一起，实际上取得了全球治理权。尽管它们不是被选举出来实施统治的，它们的权力也不透明和民主，但它们的权力可以颠覆国家，迫切需要对它们做彻底的改变乃至用新的机构取而代之。

我们为在公司的权力之下如何进行统治提出了许多建议。说到全球化的官僚机构，新的机构必须取代业已失败的旧机构的多数职能。这些新机构对应一套不同的价值体系，而这些价值与可持续发展社会的十项原则保持一致。在最后一章我们提出很多方式，读者以此可以直接参与实现这些变革的努力。

第九章 公司的组织和权力

2001年12月，震荡首先在商业领域开始，继而席卷社会各个部门，几乎每个国家报纸的头条新闻都从恐怖战争转到这里：世界上最有影响力和最成功的能源公司之一——美国安然公司（Enron Corp）突然破产。曾经作为新一轮企业创新的领导而受到赞扬的安然公司，在美国许多地方，它是电力供应私有化转变过程中的先锋。它造成加利福尼亚的巨大的能源问题，逃避政府监督。伴随着有关世界贸易组织、关贸总协定和其他协定的新规定的出台，安然公司大大促进了全球性的解除规制的做法，并利用了这一时机。这些新规定目的就是为了获得在外国的准入权和聚积数百亿美元的海外资产，而同时，却在印度、玻利维亚、多米尼加共和国等20多个国家造成了严重的社会和环境问题。

安然公司还享有世界银行、国际货币基金组织的结构调整计划的贷款项目带来的意外横财。它在银行的帮助下，通过作为贷款项目的一部分的利润丰厚的合同，使给外国政府的发展贷款资金返还给自己。它利用有利于公司的美国税法来掩盖它的不良业绩，从而在表面上显示盈利而不顾自己承担的巨大经济风险。

最后，在最终破产的边缘，这家公司还抛弃了员工的利益和忠诚，它故意使员工在公司的股票投资崩溃。与此同时，公司的高级管理人员则以较高的利润套现他们自己的股份，甚至在他们离开时收受额外的奖金。

这些被揭露后，公司的运行如此令人震惊，激起的公愤如此之大，以致公司在白宫的支持者也发现他们自己在政治上受到的责难使他们不能去帮助曾经的朋友和同事。他们试图把安然公司看成是相对美国其他负责任的公司行为的一种罕见的例外——就像谚语所说：篮子里面的一只坏苹果。

不幸的是，安然公司的经验给了我们截然不同的教训。首先，在这桩丑闻爆发伊始，出现的证据就表明，尽管它的一些活动是极不正当的，但许多活动还是在法律的界限之内——它是公司与政府勾结的结果，是解除管制的体系的成果。

其次，考虑到今天的公司结构的特性以及引导着公司的优先权和机构投资者的普遍规则——只考虑短期利益和高速增长而很少考虑到社会——那么这种应受指责的行为是完全可以预知的。

最后，正如已被随后的例子近乎完美地证明的那样，从世界通信（worldcom）到哈里伯顿（halliburtun）、施乐（Xerox）、泰科（tyco）和其他大的公司来看，安然公司的问题并非独一无二。实际上，安然公司只不过是一个典型的例子。整顿安然公司的方法，像整顿其他的公司一样，是要从根本上改变这个体制。

在21世纪之初，全球性的公司作为支配性的制度性力量居于人类活动和全球本身的中心。实际上，根据政策研究所的萨拉·安德森（Sarah Anderson）和约翰·卡瓦那（John cavanagh）的报告来看，到2000年，世界前200家公司的总销售额已超过所有国家可统计的经济活动的四分之一。如果人们列出全球前100个经济实体列表，那么其中52个都是公司，只有48个是国家。这些扩张到全球各个角落的公司已经变成全球治理的新体系和统治着人们及其在地球上的生活的贸易、金融、投资制度的主要受益者和驱动力量。

大规模高度集中带来的全球性公司的势力压制了民主的表达和市场的竞争。在六个主要行业中——耐用消费品、自动化制造业、飞机制造业、航天工业、电子零件业和钢铁业——五个公司控制了50%以上的全球市场。因此，与被全球化和资本主义理论的预计相反，全球没有促进

第九章 公司的组织和权力

健康的市场竞争,而是直接引导了全球性的垄断。在许多例子中,如在农业中,几家全球主导公司(ADM、孟山都、诺华和其他类似的企业)的活动控制了生产环节的诸多方面——原材料的投入和分配、种子和化肥、农场主、加工者、批发者和零售商——组成一个庞大的纵向联合体。全球价格和食物供给——以及它们的质量——都在公司的控制之下。这样令人吃惊的企业集中完全压制和违反了传统的市场理论。传统的市场理论的设想是,大量健康的小的或是中等规模的企业在质量、价格和革新方面互相竞争。这也妨碍了所有有利于民主、经济上的公平和环境的价值的条件。

大型公司已变成世界上进行经济、政治和社会活动的主要的组织工具。跨国公司通过它们的市场能力力量、几十亿美元的竞选资金、公共关系、广告和绝对的规模,创造了我们赖以生存的眼力并且用统治我们的政治权力结构给我们施加了极大的影响。可以公正地说,就像大卫·科顿(David Korten)已经写道的,公司已经成功地实施了"公司统治",同时却损害了民主、社会平等和自然。正是因为这些原因,上百万的人们走上街头发动激烈的抗议,要求对公司运行的规则乃至公司所存在的本身进行大规模的结构性变革。

在任何合理且持续发展的社会中,全球性的公司不大可能像今天这样在我们这个世界上作为主要的组织力量进行活动。实际上,如果我们实现这样的社会,公司的结构就需要改变——离开现行的模式及其内在的价值体系,这些价值只关心公司自身的狭隘的成功,并且同在第四章列举的可持续发展社会的十项原则正好相反。我们必须彻底改变在公众中交易的、有限责任的(publicly traded, limited liability)全球性公司,就像先辈着手消灭或限制君主制一样。任何改变全球化经济的公民议程必须植根于解决这一问题的计划中。

这一章的重点放在讨论这种改变的可能性上。它从概括论述当今公司结构的某些主要特征开始,因为许多公司行为的问题的根源在于制度的形式和结构本身。

接下来,本章对全世界范围内人们已经进行的各种活动作了报道,从对公司进行改革到让公司解散。最后，本章还提出了一些替代性的商业结构的观念，这些观念与我们的十项原则更为一致。

当今公司的治理结构

公司一般分为两类：一类企业归少数人或是家族私人所有（privately owned），另一类是公共所有并在公众中进行交易（publicly owned and traded）。它们之间具有非常重要的区别。

公有和私有的企业

一些私人所有的公司规模已经发展得非常庞大，甚至是全球性的（例如柏克德、嘉吉［bechtel、cargill］和其他高度隐私的谷物贸易公司）。这些庞大的私人公司已经获得了许多公共所有的公司拥有的好处：有效率的规模、对市场和资源的控制、政治影响、对信贷机构的吸引力。但是，大的私人公司在数量上相对来说少一些，并且它们的综合影响比那些数量更多的大型公共所有、有限责任的全球性公司要小。

说到公司在公众中进行交易（publicly traded），它的意思是这些公司的所有权股份在公开的股票市场上被许多人自由买卖，这些人同公司的运作几乎不发生任何关联，他们只是希望得到消极的资金回报。从事这种股票交易称为投资，但是，这可能是一种比赌马更为复杂的赌博形式。这意味着除了希望有一个潜在的资金上的返还外，它们自己人的股份也将在公开的股市上被大多数与这个公司的运作几乎没有关系的人们中自由地交换。一个公开股市上的贸易被称做投资。大多数股票实际上不是直接被个人而是被受到专业管理的互助基金、保险公司、养老金计划和其他的投资机构控制着。当人们从这些管理基金中购买股票时，他们通常并不十分了解这些资金投入到哪些公司，更不要说那些公司用他们投资的钱从事什么样的活动。

为了从公众中吸引投资，许多公共所有的公司面临着巨大的压力：

使它们的股票在成长和获利方面看起来很有吸引力。这使许多公司以短期的健康表象为基础做出决定（像安然、世界通信、哈里伯顿），或者忙于迅速地消耗自然资源，像森林、渔业资源，以损失长期环境健康和长久的资源基础为代价追求短期的利益。公共所有的公司制造乐观的投资机会的印象的内在需要是造成大量社会和生态危害的根源。公共所有的公司必须追求持续的发展和壮大——在市场、劳动力和资源上——因为它们必须显示积极的平衡表，甚至在它们的季度报告中也要给它们依靠的投资者、银行家和金融团体留下印象。"发展或是死亡"这一说法尤其适用于公共所有的公司，因为壮大或是利润成为它们强迫的目标，这一目标远远胜过任何对道德、伦理或是环境的的考虑。

在另一方面，尽管私人拥有的公司的行为常常和公共所有的公司一样，但它们没有相同的、系统化的、内在的强迫性命令去给金融社团或是投资市场留下印象，因为它们部分地处于那个系统之外。由家族或是个人经营的私有公司至少在理论上已经有更大的自由去做出决定，这些决定不仅仅对最大化的利益感兴趣，而且可能考虑到社群、工人和自然。在私人企业中存在混合价值的空间。我们已经看到私人所有的例子：通常是较小的企业——巴塔哥尼亚（Patagonia）、本杰里（Ben&Jerry's）、美体小铺（The Body Shop）就是其中的一些——愿意拿出一些利润去支持更大的社群或是环境目标。当然，私人所有的公司有时也会通过出售股票"走向公共所有"或是被比它更大的公共所有公司购买下。一旦上述事实出现，利他主义可能就会减弱或消失。这并不意味着可以忽视另一些私人企业的表现，这些私人企业好像从来没有注意到它们有更多的机会采取负责任的行为。实际上一些企业因为秘密的原因而保留了私人所有，因为没有人要求私人企业去向证券交易委员会和政府机构递交财政报告。另外，一些私人企业尤其是纺织业有着极糟的劳动记录。

至于说到"有限责任"（limited liability）这一术语，它指的是这样一个事实：尽管企业的管理在理论上是对股票的拥有者负责，应当代表他们行动，但股票持有者—所有者除他们在企业的投资外不必为企业管理行为的后果承担个人责任。这种内在的存在于理论上的企业所有者和实际进行操纵的人之间的距离免除了所有者对公司行为最终导致的任何有害结果所承担的责任。这就在一个层次上去掉了参与、责任和透明度。如果投资方的责任存在的话，那么这些因素将很有可能存在。（实际上，大多数的首席执行官现在通过股票优先权而大大获利并且成为他们经营的企业的大所有者，在这种所有权的能力之内，他们也享受着有限的责任。）

公司的特许证

企业支配着社会并且帮助建立了对我们进行统治的强大结构，但与此矛盾的是，这些实体存在的时间是短暂的。尽管像埃克森美孚、麦当劳、壳牌、微软、迪斯尼、索尼和孟山都这些品牌在我们头脑中印象深刻，就像我们的老朋友一样熟悉，但实际上，这些机构在物质上并不存在。它们拥有大楼、馆场、令人惊讶的权力，但是企业本身没有具体的形式。它们拥有在那里工作的工人，但公司自己没有生命，所以它们不能从本质上体现我们在负责任的人那里可以期待的价值和感情：无私、廉耻心、对社会的关心、对他人的忠诚等等。公司结构和在公司中工作的人们之间的这一区别，正如前美国大学教授拉尔夫·埃斯特（Ralph Estes）指出的，在解释"为什么公司可以使好人去做坏事"这一点时非常重要。（摘自他的《底线的暴政》）

在美国，公司通过从政府的法律获得它们的存在，还有联邦的规章制度作为补充。公司在法律上是各州颁发的公司特许证的直接的创造物，所以在理论上说它们是人们主权的表现形式。州颁发的特许证规则在理论上可以设定人民意愿中的任何条件——从谁将成为董事会的成员到公司应推行的价值、它们是否购买其他公司、是否迁移到其他城市和国家或是做其他任何影响公共利益的事情。

几百年以前，州颁发的特许证包括严格的限制和比现在的标准更高的义务、责任。但"公司法律和民主项目"中理查德·格罗斯曼（Richard Grossman）和弗兰克·亚当（Frank Adams）里程碑式的研究显示，公

第九章 公司的组织和权力

司在几个世纪中已经设法消耗掉那些控制它们存在的州颁发的特许证规则和州、联邦的法律的种类和质量。现在，这些指令包含的限制相当少，甚至当企业违反这些限制条件时，企业的长久存在也很少受到威胁。如今的管理机构，受惠于公司的竞选财政支持，绝不愿意去施行惩罚措施，除非会陷入极大的政治困境。例如发生在安然、安达信（Arthur Andersen）和其他公司的情况。即使是这样，有效的惩罚也可能很少或很小。

这些我们称之为公司的虚拟的实体，现在已发展到这样一种地步，它们享有大量赋予给人类的那些权力。我们稍后将在本章中解释，美国的法院已规定企业是"虚构的个人"，它们和人们一样，有权买卖财产，可以因受伤害而到法院去起诉，可以表达"企业的呼声"。广告业、公共关系和竞选资助已全被规定为合法的、受保护的公司言论的形式——在美国宪法的第一修正案的保护之下。（见第八章）

尽管公司享有合法的"人格权力"，但它们在多数时候并没有被要求去履行正常的人类责任。它们被有限责任的规则很好地保护起来，所以公司的股票持有者—所有者不能因为机构的行为而被起诉。在任何意义上，公司都不容易受到起诉。公司有时会因为它们的行为而被罚款或是被勒令改变经营方式，但是公司的生命，它的（虚拟）存在，是很少受到威胁的——即使是那些在美国很多州如果人犯了也可能被处以死刑的严重的罪行。

实际上，公司看来比那些曾是它们企业一部分的人们存在的时间更长，甚至比那些私人的和公共的股票持有者更长。与人类不同，公司有永存的可能，至少直到我们未来的某一代所有者签署停止公司的文件为止。

中心意思是：公司缺乏作为人类存在的特征的物质的有机实体——这包括无私的情感，另一方面是羞耻心——公司实体这个概念，这种已被赋予巨大权力的书面工作中心，实际上根本就不能实现我们一直希望它们追求的社会、环境、社区和群体理想。它全部的打算就是去发展自身的利益。

今天，在这种授予公司特许权的扭曲的系统中，公司按其结构和本性不可能去体现利他主义、理想主义、社群和环境价值。当公司鼓吹这些价值时——像它们有时在公共关系、广告业或是在回应丑闻和进行政治辩护时所做的一样——这通常是公众因道德缺乏而引起的愤慨使得它们不得不这样做。

当然，多数人认为，如果在公司中工作的个人机器向积极的方向，那么公司就能够比较有责任心和道德，较少自私自利。（下面的一节将讨论这一点）。但是，这种变化的可能性是微乎其微的，至少在公共持有公司身上是如此。我们有埃克森·瓦尔迪兹（ExxonValdez）在阿拉斯加的石油泄漏和联合碳化公司（Union Carbide）在印度的化学品泄漏这些可怕的经历。在这两个事例中，当灾难的消息传来时，两家公司的领导都表达极大的个人悲伤并且为公司的行为做出道歉。然而在几周之内，他们就来了个180度的大转弯。尽管他们首先做出了作为人的反应，但他们很快就不得不从与企业结构不相适应的个人感情中撤出来。他们开始竭尽全力地同那些要求他们承认错误或是同意支付损害赔偿的所有的司法努力做斗争。这也是公司形式的内在组成部分。如果公司正式承认过失，那么股票的价格就会下跌，股东就要造反，银行家撤回资金，诉讼就会继续，调查和起诉有时会接踵而来。至于那些承认错误表示愿意赔偿的管理人员，他们当然会因为破坏公司的形式的限度而被辞退，接替的人将会继续踩着车轮前进。当所涉及的是企业的行为时，形式可以决定职能。

除了这些不幸的特征之外，公司还是最为专制的人类机构之一。管理权威握在一位总经理手里，他对董事会负责，而董事会的指责是保证总经理代表股东的利益。尽管一个大公司的规模要求在很大程度上分散实际决策，但形式上的权力主要在总经理手里，他差不多拥有无限的权威：雇用或解雇职员，开张或关闭工厂，买卖公司。而那些受到这些决定的伤害乃至毁灭性打击的人却几乎没有发言权。

公共持有的公司的局限性在美国的公司中是十分明显的。一些亚洲和欧洲国家创造了条件，允许企业行为可以在更大空间内反映广大群众的利益。在德国，企业的规模超过一定的标准时就必须在它们的董事会中设置工人代表。这就把一个至关重要的社会成分的直接关注引入了公司董事室。

在任何国家当然都可以就董事会结构来自社会的股东的参与、对公司迁移的限制、工人的权利、环境价值、利润的再投入等问题制定类似的规章。在美国，应该建立恰当的机制在州颁发的特许权中加入新的规章，给予公民比现在更大的控制公司行为和选择的权力，确认公民对管理社会的机构拥有的主权。"公司、法律和民主项目"目前试图去实现这种策略，我们将在本章的后面回到这些问题上来。几年之前，拉尔夫·纳达（Ralph Nader）提出了公司的联邦特许证的想法，以便实行许多新的规则，确保企业公司采取负责任的行为，并使以及企业离开现行的价值体系。从州转移到联邦的核心是消除企业从有更严厉的法律规定的州中迁移出来的可能性。现安然公司和世界通信公司的丑闻在我们的脑海中依然清晰，这在美国可能是一个重新提出联邦公司特许权概念的好时机。

同时，虽然存在这些革新的可能，但处于目前结构中的公司在道德、利他主义或是有利于社会、工人、环境等方面仍然免除了最终的责任。对当今的公司来说，只有以下原则是有意义的：

1. 创造利润的绝对命令。
2. 不断发展和扩张领域及功能的绝对命令。
3. 控制管理、投资和政治环境的需要——本地的或是全球的——尽可能地在行为上不受限制，尽可能地去扩张地盘，得到市场、资源、劳动。

反对公司权力的公民行动

世界历史上，充满了公民和工人试图抵抗公司权力的事情。在20世纪90年代当公司加速在全球范围内巩固势力的时候，这种抵抗出现了新的紧迫性。

为抵抗公司攻势，公民中的积极分子采取了多种形式的斗争策略，既有改良的方式也是转型的方式。改良的策略——包括试图去提高企业的责任感和可说明性，排斥或迁走公司——尽管认为有必要去调整一下现有的制度，在某一程度上使公司在决策中加强社会和环境价值，但还是认为：这个制度基本上是健全的，总的说来，公司起着基本的和积极的作用。改良主义者含蓄地认为全球性的公司就在这里，它们有权利以它们现在的形式存在，并且有能力像负责任的公民一样发挥作用——甚至可以确定人类通往公正和可持续发展的世界的集体方向。

然而，一些积极分子不承认公司有存在的天赋权力。在西雅图战役之后，卡里·拉森（Kalle Lasn）和汤姆·里亚卡斯（Tom Liacas）在《广告剔除者》（adbuster①）杂志上呼吁人们把注意力放在*制裁企业上*。

公司不会完整无缺地逃脱出来。新的积极分子——这一点正是所有旧秩序的维护者不能明白的——不再是反对公司所带来的危害，而是反对公司本身。这些新的积极分子想回到起点，回到产生第一个公司的法律和法律程序上去。他们希望修理企业的基因密码，改变公司特许据以颁发和撤消的法律（这些法律保护投资者，即使他们的投资极为肮脏），修改公司据以从本地发展到国际化水平的规定和规则。

我们可以称之为废除公司主义者，因为他们认为仅仅挑选出对人民和环境带来危害的公司并使它们变得富于社会责任感是远远不够的。他们试图对有习惯性犯罪记录的公司处以极刑。他们呼吁全面重新思考和设计公司的特许权和有关公司的法律，以消除公司的这样一些特征，这些特征使得公共所有的公司利用权力集中、所有者在外地的所有权和有限责任对人民的福祉和这个世界形成威胁。

废除公司主义者的基本的前提是结束公司统治，不仅有必要铲除公司一贯的违法犯罪行为，而且对有必要铲除那些使公司统治成为可能的特征。为达到这一目的将要花费几十年的时间。

---

① Adbuster 是在加拿大的温哥华出版的一份以生态和环境问题为主的左翼杂志。ad 的意思是广告（advertisement），buster 的意思是除去者、剔除者。该杂志从不为任何公司登广告。

——译注

第九章 公司的组织和权力

同时,各个不同派别的积极分子也运用了不同的策略。我们在这里列举出六种策略,从以改良主义为主的开始,最后说到更具转型性的策略。

加强公司的责任感

针对公司开展活动的积极分子的一个长期的策略是唤起公司的责任感。与其他改良主义者相比,这些呼唤公司加强责任感的人也接受了企业的存在,但同时要求它们采取一种对社会更加负责任的态度,特别是在对待与特殊环境、劳动、人权相关的问题时。这种呼吁经常得到消费者和股东的支持。例如在企业中有投资的宗教组织会提出一个股东决议案,要求公司改变引致具体的社会危害或是生态危害的行为,并组织其他股东支持这一决议案。这一策略在20世纪70年代到80年代曾被有效地使用,来迫使北美和欧洲的银行和其他的金融组织从实行种族隔离的南非政权撤回贷款。最终,股东要求撤回投资被证明是削弱种族隔离的一个有效办法。

以纽约为基地的"公司运动"公司(Corporate Campaign, Inc),开展了被称之为"权力分析"(power analysis)的运动,主要的股东以此向各公司发起进攻,针对公司的致命弱点来提出策略。这种方法的力量在20世纪90年代中期由英属哥伦比亚的环保积极分子得到证明,他们成功地阻止了从原始森林区域砍伐原木。他们把大型森林公司的消费者和供应者作为工作对象,能够实施足够的压力迫使公司改变其破坏性的活动。

最近几年,促进公司责任的策略也同样采取了其他形式。诉讼仍然是迫使公司承担社会责任的一个方法。例如在英国,法院审理了损坏了其他国家工人的力拓矿业公司(Rio Tinto)的铀泄漏事件和托尔化学公司(Thor Chemicals)的汞泄漏事件。此外,还同加普公司(The Gap)和利维·斯特劳斯(Levi Strauss)这样的大的服装生产商就行为自愿准则进行谈判,以促使它们为中美洲和其他有转包关系的工厂的工人采取更富社会责任的雇佣措施。然而,不能保证他们会遵守这些准则,强制性的缺乏作为一个问题不可避免地出现了,因为即使最忠诚的公司也面临着永恒的市场压力,它们想减轻社会和环境责任。

许多公司责任性的主动权集中在行为自愿准则上。2000年实施的联合国全球公约就是这样一个例子。处在全球经济不同领域的一些公司被邀请签署有关负责的公司行为的九条方针。加入公约的公司同意每年递交研究报告,显示它们在推动劳动、环境和人权标准方面的最好方法,这些将被登在联合国的一个网站上。对许多参加公约的企业来说,像耐克(Nike)或是力拓(Rio Tinto),它们在人类和环境方面的记录一直很差,而且一直是激进运动的靶子——全球公约只是一个精心策划的关系的实践。

实际上,由于发起全球公约联合国的信誉大受打击。联合国看上去像是为破坏社会和环境的公司颁发许可证,从而联合国也被它们的行为玷污了。商业领导戈伦·林达尔(Goran Lindahl)曾被联合国秘书长科菲·安南(Kofi Annan)任命为该公司高级顾问和招聘员,他因ABB公司(Asea Brown Boveri Corporation)的养老基金的丑闻事件逼迫离职,他直到2001年一直是该公司的总经理。林道尔离开时得到一份大约5300万美元的一揽子退休金,而在这一年公司损失了6.91亿美元公司的资金,公司的股票价格因以前的未暴露的石棉债务的公开而直线下降。林道尔的事件给全球公约一个更直接的打击。瑞典首相要求他辞职,科菲·安南决定不再与他续签合同,他原来任职的公司则要求他归还部分钱财。

尽管这样,全球性公司还是极力辩解说,它们不应当是公众监督和规范的对象。它们坚称,行为自愿准法则允许各个公司决定它们将要遵守的标准监督它们自己的行为,也可以选择公布什么样的结果,而这样已经足以解决公司责任的问题。

前公司经理、坚定的共和党保守派、投资基金管理人和公司转向专家罗伯特·蒙克斯(Robert Monks)在《帝国夜莺》(*The Emperor's Nightingale*)中做出如下评论:

> 从今天的公司管理的角度来看,是否遵守法律仅仅是个简单的

成本效益计算。公司实际上想知道不守法的成本——考虑被发现、起诉和罚款（几乎没有坐牢的危险）的可能性——与守法的成本的关系。在许多情况下违法的成本低于守法的成本，许多公司发现了违法给它们带来的经济实惠……公司不是人，他们没有良知。尽管公司行为由个人执行，但即使有很高道德水准的个人常常会发现自己陷入处于他们控制之外——甚至在某些情况下是他们的知识之外的公司行为。

蒙克斯的结论在《华尔街日报》关于企业违法行为的每日报道中被证实。如此漠视法律，这向自愿、自我监督、自己执行的公司行为准则提出了严峻的挑战。除违法外，撒谎是目前公司机构的另一个必然的表现。安然公司丑闻只是一个更明显的例子，该公司不仅对公众和政府而且也对自己的股东撒谎——并且和审计者串通，审计者的职责成了向股东、政府和公众证实公司的财务报告准确地描述了公司的财务状况。安然事件爆发后，工商界报刊出现了许多关于撒谎如何实际上变成公司世界的一种生活方式的讨论。众所周知，90年代晚期的dot-com股票的兴旺主要是建立在市场骗局之上的。实际地看，人们不得不认为那些习惯于对股东撒谎并把守法看做成本效益计算的一部分也会和它们的审计者串通在一起，在是否遵守公司自愿准则的问题上撒谎。

尽管增强公司的社会责任感也许不能最终解决这个问题，一些措施如消费者联合抵制和股东采取的行动确实起到了两个重要作用：它们暂时地减轻了一些危害，使公民参与了民主实践并且提高了公众对公司不法行为的认识。

确立企业责任

企业责任运动试图为公司行为确立合法的强制性标准。这些策略运用的措施是提出关于工资和工作环境、公共卫生和安全、环境、金融机构和交易、政治运动献金和议会游说的立法创议。通常只有严重丑闻被揭露并引发公众抗议时，这样的规定才会被表决通过。

一些地方社区在通过旨在让企业更富公共责任的立法方面走在前面。1994年，加利福尼亚的阿尔卡塔镇当地选民通过一项公决，给予镇议会明确的指令，使之确保对公司在该城的经营行为进行民主控制。

在全国和全球层次，也有旨在让母公司的海外经营更富公共责任性的倡议。例如，前美国议员辛西娅·麦肯尼（Cynthia Mckinney）在乔治亚州向国会提交了要求美国公司在国内和国际以更富公共责任性的方式运行的议案。其标准包括支付工人可以生存的报酬；禁止怀孕检查、报复告发者和强迫18岁以下工人超时工作；遵守国际劳工组织的基本标准，比如成立工会的权利和卫生、安全保护的权利；遵守国际的和美国的环境法律和规定。该法规将这样实行：首先，给予守法的公司以美国政府合同和出口补贴的优先权；其次是授予受害者，包括非美国公民在美国法院起诉公司的权利。同样，在英国，也有类似的案例，人们计划以之作为判例，以便在英国法庭上要求全球性公司的总部为其海外分公司的行为负责。从全球层次上，地球之友（friends of the earth）领导了一个联盟，号召确立一个企业责任，以要求企业有向公众披露它们有关环境、劳动、人权政策方面的信息。

这些努力远远超出了公司行为自愿法则而且减轻了消费者和股东的组织负担。然而，它们没有改变企业内在的本质，并且让政府背负了试图以法律来制服这些机构的负担，这些机构能够在律师、说客和政客身上花费数百万美元以削弱相关法规和阻挠法规的执行。

排斥或驱逐掠夺成性的公司

一些积极分子已采取行动禁止不受欢迎的跨国公司进入他们的社群。例如，当化工业巨子杜邦公司（Du Pont）在20世纪90年代早期企图把一个有害的尼龙生产工厂从美国迁到印度的果阿（Goa）时，美国贸易代表被派遣去向印度政府上层施加压力以加快进展。结果，印度中央政府在没有与地方政府协商的情况下，不仅批准了申请，而且把泰米尔纳杜村（Tamil Nadu）的土地提供给杜邦公司。村民们奋起反抗，拒绝接受工厂，成立了反杜邦委员会来领导抵抗运动。当村民组织封锁时，公司代表和地方警察发动了攻击。在冲突中一青年被射杀，十几人受伤。当土地被蹂躏的村民重新占领时，地方政府决定推翻批准计划，这一行动后来得到印度高等法院的裁决的支持。这是阻止由美国政府支持的大公司侵入的有组织的社群能力的极好体现。

杜邦公司事件只是印度驱逐公司运动中的一个例子。自从联合碳化公司的工厂在博帕尔（Bhopal）的爆炸导致数千无辜百姓死亡的不幸事件后，那个地区的居民就产生了抵制和驱逐不受欢迎的公司入侵的强大决心。最近几年，可口可乐、肯德基（KFC）、孟山都、嘉吉和安然公司都是民众抵制的目标。例如，由于转基因棉花作物种植的失败导致小农家庭数百人自杀后，在1999年由农民和消费者组织就发起了"孟山都：退出印度"运动。

许多美国社群也成功地动员起来驱逐沃尔玛（Wal Mart）、爱来德（rite aid）和其他大零售商。宾夕法尼亚州的韦恩（Wayne）镇通过一项法律，实施"三次违规，请你出局"原则，规定任何在七年内违反规定三次和三次以上的公司禁止在其管辖区内进行经营活动。

尽管这些基本上是"不要侵犯我"（not–in–my–kackyard–initiative）的策略，但它们提高了公众关于全球性公司对人民、社会和环境的破坏性影响的认识。这些行动同时也证明，只要居民组织起来，立场坚定，公司的主宰并非不可避免。

撤销或修订公司特许证

在许多国家特别是在美国，公民正在要求恢复他们参与政府是否给某家公司发放营业执照的决定的权利。我们已经说过，只有政府颁发公司特许证时公司才会产生。没有特许证，公司就不能作为一个合法实体而存在，因而也不能拥有财产、借款、签订合同、雇佣或解雇、积聚资产或债务。在早期的美国，建立公司是为服务公共利益，并且它的存在取决于立法机关的意愿，后者可随时收回特许权。居民因此对公司保持较强的控制，能够制订出公司不得不遵守的规定，并让公司的所有者对造成的危害或伤害负责。1886年最高法院裁决认可公司作为美国宪法保护之下的"自然人"之后，这种局面开始改变。数百部州的法律被废除了，新通过的法律给予公司更多的权利和保护，包括对股东所负责任的限制。

今天，美国的"公司、法律和民主项目"在帮助公民恢复发放和续发公司特许权的主权方面起着领导作用。依据"公司、法律和民主项目"的说法，公民拥有坚持要求对州发放的特许证进行定期的审查、更新以及在必要情况下予以撤销的历史权利，例如在宾夕法尼亚州，公民团体倡议对州的公司法进行修改，要求企业特许证限制在30年之内。特许证可以更新，但必须在通过审查之后，在审查中，该公司必须是按照公共利益经营的。在加利福尼亚，一个公民组织的联盟（包括全国妇女组织［National Organization for Women］、雨林行动网络［Rainforest Action Network］、全国律师协会［National Lawyers Guild］）诉请首席检察官撤销联合石油公司的特许证。该联盟援引加州本身的规定了撤销程序的公司法，出示了一系列反映联合石油公司在环境破坏、剥削工人、粗暴侵犯人权等方面的责任的证据，从而加强了诉讼请求。

改写企业特许证是迈向改变公司机构本质的一步。撤销特许证——相当于宣判企业的死刑——开始把有关责任的观念付诸实践。纽约的首席检察官埃利奥特·斯比策（Eliot Spitzer）在1998年宣布："当一个公司被证明在危害或危及人类生活或破坏环境方面屡犯重罪时，公司应当被宣判死刑，它的法人存在终结了，它的资产将被没收并进行公开拍卖。"尽管斯比策并没有挣得对惯犯的死刑判决，但他进行了同包括通用电气在内的几个的大公司的斗争。

1998年在阿拉巴马州的威廉·韦恩（William Wynn）法官走得更远，以至于本人直接提出解散六家烟草公司的法律诉讼，因为它们违反了该州有关虐待儿童法，韦恩把他的行为称为"公民的逮捕"，但主管法官在会见烟草公司的法律团后，以技术原因为由没有受理这个诉讼。

第九章 公司的组织和权力

尽管撤销一个大公司的特许证并公开拍卖（在下部分讨论）其资产并不能解决大机构的问题，但它的确向企业管理者和股东发出了一个强烈信号，即守法在财政上是一个节俭的选择。

清除有限责任和公司的人格

前面已经说到的，公司已获得许多特殊权力和豁免权，这些权利使它们超出了许多法律和责任的控制范围，而一般的自然人都服从这些法律和责任。当因伤害环境、工人和社会而出现法律责任时，持股人却还享有这些事实上的豁免权。例如，当联合碳化公司因为工厂爆炸而导致博帕尔地区居民的死亡，或者当埃克森公司因为瓦尔迪兹油轮泄漏而污染了海岸线时，投资这些巨型公司的股票持有者就不负什么责任。改变这些规则，使投资者对以他们名义所作的伤害负责，这将会使投资变成一件更为严肃的事情，而且可以让公司在决定应当采取什么行动来保护人民和自然时极大地改变他们的财政计算的方式。投资者在成为股票持有人之前将被迫去评估企业的环境、劳动和人权记录。同样，总经理和管理部门也将把这些事情放在一个较为优先的地位。一些积极分子正在研究提出一些法律上的策略，以便挑战和改变那些把有限的责任赋予企业的股东的法律。改变后的法律将真正改变企业的责任。

看起来让人吃惊的是，1886年确立的关于公司的人格地位的法律信条的决定，是在一件审判中的一个简单的声明的基础上做出的。根据官方案卷记录，美国最高法院的法官莫里森·莱米克·怀特（Morrison Remick Waite）在圣克拉拉县（Santa Clara County）诉南太平洋铁路公司（Southern Pacific Railroad）案件开始辩论之前，作出了这一声明：

> 本院不希望听到有关宪法第十四修正案，即禁止一个州拒绝对它的辖区内的任何一个人提供平等的保护这一规定，是否适用于公司的辩论。我们都认为它适用于公司。

几乎没有其他的司法声明给予民主和人权以更大的打击。建立在法律信条基础上的公司人格此后就被一个接一个国家的公司律师用来使公司甚至处于因它们的行为而产生的公共责任之外。本书的作者十分支持公民通过司法和立法行动去铲除公司人格的法律虚构。

分解公司和向不在本地的所有者赎买所有权

最后，公民社会的一些积极分子现在要求分解大型企业，剥离公司的组成部分卖给工人、消费者、供应商和社区成员。这将立刻消除扭曲了市场和政治过程中的有害的权力集中，还可以极大地降低不在本地的所有权造成的公共灾难——更不用说可以使市场更有效率。

现在面临的挑战就是实施相应的管理制度和税收政策，以批准或是支持把大型公司分解成为本地股东拥有的人性化规模的企业的措施。在适合的时候，这些企业就可以加入合作性的协会或是网络去执行重大计划，达到经济的规模。一旦本地股民拥有的企业加入这样的协会，那么在保留本地基础和责任的同时，实际上任何规模的活动都可以开展。快餐和饮料的特许经销权就可以被重新组织成为个人拥有的实体，这样的实体在品牌和营销合作社的保护伞下经营。工业和公司的情况会有不同，但是，社会应该总是在较小的和本地拥有的就是好的这一原则下运作，而同时不提出强有力的论据，把举证的负担甩给那些支持权力积聚的人。

反垄断的改革可以提高被认为形成过度集中的标准。在资产和销售总量上的累进税收制度——大型公司按更高的累进边际税率交税——可以使公司规模越大成本越高，从而迫使大型公司变得更有效率或是更愿意分解。金融法规将禁止单个银行有超过三个以上的部门。例如，强制银行巨头分解并剥离出独立的社区银行。或者制定这样的规定：单个企业不能拥有一个以上的使用公共波道的无线电台或是电视台，而且这种所有权必须限制在居住在服务范围区域内的人们身上，这样就可迫使媒体业巨头分解，并把单个电视台卖给那些在他们自己社区居住的人们。（详细的有关鼓励雇员所有权的政策见杰夫·盖茨［Jeff Gates］的《所有权解决方案》）

终结企业——国家之间的共谋

主权在民并给予人民不可剥夺的自我治理的权利这一信念是民主的神圣基础。政府是人民自愿创造的产物，因此政府服从于人民的意志。当政府颁布企业特许证时，企业也就产生了。因而它们都应通过政府而服从人民的意志。然而全世界的人民都发现，企业为收买政府权力并修改法律以增加它们自己的利益，而腐蚀政治体系和法院。

这种做法一直被那些在正式的民主机构之外塑造共同议事日程的企业精英们付诸实践。他们利用三边委员会（Trilateral Commission）、国际商会（the International Chamber of Commerce）、世界经济论坛（the World Economic Forum）、各种贸易协会和许多国内和国际工商业的圆桌会议等讲坛。国际货币基金组织、世界银行和世界贸易组织都被这些精英们利用，以便用受公司利益主宰的程序取代经济事务中的民主决策。尽管他们对民主在口头上表示服从，但他们的政策的真相在1974年的三边委员会的报告中已经清晰地阐明了。报告的题目是"民主的危机"，它提出这一论点——"过度的民主"产生了"可治理性的赤字"。

到20世纪90年代，多数国家的政治和公司精英已在较大程度上把国家从人权和人类利益的保护者改变为公司的权利和财产的保护者。本用于保障人类福利的公共资源被更改方向，用来保障公司的福利。民主制的基本原则被颠倒了。

到21世纪初，哈里伯顿公司变成这种勾结的同义词了。哈里伯顿公司的前总经理迪克·切尼从美国政府的最高领导层中来到这个企业，并且后来又回去做乔治·W. 布什的副总统。切尼做总经理时，哈里伯顿公司在离岸逃税港注册了几十家子公司，从而减少了公司应向政府所交的税额。切尼在任副总统时继续从公司领取酬金。没有哪个企业在美国"重建"伊拉克时比哈里伯顿公司得到了更多的合同，即使在公司被抓住向美国政府多收了几千万美元之后（当事情被揭露后，哈里伯顿公司道歉并许诺退回多收的钱）。

全球层次和国家层次的管理机关运行方式，就好像统治权存在于全球性的公司一样。它们的作用就是为公司的利益服务，使用它们的强制权力去保护公司的所有权，确保公司的利益，打击工会，以赠送的价格出卖公共资产，压制不同意见，确保人们作为顺从的工人和消费者行事。

人们在努力转变公司制度以铲除它统治社会的能力的同时，必须还应当努力恢复民主制度的健全和回收那些被公司占有的资源。这将需要一个行动计划，这个行动计划分为五个方面。

让企业脱离政治

正是在这里，公司要遵守那些由人民民主选出的代表制订的规则和限制。公司在制订这些规定时没有任何依法享有的作用；它的作用是为政府或是民众提供他们要求的信息。除开犯罪的诉讼外，这样的要求和所提供的信息都应当是公开的。

股东、经营者、雇员、消费者和其他人作为个体公民都有权利去表明他们的政治观点以支持或反对公司的利益。他们同样也有权利组成或资助非营利性组织去推动他们个人希望支持的事业，并使用他们自己的资金。公司就没有这样的自然权利。公司也不能有权利为了可能与单个股东利益背道而驰的政治目的而使用股东的钱。适当的法律应确立如下内容：

- *禁止任何以盈利为目的的公司提供政治资金或是实物的支持与服务。* 这包括赠与政治候选人、政府官员、政治行动委员会、政党、说客、投票创议机构、政治会议、政府官员会议，评论式广告、政策团体或机构，或者任何从事公共教育或公共政策宣传的组织。对违反这一禁令负有责任的公司的高级职员将受到刑事的惩罚，包括监禁。
- *对任何以公司官员身份去兜售政治献金的人处以刑事的惩罚，包括监禁。* 这样的惩罚也会覆盖到那些要求他人或是与他人订立契约去支持一个政党或是候选人的那些人，或者寻求影响公共政策、法规的制定，或公众委托职位的任命的人。

终结公司福利

与它们所宣称的高效相反，大部分的大公司是非常低效的，它们把非常大一部分社会资源花费在广告、行政人员的补贴和薪水、广阔的公司帝国的运辅和通信以及游说议员上。大多数公司的利润和生存都依赖于如下一套复杂的制度：政府补贴、免税和外部化的成本，包括以如下手段获得的间接补贴：支付低于生活水平的工资，维持低于标准的劳动条件，销售有害的产品，排放未经处理的废物，以低于市场的价格从公共土地上掠夺资源。注册会计师和从教授转变而来的公司批评者拉尔夫·埃斯特（Ralph Estes）估计，在1994年像安然和哈里伯顿这样的公司利用这样的津贴仅在美国就攫取了2.6万亿美元——大约5倍于它们所报告的利润。根据外推法，这间接地表明公司的福利的全球公共成本每年会超过10.7万亿美元。由卖方承担一项产品或服务的全部成本并传递给买方是高效率市场功能的基本原则。但是许多企业将被迫关门或重组，如果它们不得不承受它们经营的真实的完全成本时的话。现在，人们应当通过如下手段来检验公司所谓的高效的说法：采取法律行动消除给予企业的所有直接现金和实物补贴，建立和执行适当的管制标准以迫使社会和环境成本完全内部化，消除企业的免税权。

292

给独立企业以优先权

为建立可持续发展的社会，当地公民对他们赖以生活的生产资料和分配资料实行牢固的控制是极为必要的。这要求改革工业和税收政策——从全球层次到地方层次——以支持地方的、非金融部门的股东如工人、社群成员、顾客和供应商对企业和生产资源的所有权。应当推行相应的教育计划，使公民知道所有权参与带来的权力和责任，让他们明白所有者不在当地的所有权带来的机能障碍。

正如第六章详细论述的，人们可以做很多事情来鼓励当地的社群去承担恢复他们自己的经济和环境的责任。应当采取步骤来提高社群的能力，使他们能够理解面临的问题；弄清当地经济优势以发展当地的所有制和自力更生的能力；处理工业污染、住房短缺、土地使用和交通等问题；对在本辖经营的公司加以控制，使之对当地社会和环境的优先权负责；利用产业、环境和税收政策鼓励负责任地使用和维护当地的自然资源，包括森林、渔业和水资源。

社区选举出来的公民代表组成的社区理事会，以考察、批准和监督国内和国外公司在当地的经营和投资计划。这些理事会可以帮助它们辖区内的企业（包括银行和其他金融机构）制订有关社区责任的规则和义务。

重新管制公司的投资

正如我们已看到的，政府已被大大剥夺了它们曾经拥有的管制全球性公司的投资的权力和手段。然而，如果人民要对全球性公司和银行的行为进行民主的控制，对公司的投资进行管制就是非常必要的。需要为立法行为设计新的手段，例如实行"在哪里生产就在哪里销售"的政策，给予公司特许权，限制工厂关门，反对为生活方式申请专利。应该要求政府在就业机会、食物安全和环境标准以及强调工人管理、社区所有权和与社会相关的责任方面对投资制定新的要求。同样，应敦促政府通过重新管制金融工具（如金融衍生物）和银行业来控制财政政策。为达到这一目的，就必须采取步骤去辨明那些新的自由贸易协定所固有的妨碍、政府控制的障碍并且制订策略去清除这些障碍。

重新协商或取消贸易协定

正如我们已经看到的，新的全球化制度——例如世界贸易组织、北美自贸易协定和已提出的美洲自由贸易区——其实都是世界新秩序的机构,这一新秩序主要是为保护全球性公司的权利和自由而设计的。一个摧毁这种公司统治的计划因此就应当包括终结或重新协商这些协议的各个组成部分的策略。我们应当记住,这些协议本身就包含着可以被一个或几个缔约者使用的废除该协议的专门条款和程序。

北美自由贸易协定的主要权力工具例如允许公司起诉政府的投资者——国家(invester-state)机制应该被废除。本书的第十章就呼吁解散世界贸易组织并以较小的、可以促进可持续发展社会的十项原则的国际贸易机构来代替它。各种反对北美自由贸易协定和美洲自由贸易区的运动已把它们的注意力转到明确提出那些需要在以公平贸易为基础的替代性体系中做出声明的有关经济、社会、环境等方面的优先权上,以及应当包括进这样的体系的其他条款上。应当围绕这样的运动建设一些公共的平台,以便废除自由市场制度的特殊组件或是对之重新进行协商。组织进入世界贸易组织和北美自由贸易协定区域的共同体的措施也应被利用。

通往替代性的商业治理结构

现代生活已被全球性公司如此牢固地支配着,以至于对许多人来说很难想象没有这些公司世界将会怎样。但是,商业活动可以采取多种其他的形式。一旦我们认识到许多人性化规模的、本地人拥有的企业已经存在,我们就比较容易设想转向更加经济和民主的结构。这实际上包括所有的数以百万计的本地的、独立的工商企业,它们被组织成单独所有权企业、合伙企业各种各样的合作社等企业形式还有工人拥有企业。它们包括家庭拥有的企业、小农场、手艺人、独立的零售商店、小型的工厂、农场主市场、社区银行等等。实际上,尽管这些企业从政府那里得到的帮助很少,但它们对世界上的大多数人来说却是生存的主要依靠。

我们每天的需要几乎没有不能由小的或是中等规模的企业来满足,这些企业在某一种市场经济内经营,——但是,这种市场经济的特点表现为众多的小玩家而不是少数的巨型的、不在本地的所有者。这些小业主可以在没有股票市场投资、有限责任或是企业人格（corporate personhood）的条件下经营，而这些对大公司来说却是至关重要的。

从可持续发展和民主的观点来看，无法解释为什么需要巨大的跨国公司来经营汉堡店，生产服装和玩具，出版书籍和杂志，种植、加工和分配食物，制造我们需要的物品或提供能让生存更惬意的大部分东西。真实的情况是大公司经常将它实际的生产过程转包给独立的小生产商，然而占据支配地位的全球性公司却保持对市场准入的控制，以确保它们确定标准和价格的能力——在违背市场基本原则的情况下——获取利润并把风险转嫁给小生产商。这完全是对权力的滥用而非高效的标志。迫切需要改变这种状况。

在本章，我们已经详细论述了现在采取的试图控制公司行为并改变众多的结构性因素的一系列行为。总而言之，从宏观角度看，有三个要点可以概括如下变化的特征，即离开全球性公司的控制，转向更民主、在社会和生态方面更具可持续性的企业：

- *在全球化已使公司在全球范围内高度集中的地方，这一进程必须颠倒过来。* 为此，应给予那些有能力促进人性化规模的社群的利益的较小的企业以优先权，在这些社群中人们彼此了解，为共同的目标而努力，可以更加公平地分享所得。总经理拿的报酬500倍于职员或是生产线工人的时代必须结束。
- *在全球性公司享有完全的机动性的地方，必须要求公司固定在某一地方。* 这些公司必须由那些直接参与公司活动的人——工人、社群代表、供应商——所有，而不是被那些买和卖时除考虑利润、增长和平衡表数据外不亲身参与的外地投资者所有。
- *所有的企业事务必须是透明的，并向社群内的所有股票持有人作出解释。* 这些人对决议的做出有最终的决定权。他们可能包括工人、环保主义者、公共卫生官员、人权拥护者等诸如此类的人。他们都受害于那些受外来所有者控制的本地活动。

因此我们看到规模、所有权和责任性是主要问题。规模小、植根于当地的、具有合理的生产资源所有权、民主管理，这些因素对坚持社会公正的、高效和可持续发展的企业来说是至关重要的。

本质上，人性化规模的企业——小规模和中等规模的——能够比全球性公司更加合理和民主地分配权力和所有权。小型企业缺乏全球性公司"收买"政客、支配消费者选择或是通过大规模广告操纵人格身份标志的能力（或欲望），它们从本质上更有可能对社会利益做出迅速反应。

欧洲委员会已把那些少于250名雇员、年销售额3500万美元以下，总资产少于2400万美元的企业定义为中小型企业。尽管这一标准对一些企业来说好像太大，但如果按照特大型企业的标准来看则不那么大：《福布斯》2003年全球500家企业的总销售从94亿美元到2587亿美元——沃尔玛——到花旗集团（Citigroup）的1.1万亿美元。然而，中小型企业的范畴可以包括能生产多数必需品和提供有效服务的大量企业。

在需要帮助处理新技术和复杂市场的地方，小型企业已显示出它们能相互配合并结成网络从而取得的一定的规模效率。第七章已提供了一些这样的例子，但这里我们以丹麦为例，在那里所有的工业部门习惯上由小的公司组成，它们有时会形组成联盟去处理大的项目。例如，几个服装公司联合雇用一个设计师，他曾经把几条原来并不协作的服装生产线变成瞄准更大的德国市场的成衣中心。小型的家具制造商、木匠和室内设计师结成的联盟合作参与会议中心室内设施和其他项目的招标，这些工程的规模是任何一个企业难以独立应付的。同样的，意大利北部的家具工业也建立在小公司联合的基础之上，生产者协会支持这些公司并帮助提供公共服务诸如仓储，采购和存货管理。

尽管这篇报告的作者赞成尽可能地在当地采购和销售，但这些做法表明了在一个主要保持地方性的系统中也有取得规模优势的可能性。

所有权的作用当然也是关键的。正如早先讨论，积极参与其事的股民——生活在社群之内，社群深深地关心着社群的未来——和存在大量不在本地的所有者——他们和任何社群没有任何直接关系——这一目前占支配地位的全球体系之间，有着明显而且重要的区别。全球性公司的管理也许在几千里之外，横跨大洋；投资者也许在任何地方都有，完全不知道公司在当地的活动及其后果。这种缺席所有权是对社区产生处于其控制之外的的有害行为的先导，正如一间房子或是一幢建筑物的在外业主可以使没有在追索权的本地租户无法生活一样。

一个地方的居民——无论经营企业、拥有房屋或生活在那块土地上——更有可能在维持生计和协调他社会和环境的关系方面进行有利的活动。同样，当企业为它们的工人、顾客、供应商和社群成员所有时，所有者就承担了他们做出的决定的实际结果。这样责任性就在经济体系的组织中建立起来了，透明和公开就是不可避免的了。

除此之外，任何社会都需要强制性的规定，市场也不例外。目前这种对公司企业解除管制的潮流，是把公司当做一个人们可以指望它们对自己行为负责的社会元素，结果产生了一个又一个的灾难，安然公司正是一个例子。

没有全面、强硬的管制机制，即使是最适宜的促进社会和经济效益的条件也将很快被腐蚀。必须对规模进行调控，使成本内部化（包括被现在纳税人承受的环境和社会危害），强化契约，关注并尽力推动卫生、安全和环境标准。前面有关辅从性（subsidiarity）的一章提出了许多其他由企业来优化社会和环境利益的规定，例如在哪里生产就在哪里销售的规定，鼓励本地投资而非外来投资，对公司的金融和流动性进行管制。当所有权和规定的制定都主要以当地实际为根基社群的福利作为主要的价值时，所有其他的事情都可以自然而然地落实，当地工商企业的利益和其他的社会价值就可以实现公平有效的平衡，从而实现共赢。

我们在这里描述的只是一个蓝图，还有许多实际问题需要解决。怀疑论者也许会公正地问到这种地方化、小型化的安排是否会满足人们生计的需要。谁将提供食物？谁将投资新药品的研究？如果在公众中进行交易的公司被取消——伴随着它们还有股票市场——谁给退休者提供资金呢？这些和其他的重大问题都需要详尽地讨论。但是开始讨论时我们必须充分认识到我们现有的体制在令人满意地、公平地、不产生重大危害地解决这些问题方面是完全失败了的。

我们以就业问题为例。尽管具有巨大的经济实力,但全球性公司提供的工作相对于世界劳动力来说是微不足道的。根据政策研究所萨拉·安德森和约翰·卡瓦那的报告《200强》的资料,尽管世界上200家最大的公司的销售相当于世界GDP的27.5%,但它们只雇用了世界工人的0.78%。正如我们所说的,即使在今天,世界上多数的工作是由中小企业提供的——它们同样负责创造了几乎所有新的工作岗位。在公司变得更加大,联合、兼并和吸收其他公司以后,它们就转向了使得工作机会减少而不是增加的生产体制和技术。

再说粮食。在国际公共政策和垄断营销和分配的公司结合起来迫使多数的独立的农民破产以前,即使在北方工业国家,小农场也是多数社群的支柱和食物的主要供给者。甚至现在仍在大多数南方国家扮演主要角色。那些小型的、独立管理的小农场使用有益于环境的有机的农业耕作方式,他们在有限的土地上的效率远远高于公司化的工厂农业,而且它们提供了更多的工作。生产地方化,从而缩短了农场和市场之间的距离,这意味着人们可以得到更新鲜、更富营养的食物并节约大量的能源——这一点在第七章有更详细的论述。

至于说药物研究,如果仿造药品的发展除外,那么大多数有关新药疗效的基础研究都得到政府资助而且多数在大学进行。尽管药品公司宣称垄断价格对弥补研究的开支是必须的,但是它们在营销上的花费比研究更多。这些费用而不是研究上的花费是导致药品价格过高的主要原因。在打破药品公司的集中方面的最大的障碍不是技术,而在于准许巨型制药公司对使用公共研究经费开发出来的药物实行专权垄断。应当减少专利保护让较小的、以当地为主的竞争者参与市场这将是把市场解放出来,使之产生较大的竞争带来的利益的一个步骤。

给退休人员提供资金?那些目前非常幸运有钱进入股市并且幸运地在适当的时机选择了合适股票的人们,可以用这些钱来为富足的退休生活提供资金。尽管在20世纪90年代巨大的股票泡沫中,一些退休金账户上获利润不少,但其他许多人是血本无归。认为社会能以股市泡沫为基础来为老龄人提供衣、食、住和医疗保障，那就是胡说。满足退休人员的需要必须依靠那些在职人员的把他们的劳动和财产提供给这一用途的意愿，这是两代人的社会契约的一部分。全球性公司经济为了获取短期利益，实际上破坏了为供养年轻人和老年人所需的人类物质基础结构的提供资金的能力，侵蚀了两代人之间的社会契约。重建社会契约——这是社会物质基础结构，是满足儿童、在职人员和老年人的需要，恢复社群的概念也非常重要，这部分要通过重新恢复社群经济的繁荣来实现。

当所有的成本都被考虑到时，人们大部分的实际需求也就能被地方市场体系更有效地满足，该体系也具有提高几乎每个人生活质量的潜力。正确地照管和公平地分配地球给予的可持续的恩赐，世界上的60多亿人口就能过上富足和有尊严的生活。困难和物质匮乏也会被消除。这必然意味着世界上的极少数特权者消费较少的物质。然而，它也许证明在建设可持续发展社会时"更少就是更多"的道理。

第十章 新的国际结构

当我们探讨世界范围的经济全球化的时候，我们写这本书的人都面临着来自记者、学者和政府官员不断问及的一个问题："难道经济全球化以及支撑它的关键性的全球性机构不是必然的吗？"这个问题为那些仅仅存在了从10年（世界贸易组织）到50年（世界银行和国际货币基金组织）时间的全球性机构说项，这就巩固了那些支援当今时代的全球化并且从中受益的势力的力量。

但是当这本书付梓的时候，必然性的夹子正在松弛。随着布雷顿森林体系在亚洲、非洲、东欧以及最近在阿根廷的惨重失败，随着美国安然、世界通信以及其他公司的破产而引发的对出口公司信心的丧失，下面这个念头正在迅速传播：也许经济全球化的保障机制保障得并不是那么好——或者仅仅保障极少数人。更加重要的是，在反抗经济全球化的过程中兴起的力量已经开始制定令人信服的措施，力图用另外的能够更好地服务于人类和这个星球的制度来取代布雷顿森林体系。

本章的主题就是大致描述若干替代方案。我们从分析变革的需要开始，然后提出一个更加公正的和可持续的国际体系及其制度的基本要素。我们将提出理由论证解散这些核心的多边经济机构的原因，并论证需要将全球经济治理统一于经过改组的联合国体系之下。最后我们提出关于新的机构如何能够把工作做得更好的建议。

对目前形势的审视

南方国家的经历说明需要实行替代制度。前面章节已有论述，在传统的殖民主义制度寿终正寝以后，新解放的国家就寻求一条经济发展的道路。为了使它自己的服务寻找到需求，世界银行站出来提供了这样一条简单的公式：发展和经济增长是同义词。经济增长取决于投资。穷国很少有资本投资，所以向外借贷就是它们的出路。外债借得越多，增长就越快，发展就越迅速。

的确，假如借来的资金用于从国外购买本国得不到的重要的资本货物，而这些资本货物又用在能够充分地出口创汇的地方从而能够偿还外债，那么对外借贷可以成为一种健康的选择。不幸的是，这种情况很少出现。到今天为止，大多数向外借贷都用于进口奢侈品和军火，或者进了特权精英在外国银行的账户。

世界银行专案下的未偿还的外债越积越多，终于国际货币基金组织站出来保卫债主的利益了。国内经济方向被调整为出口生产，以赚取外汇来偿还债务。不管是无意还是出于险恶用心，世界银行和国际货币基金组织支援的政策剥夺了许多国家的政府管理跨越该国边境的货物和货币的能力。在进口控制放松以后，很多国家的进口急剧增长，但是支付进口物品的能力却没有增长。为国内市场进行生产的企业大受其苦。同时发生的外汇控制的放松引发举借外债、资本抽逃、金融投机的现象一浪高过一浪。这些现象进一步加剧了国外权利索取的呼声（包括外债），要求该国加大现在的和未来的赚取外汇的力度，并对增加该国出口和吸引更多的国外投资产生了进一步的压力，这些投资包括投机性的有价证券的投资，它们对生产能力毫无补益，却大大增加了金融体系的波动性和不稳定性。

由于很多国家缺乏生产出口制成品和服务的能力，它们在世界银行和国际货币基金组织的强大压力下，不得不更多地利用它们国家的资源生产河虾、棉花、木材、咖啡以及其他初级产品供出口。世界银行和区域开发银行通常为这种做法的扩展提供资金,它们为有利于国外公司投资者的专案的基础设施提供贷款。由于很多国家都在做同样的事情,咖啡、可可和其他商品充斥世界市场,这大大压低了价格。由于进行了新的借贷,外债继续增长,但是出口所赚外汇的下降却削弱了偿还能力。商品价格的下降还导致对商品生产部门的工资造成下降的压力。这又反过来对包括工业部门在内的其他部门的工资造成下降的压力,这就给了国外公司更大的动力,使它们从北方国家输出工作,以获取剥削南方劳动者的好处。

世界银行和国际货币基金组织倡导一种不被各种补贴和政府的干预所扭曲的市场——除非这种扭曲有利于公司利益。商品价格的人为压低就是一种市场扭曲,这种情况又人为地压低了南方和北方的工资,并造成了这种虚假的印象——在增长缺乏的时候,环境资源是取之不竭的,这样就鼓励了对环境资源的浪费,破坏了南方同北方进行贸易的条件,便利了牺牲劳动和公共财富向投资者提供回报的做法。公司的利润以牺牲公平和环境安全为代价而增长,这并不是偶然出现的必然性;和今天所有的全球化规则一样,它也是一整套主观的政策选择的结果。

一些学者把进行反全球化运动的抗议者蔑称为无知者和经济上的文盲,说什么他们剥夺了穷人获得更好的生活的机会。其实这些学者最好把这些标签贴到世界银行和国际货币基金组织的意识形态家身上,正是他们倡导和捍卫的政策产生了这种灾难性的后果。(见专栏框S)

专栏框 S

失业:货币政策的作用

马丁·科尔,第三世界网

在北方国家,很多人非常关心公司把工作输入到低工资国家对国内就业和工资所产生的影响。但是很少有人注意到,北方国家的高失业和工资下降在多么大程度上是各国中央银行家的货币政策的有意的结果。很多北方国家的货币政策以一种称为 NARIU 的方案为基础,即

> 非加速通货膨胀的失业率（the nonaccelerating inflation rate of unemployment），其理论基础是认为把失业保持在一定的水平上将有助于对工资产生足够的下降压力，从而抑制通货膨胀。对于那些阅读商业报章的人来说，下面的情况就是常识：在绝大多数北方国家，中央银行家的明确目标就是制定能够把工资维持在较低水平并促进股票价格上涨的货币政策，从而保障那些在金融市场上握有股票的人（而不是那些靠劳动过活的人）的经济权力稳定增长。我们需要一种新的制定货币政策的方式，它的目标应当是在所有的地方保障充分就业和能够生活的工资，同时对股票价格和土地价值的投机泡沫严加控制。

我们在第三章谈到，关贸总协定和世界贸易组织加剧了这种不平衡和扭曲。理解全球主义者的自由市场意识形态失败的关键，在于要认识到这种意识形态从下面这种角度出发来看待经济政策，就是说关心对公司的回报而不是对社会的回报。因此，在公司利益和社会利益之间没有冲突。在他们的盘算里，增加公司的利润就意味着增加社会的财富。但是正如第九章所论述的，这是一种错误的假设。

全球性公司受股票市场的驱使，力图使短期财政利润最大化，而不顾及个人的健康、社会结构和环境，尽管这些因素对于人民和社会的福祉来说都是非常重要的。全球性公司通过以尽可能最低的价格雇用尽可能最少的人手的方式谋求利润的最大化；与此相反，健康的社会寻求为所有需要工作的人提供能够过活的工资。一家全球性公司可以通过砍光一片森林然后就转移到其他地方去的方式迅速获取回报；与此相反，社会通过维持其自然资源基础的产出能力而得以繁荣。

市场需要规则。因为市场的目的是服务于人民，所以这些规则应当有利于社会的利益。只有当这些规则是由以社会公民的身份而行动的人们制定的时候，才会出现这种情况。

当规则由公司制定的时候，公司的利益必然会被放在社会利益之前。公司将寻求攫取经济利益而把成本转嫁给社会。公司将寻求增加它们自己的制定规则的权力而削弱它们对人民所负的责任。确定公司财产的法

第十章 新的国际结构

律界限将得到很好的保护。确定社会财产——公共资源（commons）——的政治界限将被削弱甚至被铲除。这就是在全球经济里当制定规则的权力从人民手里转移到公司手里以后所发生的真实情况。

从这个角度看一看公司关于自由贸易的观念是很有裨益的。在自由贸易的旗号下，公司的全球主义者号召在事实上消灭确定社会和国家的那些界限。一个地方调节和管理同其他社会和国家的交换的努力被说成是贸易保护主义，是对自由市场的破坏。公司全球主义者有效地消除了社会利益的存在，而它们实际上是应当保护的。

然而一旦问题涉及公司之间或者公司内部的贸易，这些人就采取了一种非常不同的态度：他们坚持认为，只要公司认为合适，那么各公司有权利对它与子公司或者与其他公司之间的贸易关系的最琐碎细节进行控制和管理。它们保留只同它们选择的伙伴在它们制定的条件下做生意的权利。这样，在公司全球主义者的世界里，当关涉的是私有利益的时候，自由贸易的规则就不适用了：边境得到严密的保护，贸易得到仔细的管理。由于最大的公司掌握的经济总量比许多国家的经济总量还大，因此这种情况并不是微不足道的小事。

但是公共利益是实在的，政府负有重大责任去保护它们。正如公司要求拥有管理它们之间的贸易的权利从而维护私有利益一样，社会和国家必须管理它们之间的贸易和投资从而维护公共利益。

一个社会必须对它同邻国的贸易进行管理的一个重大原因是要保持进口和出口价值的平衡。如果这个社会需要为进口支付的价值超过了它从出口赚回的价值，那么它就是入不敷出，就形成了对邻国的债务。通常在这种情况下，受益的是那些掌权的人，而偿还外债的负担会落到后代和社会的弱势群体身上。如果一个国家的出口超过了进口，那么人民就没有享受到他们的劳动和资源带来的好处。通常在这种情况下，生产出口盈余的任务落到社会中较穷的人身上，而财政盈余则进了富人和有权者在国外银行的账户。这种不平衡在国际体系中产生了不稳定，不利于公共利益。

在为了贸易而扩大贸易的压力下，有一个简单明了的真理被遗忘了：

一个国家从事出口的首要原因是创造外汇以支付那些它不能合理地生产出来的进口物品。但是在布雷顿森林机构强迫南方国家向穿越它们边界的物品流动开放边界以后，出口出现了大幅度增长，但是相应地支付它们的能力却没有增长。许多进口物品是不重要的物品，它们的生产者受到补贴，能够以低于成本的价格出售。这就对国内没有受到类似补贴的生产者造成了不公平竞争。只有通过转变国内经济的平衡，从逆差转为顺差，才能偿还不断增长的外债，但这样一来，就使得资源离开了满足国内需求的道路，并要求削减国内消费。其结果就是依附和贫困的不断加深，而这同贸易自由化将导致经济加速增长这一自由市场意识形态的主张是相矛盾的。

有大量材料可以证明这种矛盾。联合国贸发会议《贸易和发展报告·1999年》指出，对于发展中国家（不包括中国）来说，20世纪90年代的贸易赤字占GDP的比率比20世纪70年代高出3%，而增长率下降了2%。不适当的贸易自由化导致了这种负面现象的出现。

联合国贸发会议1994年对41个最不发达国家的一份研究也得出了类似的结论。这份研究发现，最不发达国家在过去十年时间里，如果以贸易自由化和货币贬值为一方，而以生产的增长和多样化及生产和出口的增长为另一方，那么这两者之间"没有清晰系统的联系"。实际上，这份研究发现，在许多最不发达国家，伴随贸易自由化而出现的是去工业化（deindustrialization）。

20世纪80年代以后在非洲和拉丁美洲所发生的自由化事件的糟糕证据也是有案可稽的。例如，塞内加尔在20世纪80年代后期的自由化后出现了大规模的失业。到20世纪90年代早期，对就业的削减消灭了全部制造业岗位的三分之一。象牙海岸在1986年骤然降低40%的关税后，化学、纺织、制鞋、汽车等工业实际上全部崩溃了。在尼日利亚，自由化试验也出现了类似的问题。在塞拉利昂、赞比亚、扎伊尔、乌干达、坦桑尼亚和苏丹，20世纪80年代的自由化导致进口消费品大幅增长，而可以用来购买中期投入和资本货物的外汇却大幅下降，这给工业产出和就业造成了灾难性的后果。根据联合国贸发会议的材料，在加纳，自由化时的工业部门的就业从1987年的7.87万人急剧下降到1993年的2.8万人，主要原因是"大部分制造业部门被进口竞争摧毁了"。20世纪90年代引入的调整方案，也给莫桑比克、喀麦隆、坦桑尼亚、马拉维和赞比亚的很多制造业部门带来了困难。进口商品的竞争在短期内造成产出和就业的急剧萎缩，许多企业只得选择彻底关门。

非洲之外的一些发展中国家也受着类似问题的困扰。根据2001年的一份研究，"20世纪90年代早期推行的自由化看来在秘鲁、尼加拉瓜、厄瓜多尔和巴西等国的正式部门造成了大规模的失业，使这些国家的失业形势大大恶化。拉丁美洲其他地区的材料同样令人沮丧。"该地区的材料显示，通常的结果是收入分配急剧恶化，并且没有任何证据表明这只是短期的情况。

一个负责任的国家的贸易政策应当是调整国家的贸易规则以在进口和出口之间取得平衡。许多南方国家不能增加进口，因为它们的生产限制了它们增加出口从而赚得外汇的能力。而且，很多发展中国家的主要出口商品都是初级产品，而初级产品的价格很久以来就下降得非常低了。此外，南方国家出口的产品还要面临北方国家施加的贸易壁垒。如果在进口自由化推行的同时没有成功的出口增长，那么就会出现有害的结果——比如贸易赤字增加、国际收支平衡表陷入困境——这又会增加外债，造成巨大的清偿债务的负担，导致经济增长缓慢，失业增加。

类似的问题也出现在金融领域。1997年以来，一连串毁灭性的金融和经济危机扫荡了墨西哥、泰国、印度尼西亚、南朝鲜和马来西亚、俄罗斯、巴西、土耳其以及阿根廷。在解释危机的原因时出现了一些互相冲突的解释，其中最主要的是（国际货币基金组织、世界银行和发达国家宣扬的说法）说遭受危机打击的国家的政治和经济治理很糟糕。这种说法很值得注意，因为这些遭受危机的国家就在危机爆发前夕还被大肆宣扬为良好的经济管理的光辉典范。

比较准确和可信的解释是这样的：这些危机是由20世纪70年代早期以来遍及世界的金融自由化和解除管制的措施引发的。这类措施致使金融投机急剧增长，投资基金和投机家为了寻求利润而迅速穿越各国边境。

近年来，许多发展中国家也被建议对它们的金融体系解除管制并使之自由化。这些国家以前曾经实行的对资金流入和流出的控制，已经大大放松。结果，当地企业和银行进行了过量的短期借贷，国际基金以及进行投资、投机和操纵货币和股市的玩家纷纷涌入。

国际货币基金组织强迫他人实行金融自由化的做法违反了它自己的协定条款的第四条，该条款规定，各国有权利采取资本控制措施。这对于一个国家的经济自决权是不可或缺的，而外部某方面强迫一个国家政府放弃这种权利也是不适当的。一个国家希望什么时候和怎么样对它的资本账户实行自由化，或者它到底是不是愿意实行这种自由化政策，应该留给它自己决定，外部不要施加压力。

国际货币基金组织、世界银行以及同这些机构有紧密牵连的、企图为它们的金融机构进入新兴市场开辟道路的富国，多年来鼓吹自由化大大有益而很少有危险的观念。当危机袭来的时候，国际货币基金组织又诊断错了原因，并把进一步的金融自由化作为贷款条件的一部分，而且实行了导致债务问题转变成结构性经济衰退的一揽子政策（实行高利率，紧缩货币政策，关闭当地的金融机构），从而使情况更加糟糕。国际货币基金组织还否认对冲基金和其他高度依靠举债经营的机构起到了使局势不稳定的作用。一家大型私有对冲基金——长期资本管理基金（Long-Term Capital Management）的濒临破产就可以说明这些高度依靠举债经营的投机基金所带来的风险。

一个公正的和可持续的国际贸易和金融体系的重要规则

全球贸易和金融体系及其主要的规则制定机构——布雷顿森林——已经走到十字路口。未来几年中做出的决策将对这个体系的走向产生重要的影响。毫无疑问，国际贸易和金融需要一套多边的规则。一套适当的规则体系对于稳定、可预见性和所有参与者的公平是非常重要的；而当前的体系是不稳定的、不可预见的、极端不公平的。

规则是重要的，但是必须民主地决定规则，以服务于公共利益。

除稳定、可预见性和公平之外，一个可持续的国际体系还应当支援以下四个目标。

民主的自决

必须保护所有民族确定它们自己的经济优先选择和经济政策的民主权利，只要它们的行动没有侵犯其他地方和国家的人民的权利和自由。这就是说，每个民族、社会和国家都应当拥有它们赖以生存的生产性财富，从不合法的外债中解脱出来，拥有管理跨境流动的商品和货币的权利和能力，这对它们确定自己的经济优先选择并维持与社会福利相一致的较高的社会标准和环境标准是非常重要的。在一个公正的和可持续的体系里，较强的和较富的国家不能够违反较弱的和较穷的国家的意志和利益而要求进入它们的市场、获取它们的资源。同样，任何公司也没有这种权利。如果一个公司想在它没有取得做生意的特许执照，那么它就应被要求在该国申请服从于该国的要求、法律和税收制度的特许执照。南方国家所受的最大的限制，就是它们对它们的经济资源缺乏控制，它们缺乏决定自己的经济优先选择的能力，还有它们在获取重要技术方面也面临重重限制。

平衡的贸易

每一个国家，无论是北方国家还是南方国家，对它们的邻国都有维持进出口平衡的责任。一直上溯到大卫·李嘉图的贸易理论有一个基本前提：在一个公平互惠的国际体系里，每个国家都同邻国保持着稳定的、平衡的贸易关系（进口等于出口），投资在国家范围内进行。当一个国家进口的价值超过出口的价值时，国际债务就出现了。当一个国家的贸易处于平衡的时候，那就没有导致外债积累的原因，从而就消除了经济不稳定、受支配和受剥削的一大潜在根源。

公平的商品价格

经济理论早就认识到，商品市场所固有的不稳定性是因为敏感易变的短期价格和花费很多时间的长期投资之间的相互作用。由于这个原因，人为的短缺就会驱使市场价格上涨并使之大大高于实际的生产成本，而人为的过剩就会把市场价格压低到真实的生产成本之下，市场就在这两者之间出现周期性的波动。我们前面已经指出，需要在各国之间建立起国际商品协定和相关机制，以维护公平的和稳定的商品价格，这种价格反映了生产的完全成本，包括生存工资和环境成本在内。应当在国际层次上建立制度性机制，各国通过它能够协调它们的政策，以便在国际市场价格方面取得公平和稳定。这里对国际方面的适当的关注点在于，要把国际市场同国内补贴或价格扶持隔开，因为这些措施可能会人为地压低国际市场价格，牺牲其他国家效率较高的生产者的利益。

对信息和知识的开放式获取

知识产权应当被限制在可以激励创新和创造性的必要措施上。如果对信息和技术的传播采取限制措施，使它们垄断在公司的手里，这就会损害公共利益。信息和技术知识是为数很少的能够无限复制和自由分享而又不会对环境产生消极影响或者剥夺他人的使用权的资源。不加限制地获取信息和有益的技术对于一个公正的和可持续的人类未来是非常关键的。当代人类的每一个意图必然都建立在无数代积累起来的公共知识的基础上，这就是信息公共资源（the information commons）。对知识产权的合理利用应当是这样的：保证那些对人类信息公共资源做出贡献的人得到承认和嘉奖，而不是建立官方严密捍卫的信息垄断。富有启发意义的是，那些极力鼓吹物品和货币的自由运动——这会损害社会的自决权和自力更生的能力——的同一帮公司全球主义者，却又坚决反对信息和知识的自由流动和分享，而正是这种运动和分享可以增强自决和自力更

第十章 新的国际结构

生的能力。那些旨在尽可能减小信息和技术的自由流动和分享的障碍的国际制度，最有利于国际利益尤其是南方国家（以及前苏联和东欧国家）的利益。确实，如果北方国家承担和南方国家分享它们的信息技术资源的义务，那么这可以被看做是对南方国家人民的部分补偿，因为北方国家在过去几百年里从南方人民那里掠夺了大量财富。

如果公共政策服务于社会利益，那么无论是北方国家还是南方国家都需要有充足的政策空间和自由来选择与它们的人民和国内企业的利益相一致的贸易和投资政策。这一原则对任何有关贸易和金融的国际规则的体系来说都应当居于中心地位。该原则的推行应当实现以下各点：

- 采取相关措施，对公共部门和私有部门可以获得的国外贷款的类型和规模进行管理和控制，防止股票和货币市场上的投机和操纵，以帮助各国防止债务危机和金融危机。
- 让遭受危机的国家能够有效地管理金融危机，以便债务人和债主合理分担损失，这包括制定债务中止协定，提交国际债务仲裁法庭，由该法庭制定债务的解决方案。
- 允许各国建立控制资金尤其是投机资本流入和流出的体系，而不用担心招致惩罚。
- 强制各国（国际流动资金的来源）政府约束和管理它们的金融机构和金融玩家，防止他们引发在境外的迅速变动和投机。
- 对对冲基金、投资银行以及其他高度依靠举债经营的机构、离岸中心、货币市场以及衍生贸易进行国际管制。
- 稳定货币汇率。
- 通过增强决策过程的透明度和增加穷国的投票份额来给予穷国在世界贸易组织和国际货币基金组织等国际机构中对政策和程式的合理的发言权。

为恢复国际金融体系的健全而采取的重大的改革，同其他领域例如贸易的重大改革是紧密联系在一起的。如果一个国家在它的当地部门还没有准备好竞争，在该国还没有能力增加出口值的时候就推行进口自由化，那么它的贸易和国际收支表赤字从而它的国际债务负担就必然会恶化。一个国家必须拥有管理跨越其边境的货币和物品的权利和能力。

在掠夺性的公司和金融投机者的进攻下，发展中国家别无选择，只有制定国内措施进行自我保护。它们尤其应当对公共部门和私有部门的国外贷款施加管制和控制（例如将这种贷款限制在能够增加用外汇偿还外债的能力的专案上），禁止操纵它们的货币和股票市场，有选择地对待国外直接投资以避免外债的积累。

国家政策工具的安排应当包括资本控制措施，这将使得该国可以避免外部债务过度积累，防止资本流动过于迅速，为采取能够抵抗衰退的宏观经济政策（例如低利率或者预算扩张）开辟空间，而同时又减少汇率变化和资本流动过于迅速的风险。

创造一个公正的和可持续的全球体系的第一步，就是要阻止自由化进程。一切扩大国际货币基金组织和世界贸易组织的空间和权威的建议都应当拒绝，这些建议有：

- 建议修改国际货币基金组织的协定条款，给予它对资本账户的可兑换性拥有管辖权，这将给予国际货币基金组织另外的权威来强迫发展中国家消除残存的对它们的资本账户和市场的控制。
- 企图使经济合作与发展组织关于多边投资协定的谈判复活，这种协定将给予一切类型的资本流动以不受限制的活动自由。
- 建议给予世界贸易组织对国际投资、政府采购、公共服务的所有权、环境和社会标准拥有新的权威，这将消灭资本控制、国外投资标准、重要服务的公共所有权以及政府优先选择当地采购、设定与当地条件和公共利益相符合的社会标准和环境标准的能力。（这些不是贸易问题，就需要建立全球规则这一点来说，还有更合适的处理这些问题的地方。）

还有一个相关的需要，就是要检查和取消现存的扭曲了发展、环境、公共卫生、劳动的贸易协定条款以及其他的同公共利益相左的贸易协定条款。尤其要注意以下几点：

- 现存的世界贸易组织的"与贸易相关的投资措施协定"和专门的金融服务协定,这些条款为国外公司的控制打开了国内金融领域;关于知识产权的"与贸易相关的知识产权协定"条款,它支援了公司对重要的信息和技术的垄断。应当做出严肃的努力,把管理这些协定条款的责任从世界贸易组织转移到更合适的机构去。
- 国际货币基金组织和世界银行的结构调整条款,这些条款把有害的自由化政策强加给南方国家。
- 在这一检查过程中,在号召暂停有关扩大布雷顿森林机构的权威和授权的建议的过程中,联合国贸易和发展会议应当起领导作用。

改造制度框架

除了这些旨在防止进一步的破坏并开始着手解决问题的即时的临时性措施之外,还需要对国际经济治理制度进行基础性的改造,以建立一个能够对人民、社会和自然的需要和偏好负责的体系。我们的建议如下。

把全球治理统一到经过改造的联合国之下

今天,全球治理的职能在联合国体系——包括联合国秘书处,联合国专门机构,例如世界卫生组织、国际劳工组织、粮食和农业组织,以及各种发展援助基金组织,如联合国开发计划署、联合国人口基金会、联合国儿童基金会、联合国妇女发展基金会——和布雷顿森林体系之间做了分割。(尽管布雷顿森林机构表面上包括在联合国组织的名单里并且在对它们有利时也许会宣称它们是联合国体系的一部分,但是两者之间不存在实质关系。布雷顿森林机构有它们自己的管理委员会和预算,不承认对联合国或其管理机构负有责任或者具有隶属关系。)联合国体系拥有广泛得多的授权,尽管联合国具有种种缺点,但是它更加开放和民主。在实际上,同更为隐秘的布雷顿森林机构相比,联合国给予人类、社会和环境的优先权以更多的考虑。

厄斯金·奇尔德斯（Erskine Childers）和布赖恩·厄克特（Brian Urquhart）在他们 1994 年的报告《革新联合国体系》中指出，联合国的创立者打算把对全球经济事务的责任——包括全面监督和从政策上指导布雷顿森林机构——放到联合国大会经济和社会理事会的管辖权之下。这一方面的意图体现在联合国宪章第 55 条，该条规定联合国应当促进以下事务：

- 较高的生活水准，充分就业，经济与社会进步和发展的条件
- 国际间经济、社会、卫生及有关问题之解决
- 国际文化和教育合作
- 不分种族、性别、语言或宗教，普遍尊重和遵守所有人的人权和基本自由

但是美国和其他由公司支配的西方政府——正是它们在二战后领导了联合国和布雷顿森林体系的建立——允许甚至鼓励布雷顿森林体系以一个全球政府的身份行动，让它们拥有把它们的意志强加给民族国家的能力，从而漠视联合国的公约和条约。

而且，20 世纪 80 年代和 20 世纪 90 年代的大部分时候，美国国会拒绝足额缴纳美国应当交给联合国的会费，致使联合国处于严重的财政危机中，难以执行它的授权，并给本来应当是最重要、最有影响和最稳定的国际机构的联合国造成一种长期的危机气氛。与此相反，世界银行、国际货币基金组织、世界贸易组织以及这些机构忠实为之服务的全球公司的资源却大大地丰富起来。联合国在绝大多数经济问题上资金不足，人员缺乏，被美国和其他北方政府绕过，结果在很大程度上联合国塑造全球的经济政策和经济关系的权力割让给了布雷顿森林机构。

在两个互相竞争的管理体系之间分割一个世界的全球事务的治理权，这并不是明智的政策。同 1945 年相比，今天在劳动、卫生、粮食、人权、环境、贸易和投资问题上面临的困境更大，对前后一致的全球层次的政策的需要也更为急迫。

必须在以下两者之间做出选择：或者是扩大布雷顿森林体系的权利

第十章 新的国际结构

和授权,以便为全球层次提供领导权;或者重新确认联合国的授权,并加强它履行原来设想的职能的能力。无论是从人类角度还是从地球角度来看,扩大布雷顿森林体系的授权显然都是巨大的错误。

确实,布雷顿森林机构在实施明确的议程方面比联合国要有效得多。然而尽管联合国效率低一些,但它的决策进程更为开放和民主,它对人民的意志回应得更为积极,这通常会导致与人类和地球的利益相一致的包含更多共识的议程。

真正的民主不是以暴力的使用为基础,而是以被管理者的同意为基础。暴力是自私自利的暴君的工具。通常穷人和弱者在较少高压的政权下过得较好。而公司支配的布雷顿森林机构的高压力量增长以后,它们越来越多地选择推行以牺牲弱者利益为代价来服务于富人的规则。

很清楚,我们需要国际规则。然而,为了服务于整个人类,这些规则必须建立在被管理者的同意的基础上,强制执行权必须首先留给民主选举的地方和国家政府。联合国的决策进程在很大程度上与这些原则相一致。对国际货币基金组织、世界银行和世界贸易组织的权力和授权加以限制,就会创造巨大的空间,使经过改革的联合国能够执行它原来设想的职能,使人民能够通过他们的国家政府和地方政府建立起一个与人民和社会的健康的、真正的发展相一致的政策框架。

我们是首先认识到联合国在过去 20 年里大大受到削弱和损害的人。从 1981 年罗纳德·里根成为美国总统开始,美国政府就积极破坏那些它认为妨碍了市场自由的联合国机构。美国继续运用它随着冷战结束而获得的强大地位来操纵联合国,以服务于若干狭隘的美国政治和经济利益。此外,联合国还不可避免地受到它的许多成员国的民主赤字的伤害。许多政府很少代表它们的人民的意志,这同样反映在有缺陷的决策过程里。

另一个相关的威胁到联合国为了人类的利益执行它原来设想的职能的因素,是公司利益集团——由国际商会(International Chamber of Commerce)和世界可持续发展工商理事会(World Business Council on Sustainable Development)领导——越来越成功地在联合国中建立了稳固地位,这样它们就可以确保联合国的资源和政策与公司的议程相一致,确保在联合国的讲坛上不出现重要的和有力的要求公司负责的号召。由于饱受财政匮乏之苦，由于饱受美国的欺负，联合国非常希望得到公司的赞助。2000年7月联合国和44个全球性公司发起的全球协定（Global Compact）增强了公司的影响，把联合国对公民社会团体而言所具有的合法性和可信度置于危险的境地，而公民社会团体为了阻止并最终关闭布雷顿森林机构，正不断地开展有效的运动。公民社会通常是非常支援联合国的，但是一个由公司支配的联合国也将免不了类似的攻击。

联合国是政府和人民的机构。在联合国的协商和决策进程中，没有只代表为数很少的富有精英的狭隘金融私利的公司的合法地位。如果联合国在对各国之间和各国内部的经济关系进行改革并使之民主化的过程中发挥巨大的作用，那么它就会比过去变得更加重要，它就脱离了公司的影响，作为一个完全开放的和民主的机构，只对它的成员国政府以及这些政府认为代表的人民负责。

我们相信，在联合国的主持下重新塑造全球经济治理体系的时候已经来临，应当给联合国提供人力资源和财政资源，使它能够履行最初的授权，进行旨在加强它作为一个民主管理机构的职能的改革。

让布雷顿森林机构退役

这里的主要目标是用一个为人民和社会的需要服务的治理体系来代替为全球性的金融家和跨国公司的需要服务的治理体系。布雷顿森林机构是后一种体系的基础，需要予以铲除。

正如这本书所论述的，这些机构一贯维护大公司的经济利益和富国的经济优势。这些机构拥护这样一种意识形态，这种意识形态诬蔑一国推行与本国人民的利益相一致的政策的权利，极力削弱低收入国家受不同的专门政策对待的权利。它们把不平等引入了决策原则。最后，组成这些机构的人员是这样一些经济学家，他们的思想完全浸泡在自由市场意识形态里，以至于他们甚至不能接受一个比较公平的和可持续的替代方案的可能性。求助于这些机构的领导来解决它们在其中起主要作用而造成的危机，是不现实的。

1950年到1980年之间，一些南方国家在中央集权的权力被一套无所不包的强大的多边机构收容之前，取得了重大的社会和经济进步。从1980年到2000年，在世界银行和国际货币基金组织巩固了它们的地位并开始把它们的意识形态性的政策处方强加于人以后，这些国家的发展势头大部分就结束了。很多最穷的国家出现了倒退。

这是一个悲惨的事实：摆在我们面前的工作的中心是修补布雷顿森林机构造成的巨大破坏。必须取消债务，稳定商品价格，控制跨境流动的物品和货币，推行反垄断措施以打破公司权力的集中，剥夺屡屡违法犯罪的公司的特许权，重建国民经济，采取适当的管制措施以满足当地的需要，修复环境，限制公司的权力，控制金融投机，重新分配财富以创造公平的面貌，确立政府的民主责任。

在公民社会中一直进行着这一争论：是应当改革还是应当结束布雷顿森林机构的三头政治。假如所涉及的机构基本上是公正的并且与合法目标相一致，只是出现了腐败，那么进行制度改革就是可行的战略选择，许多国家的政府就是这种情况。当一个体系在结构、授权、目的、原则和程式方面基本上都同人类利益相冲突的时候，那么改革就不是可行的战略选择，而布雷顿森林机构正是这样。

如果借用一个应用于老化的核发电站的术语，那么现在是开始退役过程的时候了。发展中国家的政府和国际公民社会不应当允许它们的能量被劫持来改革这些机构。如果允许进行改革，那么它们所能得到的最好的结果也只会是给这些具有基本缺陷的机构整整容。

世界贸易组织

世界贸易组织通常被吹嘘为一个"以规则为基础"的贸易框架，吹嘘它可以保护弱国和穷国抵御强国的单边行动。但事实正好相反。和许多其他多边机构和协定一样，世界贸易组织使不平等制度化和合法化。强国把世界贸易组织当做自己的工具，用比在一个流动的、结构化程度较低的国际体系里少得多的成本就可以对弱国施加它们自己选择的惩罚。

关贸总协定的权力受到限制，它更为灵活，对发展中国家的特殊状况也持同情态度。此外，关贸总协定所拥有的权力还受到各种其他国际角色的抗衡，它们包括联合国贸发会议、国际劳工组织、正在发展的贸易集团如拉丁美洲的南锥共同市场（Mercosur）、南亚的南亚区域合作联盟（SAARC），南部非洲的南部非洲发展协调会议（SADCC）、东南亚的东南亚国家联盟（ASEAN），其中的许多组织都积极维护南方国家的利益。这种灵活性和积极的支援使得东亚和东南亚的国家能够自己设计并确定成功的发展战略，这些积极的国家一方面促进出口，另一方面保护国内工业。

替代强大的世界贸易组织的只能是混乱这一说法纯粹是那些从现存形势中受益的人制造的恐慌。其实，自从1995年世界贸易组织建立以来，国际体系变得不如以前稳定了，发生了更为严重的贸易不平衡和争端。如果回归流动性较强的、结构化程度较低的、更加多元的世界，建立多方面的限制和平衡，那么这会再次让世界范围内的发展中国家和贫穷社会获得机会，来开辟它们以它们的价值、节奏和它们选择的战略为基础走上积极道路所需要的空间。

任何有关世界贸易组织新一轮谈判或者扩大世界贸易组织的授权或者扩大它的成员的计划都应当坚决予以拒绝。把扩大世界贸易组织的议程转移到区域谈判例如美洲自由贸易区上的任何企图也要坚决拒绝。世界贸易组织的成员国应当共同磋商，努力依次取消在关贸总协定乌拉圭回合谈判中以及该回合谈判以后确定的规则并依次停止世界贸易组织的各项活动，包括处置该组织的人员和财产。在上述工作完成后，就需要对遗留下来的最初的关贸总协定的框架进行更新，以确保它透明和负责任。应当对首次倡导于二战之后的最初的国际贸易组织的许多方面重新进行检查。这些工作将为修复布雷顿森林时代造成的破坏所需要的许多行动扫清道路。

国际货币基金组织和世界银行

至于国际货币基金组织和世界银行，我们建议为每个机构任命一个国际性的"退役委员会"(decommissioning commission)来监督它们停止各项行动以及处置它们的财产和债务。当然,委员会的一半成员应当来自公民社会组织,他们会对揭露这两个机构的破坏性影响大有帮助。

这个退役委员会将下令逐步取消在第三世界和前社会主义国家推行的全部结构调整方案。同时,把国际货币基金组织的专职人员从1000多人减少到几百人,并相应地削减该组织的资本开销和行动花费。目前,国际货币基金组织的绝大部分经济学家都受雇于微观的结构调整方案。结构调整方案取消后,这些经济学家的职能随之消失,他们的服务就不再需要了。该委员会将和国际破产法庭(在下一节讨论)互相协作,决定如何处置所欠国际货币基金组织的未清偿债务。退役过程应当在几年内完成。这项工作结束后,就解散遗留的属员。所有的建筑和用具将转交给联合国,供在联合国的管辖权下建立起来的新机构使用。我们建议,该委员会提供给国际货币基金组织的成员的解雇津贴将按照供职于该机构的结构调整方案之下的来自公共职位的人员的解雇津贴的主要方式发放。

世界银行的退役委员会也将采取类似的步骤处理该机构的人员和财产,目标是在任命的几年之内解散世界银行的所有人员,把它全部的遗留财产转交给联合国。

国际公民社会需要迅速有力的行动。国际货币基金组织和世界银行的信誉和合法性都破产了,它们陷入了严重的危机。我们预料,如果不采取决定性的行动,那些力量就会企图一边谈论改革一边等待风暴的平息。在国际货币基金组织逐渐靠边站并最终被铲除以后,前进的道路就打开了,就可以建立一个更利于长期的生产性投资而不是短期投资、更有利于稳定而不是变化无常、更有利于当地投资和所有权而不是国外投资和所有权的国际金融体系。

加强联合国体系的抗衡能力

在铲除布雷顿森林机构以后,改革全球贸易和金融体系以及终结全球性公司的统治所需要的抗衡能力就能够从增强了的国家和改革了的联合国中产生出来。我们要急于指出的是，尽管我们认为应当加强联合国的授权和资源，但是我们继续认为国际性的机构只能对那些在国家和地方层次不能合理地实施的职能拥有责任和权威。无论在哪里，只要有可能，国际性机构的首要责任就应当是支援有效的、回应人民呼声的民主的当地治理。

要求提升世界卫生组织、国际劳动局和联合国环境规划署的能力以便处理与贸易相关的卫生、劳动和环境问题的理由很充分。与贸易相关的标准应当受联合国机构的管辖，它们负有首要的责任，并就相关标准提供专门知识。良好的健康是目的。劳动者的权利、有尊严的工资、安全的劳动环境是目的。卫生的环境是目的。与此相反，国际贸易和投资仅仅是手段，因此可以权宜处理。需要为每一个相关的联合国机构制定合适的规划。本章下一小节将以联合国贸发会议为例，说明联合国机构可能在处于新制度下的全球经济治理中发挥更大的作用。

联合国贸发会议的作用

联合国贸易和发展会议创立于1964年。在随后的十年里，它成为第三世界政府改造全球经济来支援自己发展国家的努力的主要工具。后来，在布雷顿森林机构掌握大权之后，联合国贸发会议以及南方国家的关切就越来越遭到边缘化。

如果贸易是为公正的和可持续的发展进程服务，并且偏重于满足穷人和工人以及低收入国家的需要，那么下面的论点就是很有说服力的：增强联合国贸发会议，使之成为联合国为国际贸易制定规则的首要机构。布雷顿森林机构的信誉的破产为联合国贸发会议作为竞争者展现自己提供了机会。较为合适的第一个步骤应当是向这样一个前提——发展中国家完全融合进世界经济是繁荣之路——发起严正的挑战，并把自己当做国际体系中首要的倡导以本书提出的原则为基础实施真正的替代方案的机构。

第十章 新的国际结构

联合国贸发会议以前的影响力主要来自如下事实：它代表了南方国家政府的声音，是南方国家的发展利益的倡导者。削减债务和取消结构调整是南方国家最直接的、普遍认识到的需要。这些目标在公民社会的议程上也居于重要位置。这里，在南方国家政府和为这些问题而工作的公民社会之间就存在着天然的联盟关系，这种联盟将增强双方的力量。联合国贸发会议很适于充当这一联盟的中间人。

下面这一点对南方国家来说也是很重要的：公民社会对削减债务和取消结构调整的号召，只是一个更大的议程的一部分，这个议程寻求废除一个可能无异于重新建立起来的殖民制度（带着友好的面容）的全球体系，而代之以这样一种体系，这种体系旨在在一个具有支援作用的全球框架内增强民族国家政府，促进民族国家在民主的自力更生和自决的基础上实现发展。这一议程与南方国家的利益非常一致。在这里，联合国贸发会议在联合国体系里仍然能够在促进就这种可能性展开对话方面起领导作用。

我们敦促联合国贸发会议在挑战世界贸易组织作为贸易和发展问题的最终仲裁者的霸权方面也起领导作用。应当提议做出这样一种安排，让相关的组织如联合国贸发会议、国际劳工组织、世界贸易组织、联合国环境规划署以及多边环境协定的执行机构和区域经济集团的专家汇聚到一起商讨这些问题，大家平等参与，为了人民和地球的利益阐明、确定和实施国际经济政策。

为了确定现存体系，殖民主义花了 500 年时间，布雷顿森林花了 50 年时间。尽管建立替代体系的需要很急迫，但是现实地看，要完全建立起替代体系，使全球经济关系处于公平的和可持续的平衡之中，将需要花费几十年时间。同时还有另一个急迫的需要，即订立新的国际协定，开始转向新经济的进程。联合国贸发会议能够并且应该发起这一转向。联合国贸发会议可以创议订立如下三个跨国协定，推动世界向一个更加公正、可持续和民主的体系转变。

- *关于经济自决的协定。* 这种协定将给予南方国家在全球贸易、投资和金融中以"专门的不同的待遇"。它承认无差别的自由化对南方国家造成的危险,保证南方国家在处理同北方国家的经济关系的过程中给予自己国内发展以优先权的权利,这些权利包括对跨越它们边境的金融流动建立控制,设立国外投资的条件,给予国内金融和所有权以优先地位,限制资源的抽取,支援当地的出口商品的增值加工。它还将确立一个框架,以便建立一个支援商品价格的国际体系并保障南方国家能够以较优惠的条件进入北方国家的市场,这种优惠要达到创造外汇以偿还外债和支付从北方国家进口的物品所要求的程度。

- **关于贸易要求的协定。** 联合国贸发会议也能够在处理贸易和环境的重要关系上起到关键作用。联合国贸发会议能够和联合国环境规划署及联合国开发计划署一起,领导起草一个协定,该协定要阐明广泛的但有约束力的指导方针和一个包括公民社会行动者在内的多元的机制,以解决各贸易体、多边环境协定、政府和非政府组织的互相冲突的要求。
- **针对发展中国家的农业和发达国家的小农的"新政"。** 联合国贸发会议在制定这种规划时能够起领导作用。重点不是把农业融合进世界贸易,而是把贸易融合进发展战略,这种发展战略的重点是在农业部门提高收入和增加就业,通过较高程度的粮食自给保障粮食安全,促进生态上的可持续生产。

联合国贸发会议作为联合国中代表南方国家声音的机构,在我们转向新经济的过程中承担领导权完全是恰当的。南方国家最清楚当前不公正、不可持续和不民主的体系所造成的现实和后果,成功地迅速建立替代体系对它们具有最直接的关系。

这些建议也把南方国家放到促进新经济形成的过程中的领导地位上。例如,关于经济自决的协定针对的将是南方国家的特殊需要。它也将为国际经济关系创造一个典型的新方式,这种新的方式最终将既适合于南方国家也适合于北方国家。联合国贸发会议没有布雷顿森林机构掌握的物质资源,但是它拥有后者的经济权力买不到的一样东西——在南方国家及其政府中的合法性。

第十章 新的国际结构

建立新的全球机构

在改革和加强现存的联合国机构的同时，也需要在联合国的权威和监督下在全球层次上建立几个新的机构。下面是关于五个这样的机构的想法。

联合国国际破产法庭

削减债务是对穷国持续不断的债务危机做出的恰当回应。一个民族当它陷于债务的时候不可能是自由的。因此我们支援由联合国贸发会议、2000千禧年同盟（Jubilee 2000 Coalition）和加拿大政府提出的建立国际破产法庭（U. N. International Insolvency Court）的建议。国际破产法庭应当由调解法庭和仲裁法庭组成。调解法庭促成债务国和债主之间通过谈判解决问题。如果双方不能达成一致，那么由仲裁法庭做出具有法律约束力的判决。债务国在准备和提交它们的案件的时候，可以受到联合国贸发会议和国际金融组织（在下一小节讨论）的支援。对于国际破产法庭，我们考虑到的有以下重要几点：

- 它必须是不受国际货币基金组织和世界银行——在它们还存在的时候——影响的独立的机构，债务国代表和债权国的代表要平衡。
- 私有性质的借贷，如果不是最初受到政府依照符合现行法律的公开民主的程序做出的担保，那么仍然维持债务的私有性质。如果关于私有债务的偿还发生纠纷，那么这属于缔约的私有双方的事务，应当到合适的民事法庭解决。
- 它的工作必须对公众的监督和检查做到完全透明和公开。
- 一个债务国政府如果认为它的债务负担已经达到临界水平，认为如果偿还债务就不可能不损害它的公民的福利，那么它可以自愿将其案件提交给该法庭，从而开始诉讼程式。
- 在经过初步的评估之后，债务国将被批准在一定时期内暂停偿还债务，这个时期应足以让法庭完成它的检查以及做出决定的程式。同时，该债务国应当同意不再举借新的债务。

- 评估程式将决定一个国家所欠外债数额以及它一段时间内在不损害它行使重要的政府职能包括提供必需的社会服务的前提下能够偿还的数额。该法庭还将对债务清单做出审核，清理出可以依法拒绝清偿的令人憎恶的债务，包括那些不是通过订立合法契约或者不是为了公共利益而向世界银行和国际货币基金组织举借的债务。这还包括为银行设计的但由于设计失误以及银行疏于监管而失败的那些专案举借的债务。

- 在评估的基础上，将通过磋商制定债务削减计划，该计划涵盖了在拒绝清偿的债务之后该国所欠的每一笔债务，同时确保该国留有足够的经费来执行必要的政府职能和提供重要的服务。该计划将对债务做出重新安排、削减或者取消，在这一过程中将考虑北方的债权国因为抽取财富却没有支付适当补偿而对南方债务国形成的隐含债务。

- 债务削减计划寻求使一个国家的国际收支账户达到平衡，使该国摆脱国际债务。债务削减协定要严格限制举借新的国际债务，并为金融管制和贸易管理提供指导方针，以保持经常项目账户的平衡。

随着世界银行和区域开发银行的退役，国际破产法庭就可以运转了，这些退役机构留下的财产可以用来进行债务削减。

联合国国际金融组织

我们建议成立联合国国际金融组织（U. N. International Finance Organization），让它和联合国的成员国一起为实现下面的目标而工作：争取和维持国际金融关系的平衡和稳定，使国家财政和全球金融从国际债务和以债务为基础的货币中解放出来，促进生产性的国内投资和对生产性资源的国内所有权，在国际层次采取必要的行动来支援国家和地方为所有的人创造公平的具有生产性的和可持续的生活水平。国际金融组织将取代国际货币基金组织，但是它将完全对联合国负责。国际金融组织既没有出借能力，也没有强制执行的权力，它的职能是成为国际账户的中央资料库，通报出现问题的形势，促进各国之间进行恢复平衡的磋商。它也将应要求提供咨询服务。它的章程将规定，它支援人类、社会和环境的利益胜于全球性公司和金融家的利益，无论它采取什么行动。详细地说，国际金融组织的职能如下：

- 跟踪分析编辑出版关于国家贸易和经常项目账户平衡的统计材料，在一国的进口和出口账户出现严重的和持续的不平衡的时候，促进磋商，以便达成协定，采取修复行动。
- 建立一个给各国政府提供与资本控制、国外借贷和贸易平衡管理相关的做法和经验的中央信息机构。它和联合国开发计划署合作，应要求提供咨询服务，帮助各国政府建立适当的、充分的资本控制，以增强国内的就业、投资、所有权和技术能力，打击金融投机，保持国际账户的平衡。
- 促进谈判制定国际协定并推动它们的实施，通过这些协定，各国政府将采取协同行动防止利用境外银行和避税场所来洗钱和逃税。
- 开展与抑制投机性的金融运动相关的政策研究，促进谈判订立适当的协定，应邀为实施相应的行动提供支援。
- 对把货币创造从银行转到政府的可行性开展政策研究，提出实施建议，为感兴趣的国家提供咨询支援。

随着国际货币基金组织的退役，国际金融组织和本节下一段将要讨论的区域货币基金组织就可以逐步开始工作了。国际货币基金组织遗留的财产可以用来削减债务或为区域基金组织提供资金。

区域货币基金组织

我们认识到存在着获取短期应急外汇贷款的合法需求，也认识到金融对外部来说应当尽可能地具有地方性，因此我们支援成立区域货币基金组织（Regional Monetary Funds），这些组织对它们所在区域的成员国负责。这些区域基金组织将在发生预料之外的外汇短缺的时候提供反应迅速的、短期的应急贷款。这些基金组织对它们所在区域的各国政府负责，它们反映该区域的变化和利益。尽管欢迎所有的国家派代表作为观察员出席这些基金组织的会议，但是没有任何一个国家能够在一个以上的区域基金组织成为拥有表决权的成员。

联合国贸易争端法庭

本书推荐的关于生产和消费本土化的步骤将导致国与国之间的物品流动的减少。尽管如此，世界仍然需要一套规则体系来维持国际贸易体系的稳定和公平，因为只要各国之间还存在贸易，就会出现争端，出现以强凌弱的可能性。然而，世界不需要世界贸易组织这样的对各民主政府指手画脚、阻止它们制定和实施保护公共利益的规则和标准的组织。

贸易是手段，不是目的；人均贸易额的增长不是目的；磋商制定和实施贸易规则的责任应当授予懂得这种区别的机构。这样，我们倾向于认为，关于贸易争端的管辖权应当在联合国有关发展、卫生、粮食、劳动和环境的机构之间分配。对贸易所产生的结果负责的同一类机构应当承担这个责任。

前面我们已经说过，联合国贸发会议在制定规则的过程中可以发挥领导作用。联合国国际金融组织将跟踪分析经常项目账户的平衡情况，当需要进行国际干预的时候，就发出警报。

需要建立一个机构来对贸易争端进行调解和仲裁。为满足这种需要，我们提议建立一个联合国贸易争端法庭（U. N. Trade Disputes Court）。它的结构同联合国国际破产法庭类似，设立一个调解法庭促进贸易伙伴谈判解决问题，设立一个仲裁法庭，当双方不能达成自愿的解决方案的时候，以相关的国际协定——包括各种关于人权、劳动、卫生安全和环境的条约和宣言在内——为基础做出具有法律约束力的判决。

什么样的情况要求贸易争端法庭进行干涉呢？例如，一个国家的贸易账户长期严重失去平衡。这里有一个非常合适的重要的案例。美国拥有大量的长期持续的逆差，这表明它过的是入不敷出的生活，它的需求过大，它通过剥削其他国家的劳动和资源，支撑着一种奢侈浪费的、破坏环境的生活方式。与此相反的是，中国拥有以受剥削的劳动的大量供应为基础的大量的长期持续的顺差。在这个例子中，损失者还包括那些在世界市场上竞争不过中国的低工资和低劣的劳动条件的其他低工资国家。只要这种不平衡继续存在，美国对这个体系其余部分的债务就会继续增加。为了恢复同这个体系其余部分的平衡，美国必须增加出口而减少进口。理想的状态是，美国会接受这一挑战，即学会依靠自己的收入过活。中国则应当调整它的生产能力，使之更多地满足它自己的人民的需要。在这两个例子中，由于中国和美国同许多国家具有贸易关系，因此调整的过程将是漫长而艰难的。这不是简单的事情，它可能涉及同所有牵涉到的贸易伙伴进行复杂的对话和谈判。

另一个例子可以是这样的：一个国家认为它的某个贸易伙伴出于纯粹的政治原因以某些勒索让步（例如得到石油或者在联合国中的特别表决）为目的而采取突然的贸易行为。一般来说，一个国家有权利时刻调整它的社会、环境和经济优先项，有权利以它认为合适的方式调整贸易关系，但是这种做法应当依照规则逐步推行，应当取得贸易伙伴的同意并给予所有伙伴根据变化做出调整的时间。如果旨在解决这一局势的谈判失败，那么联合国成员国可以提请联合国贸易争端法庭裁决。

联合国环境组织

地球之友国际（Friends of Earth International）等公民网络组织号召联合国环境规划署的全球部长级环境论坛加强国际环境治理。这应当从已经订立的大量具有法律约束力的协定开始，加强全球治理首先应当加强对已经存在的多边环境协定的服从，确保跨国公司和世界贸易组织遵守多边环境协定。全球部长级环境论坛应当授予联合国环境规划署明确的权力，保证对它提供充足的和可靠的财政支援，并将它改革成联合国环境组织（U. N. Environment Organization），以便它能够履行作为国际环境治理的基石的职责。

联合国环境组织尤其应当做到以下各点：

- 为实施在环境可持续性方面已经存在的国际协定提供有效的支持，包括财政、技术和政治支援。
- 确保有效地遵守可持续发展领域中的具有法律约束力的协定并依据这些协定来解决争端，跨国公司也要遵守这些协定。
- 重申多边环境协定而不是世界贸易组织在决定环境目标和与多边环境协定相关的贸易措施方面拥有首要的权能。
- 促进并参与联合国对现存贸易协定的推行对环境所产生的影响的联合审查工作。
- 促进并积极参与世界贸易和农业委员会（World Commission on Trade and Agriculture）的建立，该委员会将审查现存的贸易协定对环境上可持续的农业的影响，探索能促进环境上可持续的农业、粮食安全和主权的具有国际性的法律约束力的工具的建立方式。

联合国公司责任组织

在金融投机之外，人类和地球的福利的最大的经济威胁就是没有约束的公司权力的增长和滥用。实际上在国际层次没有任何机制来对付这种威胁，而布雷顿森林机构通常还阻挠在国家层次做出的补救行动。巨型公司在全世界范围内自由行动，它们买通政治家，玩弄国家、社会和人民于股掌之间，挑拨它们为了获得公司控制的工作、金融和技术而互相竞争。解散布雷顿森林机构，废除结构调整方案，取消国际贸易协定中把全球性公司和金融家的利益放到人类利益之前的那些条款，这些将是恢复政府的权利和责任的重要步骤，以便政府迫使公司对公共利益负责。

提议中的联合国公司责任组织（U. N. Organization for Corporate Accountability）的首要职能，将是通过提供信息和咨询服务、促进对有关的双边或者多边协定的谈判、协调双边或者多边的实施行动等方式，来支持民族国家在公司责任方面的创制权。尽管强制执行的权威将完全放到国家和地方层次，但是联合国公司责任组织也将为政府和一般公众提供全面和权威的有关公司的所作所为的信息，作为法律行动以及投资者和消费者采取行动的基础。具体说，联合国公司责任组织要做到以下几点：

- 编辑和定期公布关于重要部门中的公司集中情况的报告，开展关于垄断行为（包括与正常的市场原则相反的战略联盟和卡特尔）的研究。把国际社会的注意力集中到关键部门例如银行业、传媒业、农业综合经营等行业中的公司集中所可能造成的后果上，鼓励民族国家政府采取恰当的反垄断行为。
- 监督国际贸易中的定价行为，收集和公布关于不公平的竞争行为的资料，例如出口补贴或者低于成本定价以便不公平地把竞争对手赶出市场。
- 保存并随时提供有关全部有较重要的跨国经营行为的公司蓄意违法背信、遭到各种民事和刑事起诉以及被定罪宣判的全面的档案材料。出版一份有关公司的国际监督清单，揭露公司一贯从事的不法行为的方式，这份清单可能引发消费者的抵制行动或者国家层次的法律行动如取消特许权或者吊销执照。
- 保存和随时提供1000家最大的公司的全面的档案材料，列出公司提供的所有可以辨明的直接和间接的补贴，包括专门的税收特许，低于标准的工资和劳动条件，有害产品的出售，有害垃圾的处置，以及其他外部化的成本。
- 协调磋商订立和促进实施相关的国际协定，确保受到驻在某个国家的大公司的肆无忌惮的子公司的行为伤害的该国人民有权利起诉母公司并从母公司得到赔偿，无论母公司在什么地方。
- 协调有关方面，就对在一个以上的国家行动的公司建立推荐性的统一的标准法规的问题展开磋商。这部法规将作为推荐性的范本供各国政府制定管理在它们的管辖权下活动的全球性公司的行为的全国性的和地方性的法律法规使用。这种标准应当确保偏重维护小型的、当地所有的企业的利益。例如可以要求在一个以上的国家活动的公司，无论它在哪里活动，在人权、劳动、环境、卫生和安全方面都要遵守国际的、当地的或者母国的相关方面的最高标准；拒绝对它们做出任何本地企业在同等条件下甚至在更有吸引力的条件下得不到的专门特许、补贴或者税收优惠政策；遵守全部国家法律和国际法；不向政府官员和政治家提供任何报酬和礼物，避免做任何影响选举和公共政策的事情；诚信和工会打交道；对所有的雇员至少提供能够过活的工资；给所有的产品提供全面准确的标签；公开说明所有的有毒排放。全球性公司通常自我标榜说，无论它们在哪里经营，它们都遵守最高的国际标准。一个真正坚持这一原则的公司是没有理由反对公众了解它们的实际记录的。尽管公司责任组织没有强制执行的权力，但是它将监督和公布遵守或违反这些标准的情况，以之作为政府和公众采取行动的指南。

- 帮助联合国成员国制定和实施反垄断的法律法规以及帮助建立和执行与公司责任标准相关的法律法规。
- 召集一个国际性的委员会，建议各国立法限制全球性公司对政府政策制定过程所产生的政治影响，措施包括限制或禁止公司向政党和候选人提供财政捐款，限制或禁止公司用于同立法和公共问题相关的广告和公共关系运动的开支。

第十一章　从全球到地方
你能够做什么

当本书的 21 位作者过去十年里在抗议运动、社会试验、地方家庭聚会、国家听证会、全球性的宣讲会以及世界社会论坛上同数十万人相遇的时候，我们亲身感受到对经济全球化的愤怒正在转变成对未来寄予希望的政治行动。希望存在于许多有前途的事件，从公司全球化的关键机构的合法性的衰落到公民团体和人民运动的繁荣，再到拒绝旧模式的新政府的出现。最根本的是，希望存在于替代工作的非常广阔的范围上：从零星的改革到远景性的建议和地方的经济试验，再到巴西这样的国家的全国性的转变。

马格丽特·撒切尔和全球化的其他啦啦队长在几十年时间里不断告诉我们：别无替代。可是几十年后，这个谎言被揭穿了。确实有替代——成千上万个替代。全球性公司统治的制度的合法性破产了，同时公民社会恢复了生机，显示出强大的政治力量，这给人们提供了一个空前的好机会，让人们能够思考并改变经济生活的制度，推进民主进程，实现人类永远不灭的梦想——一切人的自由、公正和繁荣。

到这里为止，我们提供了新的思维方式，展示了公民团体提出的作为替代方案的基础的原则，描绘了其他人为了建设一个更好的世界而正在做的事情，这样，我们就努力使得读者能够对经济全球化的替代做出思考。尽管大多数积极的变化都需要通过集体行动来实现，但是你们，我们的读者，作为个人，还是有大量的事情可以做的。

改变全球经济体系是一项巨大的任务，完成它需要很多人和相当长的时间。但是你，作为个人，明天就可以采取有助于创造一个公正的和可持续的世界的行动。

当然，公司全球主义者希望你不这样思考。他们的利益是使你相信你在经济中的身份仅限于消极的消费者。他们用华而不实的图像和诡诈的口号向你发起轮番轰炸，希望说服你使你相信更大的交通工具就意味着更大的自由，最新的除臭剂将使你能够同超级模特约会，每天的低价格就是人类的终极收获。

对于消费文化中的牟利者来说，下面的情况真是福音：许多社会中的绝大部分群众聚会场所现在变成了商业区，用于公园、图书馆以及其他人们可以一起聚会、阅读、游玩和进行集体活动的场所的资金在不断减少。

我们都需要买东西。但是作为人，作为具有复杂性的人，我们过完善的生活不仅仅只需要物质条件。而我们提醒自己记住这一点也是很重要的：我们能够在许多层次上采取行动来塑造一个更好的世界。我们能够成为积极的而不是消极的消费者，我们中的许多人能够更好地运用我们作为劳动者、投资者、学生、以信仰为基础的组织的成员和其他组织的成员的权力。而且，随着各社会和各国家的联系越来越紧密，我们常常有机会不仅作为地方公民和国家公民行动，而且还作为地球公民行动。而作为公民，我们需要行使的权利大大超过购买更多的东西的权利。

在结尾的这一章里，我们提供一些你如何能够依据你多方面的身份去行动的点子。此外，我们鼓励你运用本书结尾提供的资源，找到相关信息，同那些针对全球化问题而进行工作的组织建立联系；它们将给你更为详细的如何参与的指导。

你作为消费者可以采取的措施

只有当人们购买全球性企业出售的致命的香烟、耗油量大的悍马汽车、充满激素的牛肉、地球另一边的黄油、血汗工厂生产的内衣、转基因技术种出的粮食的时候，这些全球性的企业才会赚到亿万钱财。个人消费者有几种方式可以力求确保他们的开销反映了他们的价值。

做知情的消费者

市场经济的一个中心信条是消费者拥有完全的信息。只有当消费者知道如下情况的每一个细节时，市场才能够有效地运转：产品是如何生产的，由谁生产的，产品最后是如何被处置的，这些生产和处置行为是在什么条件下、花费了什么样的环境成本和人力成本作出的。由于生产变得越来越全球化并在公司的控制下进行，人们得到这些信息的难度日益增加。然而，我们越是成为知情的消费者——无论是强制公司披露这些信息，还是我们自己找出这些信息——我们就越能成功地选择那些有益于而不是有害于我们的世界的产品。全世界有不少组织（在关于资源的一节有例子）向公众提供"绿色"的或者说从环境方面来看是安全稳妥的产品的名单，以及"蓝色"的即在合理地保障劳动者的权利以及符合其他社会指标的情况下生产出来的产品的名单，以帮助消费者做出知情的决定。另外还有数以百计的社团运动，消费者和社会活动家在这些运动中一起强迫企业或者满足他们在环境、劳动者权利和安全、消费者健康和社会的权利等方面提出的要求，或者关门。

购买本土产品

在世界的许多地方，农业市场正在因为如下情况的出现而发生改变：消费者越来越转向当地农民的市场，越来越要求购买有机地生产出来的水果和蔬菜。有机食物的销售在美国每年以 10% 的惊人速度增长。诸如购买当地生长的有机栽培的番茄这样一个简单的行为，就能对全球食品生产装配线产生连锁影响，因为这就减少了食物旅行的里程，减少了对环境的破坏，而无数远洋货轮用无数冷藏集装箱千里迢迢运送食物，已经对环境造成了巨大的破坏。一般说来，让钱流入当地的工商业和服务业，会对当地社会产生积极的倍增效应，而把钱花在巨大的商业链条上，基本上是让钱流回这个链条的总部——通常流进那些拿着高薪的总经理的口袋。

参加由社群支持的农业专案

你可能希望参加一个由社群支持的农业专案，并支持当地农民的市场和城市菜园（如要了解更多的信息，请看第八章的"农业和食品体系"）。很多城市都提供由社群支持的农业专案，让城市消费者与进行有机的生产的农民建立直接的关系，这样就可以绕过传统的零售和销售系统。通过每个月交纳一定的固定金额，城市居民就可以从农场收到农民亲自送来的一箱箱的新鲜产品。这既支持了当地的有机农业，也得到了非常新鲜的产品。与此类似，当地农民的市场也为种植新鲜产品的农民提供直接的联系。不断发展的城市菜园运动也促使城市居民利用他们的空地去种植他们自己的产品。

支持公平贸易

有些我们消费的东西并不能在马路旁边就可以种植，例如数十亿生活在较冷气候里的人们就不能种植咖啡和可可。对于这些以及其他产品来说，一个生机勃勃的公平贸易的市场或者说一个替代性的交易市场已经在全世界出现了（也请看第八章）。绝大多数公司把生产者当做一个没有个性的生产因素并竭力降低他们的成本，但是公平贸易组织（fair trade organizations）却努力做相反的事情——使发展中国家的手艺人和农民获得能够过活的工资以及安全的和有尊严的劳动条件。

公平贸易组织能够支付较好的报酬的一个原因是它们减少了中间人的数量，降低了管理成本。它们通常和生产者一起组成合作社，这样能够确保安全的和有尊严的劳动条件，让生产者在他们的产品如何生产和销售方面有发言权。合作社还受到鼓励去做有益于社会的事情，如医疗保健、儿童保健、提供贷款等，并把利润重新投入到他们的社群里——

第十一章　从全球到地方你能够做什么

例如修建诊所或从事其他社会专案。一些公平贸易组织还把加工和包装工作转移到发展中国家，以便有尽可能多的增值工作留在生产者的国家里。

实行公平贸易的商品，包括咖啡、巧克力、手工艺品、茶叶、香蕉、蜂蜜以及其他产品，由17个国家的非营利性组织颁发证明书，这些组织都是国际公平贸易商标组织（Fairtrade Labeling Organizations International）的分支机构。仅仅咖啡的公平贸易体系就使22个国家的组织进300多个合作社的35万多农民受益。另外，8个不同的国家的4万多农民组织进了8个合作社。欧洲和美国的公平贸易组织的营业额每年大约有4亿美元。尽管这只相当于全球贸易额的1‰，但是这个市场却扩展得很快。根据公平贸易联盟（Fair Trade Federation）和国际替代贸易联盟（International Federation for Alternative Trade）的资料，北美和环太平洋的公平贸易产业在2003年令人印象深刻地增长了37%。美国、加拿大和环太平洋地区的公平贸易销售额现在每年超过2.5亿美元。

有人认为，公平贸易鼓励南方国家的农民和企业依附于他们控制不了的反复无常的全球市场。这样一来，这种贸易方式就破坏了本土经济，而本土经济正是本书提出的替代方案的中心环节。然而，支援公平贸易是一种同可怕的贫困问题作斗争的方式，至少在中期是这样，同时我们也促进能够在长期有助于增强穷国的国内需求的政策。

除公平贸易外，消费者也可以支援有利于生态的产品和服务。现在，越来越多的产品贴上了生态标签，这表明人们对产品生产过程的生态意识达到了一定的程度。某些服务业，例如生态旅游，同样也可以给予生态标签。消费者可以购买通过有利于生态的方式生产出来的水果、蔬菜、肉、鱼，而拒绝那些执行不公正的劳动标准和破坏环境的公司。

你作为劳动者可以采取的措施

大多数人都可以通过他们作为劳动者的身份对经济发挥影响，并能够做更多的事情来利用这一权力加强这本书中所描述的替代方案。在过去100多年里，工会成为劳动者在工作场所争得发言权和争取基本权利的最强有力的方式。参加工会、组织工会、支援工会工作、帮助其他类型的劳动者组织，都可以帮助作为劳动者的你和在劳动场所的其他人。

发挥你的养老金的力量

现在，数以亿计的工人都参加了工会或者类似的为基本权利和更好的劳动条件而斗争的机构。许多工会为他们的成员赢得了养老金方面的利益，随着养老金的增长，劳动者的集体经济力量也在增长。例如在美国，劳动者的储蓄账户达到6万亿美元，成为该国投资资本的最大储备库。诸如劳联—产联等工会联合会正在制定相关战略，以便利用这些养老金的力量来支援那些遵守劳动者的基本权利的公司。由于养老金制度千差万别、非常复杂（养老金的类型，养老金制度的结构，工会内部的决策结构），因此单个劳动者很少有空间来影响有关他们的养老金的总体决策。然而，在许多劳动场所，个人对于他们的养老金账户应当投资到什么类型的基金这个问题确实有选择权，这就为个人做出对社会和环境负责的选择打开了大门。

建立和支持劳动者所有的合作社

在世界范围，人民建立了劳动者所有的合作社，作为对等级森严的商业结构的一种替代。正如劳动者所有的合作社这一名称所显示的，在这种合作社里，劳动者自己拥有并经营企业。这样，劳动者就不是为其他人劳动，而当他们为其他人劳动的时候，那些人拿走劳动者挣的钱而只返还给他们一小部分。在合作社里，决策通常是民主做出的，遵循一人一票的原则。经营企业所需的劳动由大家分担，由此而产生的工资和其他利益由大家分享。例如，收益通常平等分配，或者根据劳动时间、技术水平，或者根据集体决定的其他方式。有关如何工作、由谁来干、依据什么样的进度表、在什么样的条件下劳动等问题的决定，也由集体民主做出，而不是由选举出的经理人员或者不在场的所有者做出。

劳动者也可以在他们的劳动场所推进反映社会价值和环境价值的政策。例如，你可以支援你的劳动场所做到以下事情：

- 通过资金激励手段支持公共交通或者合伙用车，利用当地政府为那些提供这些条件的企业提供的每一项税收优惠政策。
- 为雇员的厨房提供从公平贸易渠道购得的咖啡，支援组织成工会的小商贩，购买可回收的、可重复使用的以及其他有利于生态的办公用品。
- 对电脑进行升级而不是把它们扔掉，以此减少浪费；回收手机、电子播叫器、复印机墨盒、办公用纸、报纸、空罐和空瓶。
- 对它的产品从开始生产到最后销毁的过程负全面责任，在完全透明的状态下行动，确保消费者、劳动者、社会成员能够自由地、容易地得到一切有关影响到他们的生活的产品的信息。
- 把它的一部分利润投资到它的经营所在的社群，同这些社群分享新的安全和绿色技术。
- 在国外经营时执行和在国内一样的标准。

你作为储蓄者和投资者可以采取的措施

无论你是在储蓄账户上拥有 50 美元还是在股票市场上拥有 50 万美元，你在金融方面做出的决定就能使事情变得不一样。

几十年前，多数金融机构都是地方性的，储蓄通过贷款的方式回到当地社会。今天，多数地方银行都是巨大的国家银行的分支机构，这些巨型银行把钱贷放到国际市场上去，从而增加了全球赌场经济的变化莫测的状况。其实事情并不必然如此。你可以做如下事情：

- 在对社会负责任的银行或者信用合作社开设账户。在美国，你可以要求一家银行的任何一家分支机构提供一份它们银行的"社会再投资行为表现评估"报告（Community Reinvestment Act Performance Evaluation）。这份评估报告将告诉你这家银行满足当地低收入和中等收入的人们的需要的程度。

- 对你的银行如何在当地社会发展方面进行再投入的情况进行调查。例如，一些银行把它们的储蓄投入到一些发展专案上，如为内城的保护、教育、发展和承受得起的住房等专案提供贷款。还有一些金融机构致力于巩固土著美国人的社群。
- 调查你是否有资格参加信用合作社。信用合作社是非营利性的机构，和大银行相比，通常对消费者服务好，贷款利率低，收取费用少。
- 在你使用信用卡的时候，向重要的事业提供捐赠。现在，很多提供信用卡的机构允许你购物时的一部分金额再投入到该机构本身。这就使得你在对该机构作出贡献的同时又促进了你的价值。

另外，你可以支援你的社群中的地方通货运动。许多城市出现的替代性货币计划，是局部性替代参与占支配地位的经济的方案。某些社群的人们同意使用地方性的临时凭证而不是美元来支付他们的需求，同意按照商量好的比率来交换服务。这样做的效果是能够在一个社群里使资金和服务得到反复使用，使资源留在当地。

很多人拥有多余的收入，他们选择将它们进行投资。在美国，出现了越来越多的各种各样的共同基金，个人可以和其他人一起把他们的小额储蓄集合成基金并进行集体投资。十多年来，专门向对社会和环境负责的公司投资的基金的数目在不断增长。这些基金使用了各种各样的选择标准，有的专注于环境和劳动权利标准，有的则避开生产酒、烟的企业或者与武器有关的公司。

你作为公民可以采取的措施

大多数人的身份是一个国家的公民；一些人是两个国家的公民。然而，在一个联系越来越紧密的世界里，我们都同时是好几个世界的一部分。我们是地方公民，我们可以做很多事情来加强我们当地的社会。作

第十一章　从全球到地方你能够做什么

为国家公民，我们也可以参与替代性话语。我们又都是全球公民，我们可以做很多事情来反对经济全球化，抑制它的负面影响。下面是作为起点的一些想法：

340

作为地方公民

- 努力控制你们当地的运转系统——运输、能源、废物处理，全球性政策对这些方面直接产生了破坏影响。敦促你们的地方政府支援这些领域中的能够减少对环境的影响的创议，鼓励地方性的解决方案，避免让全球性公司参与进来。
- 在你们的社区召开你们自己的微型的替代方案峰会。把公民社会组织、宗教团体、活动家、社群成员、学生、学者、选举出来的官员等等的人召集到一起，在你们的社区提出、讨论并实施对经济全球化的替代方案。
- 了解你所生活的社区中出现的各种组织起来的努力。参与这些组织工作，或者同你的社区的其他人一起建立你自己的运动，以便见证实在的替代方案在家门口得以实施。如果你已经参与了几个社区组织，例如你的工作场所、你的学校或者你的食品合作社，那么就努力把这些社区联系到一起，就共同关心的问题展开工作。你也能够参与互联网上组织的社群。互联网为活动分子提供了许多渠道来学习新的组织方式，来关注对全球化的替代。
- 出席你的市议会的会议，了解和参与影响到社会的问题。参与支援进步的候选人的政治运动，并考虑自己竞选某个职位。积极参加当地的公开听证会。
- 在你的周围组织有关生态的提案活动，促进城市农业和社会发展，例如合作社的发展。
- 为反对城市蔓延而努力，在县和州的集会上表达你的忧虑，组织社区领导。
- 利用社区的积极行动精神在你的周围和城市组织卫生大扫除。

- 调查你当地的社会是否提供课税扣除以复兴或维护你的财产。有些课税扣除是为家庭和工商业所有者提供的。这种激励措施不仅可以帮助建设可持续的、生机勃勃的当地社会，而且可以创造新的工作岗位和促进历史旅游。
- 支援你的社区中的选民教育和选民登记工作。政治参与率和投票率低，尤其是低收入人群和年轻人中的这种情况，只会增加全球性公司对我们的政治体系施加的过度影响。
- 成为媒体方面的活动分子。支援反映非商业价值的替代性媒体，但同时也让主要媒体听到你的声音：组织访谈节目，提出替代性的观点；当编辑、生产商特别是广告商发表的内容有问题时，向他们写信抗议；这些信件和电子邮件只要读了，变化就可能发生。在做出抗议的时候，拉上你的同事和邻居一起干。

作为国家公民

如果一个国家的政府每天都在盘算如何与全球经济互动，那么作为这个国家的公民，我们可以做很多事情来影响我们的国家可能走的道路。各国现存的民主空间是非常不同的。在一些国家，公民已经采取了勇敢的步骤，选出了拒绝公司全球化的道路而支援替代方案的政府；在过去五年里，在巴西、阿根廷、玻利维亚、厄瓜多尔和委内瑞拉，大多数人已经选出了新的持批判观点的政府。在美国和其他八国集团国家，各种运动发展壮大并向强大的国家施压使之改变政策是非常重要的。深刻的政治变革需要的不仅仅是投票把进步的政治家选上台。这种变革还需要积极的、高度动员的公民群体参与公共生活的每一个方面，成为政党中的活动分子；组织针对当地问题的论坛；熟悉你的政治代表的情况，让他们了解你的观点；参加公职的竞选。

在政府和公司全球化结成紧密联盟的那些发展中国家，例如菲律宾，强大的全国性运动还是向政府施加了有效的压力，以迫使它拒绝世界银行、国际货币基金组织和世界贸易组织的市场开放政策。积极参与你们国家的有关这些问题或者相关问题的运动。

几乎在所有的地方，公民参与的能量都在增长。这些运动针对的是非常不同的问题，但是归根结底是要求公正、环境的可持续性以及民主。所有的运动最终是互相关联的，都反对公司全球化的制度和文化。全球公民社会的力量的增长部分地有赖于它在跨越国籍、问题、宗教、种族和性别等传统分裂而建立联盟方面取得的进步。参与建设联盟的进程。支援团结。

有一本新书，提出了有关你可以做什么的很多想法，是一个可以提供巨大帮助的资源库。这本书的题目是《热爱你的国家，"继续前进"组织的50条道路：如何表达你的政治声音和成为变革的催化剂》（*MoveOn's 50 Ways to Love Your Country：How to Find Your Political Voice and Become a Catalyst for Change*）。该书描述了人们"把想法转变成行动"的详细做法。各章的标题读起来好像政治行动的目录，包括以下这些：

- 组织有效的网上请愿。
- 动员没有得到充分代表的选民。
- 在不一定有希望的地方登记选民。
- 组织针对专门问题的选民登记运动。
- 让你的全体职员去投票。
- 参与选举电话库。
- 对有偏见的报道做出回应。
- 向国会写有作用的信。
- 和你没有选的官员谈话。
- 在地方对全国性问题做出回应。
- 主办一个政治沙龙。
- 通过艺术表达你的政治观点。

作为全球公民

也许过去20年里许多人的意识所发生的最大的变化就是全球意识的

出现以及发现了采取全球行动的渠道。你可以通过许多方法参与全球层次的行动：

- 参与国际交流。同相关组织一起在世界范围内旅行，了解经济和社会问题是如何影响一个地区的。全球交流（Global Exchange）和见证和平（Witness for Peace）是下面这一类增长迅速的组织中的两个，这类组织致力于增强公众对国际问题的意识，其办法是组织国际旅行，使人们直接同那些他们在新闻上很少听到的问题和人相接触。参与者亲身了解到美国的政策在诸如委内瑞拉、墨西哥、萨尔瓦多、阿根廷、巴勒斯坦和伊拉克等地造成的后果。假如你计划在下一个假期做一次国际旅行，那么考虑一下报名参加它们的活动吧。

- 了解世界银行、国际货币基金组织、世界贸易组织以及其他全球机构是如何运作的，他们的政策是如何影响你的国家和世界其他地区的。在你的社区组织公共论坛，教育人们懂得这些机构的政策的后果。让管理你的养老金的人清楚地知道，你不希望你的钱被投资到世界银行的债券上。

- 注意区域性的替代峰会的结果，看看它们是如何同那些致力于实施替代思想的人们和团体进行联系的，参与诸如世界社会论坛（World Social Forum）这样的国际聚会或者日益增长的区域性和全国性的社会论坛。

- 参加世界范围内的那些运动，当公司全球化的领导人每次开会时，就汇聚到他们的开会地点，向当前的模式发出抗议并要求实施替代方案，同时通过集体授权、民主地决策、公正地组织来体现这些替代方案。然后，在你回到家乡以后，继续同地方性的和世界范围内的其他人们、运动和组织保持联系，继续共同致力于实施替代方案。

- 参加致力于社会公正、环境可持续性、人权和地方控制等工作的组织。你将在本书关于资源的一节找到涵盖面很广的名单。假如你没有找到一个做你认为需要做的事情的组织，那么你就着手建立自己的组织，或者组织你的社区，马上开始创造你所希望看到

第十一章 从全球到地方你能够做什么

的变革。

我们在这里写的内容应当严厉驳斥公司全球主义者提出的这一说法：我们这些反抗者提出的目标就是消灭全球治理的一切制度。这一直是严重的曲解。公民社会的目标是用民主的制度取代公司统治的专制制度，正如先辈用政治民主取代君主制度一样。

大众公民组织（Public Citizen）的劳里·瓦莱希（Lori Wallach）在过去十年里由于拖着很多册厚达数千页的建立世界贸易组织和北美自由贸易区的协定的书，而大大增强了她的上肢的力量。她在世界各地的讲台上举起这些协定书狠狠摔下来，并提醒人们，这些机构是这样一些男人和不多的女人的创造物，这些人从头至尾都只把治理当做为例如安然、埃克森美孚和孟山都这样的公司的短期利益服务。既然是人的创造物，那么这些机构就可以被取代。

建立全球治理的民主制度的时间已经到来了，这种制度将结束公司的统治，保障各地人民的人权和民主的主权，恢复民族国家对它们自己管理下的经济和资源的控制（参见第十章）。所有这一切都可以通过建立一个支援经济公正、食品安全、充分就业、环境可持续性和金融稳定的国际协定框架来实现。这个体系和我们在本书中提出的可持续社会的十条原则相一致，将支援国家和地方当局以符合它们自己的环境和文化的方式控制和使用它们自己的资源来满足它们自己的需要。制定规则、设定标准、强制执行的职能将主要放在地方和国家层次。全球层次的制定规则的行为和干预将主要限于强行维护国际利益，例如维持各国之间稳定和平衡的经济关系或者制止环境变化。贸易和投资协定将在很大程度上体现对各国穷人的利益的维护，将寻求保证弱国能够抵御强国和全球性公司的掠夺行为。

现在是参加不断壮大的支援我们在这里描绘的新道路的政治斗争的时候了。全球化国际论坛（International Forum on Globalization）将一如既往地同各大洲的数百个公民社会组织共同工作，讨论、确定许多这样的和那样的思想并把它们引入公共政策。我们希望你也能够参加这个重要的进程。

致力于经济全球化的替代方案的团体

50 Years is Enough

50年足够了!(美国)

网址:http://www.50years.org

为改革世界银行和国际货币基金组织而工作的公民团体的联合。它号召取消债务,结束世界银行和国际货币基金组织的结构调整政策,增加国际金融机构的透明性和负责任性。

Action, Research and Education Network of Aotearoa (Arena)

地区行动、研究和教育网络(新西兰)

网址:http://www.arena.org.nz

新西兰的致力于反对各种形式的公司全球化的个人和组织的网络,推动实现一种基于自主、社会正义、真正的人民中心的发展和环境可持续的替代发展模式。

Action for Solidarity, Equality, Environment, and Development (A Seed)

为团结、平等、环境和发展而行动(种子)(荷兰)

网址:http://www.aseed.net

发起关于环境和社会正义的行动和战斗的网络,推广小的地方的有机农业以代替公司化农业、生物科技和出售转基因食物的超市;帮助协调欧洲抵制世界银行的行动。

Alliance for Responsible Trade
争取负责任的贸易的联盟（美国）

网址：http://www.art-us.org

美国的一个劳工、家庭农场、宗教、妇女、环境和发展的网络，以及为了实现平等的可持续的贸易和发展的研究组织。

Alternative Information and Development Centre
替代性的信息和发展中心（南非）

网址：http://www.aidc.org.za

该团体和南非以及南部非洲的群众性的组织和社会运动一起工作，以争取经济正义和社会转变。

Amazon Alliance
亚马逊联盟（美国）

网址：http://www.amazonalliance.org

该团体努力保卫亚马逊盆地的传统原住部族的权利、领地和环境。

Amazon Watch
亚马逊观察（美国）

网址：http://www.amazonalliance.org

该团体和南美的一些本土的环境组织一起保卫环境，以及推进原住民族的权利，使之应对大规模的工业发展，包括油气输送管道、输电线、公路和别的大型计划。

American Farmland Trust
美国农地信任（美国）

网址：http://www.farmland.org

一个全国性的致力于通过阻止高产出的农地的流失和推广能带来健康的环境的农业耕作实践来保护农业资源的团体。

Anti-Privatisation Forum

反私有化论坛（南非）

网址：http://www.apf.org.za

该团体在工作场所和社区联合那些反私有化的斗争，联合那些立足于社区的为争取住房、水、电和公正的利率和税率的斗争。

Appalachian Sustainable Development

阿巴拉契亚山脉的可持续发展（美国）

网址：http://appsusdev.org

该团体通过教育和训练来发展健康的、多样化的和有利于环境的在经济上基础坚实的机会；也发展关注可持续发展的林业、木材生产和可持续发展的农业的合作网络以及营销体系。

Association for the Taxation of Financial Transactions for the Aid of Citizens (ATTAC)

实行金融交易税和公民援助协会（法国）

网址：http://www.attac.org

一个国际性的运动，目的是为实现对金融市场及其机构进行民主控制；也是对金融交易征收托宾税的主要拥护者。

Australian Fair Trade and Investment Network

澳大利亚公平贸易和投资网络（澳大利亚）

网址：http://www.aftinet.org.au

一个由59个社区和工会组织组成的全国性网络，包括环境团体、工会团体、教会团体和低工资团体以及人权团体，指导社区辩论和教育，以发展出一个替代性的公平贸易框架。

Bank Information Center

银行信息中心（美国）

网址：http://www.bicusa.org
一个研究、出版和行动组织，它致力于壮大发展中国家公民的力量，以影响多边的银行融资的发展项目和政策，使之以一种能促进社会公正和环境可持续发展的方式运转。

Campaign for Labor Rights
争取劳动权利的战斗（美国）

网址：http://www.campaignforlaborrights.org
通过在全世界终结劳工权利侵犯的斗争，通过动员全美国的草根支持，提升经济和社会正义。

Canadian Center for Policy Alternatives
替代政策加拿大中心（加拿大）

网址：http://www.policyalternatives.ca
提供关于影响人们生活的别无选择的政策替代性的信息，从事并提升关于社会和经济正义的研究。

Center for Alternative Development Initiatives
替代发展动议中心（菲律宾）

网址：http://www.cadi.ph
致力于在菲律宾和世界研究、鼓励和使用可持续发展。

Center for a New American Dream
新美国梦中心（美国）

网址：http://www.newdream.org
倡导"有责任的消费"，保护环境，提高生活质量，促进社会公正。

Center for Ecoliteracy
生态读写能力中心（美国）

网址：http://www.ecoliteracy.org/
培养一种基于切身体验获得对自然世界的深刻理解的教育系统，从而引向可持续的生活方式。

Center for Economic and Policy Research
经济和政策研究中心（美国）

网址：http://www.cepr.net
提供针对全球化议题的分析，教育大众，促进关于影响人们生活的经济和社会问题的民主讨论，尤其是关于全球化、世界贸易组织和知识产权问题的民主讨论。

Center for Economic Justice
经济公正中心（美国）

网址：http://www.econjustice.net
帮助加强国际草根运动去对抗公司推动的全球化，促进公正的可替代方案。

Center for Food Safety
食物安全中心（美国）

网址：http://www.centerforfoodsafety.org
通过遏制大量涌现的有害的食物生产技术，促进有机的和其他可持续的农业来保护人类的健康和环境。

Center of Concern
关切中心（美国）

网址：http://www.coc.org
天主教的研究和教育组织，促进公正的和可持续的国际金融贸易体系。

Chefs Collaborative
厨师合作（美国）

网址：http://www.chefscollaborative.org
厨师、餐馆主和其他烹饪专业人员的网站，通过教育孩子、帮助本地农民、彼此互相教育和鼓励他们的客户选择有益健康的食物，促进可持续的烹饪。这个团体的一条主要原则是良好、安全、卫生的食物是一项基本人权。

Chilean Alliance for Just and Responsible Trade
智利争取公正和负责任的贸易联盟（智利）

网址：http://www.comerciojusto.cl
智利环境、劳工和其他关涉经济一体化的团体组成的联盟。

Chile Sustentable
智利可持续（智利）

网址：http://www.chilesustentable.net
通过经济、政治和社会的转型以及反对新自由主义发展模式，促进智利环境的可持续性。

Citizens Trade Campaign
公民贸易运动（美国）

网址：http://www.citizenstrade.org
环境保护者、劳工、消费者、家庭农场主、宗教团体和其他公民社会团体组成的联盟，促进贸易政策中的环境和社会正义。

Coalition for Justice in the Maquiladoras
争取在马奎拉多拉①实现公正联盟（美国）

网址：http://www.coalitionforjustice.net
宗教人士、环境保护者、劳工、拉丁族后裔以及妇女组织的联盟，强迫

---

① 墨西哥墨美边境出口加工区。——译注

美国跨国公司在马奎拉多拉采用对社会负责任的做法。

Common Frontiers
公共前沿（加拿大）

网址：http：//www.web.net/comfront

跨部门的工作团体，通过研究、分析和行动，针对美洲经济一体化对社会、环境和经济产生的影响提出替代方案。

Community Alliance with Family Farmers
和家庭农场主组成的社区联盟（美国）

网址：http：//www.caff.org

发起乡村和都市人民的运动，培养家庭规模的农业，这种农业爱惜土地、支持地方经济和促进社会公正。

Community Food Security Coalition
社区食品安全联盟（美国）

网址：http：//www.foodsecurity.org

推动以社区为基础解决饥饿、营养不良和粮食系统全球化等问题，从而带来持久的社会变革。

Confederation of Indigenous Nationalities of Ecuador
厄瓜多尔原住民族联合会（厄瓜多尔）

网址：http：//www.conaie.org

一个代表机构，通过对抗对原住民族的生计和文化所形成的日益增长的威胁，捍卫他们的权利，保证他们的政治发言权。

Consumers Choice Council
消费者选择理事会（美国）

网址：http：//www.consumerscouncil.org

一个由来自25个不同国家的环境保护者、消费者和人权组织组成的协会，从生态视角保护环境，维护人权和基本的劳动标准，力争保证消费者拥有他们需要购买的产品是以更环保和更公正的社会方式生产的这类信息。

Consumers International
消费者国际（英国）

网址：http://www.consumersinternational.org

推动有关世界贸易、环境问题、消费者教育和公司的社会责任等问题的运动和纲领。通过维护所有消费者的权利，尤其是贫穷的、边缘的以及弱势群体的利益，努力促进建设一个比较公平的社会。

Convergence of Movements of Peoples of the Americas（COMPA）
美洲人民运动的汇合（COMPA）（海地）

网址：http://www.compasite.org/compa/index.php

将遍布美洲的团体召集在一起，建设一种对抗新自由主义全球化的替代方案；涵盖原住居民和土地、自由贸易协定、农村发展、和平和军事化以及外债和结构调整等问题。

Co-Op America
美洲合作社（美国）

网址：http://www.coopamerica.org

专注于经济和商业策略，建立既公正又具有环境可持续性的社会。

Cordillera Peoples Alliance
山区人民联盟（菲律宾）

网址：http://www.cpaphils.org/

由原住民族的草根组织组成的联盟，该联盟处于原住居民保护土地、生命和资源的斗争的最前列。

Corporate Europe Observatory
欧洲公司监督站（荷兰）

网址：http://www.corporateeurope.org

以欧洲为基地的研究和运动团体，反对由公司的政治、经济力量以及它们的游说团体造成的对民主、公平、社会正义和环境的威胁。

Corpwatch
公司监督（美国）

网址：http://www.corpwatch.org

通过教育、网络建设和积极活动以对抗公司主导的全球化。

Council of Canadians
加拿大人理事会（加拿大）

网址：http://www.canadians.org

公民的监督组织，致力于促进经济公正，发展替代公司式自由贸易的方式，保护环境。目前在贸易、水、健康、生物技术和可持续农业方面开展运动。

Cuba Solar
古巴太阳能（古巴）

网址：http://www.cubasolar.cu

在再生能源系统的设计、建造、操作、维修、理解等方面对专业人士、工人和公民进行教育；发起和支持再生能源和环境保护的示范性项目。

Cultural Conservancy
文化保护（美国）

网址：http://www.nativeland.org

原住民权利组织，致力于保护和振兴本地社区和他们的祖传土地。

Cultural Survival
文化生存（美国）

网址：http://www.cs.org

促进原住民的权利、声音和视野。出版《文化生存季刊》，是美国有关原住民事务的领先刊物。

Development Alternatives
可替代性发展（印度）

网址：http://www.devalt.org

建立于1983年的发展和顾问组织，在人民、技术和环境的互动中培养新型关系，以达到可持续发展的目的。

Development Alternatives with Women for a New Era
新时代女性可替代式发展（斐济）

网址：http://www.dawn.org.fj

由来自南部的女性学者和积极分子组成的网络，她们从女性主义视角对全球环境进行分析和研究，全力为公平、公正和可持续的替代性发展模式而工作。

Development GAP (Group for Alternative Policies)
发展 GAP（替代性政策发展团体）（美国）

网址：http://www.developmentgap.org

与海外的公民组织合作，展示对现行的政策和纲领的可行的替代方案。

Earth Island Institute
地球岛屿研究所（美国）

网址：http://www.earthisland.org

发展和支持关于保护、保养和修复地球的项目。目前开展了安全能源、保护贝加尔湖、促进生态正义和保护婆罗洲的原住民权利等项目。

Earth Justice

地球公正（美国）

网址：http://www.earthjustice.org

在贸易和环境以及人权和环境方面开展工作，帮助在其他国家建设有关环境的法律。通过法庭保护公共土地、国家森林、公园和野生区域，降低空气和水的污染，防止有毒污染，保护濒临绝种的物种和野生栖息动物。

Economic Policy Institute

经济政策研究所（美国）

网址：http://www.epinet.org

拓宽关于实现繁荣和公平的经济的策略的公开讨论。研究领域包括贸易和全球化、劳工市场以及政府和经济。

E. F. Schumacher Society

舒马赫协会（美国）

网址：http://www.schumachersociety.org

贯彻和促进以生态学为基础的经济学视野，为地方经济机构提出模式。

Environmental Monitoring Group

环境监督团体（南非）

网址：http://www.emg.org.za

鼓励促进公民社会参与、环境公正和可持续发展的政策和实践。聚焦于贸易、环境管理、乡村生计和水的公正。

Equal Exchange

平等交换（美国）

网址：http://www.equalexchange.com

工人所有的合作社，致力于与发展中国家的小咖啡农建立公平贸易。

ETC Group
侵蚀、技术和精选行动团体（加拿大）

网址：http://www.etcgroup.org

与公民社会组织合作，通过提供有关社会经济方面以及技术方面的趋势和替代方案的信息和分析，在弱势社会实现合作和可持续的自力更生。

The European Fair Trade Association (EFTA)
欧洲公平贸易协会（EFTA）（荷兰）

网址：http://www.eftafairtrade.org

由来自9个欧洲国家的11个公平贸易组织组成的网络，从非洲、亚洲和拉丁美洲的400多个经济上处于弱势地位的生产者团体那里进口公平贸易产品。目的是使公平贸易的进口更加有效率和有效果，向商业和政治决策者推销公平贸易产品。

Focus on the Global South
聚焦地球南部（泰国）

网址：http://www.focusweb.org

研究和宣传同国际金融和其他全球问题相关的问题，提供关于贸易和金融、军事化、环境、全球治理、多边机构以及亚太地区的安全问题等的分析和信息。

Fores Trade
弗莱斯贸易（美国）

网址：http://www.forestrade.com

美国有机香料最大的进口商；帮助危地马拉、马达加斯加、格林纳达以及遍及亚洲的农民进入全球公平贸易市场。也帮助农民向使用有机的方法和增加农作物的品种方面转变。"弗莱斯贸易"市场的产品是一个协作网络的结果，该网络培养可持续的小型农业发展，保护自然资源和生物多样性。该团体支持同他们合作的农业社区的社会和经济的进步。

Forest Stewardship Council

森林管理理事会（德国）

网址：http：//www.fsc.org

一个国际机构，该机构通过产品认证程序，支持对世界森林进行对环境适宜的、对社会有益的和在经济上可行的管理。

The Foundation on Economic Trends

经济趋势基金会（美国）

网址：http：//www.foet.org

考察科学和技术的新趋势，以及它们对环境、经济、文化和社会的影响。目前该基金会开展了氢经济运动、反克隆运动并倡议缔结一项建立地球基因库作为全球公共资源以便与所有的人共同分享的条约。

Friends of the Earth

地球之友（荷兰）

网址：http：//www.foe.org

国际环境组织，致力于使贸易协定符合生态要求，改革国际机构，促使公司负责，阻止国际金融机构给对环境和社会有害的石油、采矿和天然气项目提供经费。

Global Exchange

全球交易（美国）

网址：http：//www.globalexchange.org

国际人权组织，致力于促进环境、政治和社会公正。它通过提升公众对自由贸易协定、全球机构、公正贸易和血汗工厂的劳工的认识来倡导全球经济民主化。

Grameen Bank

乡村银行（孟加拉国）

网址：http：//www.grameen-info.org
通过没有抵押的小额信贷项目给孟加拉国贫穷的农民提供信贷。将信贷作为对抗贫穷的有效武器，使之担当穷人的社会经济整体发展的催化剂，穷人曾因不值得投资被阻挡在银行信贷系统之外。

Green Belt Movement
绿色带运动（肯尼亚）
网址：http：//www.greenbeltmovement.org
绿色带运动是20多年前为了避免肯尼亚的沙漠化而成立的，该运动已经增加到数千成员，种植了两千多万棵树。它已经变成一个基于本地的发展的推动模型；绿色带女性通过植树造林获得力量，她们支持肯尼亚民主，促进乡村的食物安全。

Greenpeace
绿色和平（荷兰）
网址：http：//www.greenpeace.org
揭露全世界最严重的对地球生物多样性和环境造成的威胁。努力阻止气候变化，消除有毒化学物品，保护原始森林，拯救海洋，鼓励可持续的贸易。

Groundwork
基础工作（南非）
网址：http：//www.groundwork.org.za
一个非盈利的环境公正服务和发展组织，提高南非（而且日益在南部非洲）弱势人民的生活水平，通过帮助公民社会来对环境治理产生重大影响。

IBASE（巴西）
巴西社会经济分析研究所

网址：http：//www.ibase.br
巴西社会经济分析研究机构，在召开世界社会论坛方面是起领导作用的参与者。

IBON Foundation
飞鸟基金会（菲律宾）
网址：http：//www.ibon.org
对今日菲律宾社会和世界面临的社会经济问题进行研究，探询可替代性的方案，促进对社会经济问题的新理解，以满足菲律宾人民的利益和愿望。

Indigenous Environmental Network
原住环境网络（美国）
网址：http：//www.ienearth.org
帮助原住社区和部落政府建立机制，这种机制可以保护他们的圣地、土地、水、空气、自然资源以及人类和所有生物的健康，建设经济可持续的社区。

Indigenous Peoples Council on Biocolonialism
原住民族关于生物殖民主义的理事会（美国）
网址：http：//www.ipcb.org
帮助原住民族保护他们的基因资源、知识以及文化和人类权利，远离生物技术的消极影响。

Indigenous Peoples' international center for policy Research and Education Network/Tebtebba
国际原住民族政策研究和教育网络（Tebtebba）（菲律宾）
网址：http：//www.tebtebba.org
原住民的组织，寻求认识、促进和保护原住民的权利和意愿，同时促进团结，以支持社会和环境方面的公正和可持续性。拥有关于原住民权利、可持续发展、生物多样性、本土知识以及金融和贸易的方案。

INFACT
实际（美国）

网址：http://www.infact.org

揭露跨国公司的劣迹，组织草根运动，以最大限度地使公司对消费者和社会负责任①。

Institute for Agriculture and Trade Policy
农业和贸易政策研究所（美国）

网址：http://www.iatp.org

通过研究、教育、科技、宣传促进家庭农场、农村社区和世界范围的生态建设；是反对全球贸易官僚体制运动的领袖。

Institute for Food and Development Policy（Food First）
食物和发展政策研究所（食物第一）

网址：http://www.foodfirst.org

强调世界范围的饥饿和贫穷的根源和以价值为基础的解决措施，它的宗旨是确立食物是一项基本人权这条原则。

Institute for Local Self-Reliance
地方自力更生研究所（美国）

网址：http://www.ilsr.org

以本地控制资源和发展为基础，提供有关宜于环境的经济策略的技术帮助和信息。

---

① 该组织已改名为"公司责任国际"（Corporate Accountability International）。——译注

Institute for Policy Studies

政策研究所（美国）

网址：http://www.ips-dc.org

关于和平、公正和环境的行动的思想的独立中心，包括规划全球经济、和平、安全、可持续能源和经济等项目，以及开展为移民劳工争取权利的运动。

Institute for Sustainable Development

可持续发展研究所（埃塞俄比亚）

提供一个讨论埃塞俄比亚的环境和发展的活动中心。其中一个项目直接涉及农民如何更好地管理农业社区的整体生态系统，以便最大限度地提高生产和改进环境状况。

Interfaith Center on Corporate Responsibility

公司责任的多种信仰中心（美国）

网址：http://www.iccr.org

向公司施压使之对社会和环境负责。议题领域包括环境公正、全球变暖、水和食物。

Interhemispheric Resource Center

两半球间资源中心（美国）

网址：http://www.irc-online.org

通过促进导向新的以公民为本的议程的开明战略对话，使美国成为全球社会中更加负责的成员。透过美国的全球事务方案和美洲事务方案，提供对美国外交政策的独立分析。

International Center for Technology Assessment

国际技术评估中心（美国）

网址：http://www.icta.org

给公众提供技术对可持续的农业、生物技术、交通、全球化和知识产权等社会问题所产生的影响的全面的评估和分析。

International Coalition to Protect the Polish Countryside
国际保护波兰乡村联盟（波兰）

网址：http://www.icppc.pl

通过促进将传统的家庭农业树立为欧洲的模范，保护波兰的 150 万家庭农场不被转换为大型的农业商业；向波兰政府强烈建议支持小型农场而不接受欧盟对大型工厂式农场的补贴制度。

International Development Exchange
国际发展交换（美国）

网址：http://www.idex.org

通过旨在促进经济发展和为妇女、原住民族及年轻人争取权利的草根组织的合作，在亚洲、非洲和拉丁美洲低收入社区中谋求经济公正。

International Fair Trade Association（IFAT）
国际公平贸易协会（英国）

网址：http://www.ifat.org

由 55 个国家的 200 多个成员组成，宗旨是通过连结和加强公平贸易组织以及要求世界贸易具有更多的公正，来提高处于不利地位的生产者的生计和福利。

International Indian Treaty Council
国际印第安人条约理事会（美国）

网址：http://www.treatycouncil.org

来自美国大陆以及太平洋的原住民组织；为争取他们的自主权和自决权，以及为当地原住民的权利、传统文化和圣地得到承认和保护而努力。

International Labor Rights Fund

国际劳工权利基金会（美国）

网址：http://www.laborrights.org

致力于使全世界劳工实现公平和人性待遇的宣传鼓动组织。

International Rivers Network

国际河流网络（美国）

网址：http://www.irn.org

致力于阻止破坏性的河流开发项目的建设，在世界范围内促进合理的河流管理。支持本地社区，保护河流和分水岭，并且鼓励使用公平和可持续的方法，来满足水、能源和控制洪水方面的要求。

International Society for Ecology and Culture

国际生态和文化协会（英国）

网址：http://www.isec.org.uk

促进发展以本地为基础的对全球消费文化的替代品，以保护生物和文化多样性。它的主要方案集中于将食品经济带回家，并从对巨大的公司和机构控制的全球经济的依赖转向更加分散化、多样化和生态化的经济结构。

Jubilee South

债务大赦组织南方分部

（无官方总部）

网址：http://www.jubileesouth.org

一个社会运动、人民组织、社区、非政府组织和政治组合组成的网络，致力于取消南方国家对全球金融和贸易机构的债务。

Jubilee USA Network

债务大赦组织美国网络（美国）

网址：http://www.jubileeusa.org

劳工、教会、宗教组织、艾滋病活动分子和贸易运动者的联盟，致力于取消发展中国家的债务。

Just Transition Alliance
公正转变联盟（美国）

网址：http://www.jtalliance.org

劳工、经济、环境公正积极分子、原住民和有色人种的工人阶级的联盟，为社区和工人从不安全的工作地点和环境公正地转变到拥有可持续经济的健康可行的社区而努力。

Korean People's Action against FTA & WTO
韩国人民反对自由贸易协定和世界贸易组织的运动（韩国）

由韩国的50多个组织组成的联盟，范围涉及工会、农民、妇女、环境和学生的群众运动、政党以及非政府组织，致力于反对贸易和投资自由化。

Latin American Working Group
拉丁美洲工作团体（美国）

网址：http://www.lawg.org

一个联盟，致力于使美国在拉丁美洲实行促进人权、公正、和平和可持续发展的政策。

Majomut Coffee Growers Union
玛候玛咖啡种植户联合会（墨西哥）

网址：http://www.majomut.org/liks/liks.html

恰帕斯的原住小农组织，致力于种植有机咖啡，作为提高产量、质量和合作社收入的方法。

Mexican Action Network on Free Trade

墨西哥自由贸易行动网（墨西哥）

网址：http：//www.rmalc.org.mx

劳工、环境主义者和人权团体的联盟，推动对自由贸易的可替代方案。

Movimento dos Trabalhadores Rurais Sem Terra（Landless Workers Movement；MST）

无地工人运动（巴西）

网址：http：//www.mstbrazil.org

出现于20世纪80年代中期的土地改革运动，曾经帮助超过25万的农民在1500万英亩的原来闲置土地上定居，几乎遍及巴西所有的邦，降低了营养不良和失业率，提高了识字率。该运动重新把市场嵌入社区，并且积极地投入到合作企业和有机农业中。

National Campaign for Sustainable Agriculture

全国可持续农业运动（美国）

网址：http：//www.sustainableagriculture.net

全国农民、环境主义者和消费者权益保护者的联盟，致力于就可持续食物和经济上可行的、环境上健康的、社会上公正的和人道的农业系统重要性进行公众教育。

National Family Farm Coalition

全国家庭农场联盟（美国）

网址：http：//www.nffc.net

把农民和其他人组织到一起，组织保护和加强家庭农场的全国性项目，作为对抗公司农业的团体的网络。

National Network for Immigrant and Refugee Rights

全国移民和难民权利网络（美国）

网址：http：//www.nnirr.org

移民、难民、社区、宗教团体、公民权利、劳工组织和积极分子的联盟，该联盟教育社区和一般大众，并且制订关于移民和难民问题的行动计划。

Navdanya

九种基金会（印度）

网址：http：//www.navdanya.org

面对日益增长的公司对种子和知识产权的垄断，帮助保护原住印度人的知识。该项目曾经在现在戏称为"自由区域"的各乡村帮助10万印度农民转向传统、有机农业方法。

New Economics Foundation

新经济学基金会（英国）

网址：http：//www.jubilee2000uk.org

促进经济、环境和社会问题上的挑战主流思考的创新性的解决方案。项目包括国际经济学和市场，民主；以及本地经济的复兴。

Organic Consumers Association

有机消费者协会（美国）

网址：http：//www.organicconsumers.org

草根组织，推行食物安全、有机农业、公平贸易和可持续性方面的运动。主张全球中止转基因食物和农作物。

Our World Is Not for Sale

我们的世界不卖（无官方总部）

网址：http：//www.ourworldisnotforsale.org

世界范围内的组织、积极分子和社会运动的网络，对抗体现在全球贸易体系中的公司全球化这种当前的模式。致力于建设可持续的、社会公正的、民主的和有责任的多边贸易体系。

Oxfam International

乐施会国际（英国）

网址：http://www.oxfam.org

致力于探索长期的解决世界上贫穷、饥饿和社会不公正的措施。消除社会和经济不平等的根源，向结构性障碍挑战，这种障碍助长冲突和人类苦难，限制人们获得技能、资源和自给自足的力量。

Pacific Environment

太平洋环境（美国）

网址：http://www.pacificenvironment.org

通过加强民主、支持草根积极活动、赋予社区力量和重新确定国际政策，来保护沿太平洋地区的生存环境。向遍及西伯利亚、俄罗斯远东、中国和日本的100多个草根组织提供直接的支持。

People-Centered Development Forum

以人为本的发展论坛（美国）

网址：http://www.pcdf.org

展望正义、包容和可持续性在其中作为公共政策的组织原则的人类社会。

People's Food Sovereignty

人民的食物主权（无官方总部）

网址：http://www.peoplesfoodsovereignty.org

农民—农场主组织和非政府组织的全球联盟，致力于食物和农业问题。

Pesticide Action Network

杀虫剂行动网络（美国）

网址：http://www.panna.org

将当地和国际的消费者、劳工、健康、环境和农业团体连成一个国际网络，向杀虫剂在全球范围的激增提出挑战，捍卫健康和环境的质量方面的基本权利。

Polaris Institute
北极星机构（加拿大）

网址：http://www.polarisinstitute.org

在公司主导的全球化时代，与公民运动一起，为争取民主的社会变革而斗争。拥有关于生物正义、水权利和军事化的方案。

Program on Corporations, Law and Democracy（POCLAD）
公司、法律和民主纲领（POCLAD）（美国）

网址：http://www.poclad.org

制作出版物和举行研讨会，向公司的过度力量提出挑战。

Public Citizen
公共民众（美国）

网址：http://www.tradewatch.org

"公共民众"的"全球贸易监督"分部，该机构为更好的国际贸易和投资政策而斗争。运动的斗争目标集中于目前的全球化机制，如世界贸易组织、北美自由贸易协定、拟议的美洲自由贸易区、服务贸易总协定以及其他涉及和实施此类政策的行为。

Rainforest Action Network
雨林行动网络（美国）

网址：http://www.ran.org

与世界范围的环境和人权团体联合行动，通过教育、草根组织和非暴力的直接行动，保护地球的雨林和支持他们居民的权利。方案包括开展阻止采伐原木的运动和针对全球金融（商业责任）开展运动。

Rainforest Alliance

雨林联盟（美国）

网址：http：//www.rainforest-alliance.org

通过实施在生物多样性的保存和可持续性方面更好的商务方案，保护生态系统以及居住在那里的人类和野生动物。它是可持续农业网络的一个成员，这个组织致力于促进热带保护，并且认为社会和生态系统的福祉依赖于环境健康的、社会公平的和经济可行的农业。

Redefining Progress

重新定义进步（美国）

网址：http：//www.rprogress.org

与各种各样的合作伙伴一起工作，推动经济和公共政策转向可持续性。使用"真正的进步指标"和"生态足迹"等工具来衡量经济、环境和社会正义的真正状况，设计诸如环境税改革等政策。

Red Nacional de Acción Ecológica（RENACE）

全国生态行动网络（智利）

网址：http：//www.renace.cl

针对智利环境问题开展工作的智利草根组织。

Research Foundation for Science, Technology, and Ecology

科学、技术和生态学研究基金会（印度）

网址：http：//www.vshiva.net

保护生物多样性和人们的生计权利以及被林业、农业和渔业的集中化单一种植（养殖）体系所威胁的环境。拥有挽救种子、贸易自由化对农业的冲击和生命无专利等方面的项目。

Resource Center of the Americas

美洲能源中心（美国）

网址：http：//www.americas.org http：//www.americas.org
在全球化的背景下，在美洲进行教育和组织工作，以促进人权、民主参与、经济正义和跨文化理解。

Rural Development Services Network
农村发展服务网络（南非）

网址：http：//www.rdsn.org.za

一个由独立的农村发展组织组成的网络，致力于通过组织运动、结成网络、进行合作和建设更广更强的成员基础，来消除农村人口的贫穷并赋予他们以力量。

Sierra Club
塞拉俱乐部（美国）

网址：http：//www.sierraclub.org

居于领头地位的美国草根保护组织，保护地球的野生地；包括针对贸易和全球化的项目。

Slow Food Movement
慢食运动（意大利）

网址：http：//www.slowfood.com

由45个国家的8万成员组成，该运动正在成功复兴受到威胁的种子种类，并对本地和区域性食物特产进行重新评价。

Southwest Network for Environmental and Economic Justice
西南环境和经济公正网络（美国）

网址：http：//www.sneej.org

积极分子和草根组织的联盟，就环境恶化以及其他社会、种族、经济和性别不平等问题提出和拓宽集体性的区域策略和视角。

Survival International

幸存国际（英国）

网址：http：//www.survival-international.org

一个支持部落人民及其自主决定自己未来的权利的国际组织；致力于保护本地的生命、土地和人权。

The Suzuki Foundation

铃木基金会（加拿大）

网址：http：//www.davidsuzuki.org

为社会探寻与供养我们的自然界一起平衡生活的方式。集中于四个项目领域：海洋和可持续渔业，森林和野生土地，气候变化和洁净能源，以及人生。

Sweatshop Watch

血汗工厂监督（美国）

网址：http：//www.sweatshopwatch.org

劳工、社区、公民权利、移民权利以及妇女、宗教人士和学生的组织的联盟，消除在全球化服装工业中的血汗劳动状况。

Third World Network

第三世界网络（马来西亚）

网址：http：//www.twnside.org.sg

发展中国家非政府组织的网络，从南方视角阐明与南方相关的经济、社会和环境问题。包括贸易问题与发展、全球金融机构、生物技术、生物多样性和原住民权利、生物盗窃行为、旅游、妇女权利和性别问题。

Trade Justice Movement

贸易公正运动（英国）

网址：http：//www.tradejusticemovement.org.uk

援助机构、环境和人权运动、公平贸易组织、信仰和消费者团体的联盟，引导彻底改变控制国际贸易的不公正的规则和机构的运动，从而使贸易为所有人服务。

TransFair USA

美国公平贸易（美国）

网址：http://www.transfairusa.org

美国公平贸易实践的唯一独立的、第三方的证明者。通过对由国际公平贸易标签组织引导的推行公平贸易的农民合作社的定期视察以及与美国公司的伙伴关系，该组织对生产得到公平贸易认证产品的农民是否获得公平价格进行验证。

Transnational Institute

跨国协会（荷兰）

网址：http://www.tni.org

积极活动家—学者的国际网络，提供对全球性问题的重要分析，为致力于将世界引向民主、公平和环境可持续方向的运动提供智力支持。项目包括可替代性的经济治理和可持续性以及水私有化的替代方案。

Union of Concerned Scientists

关切科学家联合会（美国）

网址：http://www.ucsusa.org

科学家和公民的同盟，致力于用大众教育和公民宣传来加强严格的科学研究，帮助建设一个更加清洁、环境上更健康和更加安全的世界。提供关于清洁能源、全球环境、清洁交通工具、食物和环境以及全球安全的方案。

U. S. Labor Education in the Americas Project

美国在美洲的劳工教育项目（美国）

网址：http://www.usleap.org

支持拉丁美洲工人的经济公正和权利。尤其将重点放在直接或间接由美国公司雇用的工人开展的斗争上，争取为全球经济确立能够确保尊重工人的基本权利的全球规则。

Via Campesina
农民之路（洪都拉斯）

网址：http://www.viacampesina.org

一个国际运动，该运动协调亚洲、非洲、美洲和欧洲的小型和中等规模生产者、农业工人、乡村妇女和原住社区的农民组织。

White Earth Land Recovery Project
白地土地恢复项目（美国）

网址：http://www.welrp.org

促进对白地印第安人保留区的原始土地基础的复原，同时保护和修复在健全的土地管理、语言流畅和社区发展等方面的传统做法，加强精神和文化遗产的传统习俗。

Women's EDGE
妇女经济发展和全球平等联盟（美国）

网址：http://www.womensedge.org

在国际经济政策和人权方面进行宣传鼓动，帮助全世界的妇女结束她们的生活、社区和国家中的贫困。

World Development Movement
世界发展运动（英国）

网址：http://www.wdm.org.uk/index.htm

致力于改变政府和公司的使人们贫穷的政策。研究和促进积极的替代方案。

World Federalist Association

世界联邦主义者协会（美国）

网址：http：//www.wfa.org

致力于使全球化机构民主化，获取美国对通过国际刑事法庭起诉战犯的支持，改善全球环境治理，改革联合国维和行动，使之在冲突升级为种族灭绝之前进行干预。

World Forum of Fisher Peoples

世界渔民论坛（印度）

网址：http：//www.wffp.org

努力保护生计，支持捕鱼的权利、人权、基本权利、社会公正和社区责任，保护和促进渔民文化；尽力维持渔业和水产资源。

World Rainforest Movement

世界雨林运动（乌拉圭）

网址：http：//www.wrm.org.uy

北方和南方公民团体的国际网络，专注于努力保护世界雨林。维护森林地区人民的土地和生计，支持他们保护森林以免遭商业采伐、水坝、采矿、种植、养虾、殖民化、定居之用的努力。

Worldwatch Institute

世界监督协会（美国）

网址：http：//www.worldwatch.org

致力于逐渐培育环境可持续的社会环境，在这种社会里，人的需要通过不威胁自然环境或子孙后代前景的方式得到满足。每年出版鸿篇巨制《世界和生命迹象现状》(*State of the World and Vital Signs*)。

Wuppertal Institute for Climate, Environment, and Energy

伍珀塔尔气候、环境和能源研究所（德国）

网址：http：//www.wupperinst.org
探索和提出环境政策指南、策略和工具，以便促进地区、国家和国际水平的可持续性。重点是生态学及其和经济、社会的相互关系。就负责任的公司治理、平衡贸易和环境等问题发表论文。

有用的工具和指标

The Compass of Sustainability
可持续发展罗盘
网址：http：//www.iisd.org/cgsdi/compass.htm
提供可持续发展指数。

The Dashboard of Sustainability
可持续发展能力仪表板
网址：http：//www.iisd.org/cgsdi/intro_dashboard.htm
提供可持续发展政策表现的指数。

The Ecological Footprint
生态足迹
网址：http：//www.redefiningprogress.org/programs/sustainabilityindicators/ef
评估自然资源的消耗情况。

the Environmental Sustainability Index
环境可持续发展指数
网址：http：//www.ciesin.org/indicators/ESI/
包括20种关于环境可持续发展的指标。

The Living Planet Index

生命地球指数

网址：http://www.panda.org/news_facts/publications/general/livingplanet/lpr02.cfm

包括关于动物物种和生态系统变化的指数。

United Nations Development Program Human Development Reports

联合国人类发展报告

网址：http://hdr.undp.org

每年一次的全球性的或地区性的或国别性的报告，包括人类发展指数、性别发展指数（Gender-Related Index）、性别赋权量度（Gender Empowerment Measure）和人类贫困指数。

The Wellbeing Assessment/ Barometer of Sustainability

幸福指数/可持续发展能力晴雨表

网址：http://www.iucn.org/info_and_news/press/wonback.doc

同时测量人类和生态系统。

参考文献

Ahn, Christine, ed. *Shafted: Free Trade and America's Working Poor.* Oakland: Food First Books, 2003.

Allen, Will, Eddie DeAnda, and Kate Duesterberg. *Cotton Subsidies: Who Needs Them? Who Gets Them?* www.organicconsumers.org/clothes/willallen011504.cfm. December 2003.

Altieri, Miguel. *Genetic Engineering in Agriculture: The Myths, Environmental Risks, and Alternatives.* Oakland: Food First Books, 2001.

Altieri, Miguel, and Peter Rosset. *Ten Reasons Why Biotechnology Will Not Ensure Food Security, Protect the Environment, and Reduce Poverty in the Developing World.* Oakland, CA: Food First Books, 1999.

Anderson, Ray. *Mid-Course Correction.* Atlanta: Peregrinzilla Press, 1998.

Anderson, Sarah, ed. *Views from the South: The Effects of Globalization and the WTO on Third World Countries.* San Francisco: International Forum on Globalization, 2000.

Anderson, Sarah, and John Cavanagh. *Top 200: The Rise of Corporate Global Power.* Washington, DC: Institute for Policy Studies, December 2000.

Anderson, Sarah, John Cavanagh, Chris Hartman, and Betsy Leondar-Wright. *Executive Excess 2001: Layoffs, Tax Rebates, and the Gender Gap.* Washington, DC: Institute for Policy Studies and United for a Fair Economy, May 2001.

Anderson, Sarah, John Cavanagh, and Thea Lee. *A Field Guide to the Global Economy.* New York: New Press, 2000.

Barker, Debi, and Jerry Mander. *Invisible Government: The World Trade Organization, Global Government for the New Millennium?* San Francisco: International Forum on Globalization, 1999.

Barlow, Maude. *Blue Gold: The Global Water Crisis and the Commodification of the World's Water Supply.* San Francisco: International Forum on Globalization, 2001.

——. *The Free Trade Area of the Americas: The Threat to Social Programs, Environmental Sustainability, and Social Justice.* San Francisco: International Forum on Globalization, 2001.

——. *Profit Is Not the Cure.* Toronto: McClelland & Stewart, 2002.

Barlow, Maude, and Tony Clarke. *Blue Gold: The Battle Against Corporate Theft of the World's Water.* New York: New Press, 2002.

——. *Global Showdown: How the New Activists Are Fighting Global Corporate Rule.* Toronto: Stoddart, 2002.

Barnes, Peter. *Who Owns the Sky?* Washington, DC: Island Press, 2001.

——. "Capitalism, the Commons, and Divine Right." Speech delivered at the E. F. Schumacher Society, October 25, 2003.

Barnes, Peter, Jonathan Rowe, and David Bollier. *The State of the Commons 2003 – 04.* Point Reyes Station, CA: Friends of the Commons. http://www.friendsofthecommons.org.

Barnet, Richard J., and John Cavanagh. *Global Dreams: Imperial Corporations and the New World Order.* New York: Simon & Schuster, 1994.

Barshefsky, Charlene. "Barshefsky on U. S. Trade Agenda for 2000." Presentation to the United States Mission to the European Union, Brussels, Belgium, February 8, 2000. http://www.useu.be/Issues/barsh0208.html.

A Basic Call to Consciousness: The Hau de no sau nee Address to the Western World. Akwesasne Notes. Rooseveltown, NY: Mohawk Nation, 1978.

Bello, Walden. *The Future in the Balance: Essays on Globalization and Resistance.* San Francisco: Food First and Focus on the Global South, 2001.

———. *Pax Romana Versus Pax Americana: Contrasting Strategies of Imperial Management.* Bangkok: Focus on the Global South, April 23, 2003. http://www.focusweb.org/popups/articleswindow.php?id=311.

———. "The Crisis of the Globalist Project and the New Economics of George W. Bush." Address given at the McPlanet Conference, Berlin, July 10, 2003. http://www.focusweb.org/popups/articleswindow.php?id=334.

———. "Diplomacy by Vendetta." *Newsweek International*, November 24, 2003. www.msnbc.com/news/994164.asp?cp1=1#BODY.

Bello, Walden, Nicola Bullard, and Kamal Malhotra, eds. *Global Finance: New Thinking on Regulating Speculative Capital Markets.* London: Zed Books, 2000.

Bello, Walden, Shea Cunningham, and Li Keng Poh. *A Siamese Tragedy: Development & Disintegration in Modern Thailand.* London: Zed Books, 1998.

Bello, Walden, Shea Cunningham, and Bill Rau. *Dark Victory: The United States, Structural Adjustment, and Global Poverty.* London: Pluto Press, 1994.

Bello, Walden, with David Kinley, and Elaine Elison. *Development Debacle: The World Bank in the Philippines.* San Francisco: Institute for Food and Development Policy, 1982.

Bello, Walden, and Stephanie Rosefeld. *Dragons in Distress: Asia's Miracle Economies in Crisis.* San Francisco: Institute for Food and Development Policy, 1990.

Book of Knowledge: Investing in the Growing Education and Training Industry. New York: Merrill Lynch, Global Securities Research & Economics Group, Global Fundamental Equity Research Department, 1999.

Braun, Henry. *The Phoenix Project: An Energy Transition to Renewable Re-*

sources. Phoenix: Research Analysts, 1990.

Brecher, Jeremy, Tim Costello, and Brendan Smith. *Globalization from Below: The Power of Solidarity.* Cambridge, MA: South End Press, 2000.

Broad, Robin, ed. *Global Backlash: Citizen Initiatives for a Just World Economy.* Lanham, MD: Rowman & Littlefield, 2002.

Brown, Lester. *Building a Sustainable Society.* New York: W. W. Norton, 1981.

——. *Eco-Economy: Building an Economy for the Earth.* New York: W. W. Norton, 2001.

Brown, Lester, Christopher Flavin, Hilary French, and others. *State of the World* 2001. Washington, DC: Worldwatch Institute, 2001.

Brown, Lester R., and others. *State of the World* 1988. Washington, DC: Worldwatch Institute, 1988.

Bruno, Kenny, Joshua Karliner, and China Brotsky. *Greenhouse Gangsters Versus Climate Justice.* San Francisco: Transnational Resource and Action Center, 1999.

Bunyard, Peter. "Industrial Agriculture: Driving Climate Change." *The Ecologist*, 26 (6), November-December 1996.

——. "A Hungrier World." *The Ecologist: Special Issue, Climate Crisis*, 29 (2), 1998.

Capra, Fritjof. *The Hidden Connections: A Science for Sustainable Living.* London: HarperCollins, 2002.

——. *The Hidden Connections: Integrating the Biological, Cognitive, and Social Dimensions of Life into a Science of Sustainability.* New York: Doubleday, 2002.

Carstensen, Michelle, and David Morris. *Biochemicals for the Automobile Industry.* Washington, DC: Institute for Local Self-Reliance, 1997.

Cashman, Ty. "Fuel from Water." *Whole Earth Review*, Spring 1994, pp. 50–53.

——. "Hydrogen Energy." *Whole Earth Review*, Winter 2001, p. 46.

——. "Jump-Starting Renewables: What It Takes to Enter the Hydrogen Era." *Whole Earth Review*, Winter 2001, p. 57.

Cavanagh, John, ed. *South-North: Citizen Strategies to Transform a Divided World* (pamphlet). San Francisco: International Forum on Globalization, November 1995.

Central Intelligence Agency. *Global Trends*, 2015. Langley, VA: Central Intelligence Agency, 2000.

Childers, Erskine, and Brian Urquhart. *Renewing the United Nations System: Special Issue of Development Dialogue*. Uppsala, Sweden: Dag Hammarskjøld Foundation, 1994.

Chomsky, Noam. *World Orders Old and New*. New York: Columbia University Press, 1994.

——. "Confronting the Empire." *Dissident Voice*, February 4, 2003. www.dissidentvoice.org/Articles/Chomsky_ConfrontingEmpire.htm.

——. "Dominance and Its Dilemmas: The Bush Administration's Imperial Grand Strategy." *Boston Review*, October-November 2003. http://bostonreview.net/BR28.5/chomsky.html.

Chossudovsky, Michel. *The Globalisation of Poverty: Impacts of IMF and World Bank Reforms*. Penang, Malaysia: Third World Network, 1997.

Clarke, Tony. *Silent Coup: Confronting the Big Business Takeover of Canada*. Ottawa: Canadian Centre for Policy Alternatives, 1997.

——. *By What Authority!* San Francisco: International Forum on Globalization, 1999.

Clarke, Tony, and Maude Barlow. *MAI: The Multilateral Agreement on Investment and the Threat to Canadian Sovereignty*. Toronto: Stoddart, 1997.

Cobb, Clifford, and Ted Halstead. "The Need for New Measurements of Progress." In Jerry Mander and Edward Goldsmith, eds., *The Case Against the Global Economy: And for a Turn Toward the Local*. San Francisco: Sierra Club Books, 1996.

Commoner, Barry. *Making Peace with the Planet.* New York: New Press, 1992.

Daly, Herman E. *Beyond Growth: The Economics of Sustainable Development.* Boston: Beacon Press, 1996.

Daly, Herman E., and John B. Cobb, Jr. *For the Common Good: Redirecting the Economy Toward Community, the Environment, and a Sustainable Future.* Boston: Beacon Press, 1989.

Danaher, Kevin. *10 Reasons to Abolish the IMF & World Bank.* New York: Seven Stories Press, 2001.

——, ed. *Democratizing the Global Economy: The Battle Against the World Bank and the IMF.* Monroe, ME: Common Courage, 2001.

Das, Bhagirath Lal. *The WTO and the Multilateral Trading System.* London: Zed Books, 2003.

Doniger, David, David Friedman, Roland Hwang, Daniel Lashof, and Jason Mark. *Dangerous Addiction: Ending America's Oil Dependence.* New York: Natural Resources Defense Council and the Union of Concerned Scientists, 2002.

Douthwaite, Richard. *The Growth Illusion.* Dublin: Lilliput Press, 1992.

——. *Short Circuit: Strengthening Local Economies for Security in an Unstable World.* Dublin: Lilliput Press, 1996.

Dowie, Mark. "In Law We Trust." *Orion*, July-August 2003, pp. 19–25.

Draft Convention on Cultural Diversity. Ottawa, Canada: International Network for Cultural Diversity, March 2002.

Dunn, Seth. "Micropower: The Next Electrical Era." Worldwatch Paper No. 151. Washington, DC: Worldwatch Institute, 2000.

——. "Decarbonizing the Energy Economy." In Lester Brown, Christopher Flavin, Hilary French, and others, eds., *State of the World* 2001. Washington, DC: Worldwatch Institute, 2001.

——. "Hydrogen Futures: Toward a Sustainable Energy System." Worldwatch Paper No. 157. Washington, DC: Worldwatch Institute, 2001.

"Eight Benefits of Micropower." *Whole Earth Review*, Winter 2001, p. 20.

Energy Innovations: A Prosperous Path to a Clean Environment. Cambridge, MA: Union of Concerned Scientists, 1997. www.ucsusa.org/energy/find.ei.html.

Estes, Ralph. *Tyranny of the Bottom Line: Why Corporations Make Good People Do Bad Things.* San Francisco: Berrett-Koehler, 1996.

A Fair Globalization: Creating Opportunities for All. Geneva: International Labor Organization/World Commission on the Social Dimensions of Globalization, February 2004.

Faux, Jeff, and Lawrence Mishel. "Inequality and the Global Economy." In Will Hutton and Anthony Giddens, eds., *Global Capitalism.* New York: New Press, 2000.

Finnegan, William. "The Economics of Empire: Notes on the Washington Consensus." *Harper's Magazine*, May 2003, pp. 41–54.

Fisher, William F., and Thomas Ponniah. *Another World Is Possible: Popular Alternatives to Globalization at the World Social Forum.* London: Zed Books, 2003.

For a Sustainable Chile: A Citizen's Agenda for Change. Santiago: Sustainable Chile Program, 1999.

Gabel, Medard, and Henry Bruner. *Globalinc: An Atlas of the Multinational Corporation.* New York: New Press, 2003.

Gardner, Gary, and Payal Sampat. "Mind Over Matter: Recasting the Role of Materials in Our Lives." Worldwatch Paper No. 144. Washington, DC: Worldwatch Institute, 1998.

Garrett, Laurie. *The Coming Plague: Newly Emerging Diseases in a World Out of Balance.* New York: Farrar, Straus and Giroux, 1994.

Gates, Jeff. *The Ownership Solution: Toward a Shared Capitalism for the Twenty-First Century. Cambridge, MA: Perseus, 1999.

George, Susan. *A Fate Worse Than Debt*. London: Penguin Books, 1988.

———. *The Debt Boomerang: How Third World Debt Harms Us All*. London: Pluto Press, 1992.

George, Susan, and Fabrizio Sabelli. *Faith and Credit: The World Bank's Secular Empire*. London: Penguin Books, 1994.

Global Energy Technology Strategy. *Addressing Climate Change*. Washington, DC: Battelle, 2000.

"Globalization, Inc. Concentration in Corporate Power: The Unmentioned Agenda." *ETC Group Communique*, 71, July-August 2001.

Global Resource Action Center for the Environment. "Model Sustainable Energy Statute Summary." www.gracelinks.org/nuke/sustainable_energy-summary2.html, 2002.

Goldsmith, Edward. *The Way*. Athens: University of Georgia Press, 1998.

———. "How to Feed People Under a Regime of Climate Change." *The Ecologist, Asia edition*, January 2004.

Goldsmith, James. *The Trap*. New York: Carroll & Graf, 1993.

Gorelick, Steven. *Small Is Beautiful, Big Is Subsidized*. Berkeley, CA, and Devon, UK: International Society for Ecology and Culture, 2002.

Gray, John. *False Dawn*. New York: New Press, 1998.

Greider, William. *One World, Ready or Not: The Manic Logic of Global Capitalism*. New York: Touchstone, 1998.

———. *The Soul of Capitalism: Opening Paths to a Moral Economy*. New York: Simon & Schuster, 2003.

Grossman, Richard L., and Frank T. Adams. *Taking Care of Business: Citizenship and the Charter of Incorporation*. Cambridge, MA: Charter, Inc., 1993.

Hancock, Graham. *Lords of Poverty: The Power, Prestige, and Corruption of the International Aid Business*. New York: Atlantic Monthly Press, 1989.

Hartman, Thom. *Unequal Protection*. Emmaus, PA: Rodale Press, 2002.

Hawken, Paul. *The Ecology of Commerce: A Declaration of Sustainability*. New York: HarperBusiness, 1993.

Hawken, Paul, Amory Lovins, and L. Hunter Lovins. *Natural Capitalism: The Next Industrial Revolution*. Boston: Back Bay Books, 2000.

Hemispheric Social Alliance. "Alternatives for the Americas." www.asc-hsa.org, 2001.

Henderson, Hazel. *Paradigms in Progress: Life Beyond Economics*. Indianapolis: Knowledge Systems, 1991.

——. *Creating Alternative Futures: The End of Economics*. West Hartford, CT: Kumarian Press, 1996.

——. *Beyond Globalization: Shaping a Sustainable Global Economy*. West Hartford, CT: Kumarian Press, 1999.

Hertsgaard, Mark. *Earth Odyssey*. New York: Broadway Books, 1998.

Hickey, Ellen, and Anuradha Mittal, eds. *Voices from the South: The Third World Debunks Corporate Myths on Genetically Engineered Crops*. San Francisco: Food First, June 2003.

Hines, Colin. *Localization: A Global Manifesto*. London: Earthscan Publications, 2000.

Hines, Colin, and Vandana Shiva. *A Better Agriculture Is Possible: Local Food, Global Solution*. A report for the U.N. Food and Agriculture Organization Food Summit, Rome, Italy, June 2002.

Hoffman, Peter. *Tomorrow's Energy: Hydrogen Fuel Cells and the Prospects for a Cleaner Planet*. Cambridge: MIT Press, 2001.

Independent Science Panel. *The Case for a GM-Free Sustainable World*. London: Institute of Science in Society, 2003.

International Forum on Globalization. *Does Globalization Help the Poor?* San Francisco: International Forum on Globalization, 2001.

Juhasz, Antonia. "Capitalism Gone Wild." *Tikkun*, January-February 2004, pp. 19 – 22.

———. "Ambitions of Empire: The Bush Administration's Economic Plan for Iraq (and Beyond)." *LeftTurn Magazine*, 12, February-March 2004.

Karliner, Joshua. *The Corporate Planet.* San Francisco: Sierra Club Books, 1997.

Kasser, Tim, and Allen D. Kanner, eds. *Psychology and Consumer Culture: The Struggle for a Good Life in a Materialistic World.* Washington, DC: American Psychological Association, 2004.

Kaul, Inge, Isabelle Grunberg, and Marc A. Stern. *Global Public Goods: International Cooperation in the 21st Century.* New York: United Nations Development Program and Oxford University Press, 1999.

Kelly, Marjorie. *The Divine Right of Capital: Dethroning the Corporate Aristocracy.* San Francisco: Berrett-Koehler, 2001.

Khor, Martin. "The Revolt of Developing Nations." *The Seattle Debacle: Special Issue of Third World Resurgence*, December 1999-January 2000.

———. *Globalization and the South: Some Critical Issues.* Penang, Malaysia: Third World Network, 2000.

———. *Globalization and the Crisis of Sustainable Development.* Penang, Malaysia: Third World Network, 2001.

———. "The WTO, the Post-Doha Agenda, and the Future of the Trade System: A Development Perspective." Special paper from Third World Network. http://www.twnside.org.sg. 2002.

Khor, Martin, and Lim Li Lin. *Good Practices and Innovative Experiences in the South: Vol. 1: Economic, Environmental, and Sustainable Livelihood Initiatives.* London: Zed Books, 2001.

———. *Good Practices and Innovative Experiences in the South: Vol. 2: Social Policies, Indigenous Knowledge, and Appropriate Technology.* London: Zed Books, 2001.

———. *Good Practices and Innovative Experiences in the South: Vol. 3: Citizen*

Initiatives in Social Services, Popular Education, and Human Rights. London: Zed Books, 2001.

Kimbrell, Andrew. *The Human Body Shop: The Engineering and Marketing of Life*. San Francisco: HarperSanFrancisco, 1993.

——. "Defending the Genetic Commons." *UTNE Reader*, January-February 2002, p. 44.

——, ed. *Fatal Harvest: The Tragedy of Industrial Agriculture*. Washington, DC: Island Press, 2002.

Klein, Naomi. *No Logo: Taking Aim at the Brand Bullies*. New York: Picador, 1999.

Korten, David C. *The Post-Corporate World: Life After Capitalism*. San Francisco: Berrett-Koehler and West Hartford, CT: Kumarian Press, 1999.

——. *When Corporations Rule the World* (2nd ed.). West Hartford, CT: Kumarian Press and San Francisco: Berrett-Koehler, 2001.

——. "From Empire to Earth Community." Keynote address at the Earth Charter Community Summit, September 2002. *YES! A Journal of Positive Futures*. http://www.yesmagazine.org/iraq/kortenempire.htm.

Korten, David, Nicanor Perlas, and Vandana Shiva. *Global Civil Society: The Path Ahead*. Discussion paper. Bainbridge Island, WA: People-Centered Development Forum, November 20, 2002. http://www.pcdf.org/civilsociety/path.htm.

Kriebel, David, Joel Tickner, Paul Epstein, and others. *The Precautionary Principle in Environmental Science*. Boston: Alliance for a Healthy Tomorrow. http://healthytomorrow.org/pdf/kriebel_et_al.pdf.

La Duke, Winona. *Indigenous Peoples, Power, and Politics: A Renewable Future for the Seventh Generation*. Minneapolis: Honor the Earth Publications, 2004.

Lang, Tim, and Colin Hines. *The New Protectionism: Protecting the Future Against Free Trade*. London: Earthscan Publications, 1993.

Lappé, Frances Moore. "Meet the P7." *Guerrilla News Network*, December 18, 2001. www.guerrillanews.com/globalization/doc243.html.

Lappé, Frances Moore, Joseph Collins, and Peter Rosset. *World Hunger: Twelve Myths*. New York: Grove Press, 1998.

Lappé, Frances Moore, and Anna Lappé. *Hope's Edge: The Next Diet for a Small Planet*. New York: Jeremy P. Tarcher/Putnam, 2002.

Lasn, Kalle, and Tom Liacas. "Corporate Crackdown." *Adbusters*, August-September 2000, pp. 36 – 48.

Lovins, Amory B., Michael Brylawski, David Cramer, and Timothy Moore. *Hypercars: Materials, Manufacturing, and Policy Implications*. Snowmass, CO: Rocky Mountain Institute, 1996.

Lovins, Amory B., and L. Hunter Lovins. "Frozen Assets?" *RMI Solutions: Newsletter of the Rocky Mountain Institute*, Spring 2001, pp. 1 – 3, 20 – 21.

Lovins, Amory B., L. Hunter Lovins, and Paul Hawken. "A Road Map for Natural Capitalism." *Harvard Business Review*, May-June 1999, pp. 145 – 158.

Lucas, Caroline, Michael Hart, and Colin Hines. *Look to the Local: A Better Agriculture Is Possible*! Discussion paper. The Greens/European Free Alliance, European Parliament, December 2002.

Luttwak, Edward. *Turbo Capitalism: Winners and Losers in the Global Economy*. New York: HarperCollins, 1999.

MacArther, John R. *The Selling of "Free Trade": NAFTA, Washington, and the Subversion of American Democracy*. New York: Hill & Wang, 2000.

Madeley, John. *Big Business, Poor Peoples: The Impact of Transnational Corporations on the World's Poor*. London: Zed Books, 1999.

Mander, Jerry. *In the Absence of the Sacred: The Failure of Technology and the Survival of the Indian Nations*. San Francisco: Sierra Club Books, 1991.

——. "Alternatives to Globalization: A Better World Is Possible." Speech given at the World Affairs Council, San Francisco, April 2, 2003.

Mander, Jerry, and Edward Goldsmith, eds. *The Case Against the Global Economy: And for a Turn Toward the Local.* San Francisco: Sierra Club Books, 1996.

Manifesto on the Future of Food. San Rossore, Italy: International Commission on the Future of Food and Agriculture, 2003.

McChesney, Robert W. *Rich Media, Poor Democracy: Communication Politics in Dubious Times.* Urbana/Chicago: University of Illinois Press, 1999.

——. *The Problem of the Media: U. S. Communication Politics in the 21st Century.* New York: Monthly Review Press, 2004.

McDonough, William, and Michael Braungart. "The Next Industrial Revolution." *Atlantic Monthly*, October 1998, pp. 82 – 92.

McLaren, Deborah. *Rethinking Tourism and Ecotravel: The Paving of Paradise and What You Can Do to Stop It.* West Hartford, CT: Kumarian Press, 1998.

Meacher, Michael. "Natural Governance." *Resurgence*, January-February 2004, pp. 28 – 31.

Meadows, Donella, Dennis L. Meadows, and Jorgen Randers. *Beyond the Limits.* Post Mills, VT: Chelsea Green, 1992.

Menotti, Victor. *Free Trade, Free Logging: How the World Trade Organization Undermines Global Forest Conservation.* San Francisco: International Forum on Globalization, 1999.

Mishel, Lawrence, Jared Bernstein, and John Schmitt. *The State of Working America*, 1998 – 99. Washington, DC: Economic Policy Institute, 1999.

Monks, Robert A. G. *The Emperor's Nightingale: Restoring the Integrity of the Corporation in the Age of Shareholder Activism.* Reading, MA: Addison-Wesley, 1998.

Morris, David. *Getting from Here to There: Building a Rational Transportation System.* Washington, DC: Institute for Local Self-Reliance, 1992.

——. *Seeing the Light: Regaining Control of Our Electricity System.* Washington, DC: Institute for Local Self-Reliance, 2001.

Motavalli, Jim. "The Reckoning: Global Warming Is Likely to Cause Huge Climatic Changes—and Possibly a New Ice Age." Reprinted by *E/The Environmental Magazine*, November-December 2003.

MoveOn's 50 Ways to Love Your Country: How to Find Your Political Voice and Become a Catalyst for Change. Maui, HI: Inner Ocean Publishing, 2004.

Nader, Ralph, William Greider, Margaret Atwood, David Philips, and Pat Choate. *The Case Against Free Trade: GATT, NAFTA, and the Globalization of Corporate Power.* San Francisco: Earth Island Press, 1993.

"National Security Strategy of the United States." Washington, DC: The White House, September 2002.

Nichols, John, and Robert W. McChesney. *It's the Media, Stupid.* New York: Seven Stories Press, 2000.

Norberg-Hodge, Helena. *Ancient Futures: Learning from Ladakh.* San Francisco: Sierra Club Books, 1991.

Norberg-Hodge, Helena, Peter Goering, and John Page. *From the Ground Up: Rethinking Industrial Agriculture.* London: Zed Books, 2001.

Norberg-Hodge, Helena, Steven Gorelick, and Todd Merrifield. *Bringing the Food Economy Home.* West Hartford, CT: Kumarian Press and London: Zed Books, 2002. (Originally published as a report by International Society for Ecology and Culture.)

Northrop, Michael. "Addressing Global Warming: A Way Forward." *Environmental Grantmakers Association: News and Updates*, VI (I), Winter 2002, pp. 1, 21-22.

——. *Leading by Example: Successful Strategies for Cutting Greenhouse Gas Emissions.* Unpublished report, 2003. Originally presented at the first Conference of the Reducers, convened by the Center for Clean Air Policy,

National Institutes for Public Health and the Environment, the German Marshall Fund, and the Rockefeller Brothers Fund, the Netherlands, May 11 – 13, 2003.

———. "Fears Are Overblown: Reducing Emissions Is Possible and Profitable." *National Academy Review: Climate Change Edition*, May 2004.

Parr, Douglas. "Right to Decide." *Resurgence*, January-February 2004, pp. 18 – 19.

Pauli, Gunter. "Industrial Clustering and the Second Green Revolution." Lecture presented at Schumacher College, Devon, United Kingdom, May 1996.

Payer, Cheryl. *Lent and Lost: Foreign Credit and Third World Development*. London: Zed Books, 1991.

Perkins, Logan R. R. "Why Reduce Automobile Dependence?" *Livable Cities*, 1, November 1997.

Perlas, Nicanor. *Shaping Globalization: Civil Society, Cultural Power, and Threefolding*. Quezon City, Philippines: CADI and GlobeNet3, 2000.

———. *Decoding the BU. S. H Doctrine: The U. S. as Empire*. Ortigas, Pasig City, Philippines: The Global Network for Social Threefolding, August 2003. www.globenet3.org/Essays/Essay_ Bush_ Doctrine.shtml.

Posey, Darrell Addison, ed. *Cultural and Spiritual Values of Biodiversity*. London: Intermediate Technology Publications, 1999.

Pretty, Jules. "Agricultural Alternatives." *Resurgence*, January-February 2004, p. 23.

———. *Regenerating Agriculture Policies and Practice for Sustainability and Self-Reliance*. London: Earthscan Publications, 1995.

Program on Corporations, Law & Democracy. "By What Authority?" *Challenging Empire's Story*, 4 (2), Spring 2002, pp. 1 – 7.

Raghavan, Chakravarthi. *Recolonization: GATT, the Uruguay Round, and the*

Third World. Penang, Malaysia: Third World Network, 1990.

Real Price of Gasoline. Washington, DC: International Center for Technology Assessment, 2002.

Register, Richard. *Ecocity Berkeley: Building Cities for a Healthy Future.* Berkeley: North Atlantic Books, 1987.

———. *Ecocities: Building Cities in Balance with Nature.* Berkeley: Berkeley Hills Books, 2002.

Retallack, Simon. *Climate Crisis: A Briefing for Funders.* London: Think Publishing, 2001.

Rich, Bruce. *Mortgaging the Earth: The World Bank, Environmental Impoverishment, and the Crisis of Development.* Boston: Beacon Press, 1994.

Rifkin, Jeremy. *Biosphere Politics: A New Consciousness for a New Century.* New York: Crown, 1991.

———. *The Hydrogen Economy.* New York: Tarcher/Putnam, 2002.

Ritz, Dean, ed. *Defying Corporations, Defining Democracy: A Book of History and Strategies.* New York: Apex Press, 2001.

Robertson, James. *Future Wealth: A New Economics for the 21st Century.* London: Mansell Publishing, 1989.

Roddick, Anita. *Take It Personally.* London: HarperCollins, 2001.

Rodrik, Dani. *Has Globalization Gone Too Far?* Washington, DC: Institute for International Economics, 1997.

Rosset, Peter. "Access to Land: Land Reform and Security of Tenure." *World Food Summit/Five Years Later, Civil Society Input/Case Studies.* Oakland: Institute for Food and Development Policy, October 2001.

Rowe, Jonathan. "The Hidden Commons." *Yes! A Journal of Positive Futures*, 18, Summer 2001, pp. 12–17.

———. "Fanfare for the Commons," *UTNE Reader*, January-February 2002, pp. 40–44.

Roy, Arundhati. "Confronting Empire." Presentation to the World Social Forum, Porto Alegre, Brazil. January 28, 2003. www. peacewomen. org/resources/ voices/declar/arundhati. html.

Sachs, Wolfgang, ed. *The Development Dictionary*: *A Guide to Knowledge as Power*. London: Zed Books, 1992.

Sale, Kirkpatrick. *Dwellers in the Land*: *The Bioregional Vision*. San Francisco: Sierra Club Books, 1985.

Sands, Phillipe, ed. *Greening International Law*. Law and Sustainable Development Series. Sterling, VA: Stylus, 1996.

Sassen, Saskia. *Globalization and Its Discontents*: *Essays on the New Mobility of People and Money*. New York: New Press, 1998.

Seabrook, Jeremy. *The Myth of the Market*: *Promises and Illusions*. Devon, UK: Green Books, 1990.

Shiva, Vandana. *The Violence of the Green Revolution*: *Third World Agriculture, Ecology, and Politics*. Mapusa, Goa, India: The Other India Press, 1991.

——. *Biopiracy*: *The Plunder of Nature and Knowledge*. Boston: South End Press, 1997.

——. *Stolen Harvest*: *The Hijacking of the Global Food Supply*. Boston: South End Press, 1999.

——. "U. S. Patent System Legalizes Theft and Biopiracy." *The Hindu*, July 28, 1999.

——. *Water Wars*: *Privatization, Pollution, and Profit*. Boston: South End Press, 2002.

——. Presentation given to the Poverty, Human Rights, and Equity Panel at the People and the Planet: Changing Values for a Sustainable Future Conference, Kingston, Ontario, Canada, June 6, 2002.

——. "The Jaiv Panchayat-Living Democracy Movement." Presentation given at the Living Democracy Convention (Jaiv Panchayat Adhiveshan), New Delhi, November 17, 2003.

──. *Towards a People-Centered Fair Trade Agreement on Agriculture.* Sandnes, Norway: Transcend: A Peace and Development Network, December 2003. http://www.transcend.org/t_database/articles.php?ida=147.

Shiva, Vandana, Afsar H. Jafri, Gitanjali Bedi, and Radha Holla-Bhar. *The Enclosure and Recovery of the Commons.* New Delhi: Research Foundation for Science, Technology and Ecology, 1997.

Shuman, Michael. *Towards a Global Village: International Community Development Initiatives.* London: Pluto Press, 1994.

──. *Going Local: Creating Self-Reliant Communities in a Global Age.* New York: Routledge, 2000.

Simms, Andrew. *The Environmental War Economy.* London: New Economics Foundation, 2001.

Simms, Andrew, Caroline Lucas, and Mike Woodin. "People's Economics." *Resurgence*, January-February 2004, pp. 10 – 13.

Singer, Peter. *One World: The Ethics of Globalization.* New Haven: Yale University Press, 2002.

Sitrin, Marina A. "Horizontalism in Argentina." *Left Turn*, August-September 2003, pp. 43 – 47.

Soros, George. *Open Society: Reforming Global Capitalism.* New York: Public Affairs, 2000.

──. *On Globalization.* New York: Public Affairs, 2002.

Speth, James Gustave. *Red Sky at Morning: America and the Crisis of the Global Environment.* New Haven: Yale University Press, 2004.

Stiglitz, Joseph E. *Globalization and Its Discontents.* New York: W. W. Norton, 2002.

Stone, Michael K. "The Hypercar." *Whole Earth Review*, Winter 2001, p. 53.

Strong, Maurice. *Where on Earth Are We Going?* New York: Thomson Texere, 2001.

Sustainable Energy and Economy Network. *The World Bank and the G-7: Still Changing the Earth's Climate for Business*, 1997-98. Washington, DC: Institute for Policy Studies and the International Trade Information Service, December 1998. www. seen. org.

Suzuki, David, and Holly Dressel. *Good News for a Change: Hope for a Troubled Planet*. Toronto: Stoddart, 2002.

Tellus Institute. *Halfway to the Future: Reflections on the Global Condition*. Boston: Tellus Institute, 2001.

Tickner, Joel. "Precaution Is Common Sense." *Cape Cod Times*, August 27, 2000.

———. "A Map Towards Precautionary Decision Making." In C. Raffensperger and J. Tickner, eds., *Protecting Public Health and the Environment: Implementing the Precautionary Principle*. Washington, DC: Island Press, forthcoming. http://www. cpa. most. org. pl/map. html.

Tickner, Joel, and Carolyn Raffensperger. *The Precautionary Principle in Action: A Handbook*. Ag BioTech InfoNet. www. biotech-info. net/handbook. pdf.

Townsend, Mark, and Paul Harris. "Now the Pentagon Tells Bush: Climate Change Will Destroy Us." *The Observer*, February 22, 2004.

Transnational Resource and Action Center. *Tangled Up in Blue: Corporate Partnerships at the United Nations*. San Francisco: Transnational Resource and Action Center, September 2000. www. corpwatch. org.

United Nations Conference on Trade and Development. *International Monetary and Financial Issues of the Nineties*. Geneva: United Nations, 1992.

———. *Trade and Development Report*, 1997. Geneva: United Nations, 1997.

———. *Trade and Development Report*, 1999. Geneva: United Nations, 1999.

United Nations Department of Economic and Social Affairs. *World Economic and Social Survey*, 2001. New York: United Nations, 2001.

United Nations Development Program. *Human Development Report*, 1999. New

York: United Nations Development Program and Oxford University Press, 1999.

——. *Human Development Report*, 2001. New York: United Nations Development Program and Oxford University Press, 2001.

Vallette, Jim, and Daphne Wysham. *Enron's Pawns: How Public Institutions Bankrolled Enron's Globalization Game.* Washington, DC: Institute for Policy Studies, 2002.

Wallach, Lori. "Trade Secrets." *Foreign Policy*, January-February 2004.

Wallach, Lori, and Michelle Sforza. *Whose Trade Organization? Corporate Globalization and the Erosion of Democracy.* Washington, DC: Public Citizen, 1999.

Wallach, Lori, and Patrick Woodall. *Whose Trade Organization? A Comprehensive Guide to the World Trade Organization* (2nd ed.). New York: New Press, 2004.

Wallach, Lori, Michelle Sforza, and Ralph Nader. *The WTO: Five Years of Reasons to Resist Corporate Globalization.* New York: Seven Stories Press, 2000.

Walljasper, Jay, and Jon Spayde, eds. *Visionaries: People and Ideas to Change Your Life.* Gabriola Island, British Columbia: New Society Publishers, 2001.

Warshall, Peter. "An Electric Dragon Mantles the North American Continent." *Whole Earth Review*, Winter 2001, pp. 12–19.

Wasserman, Harvey. *The Last Energy War: The Battle Over Utility Deregulation.* New York: Open Media/Seven Stories Press, 1999.

Welton, Neva, and Linda Wolf. *Global Uprising: Confronting the Tyrannies of the 21st Century.* Gabriola Island, British Columbia: New Society Publishers, 2001.

"Whole Systems Thinking." *Annual Report*, 2000–01. Snowmass, CO: Rocky Mountain Institute.

Williamson, Thad, David Imbroscio, and Gar Alperovitz. *Making a Place for Community: Local Politics in a Globalized World.* New York: Routledge, 2002.

Wingspread Statement: A Common Sense Way to Protect Health & the Environment. Paper prepared by the Science & Environmental Health Network, January 25, 1998. www.healthytomorrow.org/pdf/wingspread.pdf.

Woodin, Mike, and Caroline Lucas. *Green Globalisation: A Manifesto.* London: Pluto Press, 2004.

World Bank. *World Development Report,* 2000 – 01. Washington, DC: World Bank and Oxford University Press, 2001.

——. *Global Development Finance: Financing the Poorest Countries,* 2002. Washington, DC: World Bank, 2002.

World Resources Institute. *A Guide to the Global Environment: The Urban Environment.* New York: Oxford University Press, 1996.

Worldwatch Institute. *Vital Signs* 2003: *The Trends That are Shaping Our Future.* New York: W. W. Norton, 2003.

索 引

A. C. Nielsen Company A. C. 尼尔森公司，235

Absentee owners 不在本地的所有者，289，297

Accountability 责任

    corporate 企业责任，284—285，330—332

    living democracy and 生活方式民主和责任，79—80

ACICFOC 中美洲农业工人和原住森林社区协会，263

Action, Research and Education Network of Aotearoa（ARENA）地区行动、研究和教育网络，347

Action for Solidarity, Equality, Environment, and Development（A SEED）为团结、平等、环境和发展而行动（种子），347

Adams, Frank 弗兰克·亚当斯，277

Advertising 广告

    limiting 限制广告，249—251

    power of 广告的权力，237—240

Aerospace industry 航天工业，273

Afghanistan 阿富汗，169

AFL-CIO 劳联—产联，338

Africa 非洲

    AIDS victims in 非洲的艾滋病患者，37，115

    biopiracy in 在非洲的生物掠夺，264

索 引

debt service paid by 非洲偿还的债务, 57

droughts in 非洲的干旱, 51

hunger in 非洲的饥荒, 23, 51

per capita incomes in 非洲的人均收入, 58

trade liberalization in 非洲的贸易自由化, 306—307

Agriculture 农业, 209—230.

community-supported 社区支持的农业, 336

dominant corporations in 农业中的有支配地位的大公司, 217, 273

environmental effects of 农业的环境后果, 41—42, 50, 218—220

export-oriented industrial 出口导向的产业化农业, 41—42, 50, 134, 181, 209—217, 218—220

import quotas and 进口配额和农业, 211—212

NAFTA and 北美自由贸易协定和农业, 53

recommended policy changes for 对农业推荐的政策改变, 218—230

subsidies for 农业补贴, 6, 71, 211—213, 216—217, 224—225

tariffs and 关税和农业, 71, 211—212

traditional 传统农业, 41, 210—211, 220

WTO and 世贸组织和农业, 67, 211—213

Aguas Argentinas 阿根廷水公司, 111

AIDS 艾滋病, 5, 37, 115, 139, 223

Aircraft manufacturers 战斗机制造商, 273

Air transport 航空运输, 43, 180

Alaska Native Claims Settlement Act（ANCSA）阿拉斯加原住居住权法, 128

Alaskan pipeline 阿拉斯加输油管道, 169

Alaska Permanent Fund 阿拉斯加永久保护基金, 145, 146

Alliance for Responsible Trade 争取负责任的贸易的联盟, 347—348

Al-Qaeda 基地组织, 10—11

Alternative Information and Development Centre 替代性的信息和发展中心,

348

Alternative Press Index 替代性的媒体索引，251

Alternative systems, examples of 替代性的体系范例，253—267

Amazon Alliance 亚马逊联盟，348

Amazon Watch 亚马逊观察，348

American Farmland Trust，348

Amsterdam 阿姆斯特丹，185

Anderson, Sarah 萨拉·安德森，44，45，48，272，298

Annan, Kofi 科菲·安南，282—283

Antarctica 南极洲，50，140

Anti-Privatisation Forum 反私有化论坛，112，348

Appalachian Sustainable Development 阿巴拉契亚山脉的可持续发展，348

Arctic, melting of 北极冰层融化，50

ARENA（Action, Research and Education Network of Aotearoa）地区行动、研究和教育网络，347

Argentina 阿根廷

 financial crisis in 阿根廷金融危机，52，63—64，80，253，308

 horizontalism in 阿根廷横向水平主义，253—254

 new national leadership in 阿根廷的新国家领导层，2，6，63，342

 sustainability and 可持续发展和阿根廷，87

 water privatization in 阿根廷的水私有化，111

A SEED（Action for Solidarity, Equality, Environment, and Development）为团结、平等、环境和发展而行动（种子），347

Asia. 亚洲

 broadcast spectrum in 亚洲的广播频谱，120

 economic improvement in 亚洲经济的改善，48—49

 financial crisis in 亚洲金融危机，38，52，60，62，308

 hunger in 亚洲的饥荒，23

 tradition of the commons in 亚洲的公共财产传统，129—131

索 引

Asian Development Bank（ADB）亚洲发展银行，60，62—63

Association for the Taxation of Financial Transactions for the Aid of Citizens（ATTAC）实行金融交易税和公民援助协会，348

Association of Campesino and Indigenous Forest Communities 中美洲农业工人和原住森林社区协会，263

Australia 澳大利亚

 alternative energy in 澳大利亚的替代性能源，173

 global warming's effects on 全球变暖对澳大利亚的影响，51

 indigenous peoples in 澳大利亚的原住民，128

 media in 澳大利亚的媒体，247—248

 precautionary principle and 预警原则和澳大利亚，101

Australian Fair Trade and Investment Network 澳大利亚公平贸易和投资网络，348—349

Automobiles 机动车，176，177，182—184

Automotive manufacturers 汽车制造商，170—171，273

Banana imports 香蕉进口，36，66

Bangladesh 孟加拉国，50，80，255，266

Bank Information Center 银行信息中心，349

Banks, community 社区银行，156—157，159，229，339—340

Barcelona 巴塞罗那，28

Barker, Debi 戴比·巴克尔 35，211

Barlow, Maude 毛德·巴洛 78，93，110，132

Barnes, Peter 彼得·巴尼斯，136，142，144—146，168

Barnet, Richard 理查德·巴雷特，59

Barometer of Sustainability 可持续发展的标计，208，367

Barshefsky, Charlene 查理勒·巴舍尔夫斯基，94，135

Basel Convention 巴塞尔条约，193

Bay Area Rapid Transit System（BART）湾区快速运输体系，183

Bechtel 贝克特尔公司, 13, 42, 106, 110, 111, 133, 265

Beef, growth hormones injected in 注射生长激素的牛肉, 35, 102

Belgium 比利时, 170

Bello, Walden 瓦尔登·贝罗, 8, 10, 60

Ben & Jerry's 本·杰里公司, 275

Bergsten, C. Fred C. 弗里德·伯格斯坦, 67

Berkeley Regional Exchange and Development（BREAD）伯克利地区交换和发展专案 229

Bertelsmann 伯特尔斯曼, 232

Bicycles 自行车, 185

Biodiversity 生物多样性, 41, 85, 89, 117, 168

Biopiracy 生物掠夺, 90, 114, 116—117, 264

Birch, Sally 萨利·伯奇, 242

Blair, Tony 托尼·布莱尔, 173

Block, John 约翰·布洛克, 67

Body Shop, The 美体商铺, 275

Bolivia 玻利维亚
 activists in 玻利维亚社会活动分子 29, 80, 105, 111, 133, 265
 agriculture in 玻利维亚农业 214
 cocoa cooperative in 玻利维亚可可合作社, 260
 natural gas resources in 玻利维亚天然气资源, 5
 new national leadership in 玻利维亚新国家领导层, 2, 6, 342
 water privatization in 玻利维亚的水私有化, 111, 242, 265

Borah, Kripanath 科里潘纳斯·伯拉, 117

Brazil 巴西
 activists in 巴西的社会活动分子, 29, 118, 187, 218—219, 258—259
 agriculture in 巴西的农业, 214—215
 AIDS in 巴西的艾滋病, 5
 economy of 巴西的经济, 7

  financial crisis in 巴西的金融危机，60，308

  food security in 巴西的粮食安全，266

  in Group of 21 巴西在 21 国集团，1

  media in 巴西的媒体，248

  new national leadership in 巴西新的国家领导层，2，6，7，342

  population of 巴西的人口，7

  sustainability and 可持续发展和巴西，87

  trade liberalization in 巴西的贸易自由化，307

  transportation in 巴西的交通运输，184，186—187

  World Social Forum in 在巴西的世界社会论坛，20

Bremer, L. Paul 保罗·布雷默，12—13

Bretton Woods institutions 布雷顿森林体制

  ideology of 布雷顿森林体制的意识形态，317—318

  origins of 布雷顿森林体制的起源，33

  proposed decommissioning of 提议中的布雷顿森林体制退役，317—321

British Columbia 英属哥伦比亚，112，282

British Export Credit Guarantee Department 英国出口信贷保障部，167

British Meteorological Organisation 英国计量组织，50

Broadcast spectrum 广播频谱

  fees for use of 广播频谱使用费，248—249

  privatization of 广播频谱私有化，119—123

Brower, David 大卫·布劳尔，113

Brown, Lester 勒斯特·布朗，172—173，173，185，188，190

Brundlandt report 布伦特兰，190

Buchanan, Pat 帕特·布坎南，53

Buenos Aires 布宜诺斯艾利斯，111

Bush, George W. 乔治·W. 布什

  in election of 2004 乔治·W. 布什在 2004 年大选中，6，240

  energy policy of 乔治·W. 布什的能源政策，168，171

environmental policy of 乔治·W. 布什的环境政策, 192

　　　media and 媒体和乔治·W. 布什, 121

　　　Middle East plans of 乔治·W. 布什的中东计划, 2, 10, 11, 13

　　　opposition to 反对乔治·W. 布什, 244

　　　trade policy of 乔治·W. 布什的贸易政策, 10

Buy local campaigns, 228, 335—336

CAFTA (Central America Free Trade Agreement) 中美洲自由贸易协定, 6

California 加利福尼亚

　　　agriculture in 加利福尼亚的农业, 195, 216

　　　automobiles in 加利福尼亚的汽车, 183

　　　bond issue in 加利福尼亚的债券发行, 239—240

　　　corporation code in 加利福尼亚的公司法, 287

　　　energy policy of 加利福尼亚的能源政策, 176—177

　　　public trust doctrine in 加利福尼亚的公共托管教义 143, 144, 145

　　　water privatization in 加利福尼亚的水私有化, 113

Cameroon 喀麦隆, 307

Campaign for Labor Rights 为劳工权利战斗, 349

Canada 加拿大

　　　activists in 加拿大活动分子, 29, 81—83

　　　alternative energy in 加拿大替代性能源, 172—173

　　　broadcast spectrum in 加拿大的广播频谱, 119

　　　cultural diversity in 加拿大的文化多样性, 135

　　　in the G-7 在七国集团中的加拿大, 68

　　　global warming's effects on 全球气候变暖对加拿大的影响, 51

　　　indigenous peoples in 加拿大的原住民族, 90

　　　labor-sponsored investment funds (LSIFs) in 加拿大的劳工发起的投资基金, 153

　　　NAFTA and 北美自由贸易协定和加拿大, 46

索 引

water privatization in 加拿大水私有化，112

WTO and 世贸组织和加拿大，36，66

Canadian Center for Policy Alternatives 寻求政策替代的加拿大研究中心，349

Cancun 坎昆，1，3—5，7，49，211

Capital 资本 156—157.

Capra, Fritjof 弗里特约夫·卡普拉，190—191，192，194

Carbon dioxide emissions 二氧化碳排放，24，50，51，166，167，176—179，218—219

Cargill 嘉吉公司，4，41，43，106，116，286

Carter, Jimmy 吉米·卡特，250

Cashman, Ty 泰·卡什曼，174

Cavanagh, John 约翰·卡瓦纳，44，45，48，59，272，298

Center for Alternative Development Initiatives 替代性发展动议中心，349

Center for a New American Dream 为了一个新的美国梦中心，349

Center for Ecoliteracy 生态教育中心，349

Center for Economic and Policy Research 经济和政策研究中心，349

Center for Economic Justice 经济正义中心，349

Center for Food Safety 粮食安全中心，350

Center of Concern 关注中心，350

Central America Free Trade Agreement（CAFTA）中美洲自由贸易协定，6

CEOs 首席执行官

 authority of 首席执行官的权威，279

 compensation of 首席执行官的补偿，44，100

 limited liability of 首席执行官的有限责任，276

Chavez, Hugo 乌戈·查韦斯，242

Chefs Collaborative，350

Cheney, Dick 迪克·切尼，290—291

Chevron-Texaco，13

Chiapas 恰帕斯，257

Childers，Erskine 厄斯金·奇尔德斯，314

Chile 智利

 indigenous peoples in 智利的原住民族，90

 initiatives in 智利的开创性行动，80，254

 sustainability and 可持续发展和智利，29，86—87

Chilean Alliance for Just and Responsible Trade 智利争取公正和负责任贸易联盟，350

China 中国

 advertising in 中国的广告，239

 agriculture in 中国的农业，216

 economic globalization and 经济全球化和中国，34—35

 in Group of 21 中国在 21 国集团，1

 Iraq invasion and 入侵伊拉克和中国，2

 outsourcing of U. S. jobs to 美国工作岗位外包到中国，46

  trade surplus of, with U. S. 中国对美贸易顺差，46

 transportation in 中国的交通运输，185

Chiquita 奇奎塔公司，35，66

Christian Coalition，252

CIA 中央情报局，48，51

Citibank 花旗银行，59

Citigroup 花旗集团，296

Citizens 公民

 global 全球公民，343—345

 local 地方公民，341—342

 national 国家公民，342—343

Citizens' agenda 公民议程

 in Canada 加拿大公民议程，81—83

 in Chile 智利的公民议程，86—87

Citizens Trade Campaign 公民贸易运动（美国），350

Clarke, Tony 托尼·克拉克，81，110

Clean Air Act 清洁空气法案，35

Clean Energy States Alliance 清洁能源国家联盟，178

Clean Water Act 清洁水法案，102

Climate Action Network 气候行动网络，173

Climate change 气候变化，42，50—51，102，166，167，175

Clinton, Bill 比尔·克林顿，28，121

Coalition for Justice in the Maquiladoras 争取在马奎拉多拉实现公正联盟（美国），350

Cobb, Clifford 克利弗德·科布，200，203

Coca-Cola 可口可乐 112，286

Cochabamba, Bolivia 玻利维亚科恰班巴，80，105，111，265

Cocoa farming 可可种植，260，336—337

Codex Alimentarius，223—224

Codex Justinianus，125

Coffee farming 咖啡种植，193—194，255—266，336—337

Colombia 哥伦比亚

    agriculture in 哥伦比亚的农业，193—194，216

    indigenous people in 哥伦比亚的原住民，42，90

    media in 哥伦比亚的媒体，242

Committee for the Conversion of the Oil-Based Economy 基于石油的经济转变委员会，171

Commodification 商品化，36—38

Commodity prices 商品价格，213，310

Common Frontiers 公共前沿（加拿大），350

Commons 公共财产

    categories of 公共财产范畴，107—109

    decision making and 作出决定和公共财产，137—138

key aspect of 公共财产的主要方面，108

modern 现代公共财产，108，131—135

proposals to reempower 加强公共财产的建议，136—146

sustainable societies and 可持续发展的社会和公共财产，88

threats to 对公共财产的威胁，109—124，131—135

tradition of 公共财产的传统，124—131

Community accounting systems 社区会计体系，205—206

Community Alliance with Family Farmers 和家庭农场主组成的社区联盟（美国），351

Community Food Security Coalition 社区食物安全联盟（美国），351

Community-supported agriculture（CSA）programs 社区支持农业规划 260—261，336

COMPA（Convergence of Movements of Peoples of the Americas）美洲人民运动的汇合（COMPA）（海地），351

Comparative advantage, theory of 比较优势理论，39，40，162

Compass of Sustainability 可持续发展罗盘，208，367

Competition policies 竞争政策，155

Confederation of Indigenous Nationalities of Ecuador 厄瓜多尔原住民族联合会（厄瓜多尔），351

Congress of South African Trade Unionists（COSATU）南非工会大会，248

Connecticut 康涅狄格，177

Conservation 保持，166—167，174—175

Consumer durables market 耐用消费品市场，273

Consumers, steps for 消费者可以采取的措施，334—337

Consumers Choice Council 消费者选择理事会（美国），351

Consumers International 消费者国际（英国），351

Convergence of Movements of Peoples of the Americas（COMPA）美洲人民运动的汇合（COMPA）（海地），351

Co-op America 美洲合作社（美国），351

索 引

Co-ops, worker-owned 工人所有的合作社, 338—339

Coordination in Defense of Water and Life 保卫水和生命协调组织, 111, 265

Copenhagen 哥本哈根, 184, 185

Cordillera Peoples Alliance 山区人民联盟（菲律宾）, 352

Corporate accountability 企业责任, 284—285, 330—332

Corporate Europe Observatory 欧洲公司监督站（荷兰）, 352

Corporate globalists 大公司全球主义者

 failure of 大公司全球主义者的失败, 23

 worldview of 大公司全球主义者的世界观, 21—22, 147, 334

Corporate power 大公司的权力

 extent of 大公司的权力的范围, 32, 48, 272—273

 resistance to 对大公司的权力反抗, 280—290

Corporate responsibility 公司的责任感, 281—284

Corporate welfare 公司福利, 292

Corporation for Public Broadcasting（CPB）公共广播公司, 121

Corporations 大公司

 abolitionist strategy toward 废除大公司战略, 280—281

 alternative business structures to 替代大公司的商业结构, 294—300

 authoritarian nature of 大公司的专制主义本质, 279

 as beneficiaries of globalization 作为全球化的受益者的大公司, 44, 272

 charters for 大公司的特许权, 276—280, 286—287

 criminal conduct by 大公司的犯罪行为, 277, 283—284, 287—288

 current structure of 当前大公司的结构, 274—280

 dechartering 撤销大公司的特许权, 286—287

 dismantling 解散大公司, 289—290

 diversity and 多样性和大公司, 94—95

 economic clout of 大公司的经济势力, 48

 excluding or expelling predatory 排斥或驱逐掠夺性的大公司, 285—286

 government collusion with 政府和大公司的冲突, 290—294

Internet and 互联网和大公司，245

limited liability and 有限责任和大公司，276，288—289

new controls on 对大公司的新控制，153，155，279，280—290

operational principles of 大公司的运行原则，279—280，304—305

"personhood" of 大公司的人格性，277，286，288—289

power analysis of 对大公司的权力分析，281—282

public vs. private 公有或私人大公司，274—275

reformist strategies toward 对大公司的改良主义战略，280

size of 大公司的规模，296

taxes paid by 大公司所纳的税，48

values and 价值和大公司，277—278

voluntary codes of conduct for 大公司的行为自愿原则，282—283

Corpwatch 公司监督（美国），352

Council of Canadians 加拿大人研究所，81—83，93，113，352

CPB（Corporation for Public Broadcasting）公共广播公司，121

Credit cards 信用卡，340

Credit unions 信用合作社，339—340

Cuba 古巴

alternative energy in 古巴的替代性的能源，264—265

G-77 meeting in 在古巴的77国集团会议，15

organic agriculture in 古巴的有机农业，228—229

CubaSolar 古巴太阳能（古巴），264—265，352

Cultural Conservancy 文化保护（美国），352

Cultural diversity 文化多样性

definition of 文化多样性的界定，89

indigenous peoples and 原住民族和文化多样性，89—92

for nations 国家的文化多样性，93—95，134—135

suppression of 压制文化多样性，38，161

Cultural Survival 文化存活，352

索 引

Curitiba, Brazil 巴西的库里提巴, 184, 186—187

Currencies, local 地方货币, 229

Daimler-Chrysler 戴姆勒·克莱斯勒, 171

Daly, Herman 霍尔曼·达利, 200

Dashboard of Sustainability 可持续发展仪表板, 208, 367

David Suzuki Foundation 大卫·五十铃基金会, 172, 363

Dean, Howard 霍华德·迪恩, 244

Debt crisis 债务危机, 57, 58—59, 62, 320, 324—326

Declaration of Rio 里约宣言, 101

Democracy 民主
 economic 经济民主, 25—27
 living 生活民主, 29, 79—80
 localization and 地方化和民主, 148, 151—152, 154, 160
 media and 媒体和民主, 245—253
 new 新民主, 79—80
 political 政治民主, 25—26
 self-determination and 自我决定和民主, 309—310

Denmark 丹麦, 170, 172, 185, 297

Denver, Colorado 科罗拉多的丹佛, 252

Depositors, steps for 存款者可以采取的步骤, 339—340

Development Alternatives 发展替代, 352

Development Alternatives with Women for a New Era 新时代女性可替代式发展（斐济）, 352—353

Development Gap 发展 GAP（替代性政策发展团体——译者）（美国）, 353

Diseases, spread of 疾病蔓延, 53

Disney 迪斯尼, 121, 232, 233

Diversity 多样性, 88—95

Doctrine of Public Trust 公共信托条令，142—144

Doha 多哈，3，49，72，124，140

Dole 多尔公司，66

Dowie, Mark 马克·道维，125，143，144

Droughts 旱灾，51

Dunn, Seth 色斯·顿，174

Du Pont，114，116，178，238，285—286

Duskin, Alvin 阿尔文·达斯金，171，174

E. F. Schumacher Society 舒马赫协会（美国），353

Earth Island Institute 地球岛研究所，353

Earthjustice 地球正义，353

Ebola 埃博拉，53

Ecocities 生态城市，184—188

Ecological Footprint 生态脚印，208，367

Ecological sustainability 生态可持续，85—87

Ecologist, The 生态学家，50，218

Economic democracy 经济民主

 importance of 经济民主的重要性，26—27

 political vs. 政治民主对经济民主，25—26

Economic diversity 经济多样性，89

Economic globalization 经济全球化

 appearance of inevitability of 经济全球化的出现，301

 areas off-limits to 经济全球化的无地域限制，105—146

 beneficiaries of 经济全球化的受益者，44—45，48—49，69

 climate change and 气候变化和经济全球化，50—51

 commodification and 商品化和经济全球化，36—38

 conflicting paradigms concerning 关于经济全球化的对立性的范式，30—31

driving forces behind 经济全球化背后的推动力，32，147

　　effects of 经济全球化的影响，17，33—34

　　export-oriented trade and investment and 出口导向的贸易、投资和经济全球化，38—43

　　history of 经济全球化的历史，32，33

　　homogenization and 同质化和经济全球化，38

　　hypergrowth and 超快速增长和经济全球化 34—35，44

　　key features of 经济全球化的主要特征，34

　　outsourcing and 外包和经济全球化，45—47

　　privatization and 私有化和经济全球化，36—38

　　women and 妇女和经济全球化，99

Economic homogenization 经济异质化，38

Economic Policy Institute 经济政策研究所，44，353

Ecuador 厄瓜多尔，2，6，307，342

Education 教育，133—134

EFTA（European Fair Trade Association）欧洲公平贸易联合会，354

Egypt 埃及 1，216

Elderly 年老的，299—300

Electronic components industry 电子配件产业，273

Employment，right to 就业权利，97

Enclosure Act 圈地法案，126

Endangered Species Act 濒危物种法案，35

Energy systems 能源体系

　　agriculture and 农业和能源体系，216

　　alternative 替代性的能源体系，169—179

　　current 当前的能源体系，166—169

Enhanced Structural Adjustment Facility（ESAF）强化结构调整促进措施，61，63

Enron 安然公司

collapse of 安然公司的崩溃，271—272

effects of 安然公司的影响，15

as example of corporate lying 作为大公司撒谎案例的安然公司，283—284

resistance to 对安然公司的反抗，286

short-term decision making by 安然公司的短期决定，275

subsidies for 对安然公司的补贴，167

water and 水和安然公司，110

World Bank and 世界银行和安然公司，53

Entertainment-industrial complex 娱乐工业综合体，93—94

Environment 环境

agriculture and 农业和环境，41—42，50，218—220

energy production and 能源生产和环境，166—169

global commons and 全球公共财产和环境，123—124

media reporting on 媒体关于环境的报道，52

precautionary principle and 预警性原则和环境，100—102

studies of 对环境的研究，24

trade-related transport and 贸易相关的运输和环境，42—43

Environmental Monitoring Group 环境监察集团，353

Environmental standards 环境标准

self-determination and 自决和环境标准，26—27

WTO challenges to 世贸组织对环境标准的挑战，35—36

Environmental Sustainability Index 环境可持续情况指数，207，367

Environment Canada 环境加拿大，204

Equal Exchange 平等交换，353

Equity, importance of 平等的重要性，98—100

Estes, Ralph 拉尔夫·埃斯特，276，292

ETC Group 侵蚀、技术和精选行动团体（加拿大），353

Ethyl Corporation 伊瑟尔公司，36

Europe 欧洲

索引

 advertising in 欧洲的广告，239

 broadcast spectrum in 欧洲广播频谱，119—120

 global warming's effects on 全球变暖对欧洲的影响，51

 precautionary principle and 预警性原则和欧洲，101

 public trust doctrine in 欧洲的公共信托条令，142—143

 television in 欧洲的电视，236

 tradition of the commons in 欧洲的公共财产传统，124—127

European Fair Trade Association（EFTA）欧洲公正贸易联合会，354

European Union 欧盟

 alternative energy in 欧盟的替代性能源，172

 banana imports to 欧盟的香蕉进口，36

 ban on beef injected with growth hormones 欧盟禁止注射增长素牛肉，35，102

 farmers in 欧盟的农民，213

 Maastricht Agreement 马斯特里赫特条约，33

 road building in 马斯特里赫特条约中的道路建设，181

Exchanges, international 国际交换，343—344

Export dumping 出口倾销，162，211

Export-Import Bank（Ex-Im）出口－进口银行，167

Export-oriented production 出口导向生产

 environmental consequences of 出口导向生产的影响，42—43，85—86

 globalization model and 全球化模式赫出口导向生产，38—43

Exxon Valdez 埃克森·瓦尔迪兹公司，278，288

EZLN，257

Fairness and Accuracy in Reporting（FAIR）公正和准确报导，252

Fair trade 公平贸易

 free trade vs. 自由贸易对公正贸易，20，259—260

 growth of 公平贸易增长，337

supporting 支持公平贸易，336—337
Fair Trade Federation 公平贸易联盟，337
Fairtrade Labeling Organizations International 国际公平贸易标签组织，337
Farmers 农民
　　in Bangladesh 孟加拉国的农民，255
　　in the European Union 欧盟的农民，213
　　in France 法国的农民，29，43
　　in India 印度的农民，37，53，106，117，130—131，210，256—257
　　in Japan 日本的农民，5，43
　　as leaders of resistance 作为反抗领导者的农民，43
　　in Mexico 墨西哥的农民，5，53，212，223，255—256
　　in the Philippines 菲律宾的农民，41，43
　　in South Korea 南韩的农民，5
　　in Thailand 泰国的农民，43
　　in the United Kingdom 联合王国的农民，213
　　in the United States 美国的农民，41，213
　　WTO's bias against small 世贸组织对小农户的不利倾向，211—213
Farmers' markets 农民市场，228
Federal Communications Act (FCA) of 1934 1934 年联邦通讯法案，120
Federal Communications Commission (FCC) 联邦通讯委员会，120，122，243—244，251
Federal Trade Commission (FTC) 联邦贸易委员会，250
50 Years Is Enough 50 年足够了，347
Financial crises 金融危机，52—53，62，308. See also individual countries
Floods 洪水，50，51
Fluor 氟，13
Focus on the Global South 聚焦全球南方，190，354
Food 粮食、食品参看 Agriculture（农业）；Hunger（饥荒）
　　co-ops, local 地方粮食合作组织，229

索引

  localizing production of 粮食生产的当地化，299

  prices and 价格和粮食，224

    safety 粮食安全，98，223—224

  security 食品卫生，98，134，215，266

Food and Agricultural Organization（FAO）粮食和农业组织，23，41

Food First（Institute for Food and Development Policy）粮食第一组织（粮食和发展政策研究所），214，226，227，356

Ford Motor Company 福特汽车公司，59，171

ForesTrade 弗莱斯贸易（美国），263，354

Forests 森林，262—263

Forest Stewardship Council 森林管理理事会（德国），262，354

Fossil fuels 化石燃料，42，51，166—169，174—175，181

Foundation on Economic Trends 经济发展趋势基金会，354

Fox News 福克斯新闻，121，232，233

France 法国

  broadcast spectrum in 法国的广播频谱，119

  cultural diversity in 法国的文化多样性，135

  energy policy of 法国的能源政策，172

  farmers in 法国的农民，29，43

  in the G-7 在七国集团中的法国，68

  Iraq invasion and 入侵伊拉克和法国，2

  tradition of the commons in 法国的公共财产传统，125

Free Press 自由出版，242

Free trade 自由贸易

  corporate view of 大公司对自由贸易的看法，305

  fair trade vs. 公平贸易对自由贸易，20

  as heart of the globalization model 作为全球化模式核心的自由贸易，35

  history of 自由贸易的历史，33

  public interest laws as "impediments" to 作为阻止自由贸易措施的公共利

益法，35—36

Free Trade Area of the Americas（FTAA）美洲自由贸易区

    campaigns against 反对美洲自由贸易区的战斗，294

    Miami negotiations for 关于美洲自由贸易区的迈阿密谈判，1，6—7，15—16

    privatization of public services by 美洲自由贸易区对公共服务的私有化，37

    sanctions and 禁运和美洲自由贸易区，161

Freiburg，Germany 德国的弗莱堡，186

Friends of the Earth 地球之友，285，329，354

FTAA．美洲自由贸易协定，参看 Free Trade Area of the Americas（美洲自由贸易协定）

Full cost accounting 全成本会计，191—192

Gap，The 鸿沟，282

Gates，Jeff 杰夫·盖茨，290

GATT．关税贸易总协定，参看 General Agreement on Tariffs and Trade（关税贸易总协定）

GDP．国内生产总值，参看 Gross Domestic Product（国内生产总值）

Gender Empowerment Measure 性别赋权措施，367

Gender-Related Index 性别相关指数，367

General Agreement on Tariffs and Trade 关贸总协定

    flexibility of 关贸总协定的灵活性，319

    imbalances in 关贸总协定中的不平衡，70，303—304

    origin of 关贸总协定的起源，33，65

    Uruguay Round of 关贸总协定乌拉圭回合谈判，65—66，67，68，70，115，320

General Agreement on Trade in Services（GATS）服务贸易总协定，37，110，122，133—134，137，234，246

索引

General Electric 通用电子，144，232，287

Genetically modified organisms（GMOs）转基因有机组织，139

Genetic engineering 基因工程，115，197

Genetic materials, patenting 对基因物质申请专利，113—117，139，222—223

Genuine Progress Indicator（GPI）真实增长指标，204—205

Gerber 戈伯尔公司，36

Germany 德国
    broadcast spectrum in 德国的广播频谱，119
    corporations in 德国的大公司，279
    energy policy of 德国的能源政策，170，172，175
    floods in 德国的洪灾，51
    in the G-7 七国集团中的德国，68
    Iraq invasion and 入侵伊拉克中的德国，2
    manufacturing in 德国的制造业，193
    precautionary principle and 预警性原则和德国，101

Global Compact 全球协定，282—283，317

Global Economy Project 全球经济规划，45

Global Exchange 全球交换，343，354—355

Global governance 全球治理，27，269，314—317

Globalization 全球化，参看 Economic globalization（经济全球化）

Global Ministerial Environment Forum（GMEF）全球部长级环境论坛，329—330

Global monoculture 全球单一种植，38

Global Resource Action Center for the Environment（GRACE）全球资源为环境行动中心，176

Global warming. 全球变暖，参看 Climate change（气候变化）

Gloniski, Peter 彼得·格罗尼斯基，117

GMOs（genetically modified organisms）转基因有机组织，139

GNP. 国民生产总值，参看 Gross National Product（国民生产总值）

Goldsmith, Edward 爱德华·葛德史密斯，50，152，200，218

Gorelick, Steven 史蒂芬·戈雷里克，215，216，228

Gossage, Howard 霍华德·戈塞基，237—238

GPI（Genuine Progress Indicator）真实进步指数，204—205

Grameen Bank 乡村银行，80，266，355

Green Belt Movement 绿色带运动（肯尼亚），259，355

Greenhouse gas emissions 温室气体排放，参看 Climate change（气候变化）

Greenpeace 绿色和平，355

Green procurement 绿色采购，197—198

Green Revolution 绿色革命，215

Greider, William 威廉·格莱德，73

Gross Domestic Product（GDP）国内生产总值

    bias of, against the poor 国内生产总值不利于穷人的倾向，202—204

    GNP vs. 国民生产总值对国内生产总值，203

    as measurement of progress 作为衡量进步标准的国内生产总值，156，191，198—204

    origins of 国内生产总值的起源，198—199

    in South vs. North 南方国内生产总值对北方国内生产总值，203—204

Grossman, Richard 理查德·格罗斯曼，277

Gross National Product（GNP）国民生产总值

    GDP vs. 国内生产总值对国民生产总值，203

    as measurement of progress 作为衡量进步的国民生产总值，156，191

    origins of 国民生产总值的起源，198—199

    in South vs. North 南方国民生产总值对北方国民生产总值，58

Groundwork 基础工作（南非），355

Group of Eight 八国集团，7

Group of Seven 七国集团，61，62，64，68

Group of Three 三国集团，7

索 引

Group of 21 21国集团，1，4，7，211
Group of 77 77国集团，15
Guatemala 危地马拉，36
Gulf Stream，51

Hadley Centre 哈德里中心，50
Haider 海德尔，53，152
Haiti 海地，212
Halliburton 哈利伯顿，7，42，275，290—291，292
Halstead, Ted 泰德·哈尔斯蒂德，200，204
Hawaii 夏威夷，125，144
Hawken, Paul 保罗·豪肯，186，193，194，196
Hayes, Randy 冉迪·海耶斯，177
Health care services 医疗保健服务，132，133—134
Health standards 健康标准
  self-determination and 自决和健康标准，26—27
  WTO challenges to 世贸组织对健康标准的挑战，35，36
Heinrich Boell Foundation 亨利希·伯尔基金会，8
Hines, Colin 科林·海尼斯，152，158
Homogenization 同质化，38，230—231
  global cultural 全球文化，34，38，54，230
Honda 本田，171
Honduras 洪都拉斯，212
Hoof-and-mouth disease 口蹄疫，42
Horizontalism 同行主义，253—254
Hudson River Valley 哈德逊河谷，144
Human Development Index 人类发展指数，367
Human Genetic Diversity Project 人类基因多样化方案，90
Human Poverty Index 人类贫困指数，367

Human rights 人权，96，108，132，161

Hunger 饥荒

    causes of 饥荒的原因，215

    extent of 饥荒的范围，23—24，214

Hussein, Saddam 萨达姆·侯赛因，11

Huxley, Aldous 阿尔都斯·赫胥黎，237

Hydroelectric dams 水电大坝，166

Hydrogen 氢，171，174

Hypergrowth 超速增长，34—35，44

Ibase 巴西社会经济分析研究所，355

Ibon Foundation 飞鸟基金会（菲律宾），355

Iceland 冰岛，172

IFAT (International Fair Trade Association) 国际公平贸易联合会，357

Igorot 伊哥洛人，90

IKEA，178

Illinois Central Railroad v. Illinois 伊利诺斯中心铁路和伊利诺斯，143

ILO (International Labor Organization) 国际劳工组织，45，48

IMF 国际货币基金组织，参看 International Monetary Fund（国际货币基金组织）

Immigrants, backlash against 对移民的反对行动，53

Imports 进口

    balancing exports and 出口和进口的平衡，305—307，310

    quotas on 进口配额，152，211—212

Import substitution 进口替代，39，150. See also Self-reliance

Income 收入

    distribution 收入分配，45，48，100

    per capita, in South vs. North 南方和北方人均收入，58

India 印度

agriculture in 印度的农业，37，53，106，117，130—131，210，215，256—257

　　commons in 印度的公共财产，130—131

　　competition for scarce resources in 在印度对稀缺资源的竞争，215

　　corporate exclusion campaigns in 印度大公司排斥战，285—286

　　in Group of 21 21国集团中的印度，1

　　indigenous knowledge in 印度的原住民知识，116—117，130

　　Living Democracy movement in 印度的生活民主运动，29

　　outsourcing of U. S. jobs to 美国工作机会外包到印度，46，47

　　protests in 印度的抗议运动，37，43

　　water privatization in 印度的水私有化，112

　　World Social Forum in 印度的世界社会论坛，20

　　WTO and 世贸组织和印度，66

Indian Forest Act 印度森林法，131

Indigenous Environmental Network 原住民环境网络，355—356

Indigenous peoples 原住民族

　　agriculture and 农业和原住民族，210—211

　　cultural diversity and 文化多样性和原住民族，89—92

　　globalization's assault on 全球化对原住民族的攻击，53—54，90

　　number of 原住民族的数目，89

　　resistance by 原住民族的反抗，29，42，90

　　tradition of the commons among 原住民族的公共财产传统，118，127—129

　　U. N. draft declaration on rights of 联合国关于原住民族权利宣言，91—92

　　worldview of 原住民族的世界观，89—90

Indigenous Peoples Council on Biocolonialism 原住民族关于生物殖民主义的理事会（美国），356

Indigenous Peoples Global Research and Education Network/Tebtebba 国际原住民族政策研究和教育网络（Tebtebba）（菲律宾），356

Indigenous Peoples' International Center for Policy Research and Education 原住民族政策研究和教育国际中心，89

Indonesia 印度尼西亚，62，63，264

Infact 实际（美国），356

Information，open access to 开放的信息渠道，311—314，335

Institute for Agriculture and Trade Policy 农业和贸易政策研究所（美国），356

Institute for Food and Development Policy 食物和发展政策研究所，见 Food First（食物第一）

Institute for Local Self-Reliance 地方自力更生研究所（美国），356

Institute for Policy Studies（IPS）政策研究所（美国），44，45，48，166，167，182，272，356

Institute for Political Ecology 政治生态学研究所，86

Institute for Sustainable Development 可持续发展研究所，356—357

Intellectual property rights 知识产权，36—37，115—116，311.，参看 TRIPs（知识产权）

Inter-American Development Bank 美洲发展银行，60

Interfaith Center on Corporate Responsibility 公司责任的多种信仰中心（美国），357

Interfaith Working Group on Trade and Investment 贸易和投资互信工作组，103

Inter-Governmental Panel on Climate Change（IPCC）关于气候的政府间会议，50

Interhemispheric Resource Center 两半球间资源中心（美国），357

International Bank for Reconstruction and Development 国际重建和发展银行，33，参见 World Bank（世界银行）

International Center for Technology Assessment 国际技术评估中心（美国），357

International Chamber of Commerce 国际商会，290，317

International Coalition to Protect the Polish Countryside 国际保护波兰乡村联盟（波兰），357

International Development Exchange 国际发展交换（美国），357

International Fair Trade Association（IFAT）国际公平贸易协会（英国），357

International Federation for Alternative Trade 替代性贸易国际联合会，337

International Finance Organization（proposed）（拟议中的）国际金融组织，326—327

International Indian Treaty Council 国际印第安人条约理事会（美国），357—358

International Insolvency Court（proposed）（拟议中的）国际破产法庭，320，324—326

International Institute for Sustainable Development of Canada 加拿大可持续发展国际研究所，204

International Labor Organization（ILO）国际劳工组织，45，48

International Labor Rights Fund 国际劳工权利基金会，358

International Monetary Fund（IMF）国际货币基金组织

  Argentina as poster child of 作为国际货币基金组织样板的阿根廷，63—64

  corporate globalists' view of 公司全球主义者对国际货币基金组织的看法，22

  effects of 国际货币基金组织的影响，49

  expanded authority for 国际货币基金组织的权限的扩大，313

  exports emphasized by 国际货币基金组织强调出口，39—40，302—303

  financial crises and 金融危机和国际货币基金组织，52—53，308—309

  origin of 国际货币基金组织的起源，33

  proposed decommissioning of 提议中的解散国际货币基金组织，27，320—321

  protests against 对国际货币基金组织的抗议，15，28

purpose of 国际货币基金组织的目的，55，60

replacement of, by U. N. International Finance Organization 用联合国国际金融组织代替国际货币基金组织，326—327

structural adjustment programs imposed by 国际货币基金组织强加的结构调整方案，40，52，60—63，134，314

water privatization and 水私有化和国际货币基金组织，111—112

International Network for Cultural Diversity 文化多样性国际网络，95

International Rivers Network 国际河流网络，358

International Society for Ecology and Culture（ISEC）国际生态和文化协会，215—216，228，358

International Telecommunications Union 国际通讯联合会，140

International Trade Organization（ITO）国际贸易组织，65，66，320

Internet, impact of 互联网的影响，244—245

Interpublic Group, 239

Intertribal Council on Utility Policy 公用事业政策部落间委员会，179

Invasive species 物种入侵，43

Investment 投资

export-oriented 出口导向型投资，38—43

flows to emerging markets 投资涌向新兴市场，59

foreign direct 外国直接投资，158—159

local 地方投资，153—154，155—157，158—160

in publicly traded corporations 对公共贸易公司的投资，274—275

reregulating corporate 对公司投资的再规范，293—294

Investors, steps for 投资者可以采取的措施，339—340

IPCC（Inter-Governmental Panel on Climate Change）关于气候变化的政府间会议，50

Iraq 伊拉克

Al-Qaeda and 基地组织和伊拉克，10—11

reconstruction contracts in 伊拉克的重建合同，13

U. S. invasion of 美国入侵伊拉克, 2, 8, 10—11, 12, 169, 233

Iroquois Nation, 129

ISEC. 国际生态和文化协会, 参看 International Society for Ecology and Culture (国际生态和文化协会)

Italy 意大利

 changes of manufacturing scale in 意大利制造业规模的变化, 196

 energy production in 意大利的能源生产, 170

 furniture industry in 意大利的家具产业, 297

 in the G-7 七国集团中的意大利, 68

 Iraq invasion and 伊拉克入侵和意大利, 2

 Slow Food Movement in 意大利的慢食运动, 261, 362

ITO 国际贸易组织, 参看 International Trade Organization (国际贸易组织)

Ivory Coast 象牙海岸, 307

Jamaica 牙买加, 212

Japan 日本

 agriculture in 日本的农业, 43

 energy conservation in 日本的能源保持, 175

 in the G-7 七国集团中的日本, 68

 manufacturing in 日本的制造业, 171, 193

 television in 日本的电视, 236

Jobs 工作

 outsourcing of 工作外包, 45—47, 189

 provided by global corporations 全球公司提供的工作机会, 298—299

 right to 工作权利, 97

 in the United States 美国的工作, 45—47

Jubilee South 债务大赦组织南方分部（无官方总部）, 358

Jubilee USA Network 债务大赦组织美国网络（美国）, 358

Juhasz, Antonia 安东尼娅·朱哈斯, 11

Just Transition Alliance 公正转变联盟（美国），358

Kaiser Family Foundation 凯塞尔家庭基金会，235，250
Kanner, Allen D. 艾伦·D. 卡内尔，238
Kasser, Tim 提姆·卡塞尔，238
Kendall, Henry 亨利·肯达尔，174
Kentucky 肯德基，126
Kentucky Fried Chicken 肯德基炸鸡，43，286
Kenya 肯尼亚，259
Kerala, India 印度喀拉拉邦，112
Kerry, John 约翰·克里，240
Keynes, Maynard 梅纳德·凯恩斯，74
Khor, Martin 马丁，29，30，60，70，304
Kimbrell, Andrew 安德鲁·金柏利，114
Kirchner, Nestor 内斯托尔·基什内尔，63，64，79
Knowledge, open access to 开放的知识渠道，311—314
Korean People's Action against FTA and WTO 朝鲜人民反对自由贸易协定和世贸组织行动，358
Korten, David 大卫·科顿，11，199，273
Krugman, Paul 保罗·克鲁格曼，148
Kuna，42
Kyoto Protocol on Global Warming 全球气候变暖京都议定书，123，139—141，167，168，176

Labor 劳工
 rights 劳工权利，97
 - sponsored investment funds（LSIFs）劳工发起的投资基金，153
 standards 劳工标准，26—27，35
 taxation on 对劳工的税收，157

索 引

unions 工会，97，189，337—338

La Duke, Winona 威诺拉·l 拉·杜克，118，179，262

Landless Workers Movement（Movimento dos Trabalhadores Rurais sem Terra）无地农民运动，118，187，218—219，258—259，359

Land ownership, communal 社区土地所有制，参看 Commons（公地）

Land reform 土地改革，218—219，226—227

Larrain, Sara 萨拉·拉瑞恩，86

Lasn, Kalle 卡里·拉森，280

Latin American Working Group 拉丁美洲工作团体（美国），359

Lemer, Jaime 杰米·雷默尔，186

Le Pen, Jean-Marie, 53

Levi Strauss 列维·斯特劳斯，282

Liacos, Tom 汤姆·里亚卡斯，280

Limited liability 有限责任，276，288—289

Lindahl, Goran 戈伦·林达尔，282—283

Livelihood, right to 生计权，97

Living democracy 生活民主，29，79—80

Living Planet Index，207，367

Local Exchange Trading Systems（LETS）地方交换贸易体系，229

Local Governments for Sustainability 争取可持续发展的地方政府，179

Localization 地方化，82—84，151—152，参看 Subsidiarity（辅从性）

London 伦敦，186

Long-Term Capital Management（LTCM）长期资本管理基金，309

Los Angeles 洛杉矶，43，183

Lovins, Amory 阿莫瑞·洛芬斯 171，186，193

Lovins, Hunter 汉特·洛芬斯 186，193

Lula（Luis Ignacio da Silva）卢拉 7，79，248

Maastricht Agreement 马斯特里赫特协定，33

Mad Cow disease 疯牛病，42，53，224

Madison，Wisconsin 威斯康星州的麦迪逊，242

MAI（multilateral agreement on investment）多边投资协定，8，28，81，161

Maine 缅因州，177

Majomut Coffee Growers Union 玛候玛咖啡种植户联合会（墨西哥），359

Malawi 马拉维，307

Malaysia 马来西亚，48

Mali 马里，212

Mandela，Nelson 内尔森·曼德拉，161

Mander，Jerry 杰里·曼德尔，35，42，152，200

Mangyan 菲律宾芒扬人，90

Manufacturing systems 制造业体系，188—198

 changes in scale of 制造业体系规模的变化，196

 closed-loop 制造业体系的封闭圈，192—195

 current global 当前全球制造业体系，188—191

 full cost accounting and 全成本会计和制造业体系，191—192

 green procurement and 绿色采购赫和制造业体系，197—198

 reinvestment in natural capital and 重新投资于自然资本和制造业体系，195

 subsidiarity and 辅从性和制造业体系，190

 sustainable 可持续发展的制造业体系，190—198

 technological scale and 技术规模和制造业体系，196—197

Marin Agricultural Land Trust 麦林农业土地信托基金，145

Massachusetts 马萨诸塞州，126，177

Mayan people 玛雅人，29，53，118，262

Mazda 马自达，171

McChesney，Robert 罗伯特·迈克切斯尼，121—122，232，238，244—245，247，252

McDonald's 麦当劳, 43

McKinney, Cynthia 辛西亚·麦肯尼, 284

Meacher, Michael 迈克尔·米切尔, 141

MEAs（multilateral environment agreements）多边环境协定, 123—124, 137, 139—142, 329—330

Media 媒体, 230—253
    concentration of ownership of 媒体所有权的集中, 121, 231—234
    homogenization by 媒体的同质化, 230—231
    misleading information by 媒体的误导性信息, 19, 52, 53—54
    power of 媒体的力量, 231, 233—241
    reforms and alternatives to 对媒体的改革和替代, 241—253

Media Access Project 媒体渠道规划, 251

Media Alliance 媒体联盟, 252

MediaChannel 媒体通道, 251

Media Tank 媒体坦克, 252

MEFTA（Middle East Free Trade Area）中东自由贸易区, 13

Meltzer Commission 麦尔泽委员会, 15

Merrifield, Todd 托德·麦瑞菲尔德, 216, 228

Methane 沼气, 218

Mexican Action Network on Free Trade 墨西哥关于自由贸易的行动网络, 359

Mexico. 墨西哥, 参看 Cancun（坎昆）
    activists in 墨西哥的活动分子, 29
    agriculture in 墨西哥的农业, 5, 41, 53, 118, 212, 223, 255—256
    financial crisis in 墨西哥金融危机, 60, 308
    forests in 墨西哥的森林, 262
    NAFTA and 北美自由贸易协定和墨西哥, 46
    outsourcing of U.S. jobs to 美国工作外包到墨西哥, 46—47
    structural adjustment in 墨西哥的结构调整, 57

television in 墨西哥的电视，236

Zapatistas in 墨西哥的萨帕塔运动，257

Miami 迈阿密，1，2，6—7

Microsoft 微软公司，245

Middle East Free Trade Area（MEFTA）中东自由贸易区，13

Minnesota 明尼苏达州，171

Mishel，Lawrence 劳伦斯·米什尔，44

Mitsubishi 三菱，167

Mondragón Cooperative Corporation，80 蒙达贡合作公司，266—267

Monetary funds，regional 区域金融基金，327—328

Monetary policy 金融政策，304

Money 货币，金钱

alternatives to 货币的替代，340

commodification of 货币的商品化，37—38

Monks，Robert 罗伯特·蒙克斯，282

Mono Lake 墨诺湖，143

Monsanto 孟山都公司

advertising by 孟山都公司的广告，41，214

dominance of 孟山都公司的统治，273

patents on genetic material by 孟山都公司关于基因物质的专利申请，114，116

protests against 反对孟山都公司 43，106，286

Montreal Protocol on Substances That Deplete the Ozone Layer 关于消耗臭氧层物质的蒙特利尔议定书修正案，123，139

Morgan，J. P. J. P. 摩根，13，100

MoveOn 前进组织，243，244，343

Mozambique 莫桑比克，307

MST. 看 Landless Workers Movement（无地工人运动）

Multilateral agreement on investment. 看 MAI（多边投资协定）

Multilateral environment agreements 看 MEAs（多边环境协定）

Mumbai, India 印度孟买, 20

Music industry 音乐产业, 232

Mutual funds 共同基金, 340

Nader, Ralph 拉尔夫·纳达, 279

NAFTA. 看 North American Free Trade Agreement（北美自由贸易协定）

NAIRU（nonaccelerating inflation rate of unemployment）不加速通货膨胀的失业率, 304

Namibia 纳米比亚, 194

National Campaign for Sustainable Agriculture 全国可持续农业运动（美国）, 359

National Conference on Media Reform 媒体改革国家会议, 242, 251

National Environment Protection Act 国家环境保护法, 102

National Family Farm Coalition 全国家庭农场联盟（美国）, 359

National Lawyers Guild 国家律师协会, 287

National Network for Ecological Action 国家生态行动网络, 86

National Network for Immigrant and Refugee Rights 国家移民和流亡者权利网络, 359

National Organization for Women 国家保护妇女组织, 287

National Public Radio（NPR）国家公共广播, 121, 123, 251

National self-reliance. 国家自我依靠, 看 Self-reliance（自我依靠）

Natural disasters 自然灾难, 24, 50—51

Natural gas. 天然气, 看 Fossil fuels（化学原料）

Navdanya 九种基金会（印度）, 256—257, 359—360

NEF 新经济学基金会, 看 New Economics Foundation（新经济学基金会）

Neoconservatives 新保守主义, 10

Neoliberalism 新自由主义, 看 Economic globalization（经济全球化）

Netherlands, The 荷兰, 170, 172, 185

New Delhi 新德里，113

New democracy 新民主，79—80

New Economics Foundation（NEF）新经济学基金会，168，175，360

New Hampshire 新汉普郡，177

New Jersey 新泽西，143，177

New Mexico 新墨西哥，195

New Orleans 新奥尔良，45

New York City 纽约市，9，169，186

New York State 纽约州，144，177

New Zealand 新西兰，119，195，247

Nicaragua 尼加拉瓜，307

Nichols，John 约翰·尼科尔斯，244—245，247，252

Nigeria 尼日利亚，307

Nike 耐克公司，282

Nitrous oxide 一氧化二氮，218

Norberg-Hodge，Helena 海林娜·洛伯格-霍基，152，216，228

North American Free Trade Agreement（NAFTA）北美自由贸易区

 agriculture and 农业和北美自由贸易区，53，118，224

 globalization model and 全球化模式和北美自由贸易区，33

 investor-state provision in 北美自由贸易区的投资国条款，36

 opposition to 反对北美自由贸易区，105

 problems with 北美自由贸易区的问题，46，71

 renegotiating 重新谈判北美自由贸易区，294

 water and，110 水和北美自由贸易区，112

North Dakota 北达科他，150，171

Northrop，Michael 迈克尔·诺斯诺普，172，173，176，178

North-South economic gap 南北经济差距，58—59，98—100

Norway 挪威，101

Novartis 诺华公司，114，116，273

索引

NPR（National Public Radio）国家公共广播公司，121，123

Nuclear energy 核能，166，170，197

Nuon，178

Oakland 奥克兰，177

OAU（Organization of African Unity）非洲统一组织，264

Occupational Safety and Health Act（OSHA）居住安全和健康法案，102

Ocean shipping 海洋运输，42—43，179—180

OEPFZM 公有森林生产者组织，262

Oil industry. 石油工业，看 Fossil fuels（化石燃料）

Ojibway 欧基威人，118

Ontario Clear Air Alliance 安大略清洁空气联盟，173

OPEC 欧佩克，57

OPIC（Overseas Private Investment Corporation）海外私人投资公司，167

Oregon Water Trust 俄勒冈水域信托基金 145

Organic Consumers Association 有机消费者协会，360

Organization for Corporate Accountability（proposed）（拟议中的）公司责任组织，330—332

Organization for Economic Cooperation and Development（OECD）经济合作和发展组织，28，71，81

Organization of African Unity（OAU）非洲统一组织，264

Organization of Communal Forest Producers of the Zona Maya，262

OSHA（Occupational Safety and Health Act）居住安全和健康法案，102

Our World Is Not for Sale 我们的世界不是为了出卖的，360

Outer Space Treaty of 1967 1967 年外层空间条约，140

Outsourcing 外包，45—47，189

Overseas Private Investment Corporation（OPIC）海外私人投资公司 167

Oxfam International 乐施会国际（英国），360

Pacific Environment 太平洋环境，360

Pacific Forest Trust 太平洋森林托管 145

Pakistan 巴基斯坦，216

Panama 巴拿马，42

Parsares，13

Patagonia 巴塔哥尼亚，275

Pauli，Gunter 甘特尔·泡利，192

PBS（Public Broadcast Service）公共广播服务公司，121，122，123

Pennsylvania 宾夕法尼亚州，126，177

Pension power, exercising 发挥养老金的力量，338，344

People-Centered Development Forum 人民中心的发展论坛，11，360

People's Food Sovereignty 人民的粮食主权，360

Peoples' World Water Movement 世界人民护水运动，113

Perini，13

Perkins，Logan 洛根·帕金斯，184

Perlas，Nicanor 尼卡诺·帕拉斯，11

Peru 秘鲁，307

Pesticide Action Network 杀虫剂行动网络（美国）360—361

Petschuk，Michael 迈克尔·佩兹恰克，250

Pharmaceutical corporations 制药公司，28，66，114—115，130，299

Philadelphia 费城，252

Philippines 菲律宾

    activists in 菲律宾的活动分子，3—4，342

    agriculture in 菲律宾的农业，41，43，214

    indigenous peoples in 菲律宾的原住民族，53，90，92

Pinochet，Augusto 奥古斯托·皮诺切特 86，87

Pioneer 先锋，144

POCLAD 关于公司、法和民主的方案，看 Program on Corporations, Law and Democracy（关于公司、法和民主的方案）

索 引

Poland 波兰，2

Polaris Institute 北极星研究所，81，113，361

Policy Performance Index 政策表现指数，208

Pollution. 污染，看 Environment（环境）

Pollution-Prevention Act of 1990 1990 年防治污染法案，102

Portland, Oregon 俄勒冈的波特兰，178，184

Porto Alegre, Brazil 巴西的阿雷格雷港，20，184

Posey, Darrell 达瑞尔·波斯，210

Postman, Neil 内尔·波斯特曼，231

Poverty 贫困
 causes of 贫困的原因，215
 globalization and 全球化和贫困，45，48，161—162

Poverty Reduction Facility 减贫措施，63

Powell, Michael 迈克尔·鲍威尔，243

Prague 布拉格，28

Precautionary principle 预警性原则，100—102，197

Privatization 私有化
 of the broadcast spectrum 广播频谱的私有化，119—123
 economic globalization and 经济全球化和私有化，36—38
 in Iraq 伊拉克的私有化，12
 of public services 对公共服务的私有化，37，69，132—135
 of water 水的私有化，37，45，96，109—113，265

Program on Corporations, Law and Democracy（POCLAD）关于公司、法和
 民主的方案，277，279，287，361

Progress, measuring 进步测量，23，198—208

Protectionism 保护主义，10

Protests 抗议，参看 Resistance movement（反抗运动）
 in Cancun 坎昆的抗议，4
 extent of 抗议的范围，19，32—33

in Prague 布拉格的抗议, 28

in Seattle 西雅图的抗议, 28, 77

against U. S. invasion of Iraq 反对美国入侵伊拉克的抗议, 2, 8

in Washington, D. C. 哥伦比亚特区华盛顿, 15, 28

Public Broadcasting Act of 1967 1967 年公共广播法案, 121

Public Broadcast Service（PBS）公共广播服务公司, 121, 122, 123

Public Citizen 公共公民组织, 113, 345, 361

Public services 公共服务

as the modern commons 作为现代公共财产的公共服务, 88, 131—132

privatization of 对公共服务的私有化, 37, 69, 132—135

Public trust doctrine 公共信托条令, 142—144

Pygmies 俾格米人, 90

Qatar 卡塔尔, 3, 28, 49, 72, 124, 140

Radio 广播, 看 Media（媒体）

Rainforest Action Network 雨林行动网络, 287, 361

Rainforest Alliance 雨林联盟, 361

Reagan, Ronald 罗纳德·里根 11, 105, 119, 174, 316

Redefining Progress 重新界定进步, 200, 204, 206, 361

Red Nacional de Acción Ecológica（RENACE）, 362

Regional monetary funds 地区金融基金, 327—328

Register, Richard 理查德·瑞吉斯特, 186, 187

RENACE（Red Nacional de Acción Ecológica）, 362

Renewable energy 可更新能源, 看 Energy systems（能源体系）

Research Foundation for Science, Technology, and Ecology 科学、技术和生态研究基金会, 115, 256, 362

Resistance movement 反抗运动, 参看 Protests（抗议游行）

common principles of 反抗运动的一般原则, 77—78

composition of 反抗运动的组成, 19—20, 28—29

　　medial portrayal of 媒体对反抗运动的描述, 19

　　proposals put forward by 反抗运动提出的计划, 20

　　worldview of 反抗运动的世界观, 22—23

Resource Center of the Americas 美洲资源中心, 362

Resources 资源, 参看 Commons（公共财产）

　　common heritage 公共遗产, 87—88

　　taxes on 资源税, 154

Retallack, Simon 西蒙·雷塔拉克, 42, 186

Retirement 退休, 299—300

Rhode Island 罗德艾兰州, 177

Ricardo, David 大卫·李嘉图, 40, 158, 310

Rio Earth Summit 里约地球峰会, 101

Rio Tinto 力拓矿业公司, 282

Rite Aid 爱来德零售公司, 286

Rocky Mountain Media Watch 洛基山媒体观察, 252

Rodrik, Dani, 73

Rosset, Peter 彼得·罗瑟特, 226, 227

Rowe, Jonathan 乔纳森·罗, 108

Roxas, Sixto 斯克斯托·诺克萨斯, 205

Rural Development Services Network 农村发展服务网络, 362

Russia 俄罗斯, 2, 60, 308

Rwanda 卢旺达, 90

Safety standards 安全标准, 26—27

Safire, William 威廉·瑟怀尔 243

San Francisco 旧金山, 177, 183, 252

Santa Clara County v. Southern Pacific Railroad 圣克拉拉县诉南太平洋铁路公司, 288

Santorini, Greece 希腊的 95
SAPs 结构调整方案，看 Structural adjustment programs（结构调整方案）
Sarvodaya Shramadana, 258
Saudi Arabia 沙特阿拉伯, 167—168, 169
Schwartz, Peter 彼得·施瓦茨, 51
Schwarzenegger, Arnold 阿洛德·施瓦辛格, 239
Scotland 苏格兰, 101
Seattle WTO ministerial meeting (1999) 1999 年西雅图世贸组织部长级会议,
 cultural protection and 文化保护和 1999 年西雅图世贸组织部长级会议, 135
 media coverage of 媒体对 1999 年西雅图世贸组织部长级会议报道, 251—252
 poor nations at 在 1999 年西雅图世贸组织部长级会议上的穷国, 49
 protests against 对 1999 年西雅图世贸组织部长级会议抗议游行, 15, 28, 77
Seeds 种子
 genetically engineered 基因工程处理过的种子 116
 patenting 申请种子的知识产权, 139
 saving 抢救种子, 115, 116, 117, 255
Self-determination 自决
 democratic 民主自决, 309—310
 global governance and 全球治理和民主自决, 27
 setting standards and 设置标准和自决, 26—27
 subsidiarity and 辅从性和自决, 84
Self-reliance 自我依靠
 priority given to 自我依靠的优先性, 26—27
 specialization vs. 社会化对自我依靠, 39—40
Senegal 塞内加尔, 306

索 引

September 11th attacks 9·11袭击, 169

Shell 壳牌公司, 167, 178

Shiva, Vandana 万达那·谢娃, 11, 113, 115, 215, 256

Shuman, Michael 迈克尔·舒曼, 152, 156

Sierra Club S俱乐部, 362

Simms, Andrew 安德鲁·西门子, 168, 175

Singapore 新加坡, 48

Sivagnangai, India 印度斯瓦甘垓地区, 112

Sky Trust 天空托管, 145—146

Slow Food Movement 慢食运动, 261, 362

Smith, Adam 亚当·史密斯, 40, 158

Solar energy 太阳能, 170, 174, 178

Sony 索尼, 232

South Africa 南非

    AIDS in 南非的艾滋病, 115

    in Group of 21 在21国集团中的南非, 1

    media in 南非的媒体, 248

    sanctions on 对南非的禁运, 161

    water privatization in 南非的水私有化, 111—112

South Korea 南韩 4, 5, 48, 62

Southwest Network for Environmental and Economic Justice, 362

Spain 西班牙, 2, 80, 125, 266—267

Speth, James Gustave 詹姆斯·古斯塔法·斯贝斯, 208

Spitzer, Eliot 埃利奥特·斯比策, 287

SPS agreement 卫生与植物卫生措施实施协议, 223—224

Sri Lanka 斯里兰卡, 258

Steel industry 钢铁工业, 72, 273

Stiglitz, Joseph 约瑟夫·斯蒂格利茨, 62

Stockholm 斯得哥尔摩, 86, 184

Stockholm Convention on Persistent Organic Pollutants 关于永久性有机污染物斯得哥尔摩条约, 123, 140

Stock indexes 股票指数, 204

Stockton, California 加利福尼亚的, 113

Stora Enso, 178

Strong, Maurice 莫里斯·斯通, 86

Structural Adjustment Program Review Initiative (SAPRI) 结构调整计划审查动议, 61

Structural adjustment programs (SAPs) 结构调整方案, 40, 52—53, 55—57, 60—63, 134, 314

Subsidiarity 辅从性, 147—163

    advantages of 辅从性的优点, 151

    agriculture and 农业和辅从性 211—212

    as core principle for sustainable societies 作为可持续发展社会的核心原则的辅从性, 82—84

    definition of 辅从性的定义, 149

    democracy and 民主和辅从性 148, 151—152, 154, 160

    human rights vs. 辅从性 96

    manufacturing and 辅从性 190

    policies for 辅从性 151—155

    responses to critics of 辅从性 160—163

Subsidy programs 补贴方案

    for agriculture 农业补贴方案, 71, 211—213, 216—217, 224—225

    for corporations 公司补贴方案, 162, 292

    for infrastructure development 基础设施发展补贴方案, 152—153, 162

    for public broadcasting 公共广播补贴方案, 249

    for transport 交通运输补贴方案, 181—182

Sudan 苏丹, 307

Suez 苏伊士, 111

索 引

Summers, Larry 拉里·萨默斯, 62

Sun Belt Water 阳光地带水公司, 112

Superfund sites, 192

Survival International, 362

Sustainable Chile 可持续发展的智利, 29, 86—87, 350

Sustainable Development Index 可持续发展指数, 208

Sustainable Seattle 可持续发展的西雅图, 207

Sustainable societies 可持续发展社会

 applying principles for 可持续发展社会的应用原则, 103—104

 common heritage and 公共遗产和可持续发展社会, 87—88

 definition of 可持续发展社会的定义, 190

 diversity and 多样性和可持续发展社会, 88—95

 ecological sustainability and 环境的可持续性和可持续发展社会, 85—87

 equity and 平等和可持续发展社会, 98—100

 food security and safety and 粮食安全和食品卫生和可持续发展社会, 98

 human rights and 人权和可持续发展社会, 96

 jobs, livelihood, employment, and 工作、生计、就业和可持续发展社会, 97

 new democracy and 新民主和可持续发展社会, 79—80

 precautionary principle and 预警原则和可持续发展社会, 100—102

 subsidiarity and 辅从性和可持续发展社会, 84

Sustainable Southern Cone 可持续发展的南锥体国家, 87

Sweatshop Watch 血汗工厂观察, 363

Sweden 瑞典, 101, 170, 172, 175, 247

Taiwan 台湾, 48

Tamil Nadu 泰米尔纳杜村, 285

Tanzania 坦桑尼亚, 307

Tariffs 关税, 152, 211—212

Tauli-Corpuz, Victoria 维多利亚·托利-科尔普斯, 89

Taxes 税收

 on capital gains 资本收益税, 157

 for corporations 公司税 48, 289

 energy and 能源和税收, 174, 13

 on labor 劳务税, 157

 recommended changes in 对税收改变的建议 154, 157

 Tobin 托宾税 154, 174

Technology 技术

 changes in 技术变化, 100—101, 196—197

 corporate culture and 公司文化和技术, 93

Telecommunications Act of 1934 1934 年通讯法案, 120

Telecommunications Act of 1996 1996 年通讯法案, 121—122

Terrorism 恐怖主义, 10—11

Textiles, quotas for 纺织品配额, 71—72

Thailand 泰国, 43, 62, 214

Thatcher, Margaret 玛格丽特·撒切尔, 105, 119, 333

Third World Network 第三世界网络, 29, 30, 304, 363

Tobacco companies 烟草公司, 287

Tobin taxes 托宾税, 154, 174

Tokyo 东京, 186

Tomales Bay Institute 托马斯湾区研究所, 136

Tomer, Onkar S. 安喀·S. 托摩, 117

Trade agreements 贸易协定

 commons and 公共财产和贸易协定, 137

 corporate-entertainment interests and 大公司利益和贸易协定, 94

 moratorium on 贸易协定延期推行, 20

 renegotiating or abrogating 重新谈判或废除贸易协定, 294, 313—314

Trade Bank of Iraq 伊拉克贸易银行, 13

索 引

Trade deficits 贸易赤字, 305—307, 328—329

Trade Disputes Court (proposed)(提议中的) 贸易纠纷法院 328—329

Trade Justice Movement 贸易公正运动, 363

Trade-Related Intellectual Property Rights 贸易相关知识产权

Trade-Related Investment Measures 贸易相关投资措施

Transnational Institute 跨国协会(荷兰), 363

Transport 运输, 179—188

    air 航空运输, 43, 180

    automobile 汽车运输, 182—184

    ecocities and 生态城市和运输, 184—188

    ocean shipping 海洋运输和运输, 42—43, 179—180

    subsidies for 运输补贴, 181—182

    trade-related 贸易相关的运输, 42—43

Trilateral Commission 三方委员会, 290

TRIMs (Trade-Related Investment Measures) 贸易相关投资措施, 67, 69, 313

TRIPs (Trade-Related Intellectual Property Rights) 贸易相关知识产权

    agriculture and 农业和贸易相关知识产权, 114, 134, 223

    biopiracy and 生物掠夺和贸易相关知识产权, 116—117

    drugs and 药品和贸易相关知识产权, 115

    necessity of reviewing 重新评价贸易相关知识产权的必要性, 313

    protests against 反对贸易相关知识产权的游行, 37, 130

    purpose of 贸易相关知识产权的目的, 67

Tunweni Brewery 图温尼酿酒厂, 194

Turkey 土耳其, 308

Uganda 乌干达, 307

Unemployment 失业, 304

Union Carbide plant explosion 联合碳化公司爆炸, 278, 286, 288

Union of Concerned Scientists (UCS) 关注的科学家联盟, 174, 363—364

Union Oil Corporation 联合石油公司, 287

United Kingdom 联合王国

    activists in 联合王国的活动分子, 29, 42

    alternative energy in 联合王国的替代性能源, 173

    broadcast spectrum in 联合王国的广播频谱, 119

    cases brought against corporations in 联合王国对公司不利的判决案例, 282, 285

    energy conservation in 联合王国的能源保持, 175

    farmers in 联合王国的农民, 213

    in the G-7 七国集团中的联合王国, 68

    global warming's effects on 全球气候变暖对联合王国的影响, 51

    Green party in 联合王国的绿党, 84

    Iraq invasion and 入侵伊拉克和联合王国, 2

United Nations 联合国

    Commission on Human Rights 联合国人权委员会, 90, 92

    Conference on Trade and Development (UNCTAD) 联合国贸易和发展会议, 68, 306, 314, 319, 321—324

    Convention on Biological Diversity 联合国生物多样性公约, 123, 140, 141

    Convention on Straddling and Highly Migratory Fish Stocks 联合国关于跨界和高度洄游鱼类的协定, 140

    Convention on the Law of the Sea 联合国海洋法公约, 123, 140

    Covenant on Economic, Social and Cultural Rights 联合国经济、社会和文化权利国际公约, 133

    Development Program (UNDP) 联合国发展规划, 24, 45, 204, 254, 367

    Division for Sustainable Development 联合国可持续发展部, 204

    Draft Declaration on the Rights of Indigenous Peoples 联合国关于原住居民

权利的决议草案，91—92，140—141

Environment Organization（proposed）联合国（拟议中的）环境组织，329—330

Environment Program（UNEP）联合国环境规划，24，50，141，210，329—330

Food and Agricultural Organization（FAO）联合国粮食和农业组织，23，41

Global Compact 联合国全球协定，282—283，317

International Finance Organization（proposed）（拟议中的）联合国金融组织，326—327

International Insolvency Court（proposed）（拟议中的）联合国国际破产法庭，320，324—326

International Labor Organization（ILO）联合国国际劳工组织，45，48，97，319

Organization for Corporate Accountability（proposed）联合国公司责任组织，330—332

restructuring of 重建联合国，314—317，321

Security Council 联合国安理会，11

Trade Disputes Court（proposed）（拟议中的）联合国贸易纠纷法庭，328—329

Universal Declaration of Human Rights 联合国普遍人权宣言，96，97，108，132

United States 美国

    advertising in 美国的广告，239—240

    automobiles in 美国的汽车，183

    broadcast spectrum in 美国的广播频谱，120—122

    as buyer of last resort 美国作为最后的买主，73

    CAFTA and 中美洲自由贸易区和美国，6

    corporate exclusion in 美国的公司排斥，286

Department of Agriculture 美国农业部，23

Department of Labor 美国劳工部，46

energy conservation in 美国的能源保持，175

farmers in 美国的农民，41，213，260—261

Food and Drug Administration 美国食品药品管理局，102

fossil fuel consumption by 美国的化石原料消费，167—168

FTAA and 美洲自由贸易区和美国，6

in the G–7 在七国集团中的美国，68

global warming's effects on 全球气候变暖对美国的影响，51

hunger in 美国的饥荒，24

indigenous peoples in 美国的原住民，128，129，262，263

invasion of Iraq by 美国入侵伊拉克，2，8，10—11，12

jobs in 美国的工作岗位，45—47

manipulation of U. N. by 美国对联合国的操纵，316

manufacturing in 美国的制造业，188—189，193

mass-produced popular culture of 美国的大规模制造的流行文化，93—94，135

nonpayment of U. N. dues by 美国未交联合国会费，315

overextension by 美国的过度扩张，8—9

Pentagon 美国的五角大楼，51

precautionary principle and 预警原则和美国，102

protectionism by 美国的贸易保护主义，10

public services in 美国的公共服务，132

reduction of greenhouse gas emissions in 美国削减温室气体排放，176—179

television in 美国的电视，235—236

trade deficit of 美国的贸易赤字，46

truck transport in 美国的卡车运输，181

water privatization in 美国的水私有化，112—113

wealth concentration in 美国的财富集中, 45

WTO and 世贸组织和美国, 66—68, 135

Urban gardens 城市花园, 230

Uribe 乌里韦, 242

Urquhart, Brian 布赖恩·厄克特, 314

Uruguay 乌拉圭, 87, 266

Uruguayan Co-operativist Centre 乌拉圭合作中心, 266

Uruguay Round 乌拉圭回合, 65—66, 67, 68, 70, 115, 320

Uttar Pradesh, India 印度乌塔尔·布拉代什邦, 112

U'wa 乌瓦人, 42, 90

Vallete, Jim 吉姆·怀勒特, 166

Vancouver 温哥华, 112

Venezuela 委内瑞拉, 2, 6, 242, 342

Vermont 弗蒙特州, 177

Via Campesina, 364

Viacom 农民之路（洪都拉斯）, 232

Vietnam 越南, 185

Virginia 弗吉尼亚, 126

Vivendi 维旺迪公司, 110

Waite, Morrison Remick 莫里森·莱米克·怀特, 288

Wallach, Lori 劳里·瓦莱希, 3, 345

Wal-Mart 沃尔玛, 59, 286, 296

Washington (state) 华盛顿州 263

Washington, D. C. 华盛顿特区, 15, 28, 169

Washington Consensus 华盛顿共识, 1

Washington Group 华盛顿集团, 13

Waste 废料

biological vs. technical 生物废料对技术废料，193

hazardous 危险废料，193

sinks 废料沉积，123—124

zero 零废料，192—195

Water 水

commodification and privatization of 水的商品化和私有化，37，45，96，109—113，265

industrial agriculture and 产业化农业和水，215—216，219—220

Waters, Maxine 玛克辛·沃特斯，62

Wayne, Pennsylvania 宾西法尼亚的韦恩镇，286

Wealth, concentration of 财富集中，45，48，99—100

Webb, James 詹姆斯·韦伯，11

Wellbeing Assessment 生活质量评价，208，367

White Earth Land Recovery Project（WELRP）白地土地恢复项目（美国），262，364

Wind power 风力，170，171，174，178—179

Witness for Peace 见证和平，343

Wolfensohn, James 詹姆斯·沃尔芬森，61，62

Women 妇女，99

Women's Edge，364

Workers, steps for 工人可以采取的措施，337—339

World Bank 世界银行

Argentina as poster child of 作为世界银行样板的阿根廷，63—64

Comprehensive Development Framework 世界银行详细的发展框架，60—61

corporate globalists' view of 大公司全球主义者对世界银行的看法，22

effects of 世界银行的影响，49

energy projects and 能源规划和世界银行，166—167

exports emphasized by 世界银行强调出口，39—40，302—303

索 引

 Green Revolution and 绿色革命和世界银行，215

 joint environmental study by 世界银行的联合环境研究，24

 land reform and 土地改革和世界银行，226—227

 origin of 世界银行的起源，33，56

 proposed decommissioning of 拟议中的解散世界银行，27，320—321

 protests against 抗议世界银行的游行，15，28

 purpose of 世界银行的目的，55，56

 structural adjustment programs imposed by 世界银行强加的结构调整方案，40，53，55—57，60—61，134，314

 water privatization and 水私有化和世界银行，111—112

World Business Council on Sustainable Development 世界可持续发展工商理事会，317

WorldCom 世通公司，15，275

World Commission on Environment and Development 世界环境和发展委员会，190

World Commission on Trade and Agriculture 世界贸易和农业委员会，330

World Development Movement 世界发展运动，364

World Economic Forum 世界经济论坛，290

World Federalist Association 世界联邦主义者协会（美国），364

World Forum of Fisher Peoples 世界渔民论坛（印度），364

World Rainforest Movement 世界雨林运动（乌拉圭），365

World Resources Institute 世界资源研究所，24

World Social Forum 世界社会论坛，15，20

World Summit on Sustainable Development 关于可持续发展的世界峰会，176

World Trade Organization（WTO）世界贸易组织，参看 TRIMs（贸易相关投资措施），TRIPs（贸易相关知识产权）

 bias of, against small farmers 世界贸易组织不利于小农户的倾向，211—213

 corporate globalists' view of 大公司全球主义者对世界贸易组织的看法，

22

cultural diversity and 文化多样性和世界贸易组织, 135

developing countries and 世界贸易组织, 68—69, 70—72, 225

effects of 世界贸易组织的影响, 49

expanded authority for 世界贸易组织扩大的权势, 314

food safety and 粮食安全和世界贸易组织, 223—224

imbalances in 世界贸易组织中的不平衡, 70—72, 303—304

market access rules under 世界贸易组织下的市场准入, 225

MEAs and 多边环境协定和世界贸易组织, 140—141

media corporations and 媒体大公司和世界贸易组织, 122—123, 234

ministerial meeting (Cancun, 2003) 世界贸易组织部长级会议（坎昆, 2003）, 1, 3—5, 7, 49, 211

ministerial meeting (Qatar, 2001) 世界贸易组织部长级会议（卡塔尔, 2001）, 3, 28, 49, 72, 124, 140

ministerial meeting (Seattle, 1999) 世界贸易组织部长级会议（西雅图, 1999）, 15, 28, 49, 77, 135

origin of 世界贸易组织的起源, 33, 65, 105

privatization of public services and 公共服务的私有化和世界贸易组织, 37, 69

proposed decommissioning of （拟议中的）取消世界贸易组织, 27, 294, 319—320

public interest laws and 公共利益法和世界贸易组织, 35—36, 66, 69, 102, 108

purpose of 世界贸易组织的目的, 55

risk assessment and 风险评估和世界贸易组织, 102

United States' influence on 美国对世界贸易组织的影响, 66—68, 115, 135

water and 水和世界贸易组织, 110

World War II 第二次世界大战, 33, 56, 65, 175, 199, 226

Worldwatch Institute 世界监督协会（美国），24，172，174，365

Wuppertal Institute for Climate, Environment, and Energy 伍珀塔尔气候、环境和能源研究所（德国），365

Wynn, William 威廉·韦恩，287

Wysham, Daphne 达芙尼·怀斯汉姆，166

Yakama tribe 雅克玛部族，263

Zaire 扎伊尔，307

Zambia 赞比亚，307

Zapata, Emiliano, 118

Zapatistas 萨帕塔，257

Zero Emissions Research and Initiatives (ZERI) 零排放研究和动议，192，193，194

Zoellick, Robert 罗伯特·佐利克，7

关于作者

约翰·卡瓦纳（JOHN CAVANAGH）是位于华盛顿的政策研究所的所长，全球化国际论坛副主席，包括《全球梦：帝国主义公司和新世界秩序》等11本关于全球经济的著作的两作者之一。

杰瑞·曼德尔（Jerry Mander）是全球化国际论坛主席，公共媒体中心的高级成员，是如下这些畅销书的作者或编者：《缺乏神圣》、《反对全球化经济的案例》、《迈向地方化的转折》和《去掉电视的四个理由》。

萨拉·安德森（SARAH ANDERSON）是政策研究所的全球经济项目的负责人和《全球经济田野指导》的两作者之一。

戴比·巴克尔（DEBI BARKER）是国际全球化论坛的执行主席，以及《看不见的政府：世界贸易组织——新千年的全球政府?》的两作者之一。

毛德·巴洛（MAUDE BARLOW）是加拿大人理事会主席，全球化国际论坛委员会成员。是四本书的作者或作者之一，包括《蓝金：反对大公司掠夺世界水资源的战斗》（Blue Gold：The Battle Against Corporate Theft of the World's Water）和《利润不是疗法》（Profit Is Not the Cure）。

瓦尔登·贝罗（WALDEN BELLO）是位于曼谷的"聚焦全球南方"组织的执行主任，是全球化国际论坛委员会成员，是包括《平衡的未来：关于全球化和反抗的论文集》（The Future in the Balance：Essays on

Globalization and Resistance）在内的 11 本著作的作者或作者之一。

罗宾·布洛德（ROBIN BROAD）是美国大学国际服务学院教授,是《全球反冲:为了争取一个公正的世界经济的公民开创行动》（Global Backlash：Citizen Initiatives for a Just World Economy）的作者。

托尼·克拉克（TONY CLARKE）加拿大北极星研究所所长,加拿大人理事会的副主席,全球化国际论坛委员会成员,是包括《蓝金:反对大公司掠夺世界水资源的战斗》等六本著作的作者或作者之一。

爱德华·戈尔德史密斯（EDWARD GOLDSMITH）是《生态学家》杂志的创始人之一,全球化国际论坛委员会成员,是包括《道路:生态世界观》（The Way：An Ecological World View）等 20 本书的作者,是《反对全球化经济的案例》（The Case Against the Global Economy）、《迈向地方化的转折》（a Turn Toward the Local）两书的编者,1991 年获民生奖。

冉戴尔·海耶斯（RANDALL HAYES）是雨林行动网络的主席,奥克兰市环境委员会主席,全球化国际论坛委员会成员,获奖记录片《四个角落:国家的牺牲地区?》的制片人。

科林·海尼斯（COLIN HINES）是全球性地保护地方化组织的创建者和两主任之一,是全球化国际论坛的合作伙伴,他还是《新的保护主义:反对自由贸易,保护未来和地方化——全球宣言》（The New Protectionism：Protecting the Future Against Free Trade and Localization：A Global Manifesto）作者之一。

安东尼娅·朱哈斯（ANTONIA JUHASZ）是全球化国际论坛的项目指导,指导全球化国际论坛的媒体关系,是全球化国际论坛的报告《全球化有助于穷人吗?》（Globalization Help the Poor?）的协调者之一,她有很多文章发表在《纽约时报》、《剑桥大学国际关系评论》、《星球》等杂志上。

安德鲁·肯布瑞尔（ANDREW KIMBRELL）是粮食安全中心的创建者和主任,是全球化国际论坛委员会成员,很多书和杂志的作者,是《致命的收获:产业化农业的悲剧》（Fatal Harvest：The Tragedy of Industrial Agriculture）编者和特约撰稿人，还是"早安，美国！"等电视节目的主要嘉宾。

大卫·科顿（DAVID KORTEN）是人民中心的发展论坛的创建者，是全球化国际论坛的伙伴，还是包括现在已经成为经典的著作《当公司统治世界时及其结局》（When Corporations Rule the World and its sequel）和《后大公司世界》（The Post-Corporate World）的作者。

萨拉·拉瑞恩（SARA LARRAIN）是智利的国家政治政党——替代党的创建者之一，是智利生态行动网络的协调管理者，是绿色和平国际智利办公室的创建者，还是全球化国际论坛委员会成员。她是1999年智利总统大选的独立候选人。

维克多·孟洛特（VICTOR MENOTTI）全球化国际论坛环境项目的指导，是全球化国际论坛的出版物——《自由贸易和自由砍伐：世贸组织如何破坏全球森林保护》和《世贸组织和可持续的渔业》的作者，并参与了《全球化的环境影响》（Environmental Impacts of Globalization）一书的撰写。

海林娜·洛伯格-霍基（HELENA NORBERG-HODGE）是国际环境和文化协会的创建者和主任，是全球化国际论坛委员会的成员，并是民生奖的获得者。她是包括国际经典著作如《古老的未来：向拉达克学习》（Ancient Futures：Learning from Ladakh，已经翻译成30种语言出版）等很多出版物的作者。

西蒙·雷塔拉克（SIMON RETALLACK）是《生态学家》杂志特刊的执行编辑，环境倡议基金会的主任之一，全球化国际论坛的合作伙伴，是很多全球化国际论坛的出版物包括《全球化的环境影响》（Environmental Impacts of Globalization）的作者和编者。

万达那·谢娃（VANDANA SHIVA）是科学、技术和自然资源政策研究基金的创建者和主任，全球化国际论坛委员会的成员。她是1993年民生奖的获得者，2001年被《亚洲周刊》评为该年度亚洲最有影响的五个人之一，是《心灵的单一化：生物多样性、生物技术和第三世界》（Monocultures of the Mind：Biodiversity，Biotechnology，and the

Third World）等书和300多篇在著名杂志上发表的论文的作者。

维多利亚·托利-科尔普斯（VICTORIA TAULI-CORPUZ）是菲律宾山地地区的卡内亚族的原住民活动家。她是位于菲律宾的原住民族政策研究和教育国际中心的主任。她是全球化社会维度世界委员会成员，联合国自愿捐助原住人口基金的主席。

劳里·瓦莱希（LORI WALLACH）是公共公民全球贸易观察组织的主任，全球化国际论坛委员会成员，她被杂志称为"贸易辩论的游击战士"，是《谁的贸易组织?》和《大公司全球化和对民主的侵蚀》等书的作者之一。

全球化国际论坛简介

全球化国际论坛（IFG）是由南北方国家的著名社会活动家、经济学家、学者和研究人员组成的研究和教育机构。该论坛成立于1994年，是出于如下共同的关注走到一起来的：世界大公司领导和政治领导正在快速地重建全球经济和政治，其程度超过工业革命以来的任何历史时期。但是世界上人们对于这个新自由主义模式和世贸组织、国际货币基金组织、世界银行、北美自由贸易协定和其他官僚机构强加这一新自由主义体系没有任何的讨论，甚至连觉察都没有。作为回应，全球化国际论坛开始推动关于这一影响迅速扩大的经济范式的新思考、联合行动和公共教育。

全球化国际论坛在多样性、深度和广度上极为突出，它通过由主要的公民组织的领导组成的国际委员会、一小批有献身精神的工作人员以及由很多代表全球各地区和各个主题的合作伙伴组成的网络运行。我们的工作和社会正义和环境运动紧密相关，为它们提供批判性的思考和框架，以为斗争和行动提供很得力的指导。

全球化国际论坛为媒体提供了从书籍到背景研究报告的无数的出版物；它组织高规格的大型的公共活动；它在全球主持很多特定主题的学术会议；并参与那些关注全球化无数后果的很多活动。在过去的几年，全球化国际论坛发起了一个先锋性的活动：关注替代全球化的愿景和政策，这些愿景和政策对于人民和我们这个星球来说，更公正、更平等、更民主、更负责任和更可持续。

地址

International Forum on Globalization

1009 General Kennedy Avenue #2

San Francisco, California 94129

United States

(415) 561-7650 (tel.), (415) 561-7651 (fax),

www.ifg.org

北京市版权局著作权合同登记章
图字:01-2006-5063

ALTERNATIVES TO ECONOMIC GLOBALIZATION (2nd ED)
by International Forum on Globalization
Original English language edition Copyright © 2004 by International Forum on Globalization
First published by Berrett-Koehler Publishers, Inc., San Francisco, CA, USA.
All Rights Reserved.

图书在版编目(CIP)数据

经济全球化的替代方案/(美)卡瓦纳,(美)曼德尔编;童小溪等译.
—北京:中央编译出版社,2007
书名原文:Alternatives to Economic Globalization
ISBN 978-7-80211-486-9

Ⅰ.经...
Ⅱ.①卡...②曼...③童...
Ⅲ.经济一体化-研究
Ⅳ.F114.41
中国版本图书馆 CIP 数据核字(2007)第 101820 号

经济全球化的替代方案

出版发行	中央编译出版社
地　　址	北京西单西斜街 36 号(100032)
电　　话	(010)66509360(总编室)　(010)66509353(编辑部)
	(010)66509364(发行部)　(010)66509618(读者服务部)
网　　址	http://www.cctpbook.com
经　　销	全国新华书店
印　　刷	北京新丰印刷厂
开　　本	787×1092 毫米　1/16
字　　数	440 千字
印　　张	30
版　　次	2007 年 8 月第 1 版第 1 次印刷
定　　价	58.00 元

本社常年法律顾问:北京建元律师事务所首席顾问律师　鲁哈达